普通高等学校职业本科教材·市场营销

品牌管理

创建、发展与IP化

张蔚鸲 著

中国人民大学出版社
·北京·

图书在版编目（CIP）数据

品牌管理：创建、发展与 IP 化 / 张蔚鸽著. --北京：中国人民大学出版社，2023.12
普通高等学校职业本科教材. 市场营销
ISBN 978-7-300-32402-9

Ⅰ.①品… Ⅱ.①张… Ⅲ.①品牌－企业管理－高等学校－教材 Ⅳ.①F273.2

中国国家版本馆 CIP 数据核字（2023）第 237539 号

普通高等学校职业本科教材·市场营销
品牌管理：创建、发展与 IP 化
张蔚鸽　著
Pinpai Guanli：Chuangjian、Fazhan yu IP Hua

出版发行	中国人民大学出版社		
社　　址	北京中关村大街 31 号	**邮政编码**	100080
电　　话	010－62511242（总编室）		010－62511770（质管部）
	010－82501766（邮购部）		010－62514148（门市部）
	010－62515195（发行公司）		010－62515275（盗版举报）
网　　址	http://www.crup.com.cn		
经　　销	新华书店		
印　　刷	天津鑫丰华印务有限公司		
开　　本	787 mm×1092 mm　1/16	**版　　次**	2023 年 12 月第 1 版
印　　张	18.75 插页 1	**印　　次**	2023 年 12 月第 1 次印刷
字　　数	400 000	**定　　价**	49.00 元

前 言

近年来，随着消费升级与竞争加剧，打造品牌已成为企业市场营销工作的核心。党的十九大报告和二十大报告均明确指出，当前我国社会主要矛盾是人民日益增长的美好生活需要和不平衡不充分的发展之间的矛盾。为此，必须完整、准确、全面贯彻新发展理念，着力推动高质量发展，深化供给侧结构性改革。而创建强势品牌正是供给侧结构性改革的关键。

我国历来高度重视品牌建设，早在 2014 年，习近平总书记就提出“中国产品向中国品牌转变”，还多次指示要“强化品牌意识”和“做强做大民族品牌”。为此，国家先后实施国家品牌计划和品牌强国工程，2022 年还出台了《国家发展改革委等部门关于新时代推进品牌建设的指导意见》。

优秀的品牌管理教材对于全面提升我国企业品牌管理水平，为企业培养更多“品牌经理”和“品牌官”十分重要。笔者结合多年高校品牌管理教学经验，在前人基础上推陈出新，撰写了本书。本书具有以下特点：

（1）在整体结构上，全书共 12 章，由浅入深分为三篇。第 1 篇“品牌创建”，包括品牌概述、品牌定位、品牌识别、品牌体验与品牌传播，是“站起来和走起来”打基础的初级阶段；第 2 篇“品牌发展”，包括品牌内扩、品牌外联、品牌公关与品牌战略，是“跑起来”谋发展的中级阶段；第 3 篇是较为新颖的“品牌 IP 化”，包括品牌 IP 化基础、品牌 IP 打造与品牌 IP 运营，是“飞起来”强势能的高级阶段。

（2）在知识内容上，理论性知识与时俱进，精简经典理论知识，并追踪吸收学术研究前沿成果。实践性知识内容丰富，贴近实战，多为作者的总结与原创。二者都辅以丰富而鲜活的小案例，同步进行举例说明，方便理解与应用。

（3）在教学模式上，设计较多互动与实训环节，帮助读者理解、思考与应用知识。密集设置“知识赋能”环节，让知识转化为能力，分为“理解提问”“复习提问”

“课堂讨论”；在章末还有“拓展思考”“实训练习”和少量“创新创业”训练。

（4）在案例素材上，精心搜集整理改编最新案例。每章设置“导入案例”“案例实训”“综合案例”栏目，围绕本章知识点提出思考与练习题，帮助学以致用。

（5）在思政素养上，每章开篇有“政策瞭望”栏目，章末有紧密结合知识点的“素养园地”案例。其他案例也融入了思政元素，让专业教育与立德树人紧密结合。

（6）为拓宽视野，设置“品牌视野”栏目。内容包括品牌领域实用新颖书籍推介、趣味学术研究、政策新闻、实践知识、历史沿革等，并配以与知识点相关的思考题。

本书配套了丰富的教辅资料，包括PPT、教学大纲、思政大纲、案例分析要点、章末习题答案等。

本书的写作得到了杨曲曲和陈子豪两位同事的大力协助，广东省企业品牌建设促进会常务会长兼秘书长王满平先生、营创（广州）教育科技有限公司黄妮韫女士等友人也不断给予关心和支持，在此一并表示衷心感谢。

本书参考了大量的文献与案例资料，无法全部列明出处。对所涉及的国内外专家学者和案例素材的作者们，在此一并致谢。

为写作本书，我做了很多独立思考和总结，但由于才疏学浅，很多总结和原创的知识也只是一家之言，不一定完全正确，恳请读者赐教指正。

张蔚鸽

目　录

第 1 篇　品牌创建

// 第1篇 //

品牌创建

第 1 章

品牌概述

政策瞭望

坚持和发展马克思主义，必须同中华优秀传统文化相结合。……中华优秀传统文化源远流长、博大精深，是中华文明的智慧结晶，其中蕴含的天下为公、民为邦本、为政以德、革故鼎新、任人唯贤、天人合一、自强不息、厚德载物、讲信修睦、亲仁善邻等，是中国人民在长期生产生活中积累的宇宙观、天下观、社会观、道德观的重要体现，同科学社会主义价值观主张具有高度契合性。

——《高举中国特色社会主义伟大旗帜 为全面建设社会主义现代化国家而团结奋斗
——在中国共产党第二十次全国代表大会上的报告》

知识思维导图

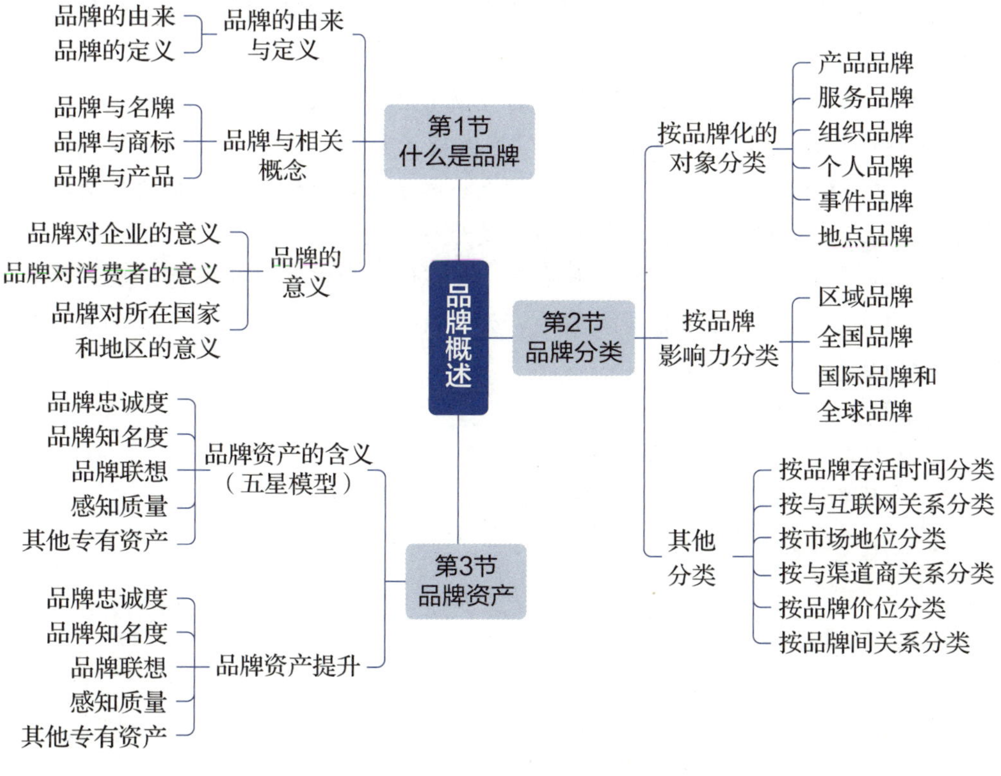

导入案例

瑞幸咖啡与新势力咖啡品牌的崛起

随着国内消费水平不断提高，如今咖啡已不再是中等收入群体的专属饮品，而是成为众多都市人必不可少的“提神生命水”，中国已经成为世界上重要的咖啡市场。截至2021年1月，上海共有6 913家咖啡馆，已成为全球咖啡馆数量最多的城市。

在众多的咖啡品牌中，长期以来，星巴克一直稳居行业巨头地位。然而在中国市场，这一格局因瑞幸咖啡的出现而受到撼动。瑞幸一出场，就利用互联网思维给咖啡贴上了“便宜、好喝”的标签，叠加流量营销，迅速打开市场，并获得融资，2019年在美国纳斯达克上市。但2020年2月，瑞幸爆出财务造假事件，陷入丑闻中。瑞幸咖啡跌入了谷底，之后开始深耕经营，减少补贴优惠，开启单店盈利模式。一方面，它重视产品的创新，聚焦打造爆品，生椰拿铁曾创下单月销量超1 000万杯的纪录，2021年共推出113款全新现制饮品；同时，线上线下互为补充，采用自提、外卖等多重供应模式，契合目标群体的消费习惯。它还签下了奥运冠军谷爱凌作为品牌代言人，赚足了眼球。

但是纵观目前国内咖啡赛道格局，瑞幸在发起冲击的同时，还得警惕身后的咖啡新势力。现如今，以Manner、M Stand、Seesaw为代表的咖啡新品牌成了资本的香饽饽。

Manner来自上海，成立于2015年，目前已经进行了多轮融资。这家店走性价比的路线，最便宜的咖啡15元，大杯多加5元，自带杯则减5元，采用低价战略俘获消费者。

M Stand成立于2017年，同样来自上海，2021年进行了两轮融资。不同于Manner的性价比路线，M Stand注重门店空间场景的塑造，实行“一店一设计”，吸引了不少消费者打卡。它习惯根据面积大小和功能，设计不同风格的门店去适应当地的文化或消费场景，进而诠释产品，提升品牌调性。

Seesaw是成立于2012年的咖啡品牌，主打创意咖啡。以咖啡为基底进行混搭去吸引消费者，这一打法目前是奏效的，公开数据显示，2021年5月其创意咖啡的复购率达40%。

请思考

1. 瑞幸算是一个真正的品牌吗？
2. 对于消费者来说，“瑞幸”意味着什么？
3. 瑞幸与其他咖啡品牌有什么区别？

第 1 节　什么是品牌

一、品牌的由来与定义

（一）品牌的由来

品牌的英文单词“brand”源于古斯堪的纳维亚语“brandr”，意思是燃烧着的木头、（烙在犯人身上的）印记、（烙在牲口身上、以示所有权的）标记。在中国古代，也有相似的词汇，如“招牌”“字号”等。这些说明，品牌最原始的作用就是识别区分，给财产或产品上打上不同的标记来表明其归属。

随着商品交换的发展，人们逐渐习惯用特殊的标记来表明或区分商品的产地和生产者，生产者也特意以此为消费者提供商品质量担保，这就是品牌早期的雏形。

知识赋能

理解提问：为何品牌成为识别商品与商品质量关系的标记？
复习提问：品牌的原始作用是什么？
课堂讨论：中国古代有品牌吗？

（二）品牌的定义

该如何定义“品牌”这个现代营销理论中的概念呢？事实上，现代的品牌概念是非常复杂的，市场营销学、心理学、社会学等多学科的融入，极大地丰富了品牌的含义，使品牌成为具有多面性的概念。

国内学者将国内外品牌界对于品牌概念的定义，归纳为六类：符号说、资产说、综合说、关系说、互动说和承诺说。①

第一类是符号说，其代表“现代营销学之父”菲利普·科特勒（Philip Kotler）将品牌定义为：品牌是一种名称、名词、符号或设计，或是它们的组合运用，其目的是借以辨认某个销售者或某群销售者的商品和服务，并使之同竞争对手的商品和服务区别开来。②

第二类是资产说，其代表品牌研究权威戴维·阿克（David Aaker）给出的品牌定义为：与品牌名称和标识联系在一起的一套资产或负债，它可以提高也可以降低商品或服务的价值。③

第三类是综合说，其代表戴维·奥格威（David Ogilvy）认为：品牌是一种错综复杂的象征，它是商品的属性、名称、包装、价格、历史、声誉、广告风格的无

---

① 张明立，任淑霞．品牌管理．4 版．北京：清华大学出版社，2021.
② 科特勒．营销管理：第 9 版．上海：上海人民出版社，1999.
③ 阿克．创建强势品牌．北京：机械工业出版社，2012.

形组合。①

第四类关系说认为，品牌源于消费者反应的差异，是品牌留存于消费者心智中的东西。品牌是与消费者建立的长久关系，品牌是社会评论的结果，而不是自我加冕的，强调品牌的最后实现是由消费者决定的。

第五类互动说强调，品牌是消费者与品牌进行理性和感性互动的综合“体验”结果。

第六类承诺说则认为，品牌是承诺、保证和契约。②

也有国内学者将品牌概念分为狭义的和广义的。狭义的如符号说，但企业如果仅仅是设计出人们容易识别的品牌要素，而不对这些要素赋予积极内涵的话，品牌仍然不能在消费者心里留下积极印象。广义的品牌概念，如综合说、关系说和互动说，认为品牌存在于消费者的心智中。品牌就是消费者心智中对品牌要素所能建立起的认知、联系与体验的总和，并以此促进消费者对其的正面感受、积极评价与购买。③

综合上述定义，本书给出品牌的一个简洁定义：品牌就是在商品和服务的功能价值之外，与品牌要素联系在一起的附加价值，它可以让消费者据此产生一定的偏好与差异化反应。

知识赋能

理解提问：品牌的作用是什么？
复习提问：什么是品牌的定义？关于品牌定义有哪些学说？
课堂讨论：结合案例谈谈自己对品牌定义的理解。

品牌视野

品牌“说文解字”与中国品牌源起

中文“品牌”二字，十分传神，包含了中国汉字所特有的丰富内涵，很适合用来解读“品牌”的精髓。“品牌”二字，先说“品”。一是三口为品，可引申为品牌即口碑、品牌即众人口中的形象。品牌是靠口碑积攒起来的，品牌不是企业主观想打造成什么样就什么样，品牌的价值在于消费者的认可，品牌在于消费者心中将品牌与什么建立了联系。二是“品”还意味着品质、品位、品类。这说明要成为一个品牌，对品质的承诺是底线；要上个台阶的话，还要有一定的品位即精神层面上的价值，并常常和某个产品品类建立牢固的联系。再说“牌”，原意为用木材或其他材料做成的标志或凭信。这意味着品牌需要有一个标志，方便大家识别辨认。同时，这个标志意味着信用，商品上带有这个标志，商品有问题商家就要认账。

---

① 朱立．品牌管理．3版．北京：高等教育出版社，2020.
② 张明立，任淑霞．品牌管理．4版．北京：清华大学出版社，2021.
③ 王海忠．品牌管理．2版．北京：清华大学出版社，2021.

其实在中国古代就已经有品牌的概念雏形。人们在出土的西周文物上发现有商品“标记”，以制造者姓名为主。这一传统后来在手工业和商贸业兴起的封建时代得到保留和发展，以制造者或经营者的姓名、姓氏为商品、商行之名和标志，成为中国传统商业“老字号”的习惯。例如著名的剪刀行“王麻子”“张小泉”。再如创立于1600年的“陈李济”药铺，该药铺的名称中包含着陈体全、李升佐两位创始人，再加上“悬壶济世”的药铺行业之意。

到了近代，民族工业兴起，著名民族实业家和教育家张謇（1853—1926）创办了大生纱厂。他很有品牌意识，对旗下不同产品采用好意头又形象的不同品牌名来命名。如大生一厂产品采用了“魁星”的品牌名，设计的商标图案是“魁星点斗，独占鳌头”。其他厂用到的品牌名还有“寿星”“财神”“龙凤”“双龙”“一支桃”等，也都独具民族特色。

习近平总书记多次提到民营企业家要有爱国情怀，他还列举了张謇等人的名字。张謇是近代实业家、教育家，是中国现代纺织业开拓者。张謇生于南通，状元出身，兴实业、办教育、做公益，一生创办了20多个企业和370多所学校，积极筹办公益慈善事业，使南通被誉为“中国近代第一城”，是中国民营企业家中自觉增强家国情怀、勇于担当社会责任的典范。张謇被习近平总书记称赞为“中国民营企业家的先贤和楷模”，为中国近代民族工业的兴起、教育事业的发展做出了宝贵贡献。

请思考

1. 中华老字号为何要以创始人的名字或姓氏来命名？
2. 张謇为何要用这些耳熟能详的词语来做品牌名？为何采用多个品牌？
3. 你还知道哪些传承至今的老字号品牌？
4. 这些老字号品牌的品牌名含义与中华传统文化有何联系？

二、品牌与相关概念

（一）品牌与名牌

有一定的知名度是成为品牌的一个基础条件，是品牌发展的初级阶段。任何一个牌子，只要有着不低于市场平均水平的产品质量与服务、有一定的市场占有率，再加上一定的公关活动和广告宣传，就可以有一定的知名度，由“杂牌”（不知名）上升为“名牌”，其名下产品成为“牌子（货）”。但成为“名牌”，只是实现了“牌”，没有“品”的话，距离成为真正的品牌还挺遥远。

“品牌”一词由“品”和“牌”构成。“牌”代表了知名度（构成了名牌），只是基础。而“品”，其一，代表了美誉度。有了“品”，有一定的美誉度或信誉，消费者对该品牌才会信任，进而可能会与品牌建立长期关系，由信赖进而形成消费习惯甚至忠诚度。其二，代表了独特性，有一定的“品位”。品牌蕴含着独特的精神价值、象征意义，甚至能够向消费者传递一种生活方式、态度和价值观念。品牌名下的产品和服务也具备独特性，并为具象化表达品牌的精神独特性而服务。

我们将上述总结起来，对品牌可以用一个公式来表达：

品牌＝知名度(名牌)＋美誉度＋独特性

这就是成为一个强势品牌的三要素，如图 1－1 所示，可以以此来检验一个品牌的成色。大多数所谓的品牌至今仍只停留在名牌阶段，当消费者没有偏好时容易选择“听过的牌子”。可当有一批“名牌”可选时，消费者就更在意别人的口碑推荐（美誉度）。最后，当大家的美誉度都差不多，消费者又无从选择时，就会看独特性。而产品物质层面的独特性总是很容易被模仿，唯有精神层面的独特性与消费者契合才会赢得消费者的偏爱，产生差异化反应。因为在物质极大丰富的商品经济时代，产品同质化严重，人们越发注重物质以外的精神需要。

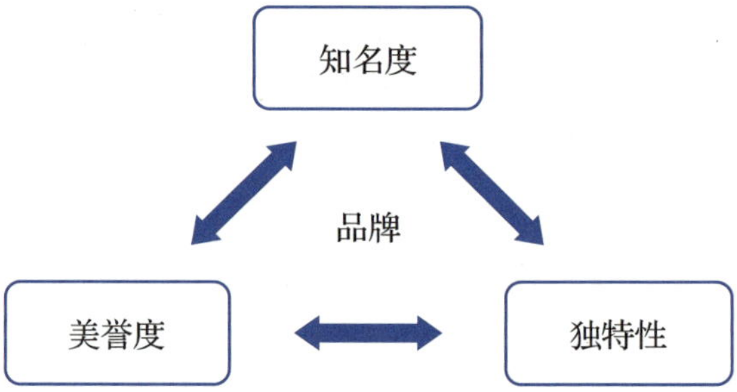

图 1－1　品牌三要素模型

知识赋能

理解提问：品牌与名牌有何区别和联系？
复习提问：什么是品牌三要素模型？如何解释？
课堂讨论：名牌就是品牌吗？

（二）品牌与商标

商标，就是商品的文字名称、图案记号以及其他识别要素，或是这些要素的组合（传统意义上以图案加文字为主）所构成的识别设计。商标注册申请人将商标以及相对应的商品品类，向有关部门申请注册登记，经过查重审核后，经批准享有其专有权，并在相应商品的包装与宣传中使用。商标是一种法律用语，经国家核准注册的商标为“注册商标”，受法律保护。商标注册人享有商标专用权，他人如未经授权使用则构成侵权。

商标与品牌既有联系又有区别，其联系主要表现为：它们都是无形资产，都具有专有性，目的都是有别于竞争者。商标是品牌的法律基础，在商标变成品牌之前，它的价值仅与注册时所花的费用相当。品牌能够在信任、忠诚度、商誉等无形资产方面不断提升，商标能够在品类和地域上不断扩展。

常有人将商标和品牌混淆，其实二者有很大的区别，具体表现为：商标是一个法律概念，而品牌是市场概念；品牌比商标具有更丰富的内涵，并因为其某种特质具有增值效应；商标需要注册，它是受法律保护的一个品牌或品牌的一部分，其产权可以转让和买卖；品牌主要表明商品生产和销售单位，而商标则是区别不同商品的标记；企业的品牌和商标可以是相同的，也可以是不同的。

知识赋能

理解提问：为何说商标在变成品牌前，价值仅与注册成本相当？
复习提问：品牌与商标是何种关系？
课堂讨论：商标为何不是品牌？

（三）品牌与产品

一般而言，品牌用于命名和识别某品类或某些品类的产品（商品）和服务。一个品牌旗下往往有多个产品，还可以不断延伸命名更多新产品。产品可以另外有产品名，但产品名往往不具备独特性，也不受法律保护。"产品"一词强调的是生产过程，而"商品"一词强调的是被交易和使用的属性。但也可以说，一般的品牌是依附于产品之上的，消费者对其所关联的产品的整体印象，往往也部分塑造了品牌形象。

关于品牌与产品的区别与联系，首先，产品是品牌的基础，但品牌超越产品。品牌之所以成为品牌，需要在产品所提供的功能价值之外，提供附加价值。产品的品质与独特性，帮助品牌塑造了部分的美誉度与独特性。但品牌的美誉度与独特性，还可以有产品以外的其他塑造途径。

其次，产品是具体有形的存在，而品牌存在于消费者的认知里。产品是有形的，能够看得见、摸得着，能够满足消费者对其功能价值的期望；品牌是无形的，是对产品功能价值之外的全方位体验。

再次，产品是由工厂生产出来的，而品牌形成于整个企业；产品重在研发和制造环节，而品牌形成于企业整体运营环节；产品立足于质量，而品牌的建立依靠整体表现。

最后，产品重在质量与服务，而品牌贵在传播；产品可以被竞争者模仿，但品牌是独一无二的；产品极易迅速过时落伍，但成功的品牌却能持久不衰。

知识赋能

理解提问：为何说品牌超越产品？
复习提问：品牌与产品有什么区别与联系？
课堂讨论：品牌可以脱离产品存在吗？

三、品牌的意义

（一）品牌对企业的意义

品牌就是企业的核心资产，品牌对于企业来说具有重要意义。

1. 占据市场与拓展新市场

企业可以通过品牌获得对某一市场的占有权，如果具有先入性与独特性，还将获得较大的市场优势。企业还可以通过现有品牌优势，拓展市场，包括通过品牌延伸开发新产品市场、进入新区域市场，冲破市场壁垒，实现企业扩张。

2. 形成竞争防线

品牌的差别使竞争对手难以仿效。融多种差异化于一体的强势品牌能够使企业长期保持市场竞争的优势。面对来自直接竞争对手的进攻，品牌资产筑起森严的竞争壁垒；对于潜在竞争者，品牌资产代表的品质以及消费者对它的推崇，往往会使潜在竞争者放弃进入市场的打算。

3. 提供与渠道及合作伙伴的谈判优势

强势品牌在面临渠道和其他合作伙伴时，拥有较大的谈判优势。渠道和其他合作伙伴，更希望借助强势品牌的影响力来吸引消费者，合作也会有更高的成功概率。因此，一个强势品牌在获取渠道资源，以及与其他合作伙伴谈判时，往往会占据优势地位。

4. 获得更高的溢价与更大的现金流

强势品牌将会获得更高的溢价与更大的现金流。在同样的产品品质情况下，强势品牌产品可以定价更高；在同样的价格情况下，强势品牌产品可能因为规模化生产带来的制造与营销成本优势，获得更高利润率；面对消费者和渠道时，强势品牌拥有更短的账期和更少的折扣优惠让渡。此外，一方面，定价高往往暗示着产品“优质优价”，强势品牌所体现的品质支持更高的定价；另一方面，追求拥有名牌的满足感与优越感使消费者也不介意支付更多。

5. 应对环境变化压力

面对环境变化压力，强势品牌为企业提供了更强的适应性与应变缓冲空间。当面对消费者偏好的变化、新竞争者的进入、较高的成本压力等环境变化时，强势品牌就会有更大的余地，采取产品与定位的改进、调整竞争策略、转移成本等行动，而立于不败之地。

（二）品牌对消费者的意义

品牌并不仅仅对企业有意义，因为品牌是存在于消费者的认知中，所以对消费者来说也很有意义。消费者喜欢品牌，是因为品牌所构成的意义，品牌为消费者创造了附加价值。品牌对消费者的意义，按常见程度由高到低排列，包括以下几点：

1. 减少交易费用

品牌可以帮助消费者更容易选择，减少交易费用。在市场经济中，消费者除了按商品价格支付货款，还需承担交易费用，包括搜寻商品的信息（如比较价格、质量）所需花费的时间成本和其他努力，购买后的潜在风险所导致的可能的损失，以及选择不当的机会成本。

品牌凝聚着消费者选择商品时所要掌握的各种信息，它是卓越的产品质量、良好的售后服务、企业信誉承诺、良好口碑、高知名度等综合优势的象征。它可以使消费者买了放心、用了称心，大大节省消费者选择购买商品所需的交易费用。

2. 减少认知不协调

消费者在进行一次较重大的购买决策之前或之后，常常会问自己："我买对了，还是买错了？"这种担忧往往会形成不协调的感觉，被称为"认知不协调"。而如果买的是品牌商品，消费者在购买时可以因"从众"心理，而获得群体归属感和安全感；还可以因品牌信誉，解决后顾之忧，消除疑虑。因此，品牌可以充当促进消费者做出购买决策的"润滑剂"，让消费者得到安心、信心、暖心和欢心。

3. 获得自我认同和社会认同

强势品牌，还具备一定的独特性。品牌的物质和精神特质，能够让消费者通过与品牌建立联结而获得某种精神满足。如品牌具有鲜明的个性，消费者可以通过品牌来彰显自己的个性，获得自我认同；如品牌代表着一定的社会地位，消费者可以通过品牌来彰显身份，获得社会认同。可以说，消费者利用品牌塑造了自己想要的理想形象。

（三）品牌对所在国家和地区的意义

1. 品牌是国家和地区形象的代表

品牌不仅是一个企业开拓市场、战胜对手的有力武器，更是一个国家和地区综合实力和形象的代表。品牌会带有所在国和地区的文化烙印和刻板印象，国家和地区的形象也会间接由品牌形象所影响和塑造。当其他国家或地区的消费者接触品牌时，基于认知惰性，会很自然地"以偏概全""爱屋及乌"，把对品牌的印象投射到其所代表的国家和地区整体形象上。

2. 品牌与国家和地区的经济和社会相互依存

一方面，品牌会促进国家和地区的经济和社会的发展。强势品牌因其卓越的经营收益产生更多税收，会对所在国家和地区的经济做出贡献；强势品牌会因带动更多的高质量就业和更高的研发投入而推动社会发展；强势品牌会因更好地满足消费者的需要和履行社会责任而改善人们的生活品质和促进社会和谐；强势品牌还会因带动产业链上下游企业的集聚与构建产业生态，促进所在国家和地区形成特色产业优势。另一方面，品牌的发展壮大也需要所在或所服务的国家和地区为其提供良好的经济和社会环境。

案例实训 1－1　天地壹号感谢《狂飙》剧组

知识赋能

理解提问：以具体品牌为例来解释品牌为何会代表国家和地区形象。
复习提问：品牌对企业来说有哪些意义？
课堂讨论：结合案例讨论品牌对消费者来说有什么意义。

第 2 节　品牌分类

品牌并不是企业的专利，一切皆可“品牌化”，大到国家小到个人。“品牌化”是指为产品或服务在产品或服务名之外设计品牌名、标识符号、专属包装等品牌识别要素，以及感官刺激等品牌体验，以推动产品或服务具备市场标的和商业化价值的整个过程。“品牌化”是创建和培育品牌的起点，也是品牌管理者的常规性工作。①

我们可以采用以下这些标准来对品牌进行分类。

一、按品牌化的对象分类

按品牌化的对象分类，即根据设计品牌要素识别的标的物是什么来划分。最常见的如产品和服务以及组织（包括企业和其他形式的组织），还可以是个人、事件、地点，甚至可以是某些信息、理念等。

（一）产品品牌

产品品牌是指为有形或无形产品赋予的品牌。有形产品的品牌，如华为、比亚迪、美的、海尔、娃哈哈等；无形产品的品牌，如电影品牌“流浪地球”系列、“唐人街探案”系列、 “速度与激情”系列等，小说与电视剧品牌“三体”“狂飙”等。

产品品牌是人们在现实生活中最常看到的一类品牌，这类品牌通常与某种特定的产品联系紧密。对于头部品牌，这种联系往往是双向的。例如，当人们提到瑞幸时，会想到咖啡；提到白药时，会想到云南白药集团。

按行业面对的客户属性是企业客户还是日常消费者，还可以将产品品牌分为消费品品牌和工业品品牌。例如，饮料品牌都是消费品品牌；工业品品牌如专门做港口设备的振华港机、做机械装备的徐工。也有些品牌兼做消费品和工业品，如三星、比亚迪、迈瑞等。

（二）服务品牌

服务品牌是指为服务产品赋予的品牌。例如，零售业的京东、华润万家等；金融保险业的招商银行、平安保险等；酒店服务业的汉庭、全季等。相对于有形产品的标准化和交易过程中所有权的转移，服务不涉及所有权转移，并且服务质量更难标准化，在质量上可能会有所变化，这取决于提供服务的人。因此，在面对质量更难判断的服务时，用品牌化来帮助消费者做出决策，就显得尤为重要。

---

① 王海忠．品牌管理．2 版．北京：清华大学出版社，2021.

值得指出的是，服务常伴随着一些有形物。例如人们去餐厅，看似消费了食物，与自己去超市购买食物没什么两样，但实际上人们消费的是餐厅食物加工服务；餐厅还提供了餐具清洁服务和就餐环境（桌椅、装修虽然是有形物，但不涉及所有权转移）。对于品牌来说最重要的是，以上的有形物和基础功能性服务，品牌之间容易同质化，而在与消费者直接面对面接触的人性化服务上，是较容易差异化而做出特色、打动消费者的。此点以海底捞、胖东来等品牌表现尤为突出。

（三）组织品牌

组织品牌是指为企业、公司或其他性质组织（如国际组织、商业联盟、行业协会，政府机构、事业单位等非营利组织）整体上赋予的品牌。例如，大企业集团品牌美的、海尔、格力、华为、中粮等。一些企业直接采用企业品牌作为产品品牌，如前面提到的企业品牌有很多产品是如此；另一些企业则采用了与产品不一致的品牌，如日用化学品两大巨头宝洁与联合利华旗下有很多品牌，没有用企业品牌作为产品品牌，只是在包装上的生产商信息里出现；还有很多企业则是企业品牌与产品品牌联合使用，如比亚迪企业品牌就与产品品牌朝代系列、军舰系列、海洋动物系列等联用。

使用企业品牌的一个优势在于可以在消费者心目中建立起专业的、可信的、有实力的企业形象，以便所推出的产品“师出名门”，更容易被消费者接受。另外，一些传统意义上的非营利组织也在打造品牌，如故宫博物院等。

（四）个人品牌

个人品牌是指以个人作为品牌化对象的品牌。如今，对个人进行营销并建立个人品牌逐渐为大众所接受。目前，常见的被品牌化的个人对象主要是一些公众人物，如影视演艺明星、运动员、企业家、专家、作家等。但互联网自媒体的出现，也让更多平凡的人有机会走红，成为网红、主播、达人、创作者、意见领袖等。除了为艺人品牌服务的培训和经纪机构，还出现了 MCN（多频道网络）机构，专门来培育孵化个人网红。

（五）事件品牌

事件品牌是指以事件作为品牌化对象的品牌。事件可以包括节庆、体育赛事、会展活动、演出活动、综艺节目等，如草莓音乐节、“双 11”购物节、奥运会、世博会、《桂林千古情》、《奔跑吧兄弟》、《中国诗词大会》等。

什么样的事件才算是品牌化的事件？一是具有良好的品质和口碑，能定期重复举行而影响力经久不衰；二是能拥有一批忠实客户，重复消费；三是能向外进行品牌授权，通过第三方使用品牌要素而获得收益。

（六）地点品牌

地点品牌是指以地理位置作为品牌化对象的品牌。地理位置包括国家联盟、国家、省、城市群、城市、县乡镇、旅游景区、产业园区、建筑等。如东盟、中国、佛山、顺德、五常、长隆、宋城、中关村、张江、东方明珠、水立方等。

这些地理位置基于经济利益和社会利益，也需要营销，也可以品牌化。其中，某类商品以某出产地著称，可以打造成为地理标志（商标）品牌，如农产品类五常大米、赣南脐橙等，又如消费品类佛山陶瓷、顺德家具等。值得注意的是，地理标志品牌是公用品牌，不同于企业拥有的企业品牌和产品品牌，是产地所有企业共享和共同维护的，因此其塑造和维护更加不易。

知识赋能

理解提问：结合案例说明服务为什么更需要品牌化。
复习提问：按品牌化的对象可以将品牌分为哪些种类？
课堂讨论：结合案例讨论，一切皆可品牌化吗？

二、按品牌影响力分类

（一）区域品牌

区域品牌是指影响力局限在某一较小区域内的品牌。最常见的如一些保鲜期短或运输性价比低的产品、地区特色产品和服务等，以及一些缺乏连锁品牌的行业。例如啤酒（尤其是鲜啤）、纯净水、云南过桥米线、柳州螺蛳粉、重庆火锅等。这些品牌的产品和服务往往受产品特性、地理条件及文化特性的影响，只在一定的地域范围内生产和销售。

但也有很大可能性，区域性品牌突破一些束缚，成功成为全国性品牌。如泰山原浆“7 天鲜活”啤酒，就卖到了全国；海底捞是从四川简阳走向全国的；柳州螺蛳粉也通过标准化和便利化，并借助互联网东风，火遍全国。

（二）全国品牌

全国品牌是指在国内知名度较高并在全国范围内销售产品的品牌。如家电行业的海尔、美的、格力等，电子产品行业的华为、小米、联想等，酒水饮料行业的雪花啤酒、农夫山泉、元气森林等，餐饮行业的肯德基、西贝莜面村、老乡鸡等，茶饮行业的喜茶、奈雪的茶、蜜雪冰城等。

全国性品牌也往往是从地区品牌经过发展，才上升为全国性品牌的。这背后原因，除了企业和上下游产业链发展的需要，还有互联网经济、城镇化和经济快速发展、连锁经营与品牌授权等带来的红利影响。

（三）国际品牌和全球品牌

国际品牌和全球品牌很相似，它们都是影响力已跨出国门的品牌，但二者存在两个方面的区别。一是营销组合策略的标准化程度。一般认为全球品牌比国际品牌的营销组合要更标准化一些。不过，也已经有很多企业采取“思维全球化，行动本地化”策略，使得品牌进入各国的做法有所调整。例如，同样是全球性快餐品牌，肯德基进入中国市场后就更多地采取了本地化策略，而麦当劳更多是走全球化路线。

二是国际化程度。一般来说，全球品牌的国际影响力要高于国际品牌，销售覆盖的国家和地区更广，品牌知名度和市场占有率更高，在母国以外的其他国家也能取得不亚于母国的声誉与市场占有率。例如，苹果、微软、星巴克、三星等。而反观中国品牌出海，虽然部分已在海外市场上站稳脚跟，但品牌影响力还不够，如海尔、联想等。也有一些品牌在局部市场赢得了先机，实现了较高的市场占有率，如手机品牌传音占据非洲市场、快时尚品牌希音风靡欧美市场。只有极少数品牌可以畅销全球，但地位还不稳固，容易受到国际环境影响制约，如大疆品牌无人机、华为品牌通信设备等。

知识赋能

理解提问：结合案例说明束缚区域品牌成为全国品牌的因素有哪些。

复习提问：按品牌影响力来划分，品牌可以分为哪些种类?

课堂讨论：列举一些品牌，说明其影响力分别属于哪个级别。

三、其他分类

（一）按品牌存活时间分类

根据存活时间，我国品牌可以分为老字号和普通品牌。老字号历史悠久，长则数百年，短则创立于新中国成立前后。其主要集中于工商业、手工业、餐饮业、民间艺术及文化艺术领域，如餐饮品牌全聚德、楼外楼、狗不理、广州酒家等，食品品牌稻香村、五芳斋、知味观等，中药品牌同仁堂、胡庆余堂、陈李济等。

这些老字号具有共同特点：独特的传统文化特色，诚信的经营之道，历代相传的加工工艺，区域性的品牌影响力。也有一些老字号衰落了，近年来进行了品牌年轻化或是复兴。

（二）按与互联网关系分类

根据与互联网的关系，品牌可以分为在线品牌（线上品牌）和线下品牌。在线品牌，有些是在互联网上开展业务的品牌，如京东、天猫、拼多多、抖音、美团、携程、唯品会等，都是各自领域著名的在线品牌。也有些是通过互联网进行推广并成名的品牌，如服装品牌茵曼、韩都衣舍等，食品品牌三只松鼠等，饮料品牌认养一头牛等。而线下品牌则是以线下经营为主的品牌，尽管它们也会为企业或产品开设网站，但那只是宣传渠道，其开展业务的地方主要还是在线下，因此不能算作在线品牌。现在一种趋势是线上线下融合，线下品牌到线上开展渠道推广，线上品牌则到线下开店或举行推广活动。例如互联网食品品牌三只松鼠、良品铺子等，就纷纷开设了线下门店。

（三）按市场地位分类

根据市场地位，品牌可以分为领导者品牌、挑战者品牌、追随者品牌和补缺者品牌，这要根据具体的目标区域市场而定。在不同市场，占据不同市场地位的品牌所采取的营销战略有很大差异。

以手机行业为例，从全球市场看，领导者品牌是苹果，三星是挑战者，小米、华为等中国手机品牌只能算追随者或补缺者。但从具体区域市场看，如非洲市场，则是名不见经传的中国手机品牌传音独占领导者地位。从具体的手机类型看，如中国折叠屏手机市场，根据2022年的销售数据，华为占据领导者地位（47.4%的市场份额），第二名则是三星（16.5%），第三名是OPPO（13.8%），而第四至六名是vivo、荣耀与小米（但都没超过10%）。①

（四）按与渠道商关系分类

线上渠道商如电商平台京东、天猫等，线下渠道商如连锁门店、超市、百货商场等，本身已是渠道品牌。在这些渠道销售的商品，按其所属品牌与渠道商的关系可以划分为自有品牌、自营品牌、第三方品牌等。

自有品牌是渠道商自己开发拥有的品牌。例如超市品牌华润万家，推出润之家、惠买、简约组合等自有商品品牌。这些自有品牌虽然知名度低，但一般都主打性价比，品质又有大平台保障，容易获得消费者青睐。

自营品牌是与渠道商紧密合作的品牌，商品已经在渠道商仓库提前备货，又通过渠道商的物流系统（或线下门店）配送，发货到货速度快，售后服务有保障。

第三方品牌（主要见于线上），是在渠道上销售，但品牌自己备货，自行发货配送，物流速度可能较慢。

（五）按品牌价位分类

按品牌价位，一般可以笼统分为高端、中端和低端品牌，还可进一步细分为奢侈品牌、轻奢品牌、豪华品牌、小资品牌、大众品牌、高性价比品牌等。近年来，高端或豪华品牌有向下延伸，进攻中低端市场的趋势。而中低端品牌，也往往想尝试向高端发起挑战，但成功难度比前者要大。

（六）按品牌间关系分类

根据彼此之间的关系，品牌可以分为母品牌（主品牌）和子品牌（副品牌）。企业在做品牌延伸时，可以采取主副品牌组合策略，主品牌通常为产品提供一个企业整体实力和品质上的承诺保证，而副品牌则突出了具体产品的特色。如“美的”这一主品牌为其空调产品赋予整体上的良好品质形象，而子品牌如“冷静星”突出了一款空调的安静，子品牌“清净星”则突出了空调的空气清新。

---

① 2022年国内折叠屏手机市场份额出炉，三星排名第二，第一实至名归.（2023-01-31）. https://baijiahao.baidu.com/s?id=1756542773177518445&wfr=spider&for=pc.

知识赋能

理解提问：结合案例说明品牌根据市场地位可以分为哪些类型。

复习提问：按与渠道商关系，品牌可以分为哪些类型？按品牌价位又可分为哪些类型？

课堂讨论：结合身边案例谈谈有哪些老字号品牌、线下品牌、子品牌等。

案例实训 1-2

泰山啤酒走向全国

啤酒市场出现了一匹搅局的黑马。2022年以来，泰山原浆啤酒广告高频亮相分众电梯媒体，“7天短保质期”“30分钟新鲜快送”的差异化概念，在一众国内外啤酒品牌中令人耳目一新。泰山原浆啤酒贯彻差异化发展策略，以“7天原浆”作为主打产品，早早提前筹划向高端化转型，主打原浆这一细分品类。

回顾来路，最困难时期，一路下滑的泰山啤酒年产量仅为6万吨，其主要市场也局限于山东。当时，行业的厮杀声也来到了泰山啤酒大本营泰安市，多家龙头企业进行大量广告投放，彼时的泰山啤酒可谓身陷内外交困之中。既然跟随战略无法奏效，泰山啤酒走向了与绝大部分啤酒企业迥异的差异化发展道路。

“白酒是越陈越好，啤酒恰好相反，越新鲜越好。但因为成本、保质期等，当时市场上的大部分啤酒产品仍以一年保质期的规模化产品为主。……好啤酒的本质还是鲜活，那我们泰山啤酒就做最好喝的啤酒、最新鲜的啤酒，所以提出做‘7天鲜活’的啤酒。”

2010年，泰山啤酒打造的原浆啤酒“7天鲜活”上市销售。尽管概念和产品前期反响不错，但缺乏渠道支持的泰山啤酒因为保质期等原因，在“7天鲜活”面世数年内每年都损耗上百吨。常规经销商体系根本无法在7天内实现产品的终端触达和销售，困难倒逼泰山啤酒进行销售渠道创新，自建销售门店。2016年，泰山啤酒开始在多省建立泰山啤酒直营销售门店，新鲜啤酒由工厂直供门店。啤酒流通环节由原来极为耗时的生产企业到经销商再到终端门店，转换为500公里半径内门店的半天配送。

而门店之后，物流问题也陆续浮现，第三方物流无法满足泰山啤酒即时配送需求。2018年，泰山啤酒开始自建物流体系。之后实现了“7天鲜活”啤酒北方地区24小时送达，广东地区36小时送达，让门店能够销售最为新鲜的“7天鲜活”啤酒。

“其实我也没想到泰山啤酒能够做成今天这样，所以我认为泰山啤酒的成功只是一个偶然，这一切都是被‘7天鲜活’这个概念一步步逼出来的。”

随着在华东、华北地区市场的逐渐稳固，泰山啤酒开始将目光投向广阔的华南。2020年，泰山啤酒正式进入广东市场。

“在广东市场，2022年年底门店数将达200家，明年实现600家，最终在广东市场实现2 000～3 000家门店覆盖，才能基本满足广东地区消费者对于泰山啤酒的需求。”

为进一步满足华南地区对鲜活啤酒的需求，泰山啤酒于2020年年初在佛山三水开建年产能5万吨的原浆啤酒生产基地，预计将于2023年投产，而届时也将实现对华南市场的整体覆盖。

资料来源：陈成稳：泰山啤酒的成功，将从偶然走向必然.（2021－09－15）.http://www.shangbw.com/news/show-41939.html.

练习题

1. 泰山啤酒为何要走出山东市场？
2. 泰山啤酒取得成功的原因有哪些？

第3节　品牌资产

一、品牌资产的含义

品牌是企业核心资产，但品牌又是无形的，品牌的价值该如何评估呢？特别是在企业并购中，在企业有形资产之外的溢价部分被称为商誉，其主要包含的就是企业品牌资产价值和其他无形资产。

品牌研究权威戴维·阿克对品牌资产的定义是：与品牌名称和标识联系在一起的一套资产或负债，它可以提高也可以降低商品或服务的价值。①

根据会计恒等式“资产＝负债＋所有者权益”，上述对品牌资产的定义就套用了会计学的资产和负债的概念，将品牌资产的净值（资产减去负债）作为品牌的真实价值，等于品牌所有者持有品牌实际上带来的收益。

需要着重指出的是，品牌资产基于的资产和负债必须与品牌的名称和（或）标识相联系。如果品牌名称或标识发生变化，部分甚至全部品牌资产或负债就会受到影响，甚至消失。尽管部分资产或负债有可能会转移到新的品牌名称或标识上。

还要指出，品牌是一种无形资产，但与其他无形资产相比又有着明显的区别。品牌有这样一些特征：首先，长期性。只要坚持正确的经营策略，品牌资产就可长期存在，如很多老字号品牌经久不衰。其次，波动性。品牌资产容易产生波动，甚至遭遇品牌危机和老化，需要时常应对和迭代更新。最后，测不准性。品牌的具体价值如果要准确量化甚至以金钱来衡量的话，是很难测准的。②

对于品牌资产的构成要素，各派学者有不同观点，其中以戴维·阿克提出的五

① 阿克.创建强势品牌.北京：机械工业出版社，2012.

② 王新刚.品牌管理.北京：机械工业出版社，2020.

星概念模型应用最为广泛。在综合前人经验基础上，该模型把品牌资产分为五部分：品牌忠诚度、品牌知名度、品牌联想、感知质量和其他专有资产（如图 1－2 所示）。[①]

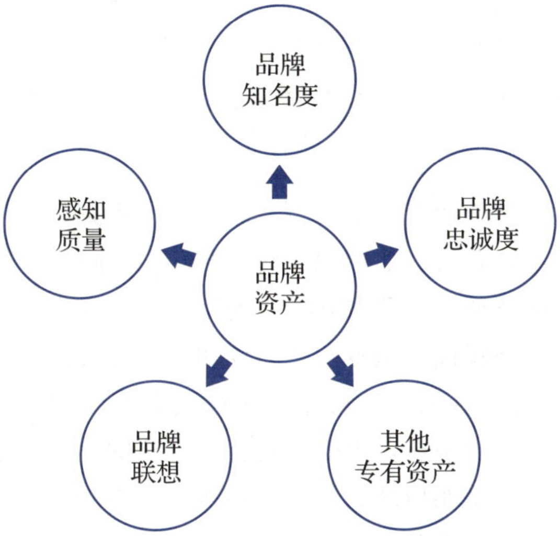

图 1－2　品牌资产的五星概念模型

下面分别详细介绍这五部分的内涵。

（一）品牌忠诚度

品牌忠诚度就是消费者对于品牌有偏好并较为稳定地出现复购、推荐和积极与品牌互动等行为。可以根据忠诚度由无到高分为无品牌忠诚者、习惯购买者、满意购买者、情感购买者和承诺购买者。品牌忠诚度与前述品牌三要素中的“美誉度”基本上一致。

从品牌忠诚度可以延伸出客户关系管理问题。争取新顾客需要付出高昂的代价，而维持老顾客的成本则相对较低，特别是当老顾客满意于该品牌，甚至喜欢该品牌时。其实，在很多市场中，顾客即使转换品牌成本非常低，即使对现有品牌忠诚度不高，但仍有着巨大的惯性，不愿意做出改变（习惯购买者是很常见的）。因此，品牌要重视老客户，维持好客户关系，让老顾客帮助做口碑传播。顾客忠诚度越高，品牌就越不容易受竞争对手的攻击；顾客忠诚度越高，品牌就越不依赖渠道，因为顾客会指名要某一品牌商品，这样品牌面对渠道时就更有谈判力了。

（二）品牌知名度

品牌知名度是指某品牌被公众熟悉、知晓的程度，它表明有多少人知道该品牌，反映的是品牌与消费者的关系广泛程度。品牌知名度，与前述品牌三要素中的“知名度”相一致。根据具体消费者对某品牌的熟悉了解程度由低到高分为无知名

---

① 阿克．管理品牌资产．北京：机械工业出版社，2006.

度、提示知名度、未提示知名度和第一未提示知名度。其中，未提示知名度是指消费者在不需要提示的情况下，根据品类就能够想起来的品牌；而第一未提示知名度是指提到某一品类时想到的第一个品牌。

人们往往喜欢购买熟悉的品牌，因为熟悉的品牌让人产生安全感，减少认知不协调。在人们的心里，熟悉的品牌往往是被普遍认可的，比较可靠，有质量保证。因此，人们往往会选择知名的品牌，不会选择没听说过的品牌。

（三）品牌联想

品牌联想是指通过品牌所能产生的所有联想。是听到、看到和想到品牌时，能根据品牌名称和其他品牌要素（如标识等），联想到其他品牌要素（如广告词）、产品特征、核心消费群体特征、消费者利益、使用场景、产地、个性、人物等。这与前述品牌三要素中的“独特性”基本一致。成功的品牌都能让消费者产生“独特的联想”，在特别的产品特征（如品类）、使用场景等情形下想到品牌。

品牌联想，不仅由品牌塑造，更受消费者已有认知影响。虽然品牌可以影响和改变消费者认知，但最好是能巧妙利用现有的认知。因此，如果一个品牌名称使用了消费者熟悉的词汇，并且消费者产生的联想与品牌的“独特性”是一致的，那么就会相得益彰，品牌传播事半功倍。当品牌名称让人感到陌生、无意义时，品牌则需要花费力气去教育消费者建立新的认知联系。当品牌名称想传递的“独特性”与消费者的现有认知相违背时，品牌传播将事倍功半。

（四）感知质量

感知质量是消费者对品牌在产品和服务品质上的总体印象。产品和服务的目的是满足消费者的需求，而消费者最基本的需求就是良好的产品和服务品质。潜在消费者往往会通过品牌的质量承诺、口碑、公众评价、质量认证、产品包装、定价、门店环境、人员素质等间接线索来获得印象；已有消费者主要基于以往的自身消费体验来做出评价。

感知质量与前述品牌三要素无关，它是一个品牌的“门槛”，是及格线。质量管理标准认证体系已经普及，如果一个品牌连产品和服务质量都无法保证，出了问题将是“一票否决”。但反过来，如果品牌其他三个要素表现特别好，人们可能会对品牌更“宽容”，不相信品牌有质量问题，或者把品牌质量危机归为特例。

（五）其他专有资产

品牌其他专有资产包括商标、专利、专有技术、渠道关系等。前提是这些资产与品牌名称建立了紧密联系，进行了注册保护，或者进行了品牌命名和品牌化。

上述这些品牌专有资产，并不会直接创造收益。只有当它们为品牌所利用、所宣传，与品牌名称紧密联系在一起，创造了或者是支撑了品牌的“独特性”，或者帮助品牌提升了“知名度”和“美誉度”，并为消费者所认知时，才能说这些是品牌的专有资产。

知识赋能

理解提问：为什么要重视老客户？品牌资产和前述品牌三要素有何联系？
复习提问：品牌资产分为哪五个部分？含义分别是什么？
课堂讨论：请指定一个品类，集体测试品牌知名度并现场统计。

二、品牌资产提升

品牌资产是品牌管理运营的结果，也是与消费者互动、与社会互动、与竞争者比较的结果。我们把品牌资产划分为五个部分，以便于品牌管理者从这五个角度去思考如何提升品牌资产。下面就从这五个角度分别阐述相应的提升方向，具体策略见本书后续各章。全面把握五个角度的品牌资产提升方向，有利于建立对本书的全局观，也便于更好地理解本书各章的逻辑联系。

（一）品牌忠诚度

1. 提供高于预期的产品和服务

只有提供高于预期的产品和服务，才能让消费者“喜出望外”，从一般满意跃升到忠诚。如何提供高于预期的产品和服务？途径包括产品和服务不断创新、让消费者参与、个性化定制、众筹预售和不断涨价等。其中产品和服务不断创新，应该结合品牌定位、品牌更新、品牌内扩与外联、品牌 IP 化等品牌策略；让消费者参与和个性化定制，可以结合品牌社群和品牌传播；众筹预售和不断涨价也需要品牌传播等配合。

2. 鼓励消费者口碑传播

对品牌来说，消费者口碑十分重要。因此，要鼓励消费者做口碑传播，让消费者可以看到、听到很多真实的消费者评价。可以对消费者的评价行为进行奖励（例如京东对评价给京豆），鼓励消费者进行分享（例如买家秀），构筑品牌社区，凝聚消费者形成品牌社群，鼓励消费者互帮互助，解答问题（例如京东问答）等。

3. 做有温度的品牌互动

品牌要像人一样有温度、有血有肉，像消费者的朋友一样，这与品牌拟人策略有关。品牌需要与消费者在各种新媒体上进行互动联结，这与品牌传播策略有关。品牌还需要借助相关的人，如企业家、员工、代言人、网红、主播等，与消费者开展鲜活的互动联结，建立人与人之间的情感联系，使消费者增进对品牌的了解和好感。

4. 真诚做好品牌危机管理和承担社会责任

品牌难免会遇到各种危机，包括个别消费者的投诉和被广为传播的社会公共事件。品牌要敢于直面问题，真诚地与消费者和媒体进行沟通，承担责任，进行道歉，解决问题，反思并消除问题发生的根源，杜绝问题再次发生。品牌还需要承担必要的社会责任，对社会公共危机或是慈善事业，在能力范围内主动伸出援助之手；对于环保和低碳等社会责任，能主动承担，积极改进生产与运营。

（二）品牌知名度

1. 设计好记的品牌识别要素

在做品牌识别设计时，对于品牌名称和标识，要利用人们已有的认知，尽量使用人们熟悉的词汇、图案和含义来进行设计，让人们看到、听到就能够理解并记住，其他品牌要素也是如此。例如品牌“真功夫”，就既利用了大家熟悉的词汇“真功夫”，又谐音了“蒸”——其核心的中式快餐烹饪技术，还表明质量好下了真功夫。品牌标识则采用了酷似李小龙的功夫动作。值得注意的是，要做好品牌IP保护，避免法律纠纷。

2. 全方位又有针对性的品牌曝光

提高品牌知名度，最常见的就是做铺天盖地的广告传播，但这种方法费钱，效果还不确定，最好是做全方位但又有针对性的品牌曝光。首先，品牌要通过各种新社交自媒体、公共媒体、非媒体等发出声音，进行有趣的、正能量的品牌传播，并且在各种媒介上要保持一致。其次，可以通过活动事件来曝光，如赞助综艺活动、慈善活动等。最后，品牌曝光要有针对性，要根据品牌定位定向选择目标沟通群体和媒介。上述与品牌传播、品牌公关等有关。

3. 品牌外联借助其他力量

品牌可以通过借助其他力量来提升知名度，包括品牌联合和品牌杠杆。品牌联合是与其他品牌进行合作。品牌杠杆是借助地区品牌、名人品牌、赞助活动品牌、联盟品牌、政府背书等方式，利用其他品牌的知名度与公信力，提升品牌知名度。品牌还可以通过品牌授权，扩大品牌辐射范围，提升品牌知名度。

（三）品牌联想

1. 设计自然合理的品牌识别要素联想

在设计品牌识别要素时，最好能利用人们现有的认知，让人很自然地联想到一些事物。这些联想与品牌的联系要合理，体现品牌想传递的“独特性”，是品牌的亮点。例如海底捞的标识，读音就和海底捞第一个字“海”相似；采用了Hi，是相互问候的Hi，也是吃得很嗨的嗨；字母H，容易让人联想到一双夹菜的筷子；海底捞是四川火锅，把字母i设计成辣椒，产生提示；最外面一个圆圈，容易让人联想到火锅的造型。

2. 做好独特的品牌定位设计

要让品牌产生“独特性”，使消费者对品牌产生独特的联想，能在一众品牌中快速做出选择，就要做好基础工作，做好独特的品牌定位设计，如独特的品类、使用场景等。例如王老吉的“怕上火，喝王老吉”，让人把王老吉与预防上火的凉茶品类绑定在一起。例如天地壹号的“吃饭喝啥？天地壹号！”让人在吃饭场景中想起它。

3. 品牌定位贯穿品牌识别和品牌体验设计

做好品牌定位设计还不够，还需要贯彻落实，要在品牌与消费者接触的各个环节充分体现，其中最为基础的是产品和服务的设计。对于品牌管理来说，最为重要的是将品牌定位贯穿品牌识别和品牌体验设计的全过程。

4. 塑造独具魅力的文化与个性

塑造独特而有魅力的品牌联想，让消费者偏爱甚至钟爱，还可以在塑造独具魅力的品牌文化与个性上下功夫，让品牌在其产品和服务提供的物质价值的基础上，还能创造精神价值。让品牌使用者能通过品牌，投射出自己想要的或认同的文化、价值观、品位和个性等内涵，帮助消费者塑造自身形象，满足精神需求。

（四）感知质量

1. 提高质量承诺

要提高消费者的质量感知，一个看似简单实则困难的办法是提升品牌的质量承诺，即向消费者提供高于预期的、超过同行标准的、兜底式的质量承诺。例如京东等电商平台推出的七天无理由退货、顺丰推出的“不上门必赔付”、奇瑞推出的全系车型整车终身质保等。

2. 传播质量承诺

提升质量承诺还不够，还需将品牌的质量承诺进行可视化、口号化、量化、数字化，甚至构成品牌要素来进行品牌传播。要让品牌的质量承诺深入人心，让潜在的消费者放心，让购买后的消费者安心。例如泰山啤酒向消费者承诺原浆啤酒 7 日保鲜，在瓶身上醒目地标出“7”字，使 7 日保鲜在反复宣传中构成了泰山原浆啤酒的品牌要素之一。

3. 提供和提高可见的质量线索

有时质量看不见摸不着，商家还可以通过提供可见的质量线索，或者是提高已有质量线索的水平，来向消费者暗示质量水平。例如产品包装、价格、环境、员工、品牌名称、销售渠道等。比如生活小百货连锁超市名创优品，其名字里的“优品”就是质量线索，整洁明亮的购物环境、在大型百货商场里开店、美观的产品包装等也都是质量线索。

（五）其他专有资产

1. 注册商标保护品牌要素

在品牌的专有资产中，商标是最核心的一种。注册商标，是对品牌识别设计后的品牌要素进行的法律保护。它建立了一定的竞争壁垒，避免竞争对手的抄袭，也避免了其他异业经营者的撞车或是“搭便车”。注册商标不限于品牌名称和标识，还包括设计开发其他品牌要素，并进行注册保护，例如品牌口号、广告曲等。在注册商标基础上，还可以进行品牌授权，扩大品牌知名度，提升品牌资产。

2. 品牌化专有技术

品牌背后还有很多专有技术，有些是注册保护的专利，如产品包装设计、产品功能设计、功能配方、生产制造技术等，有些是不能外传或无法言传的。如果这些专有技术构成了品牌核心亮点或优势，品牌应该将这些专有技术也进行品牌化，并进行品牌传播。例如，产品包装有时候就构成了品牌的核心资产，如王老吉的红罐包装，为此还与加多宝进行了法律诉讼。再如手机中的芯片和操作系统，华为就推出了芯片品牌麒麟和操作系统品牌鸿蒙。

3. 渠道体系品牌化或评价认证

品牌通过一定的渠道体系进行销售，这些渠道体系有自营、授权、借助第三方平台等方式。这些渠道体系如果对品牌是有意义的，就构成品牌特征，品牌则可以将这些渠道体系进行品牌化，如小米就推出了统一品牌形象的自营门店。品牌还可以以授权门店方式进行推广，但也需要以统一的品牌形象出现。在第三方平台开店，可以获得平台的评价认证，如“旗舰店”、星级评价等，以保护和提升品牌资产。

知识赋能

理解提问：为什么要鼓励消费者口碑传播？为什么要塑造独特的文化和个性？为什么要提供质量线索？为什么要品牌化专有技术？

复习提问：品牌资产分哪五个部分？分别如何提升？

课堂讨论：请指定一个品牌，集体讨论提升其品牌资产的各种途径。

素养园地

5月10日：中国品牌日

党的十八大以来，党中央、国务院就振兴实体经济、做大做强制造业做出一系列重大部署，对加快质量品牌建设提出明确要求。习近平总书记强调，推动中国制造向中国创造转变、中国速度向中国质量转变、中国产品向中国品牌转变。2016年，国务院部署了消费品工业“三品”专项行动，出台了《国务院办公厅关于发挥品牌引领作用推动供需结构升级的意见》，把“创品牌”作为从供给侧和需求侧两端发力，提高有效供给质量，满足人民群众消费升级需要的战略抓手。经国务院批准，自2017年起，将每年5月10日设立为“中国品牌日”。“中国品牌日”活动现由国家发展改革委联合中宣部、工业和信息化部、农业农村部、商务部、市场监管总局、知识产权局、国务院国资委等共同举办。

我国正处于从经济大国向经济强国转变的重要阶段，以品牌为切入点，充分发挥市场的决定性作用、企业的主体作用、政府的推动作用和社会的参与作用，有助于提升产业发展素质，改善供给结构，提高供给系统的质量和效率，推动经济发展方式从外延扩张型向内涵集约型转变、从速度规模型向质量效率型转变。

品牌不仅是一种识别标志，也是一种精神象征，一种价值理念。事实上，品牌承载着丰富的文化元素，品牌的发展是灵动、具体、持久、深入展现一国文化的过程。“强化品牌建设，就是要以自主品牌为载体，更好地展示和传播中华文化，不断增强民族自信心和自豪感。”上海企业文化与品牌研究所所长周元祝表示，中国自主品牌培育、发展和壮大的过程，也正是向世界传递中国声音、讲述中国故事、展示中国形象的过程。

品牌影响力的提升需要积累，品牌价值的沉淀甚至需要几代人的努力。多年来，制造业、农业、食品药品等不同领域、不同部门从各自角度对品牌培育和建设进行了卓有成效的探索。经过多年发展和积累，我国经济规模已位居世界第二，农业、制造业领域一大批产品的产量位居世界第一，服务业门类齐全，规模已超过经济总量的一半。随着经济快速发展，一些优势行业的品牌发展成效显现，特色区域品牌日益增多，特别是部分企业品牌快速成长，开始在世界舞台上崭露头角。与此同时，支撑品牌发展的法律法规、政策、标准、监管等体系架构初步形成，专利年申请量、商标年申请量和注册商标总量均居世界第一。

从消费端来看，对于品牌产品的消费呼声越来越高，特别是随着全面建成小康社会不断深入，中等收入群体持续扩大，消费者对产品和服务提出了更高要求，客观上也要求加快品牌发展。

令人欣慰的是，品牌发展的社会共识已经形成。近年来，关于品牌发展的人大建议和政协提案明显增多，相关部门纷纷结合自身职能出台促进品牌发展的措施，不少地方政府也设置专门协调机构，统筹多部门联合推动品牌发展。同时，企业的品牌发展意识不断增强，通过创品牌来提高综合竞争力已成为企业发展的战略指引和自觉行动。

品牌建设是一项系统工程，要在充分调动市场、企业、政府、社会等各方积极性的基础上，着力补齐自主品牌发展短板，形成培育壮大自主品牌的合力。

资料来源：坚持品牌引领 建设制造强国 .（2017－05－10）. http://jingji.cctv.cn/2017/05/10/ARTIlRro9BMQHGiK8eGOEqkZ170510.shtml.

思考题

1. 设立“中国品牌日”对振兴实体经济、做大做强制造业有何意义？
2. 为何培育壮大中国自主品牌，也是向世界展示中国形象的过程？
3. 你认为中国自主品牌在档次价位上如何？该如何提升？

本章小结

1. 品牌的简洁定义：品牌就是在商品和服务的功能价值之外，与品牌要素联系在一起的附加价值，它可以让消费者据此产生一定的偏好与差异化反应。品牌三要素模型：美誉度、知名度和独特性。品牌与商标既有联系又有区别。品牌的意义包括品牌对企业的意义、品牌对消费者的意义以及品牌对所在国家和地区的意义。

2. 品牌分类：可以按品牌化的对象分为产品品牌、服务品牌、组织品牌、个人品牌、事件品牌、地点品牌。按品牌影响力分为区域品牌、全国品牌、国际品牌和全球品牌。其他分类方式还有按品牌存活时间分类、按与互联网关系分类、按市场地位分类、按与渠道商关系分类、按品牌价位分类、按品牌间关系分类等。

3. 品牌资产的内涵采用五星模型，包括品牌忠诚度、品牌知名度、品牌联想、感知质量和其他专有资产，按照这五个角度分别提出品牌资产提升方向。

拓展思考

1. 如何从中国传统文化角度去理解品牌的定义？
2. 品牌与名牌、产品、商标分别有何区别与联系？
3. 如何理解品牌对企业、对消费者、对所在国家和地区的意义？
4. 品牌可以按照哪些标准进行分类？分类的意义何在？
5. 为什么说品牌是企业的核心资产？品牌资产模型有哪些内容？
6. 可以从哪些途径去提升品牌资产的各个方面？
7. 为什么说商标、专利、专有技术等并不能创造价值，除非与品牌紧密联系？

实训练习

1. 找些朋友聊聊喜欢或习惯的品牌，看看品牌有哪些意义。

2. 请运用品牌三要素模型来对某品类的品牌进行评价筛选，看看哪些是真正的品牌。

3. 请结合自己的生活经历与品牌分类知识，每种类型写出一个以上的品牌，并评估是否算是真正的品牌。

4. 请指定一个品牌，用思维导图的形式，写出提到该品牌名你所能想到的内容。

5. 请指定一个品牌，根据所学内容，用思维导图的形式，根据品牌资产的五个部分的内容，思考写出提升品牌资产的各种办法。

创新创业

打造个人品牌

有些人成功打造了个人品牌（个人 IP），成为网红。今天的消费者越来越喜欢看到活生生的人、接地气的人，喜欢自己信任的人推荐好的商品给自己。谁能成为影响别人决策的人，谁就开始在这群人中拥有了个人品牌。

在今天的营销格局下，品牌运营不单单是产品品牌、企业品牌，更是“产品品牌＋企业品牌＋IP 品牌”合力驱动。把产品人格化，让企业的产品与各种超级 IP 品牌结合起来，丰富和提高自家商品在消费者心中的记忆点和信任度，提升产品销售转化率，成为越来越多企业的必然选择。

打造个人品牌，顺应了消费者个性化选择的时代需求。打造有温度的个人品牌，从赋能自己到赋能别人，从赋能产品到赋能产业，必然成为新的商业主旋律。

一个人有没有个人品牌，有一个简单的判断方法：不提职务，你是谁？如果大家对你有一个明确的定位，那就说明你在一定的圈子里拥有了个人品牌。企业高层、专业人士和电商网红，更需要全方位学习打造个人品牌。

秋叶所著《个人品牌7堂课》，以7堂课的形式，系统总结了建立和运营个人品牌所需要的7种思维：平台思维、赛道思维、定位思维、团队思维、产品思维、渠道思维和运营思维。

秋叶所著《个人品牌技能指南》，系统总结传授打造个人品牌必备的9种技能：故事力、视觉化、直播力、写作力、演讲力、短视频、社群力、传播力和学习力。

练习题

请阅读上述推荐的书籍，并结合自己的情况，策划如何打造自己个人品牌。

综合案例

京东推出自有品牌“京造”

2021年10月，有媒体消息称，京东京造已经成为独立的业务单元，和京东零售同处一个级别，负责人为京东集团高级副总裁、京东自有品牌业务负责人王笑松。京东早在2015年就尝试做自有品牌，但一路磕磕绊绊，最先成立的是垂直在居家生活品类的佳佰。但自有品牌业务正式成立是在2018年：京东京造诞生，对标网易严选和米家有品，覆盖全品类。

2019年，随着京东下沉市场战略的提出，服务3～6线城市的量贩装生活必需品平台惠寻成立。2020年以来，京东又成立了一批新的自有品牌，更加垂直细分。对于京造，根据36氪当时的报道，此项目从2017年9月启动，由上海一支20～30人的团队负责，提供精选、高性价比和有调性的产品。该项目不属于京东商城的特定事业群，而是在首席营销官（CMO）体系之下。

消费升级背景下，新中等收入群体逐渐崛起成为市场主力，他们不盲目搞品牌崇拜，不再只单单关注产品的价格，而是喜爱有品质、品位的商品，愿意为高品质生活支付一定的溢价，京东京造应运而生。京东京造主要针对中产群体，产品有两个定位，一是“高端产品的大众化”，二是“大众产品的品质化”。高端产品大众化针对市面上实用但价格比较高的品类，保留其核心功能，推出高性价比版本产品，比如吸尘器、洁面仪等；而大众产品品质化，则是锚定市面上司空见惯的商品，提供高质量版本，比如牛仔裤、书包、拉杆箱等。

和社区团购业务一样，2018年1月开始做自有品牌的京东，相比网易严选、米家有品等最早一批入局的选手慢了一拍，但京东在这件事上依然很有优势。作为零售商，京东多年积累下的渠道优势，使其无论在用户忠诚度、筛选品类能力还是流量层面，都非其他零售平台可比。另外，京东的用户群体注重产品品质和购买效率，这一点和京造的用户群体基本吻合，用户客群能够复用。几乎是前后脚，2018年9月，阿里巴巴在淘宝内部启动了C2M项目，聚焦产业带商家。2018年12月，拼多多也全面布局C2M模式，启动新品牌计划。淘宝、拼多多的C2M业务，瞄准的都是价格敏感型人群，走高性价比路线。2019年10月，京东推出服务3～6线城市的另一个自有品牌惠寻迎战，京造依然沿袭原来的路线。

事实证明，京造这盘棋下得似乎还可以。2020年1月，在京东“登峰造极”首届合作伙伴大会上，京造业务部总经理汤恒晟表示，自2018年1月上线以来，京造已经从8个品类、50个SKU，发展到目前涵盖了居家、数码电器、服饰、出行、食品饮料与个护美妆等共25个分类、8 000个SKU，其中80%～85%的商品都是上线一次成功，京造2019年第四季度的商品成交件数是2018年第一季度的80倍，线下覆盖全国386个城市的2 500家门店。

2020年12月，在京东自有品牌合作伙伴大会上，王笑松对外透露，京东全年自有品牌产品销售同比去年有差不多200%的增长，规模接近30亿元。其中，京造2020年用户数和订单量同比增长近4倍，并定下了2021年再增3倍的目标。

资料来源：产业观察｜京造独立，这一次京东又要靠供应链破局？.（2021－10－31）. https://new.qq.com/rain/a/20211031A04OZZ00.

思考题

1. 京造是什么类型品牌？
2. 京东为什么要推出京造品牌？
3. 京造品牌对消费者有何意义？
4. 京造的品牌资产该如何提升？

第 2 章

品牌定位

政策瞭望

构建全国统一大市场，深化要素市场化改革，建设高标准市场体系。完善产权保护、市场准入、公平竞争、社会信用等市场经济基础制度，优化营商环境。

——《高举中国特色社会主义伟大旗帜 为全面建设社会主义现代化国家而团结奋斗

——在中国共产党第二十次全国代表大会上的报告》

知识思维导图

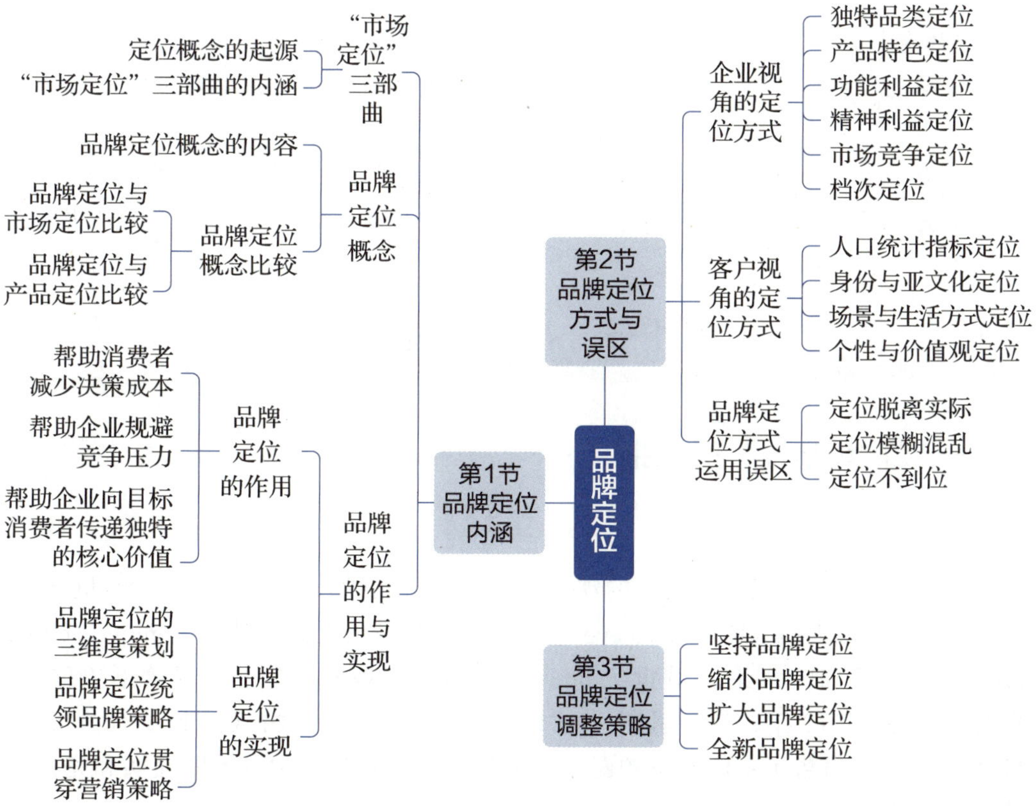

导入案例

“去渍霸”改名“好爸爸”

去渍霸是立白集团旗下高端洗涤品牌，是立白与国际化工巨头巴斯夫、酶制剂巨头诺维信公司合作共同研制，致力于为消费者提供“无化学残留”的洗涤用品。

2013 年，去渍霸赞助了第一季的《爸爸去哪儿》，发现“爸爸角色缺失”是一个非常普遍的社会问题。经过深入调研，立白集团发现现在家庭教育中“好爸爸缺失，孩子缺乏高质量亲子陪伴”的问题十分严重。“健康幸福每一家”是立白集团一贯的宗旨，为呼吁爸爸们关注并陪伴孩子成长，2014 年 6 月 27 日，立白集团决定将旗下品牌“Kispa 去渍霸”全面更名升级为“Kispa 好爸爸”，并同时推出全新的洗涤品类洗衣露。

“好爸爸”品牌负责人表示，“好爸爸”的目标消费群体为有孩子的家庭。无化学残留的洗涤产品，令衣物更安全，更适用于宝宝衣物及贴身衣物。借着 10 亿元的品牌投入，“好爸爸”成为高端洗涤市场的有力搅局者，有信心打破洗衣液在高端市场的垄断态势，打造洗衣露品类龙头。众所周知，经过多年的市场培育，蓝月亮在洗衣液市场上先拔头筹。蓝月亮和立白，一个是洗衣液市场霸主，一个是老牌日化巨头。二者虽然品牌定位有差异，但在高端洗涤市场相遇，势必会带动行业的竞争。

请思考

1. 原先“去渍霸”洗衣液，从品牌名称来看是一种什么品牌定位方式？是否成功？

2. 改名为“好爸爸”洗衣露，又是一种什么品牌定位方式？是否成功？

3. 蓝月亮面对立白和“好爸爸”的来势汹汹，又该采取什么品牌定位策略呢？

第 1 节　品牌定位内涵

一、“市场定位”三部曲

（一）定位概念的起源

定位是对营销理论影响最大的观念之一，经历几代人的传承锤炼。20 世纪 50 年代，罗瑟·瑞夫斯（Rosser Reeves）创立了“独特的销售主张”（unique selling proposition，USP）理论。20 世纪 60 年代，戴维·奥格威创立了品牌形象理论。在此基础上，1972 年，艾·里斯（Al Ries）和杰克·特劳特（Jack Trout）合著《定位》一书，宣告了定位理论的诞生。之后，二人和其他学者不断充实和完善了该理论。

里斯和特劳特提出的“定位”（positioning）是指为了要在目标受众心目中占据

独特的位置，而要对供给（例如产品和品牌形象）进行独特设计的行为。采用动词，表明这是一个动态过程，从受众角度去审视，不断修正调整。定位的主体不受限制，国家、公司、品牌、组织、个人、产品和服务，都可以使用这个方法在目标受众心目中占位。

定位是基于大众的心智认知位置是有限的这一前提，认为占领某个独特位置，就能和其他竞争对手区隔开来以减少竞争，就能便于受众快速处理信息并容易做出选择。因此，定位学说的关键是“消费者有限的心智位置”和“相对于竞争对手”。

（二）“市场定位”三部曲的内涵

营销专家将定位理论与现有的营销理论体系进行整合，就有了经典的“市场定位”三部曲（S－T－P），即市场细分（segmenting）、目标市场选择（targeting）和市场定位（positioning）。如图2－1所示。

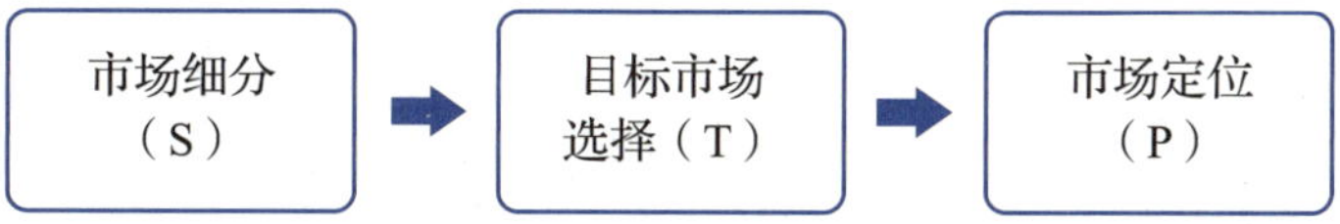

图2－1　“市场定位”三部曲

“市场细分”，是指妥善选择对受众进行细分的标准，然后进行市场细分。“目标市场选择”，是指要评估每个细分市场的吸引力，并选择目标细分市场。“市场定位”，是针对目标细分市场客户需求，开发资源，进行营销策略等方面的独特设计，以满足目标细分市场的客户需求，并在客户心智中占据独特的位置，与竞争对手区隔开来。

“市场定位”三部曲的最大作用，是帮助企业去发现之前被忽视的、未被满足或未被很好满足的、较为独特的市场需求。这些市场需求也是之前未被竞争对手发现或被其忽略的，还是企业有资源可开发并能把握该机会的，更是具有一定规模效应和成长性而有利可图的。

“市场定位”三部曲和“蓝海”战略有相似之处，“市场定位”三部曲更具有操作性和科学性。它既适用于拥有成熟的品牌和产品的企业去诊断现有市场定位，做竞品分析，发现新的市场利基，从而指导调整现有定位和策略，也适用于新的企业去洞察市场，发现独特的、适合自己的品牌和产品的受众心智位置，从一开始就在战略上把好方向，“做正确的事”。

知识赋能

理解提问：“定位”为何要从受众角度审视？为何需要调整？

复习提问：“市场定位”三部曲的内容是什么？最大作用是什么？

课堂讨论：“市场细分”有哪些常见的细分标准？

案例实训 2-1

“餐后一小时”酸奶

“餐后一小时”酸奶，是乳业品牌卡士于 2017 年推出的酸奶产品，全称是“餐后一小时”双歧杆菌 C-I 风味发酵乳。

这款酸奶是卡士联手欧洲拥有 100 多年菌种研发经验的公司，研发出的具有保健功能的酸奶，也是国内首款以最佳饮用时间命名的功能型酸奶。为了研发出“餐后一小时”，卡士联手丹麦科·汉森公司，共同打造出比其他双歧杆菌功能更强、耐胃酸能力更突出的益生菌——卡士双歧杆菌 C-I，能有效补充人体内双歧杆菌数量。

卡士打出的“餐后一小时”概念，是指在餐后一小时的黄金时间段内，人体肠胃的 pH 值最高，是双歧杆菌 C-I 很好的生存环境。倡导餐后一小时饮用，可以最大限度地保证双歧杆菌活着到达肠道。

练习题

1. “餐后一小时”采用了什么市场细分标准?
2. 你还能找出其他品牌采用该市场细分标准来定位的案例吗?
3. 能否为其他品牌策划采用该市场细分标准来定位?

二、品牌定位概念

(一) 品牌定位概念的内容

品牌是一种名称、术语、标记、符号或设计等，或是它们的组合运用。品牌能够用于辨识，并使自身与竞争对手的品牌区隔开来。品牌可以依附产品而建立，但具有比产品更强的生命力和影响力。品牌也可以由强大的 IP 转化而来，让 IP 产生和变现更大的商业价值。强大的品牌可以脱离具体的产品而存在，而让旗下产品熠熠生辉。品牌资产是无形资产，是国家、企业、组织、个人最宝贵的财富，是最不容易被剥夺但又是最容易受到伤害的资产。

在产品越来越同质化的今天，品牌化越来越重要。企业的品牌可以超越产品，为消费者创造额外价值，同时也为企业创造额外利润。而要成功打造一个品牌，品牌定位是至关重要的基础和关键。打造品牌就像建设一栋高楼大厦，而品牌定位就是地基。地基不牢，楼就会塌。品牌要发展，品牌定位就要“打深打牢”。

品牌定位就是对品牌核心价值进行设计，使它在目标客户心目中占据一个独特的、有价值的位置，以实现品牌利益最大化。有效建立品牌与竞争者的差异性，在目标客户心目中占有一个与众不同的位置，在目标客户脑海中形成一种独特的意义，这就是品牌的核心价值。它可以帮助客户更好地辨识品牌，更快、更容易地做出选择，从而减少决策成本。

营销大师凯文·莱恩·凯勒（Kevin Lane Keller）认为在品牌定位中必须确定以下内容：一是目标顾客，二是主要竞争对手，三是本品牌和竞争品牌的相似性，四是本品牌和竞争品牌的差异性。品牌定位是技术性较强的策略，离不开科学严密的思维，必须讲究方法和策略。

（二）品牌定位概念比较

1. 品牌定位与市场定位比较

市场定位是比品牌定位更大的概念，包含了品牌定位。品牌定位是从品牌主体出发进行定位，而市场定位的主体更加广泛，可以是产品、企业、品牌等。

但二者的思想和方法论是一致的，都是要从目标受众的心智出发，去占据一个独特的、有价值的位置，让目标受众将品牌或其他市场主体与某个心智认知概念联系在一起。

2. 品牌定位与产品定位比较

品牌定位不同于产品定位。首先，二者被定位的主体不同，一个是品牌，另一个是产品。其次，品牌定位方式往往比产品定位方式更多，产品更多地从产品品类、产品要素、产品功能价值等方面去定位，而品牌定位还可以从不依附于产品的精神和文化价值、客户特征等方面去定位。最后，品牌定位高于产品定位，并且更为复杂、更为抽象，因为品牌定位要能覆盖其下属的产品。一般一个品牌旗下会有多个产品项目，品牌定位要高于单个产品的定位，要能统率旗下的所有产品。

同样，二者的思想和方法论是一致的，都是要去占据目标受众的独特的、有价值的心智位置。

知识赋能

理解提问：为什么“品牌定位”是成功打造品牌的基础和关键？
复习提问：品牌定位和产品定位有什么区别与联系？
课堂讨论：“品牌定位”是企业塑造的还是消费者塑造的？

案例实训 2-2

格力“让世界爱上中国造”

2023年农历春节，格力以“中国红、智造蓝、环保绿”的崭新广告形象登上纽约时报广场。多年来，格力完成了一个国际化家电企业的成长蜕变，在塑造品牌形象的过程中坚持与时俱进，不断注入新理念。从“好空调，格力造”，到“格力掌握核心科技”，再到“让世界爱上中国造”，从科技领先到服务世界，在品牌不断凝练升级的同时，产品也不断创新发展。

作为全球型工业集团的格力，凭借在多领域国际领先的硬核创新实力，向世界诠释了“中国智慧”。2021年，在全球制冷技术创新大奖赛上，格力电器与清华大学联合研发“零碳源”空调技术，从全球近百个国家的参赛团队中脱颖而出。据预测，普及这种空调技术，有潜力在 2050 年前实现累计全球碳减排 1 000 亿吨，相当于 1 160 亿棵树 100 年的碳汇量。在 2022 年北京冬奥会中，国家速滑馆“冰丝带”一共采用了 4 台格力永磁同步变频离心机，此机组节能可达 40%以上。在卡塔尔世界杯赛场上，教育城体育场、974 体育场、球迷村等多处设施的中央空调均由格力电器提供，总计高达 4 万多台套。作为首次在海湾地区、北半球冬季进行的世界杯比赛，卡塔尔即使到了冬季，最高气温也可达到 30℃左右。为开放式的户外体育场供冷，是各个场馆的刚需，更是对空调设备的极端考验。此外，卡塔尔在承办世界杯时做出绿色低碳的环保承诺，致力于让本届赛事成为“碳中和”体育赛事，这也是其选择格力产品的重要考虑。

创新让中国品牌的发展有了更多可能和更广阔的道路，格力注重发展自主创新能力。格力搭建了以国家级科研平台为依托的多层次、高水平研发平台体系，形成了全员创新、产学研协同创新体系。以创新链驱动价值链，以价值链支撑创新链，实现产学研的高效转化。

“让世界爱上中国造”不仅是格力电器始终坚持的发展方针和目标，也是作为一个有责任、有担当的企业为国家和民族发展做出应有贡献的有力承诺。

资料来源：全新形象闪耀“世界十字路口” 格力让世界爱上中国造．(2023-01-28). http://www.jjckb.cn/2023-01/28/c_1310693289.htm.

练习题

1. 格力“让世界爱上中国造”传递了什么品牌定位？
2. “好空调，格力造”和“格力掌握核心科技”哪个像产品定位？
3. 格力绿色节能产品助力北京冬奥会和卡塔尔世界杯说明了什么？
4. 格力为什么要走自主创新之路？

三、品牌定位的作用与实现

（一）品牌定位的作用

1. 帮助消费者减少决策成本

成功的品牌定位使得品牌在消费者心目中占据一个独特的认知位置，在消费者脑海中形成一种独特的意义。这好比建立了一个索引标签，可以帮助消费者在需要时快速地从脑海中检索出来，或是在货架上从商品的汪洋大海中快速锁定品牌，更快、更容易地做出选择，从而减少决策成本。

2. 帮助企业规避竞争压力

成功的品牌定位要能把自己与竞争对手的品牌区隔开来，在消费者的心智中占据数一数二的地位。消费者的心智中能容纳的品牌数量极其有限，消费者一般只会记住第一、第二的品牌，而对后面的品牌和后来者视而不见或是会有更多的要求，比如免费、更多的优惠、更高的质量承诺等。通过占据独特的心智位置，品牌就能排除掉绝大部分竞争对手，规避竞争压力。或是在第一的位置上独享红利，或是在第二的位置上与第一和谐共生。

3. 帮助企业向目标消费者传递独特的核心价值

成功的品牌定位可以为目标消费者创造出独特的核心价值，并通过营销手段向目标消费者进行传递。企业能为目标消费者创造的价值很多，但是随着市场上竞争对手的增多，产品同质化严重，相似竞争品牌也能为消费者提供差不多的价值。唯有品牌定位创造出的与众不同的价值，才是品牌的核心价值。唯有其他品牌所不能替代的独特价值，才是消费者认同品牌的唯一理由。

（二）品牌定位的实现

品牌定位的实现，首先要通过三个维度来策划，其次要统领其他品牌策略，最后通过贯穿营销策略来实现，上述关系如图 2-2 所示。

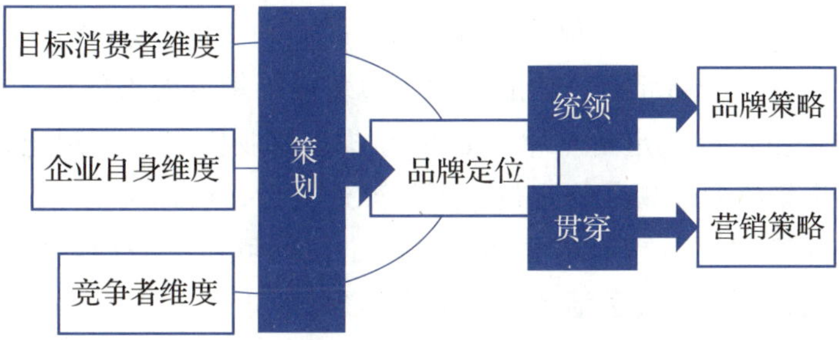

图 2-2　品牌定位的实现

1. 品牌定位的三维度策划

品牌定位要从三个维度通过精心策划来实现。这三个维度包括目标消费者维度、企业自身维度和竞争者维度。第一，目标消费者维度就是要通过“市场定位”三部曲中的第一步来洞察消费者，细分市场，找到有价值、有新意和未被满足的消费者需求；第二，企业自身维度，就是在“市场定位”三部曲中的第二步目标市场选择以及第三步市场定位时，在细分市场基础上，对企业所拥有或是能拓展开发的外部资源（如供应商）进行审视，可采用 SWOT 分析，并策划 SO 策略，用企业资源优势来把握市场需求机会；第三，竞争者维度，就是在上述工作基础上，对波特（Michael Porter）五力模型中的直接竞争者、潜在进入者和替代品与企业进行优劣势、相似度和差异度比较，从而找出企业具备优势和独特性的市场机会，规避竞争压力。最终，综合上述三个维度策划过程，制定品牌策略，再选择最佳品牌定位方式。

2. 品牌定位统领品牌策略

品牌定位是所有品牌工作的基础，是最高级别的品牌战略，其他品牌策略工作要围绕品牌定位展开。品牌定位是纲，其他品牌策略是目，纲举目张。品牌定位是战略意图，要通过统领指挥其他品牌策略来实现。如果其他品牌策略不听指挥，各打各的，就会造成全局混乱，难以建立统一的品牌形象。具体又可以分为两种情况：第一，当品牌旗下产品单一或不多时，品牌定位通过指导品牌识别、品牌体验和品牌传播与互动来贯彻实现；第二，当品牌要进一步发展或是旗下产品增多时，品牌定位通过指导品牌文化、品牌延伸、品牌组合，以及品牌联合与品牌杠杆来贯彻实现。在这一过程中，企业也要时常审视品牌定位，动态调整品牌策略、品牌定位方式和内容，以适应品牌发展、消费者需求变化和竞争态势变化的需要。

3. 品牌定位贯穿营销策略

品牌定位还是企业一切营销工作的基础，营销的目的就是为目标客户创造和传递价值，满足客户需求，并获得合理回报。某一品牌所能创造并提供的价值，其他品牌大多也能提供并相差无几。唯有通过品牌定位聚焦创造的独特价值，才是品牌区别于其他竞争品牌的核心价值，才是消费者识别品牌并认同品牌的主要抓手。因此，品牌定位要贯穿企业一切营销工作，要始终保持步调一致，发出统一的声音，塑造统一的品牌形象。具体来说，品牌定位要通过营销策略4P［产品（product）、定价（price）、渠道（place）、促销（promotion）］来实现。第一，产品策略要体现品牌定位，可从核心产品元素、功能利益、包装设计等方面来体现。第二，定价策略要体现品牌定位，可从定价水平、定价方式、商业模式、区别定价等方面来体现。第三，渠道策略要体现品牌定位，可从渠道类型、店铺选址与风格、配送方式等方面来体现。第四，促销策略要体现品牌定位，可从广告内容与方式、促销方案、代言人、销售人员、公关活动等方面来体现。

知识赋能

理解提问：为什么说品牌定位能帮助消费者减少决策成本？为什么说唯有通过品牌定位聚焦创造的独特价值，才是品牌区别于其他竞争品牌的核心价值？

课堂讨论：消费者的心智位置真的是有限的吗？消费者一般只会记住某个位置上第一、第二的品牌吗？为什么其他品牌策略工作要围绕品牌定位展开？

课堂实训：请以某个熟悉的品牌为例，分析其品牌定位的作用。请以某个熟悉的品牌为例，分析该如何策划其品牌定位。

案例实训 2-3

蓝月亮，洗衣液品类领导品牌

蓝月亮是中国洗衣液市场领导品牌之一。2008年，彼时国内洗衣剂市场还是洗衣粉的天下，洗衣液占比不到4%。蓝月亮通过对消费需求的洞察，瞄准洗衣液市场，重仓下注，一战成名，开创中国洗衣“液”时代。当时在KA卖场洗衣液尚属小众时，蓝月亮便在KA渠道中采取了人海战术，通过海量促销员直接在卖场洗衣服，展示洗衣液效果、解说洗衣液成分优势和去渍原理，很好地教育了消费者。

截至 2022 年，蓝月亮洗衣液已实现连续 14 年（2009—2022）获同类产品市场综合占有率第一。

2011 年起，蓝月亮倡导“专品专用”，针对中国人的洗衣习惯，陆续推出手洗专用、宝宝专用、旅行专用、预涂专用洗衣液。2015 年蓝月亮推出国内首款计量式泵头装“浓缩+”洗衣液——机洗至尊，2018 年蓝月亮推出至尊生物科技洗衣液，不断加固洗衣液品类护城河。

从 2022 年“6·18”促销活动各平台相关数据来看，蓝月亮在衣物清洁护理领域优势稳固，多款产品持续赢得消费者青睐，多款新品发挥出十足的爆发力。以蓝月亮内衣专用洗衣液为例，在消费需求品质化、精细化、多元化等趋势下，该款产品在市场上势如破竹，佳绩连连。此外，蓝月亮除菌去味洗衣液、洗衣机清洗剂等商品也收获了众多消费者的青睐和好评。

值得一提的是，蓝月亮在衣清领域保持稳固优势的同时，亦在不断丰富产品矩阵，注重全品布局，在个人洗护（洗手液）、家清（洗洁精、消毒液）领域也不断推新，满足消费者个人及家庭更加多元化、专业化的洁净需求。

蓝月亮通过持续的产品创新，传达品牌对科技的钻研，继而保证了消费者对品牌的信任感。消费者记住一个品牌、偏好一个品牌，不仅仅是因为这个品牌做到了“第一”的位置，还因为这个品牌所遵循的品牌理念，能够让消费者不断感受到，继而对品牌产生信任和认同。

练习题

1. 蓝月亮品牌在你心目中的定位是什么？蓝月亮品牌自身宣传的定位又是什么？分别是什么定位方式？

2. 在众多洗衣液品牌也推出了丰富的洗护产品的情况下，蓝月亮品牌定位是否需要进行调整？应该采取什么品牌定位方式？

3. 蓝月亮品牌定位与其产品定位有何异同？

4. 蓝月亮其他品牌策略和营销策略与其品牌定位有无冲突？

第 2 节　品牌定位方式与误区

品牌定位能否成功，与能否找到最佳的定位方式有很大关系。寻找定位方式的过程可参照上一节中“品牌定位的实现”所述的三种方式进行综合运用。品牌定位方式非常多，具体采用了哪种定位方式，有的品牌一目了然，有的品牌却比较模糊。品牌定位不仅要通过策划来实现设想，而且要通过具体的品牌策略来体现，更要通过具体的营销策略来拓展传递。因此，有的时候从企业不同的层面所反映出来的品牌定位并不一致，甚至相互冲突。如果找好品牌定位方式，无论内外部都容易理解，再加上有强大的市场价值和独特性，就能较好地贯彻和传递品牌定位，避免混乱局面。

对品牌定位方式做好梳理归类很重要。品牌定位方式总体可以分为两大类：一类是较为传统的从企业视角出发寻找自身特色，另一类是较为新颖的从客户视角出发寻找消费者特征（如图2－3所示）。

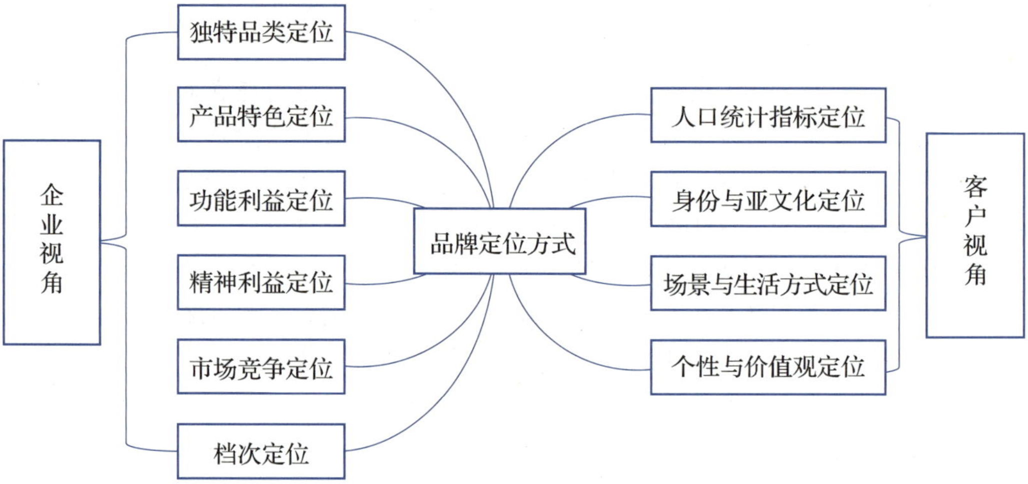

图2－3　品牌定位方式

知道了有哪些品牌定位方式还不够，在运用中还存在诸多误区。拨开迷雾，才能更好地运用品牌定位方式。

一、企业视角的定位方式

（一）独特品类定位

独特品类定位是传统定位方式中最为强大的定位方式，就是开辟一个独特的、新颖的产品品类。可以是全新品类，也可以是对原有品类的细分。可以是有客观事实依据的，也可以是通过主观制造概念而开创。制造概念比较适用于企业推出全新产品，重新定义一个新的品类，但也适用于在拥挤的品类“红海”中，独辟蹊径，开辟细分新赛道，一骑绝尘。这种定位方式难度较大，需要教育市场接受新品类概念。当市场接受之后，如果没有建好进入壁垒，或是品类名是通用产品名，没有商标注册和知识产权保护，容易有其他后来者进入抢占市场，后发制人。

（二）产品特色定位

产品特色定位是最为常见的一种定位方式，就是通过突出强调品牌旗下产品的某项或多项物质上的特色来定位，一般可以分为产品品质、产品原料、产品或其核心原料的产地、功能、技术、包装、价格等，还包括强调上述某项特色所带来的独特优势。

例如，格力的品牌口号“格力掌握核心科技”和“好空调，格力造”，前者就是在强调技术特色，后者就是在强调产品品质特色。二者联合起来，格力就是在强调“掌握核心科技”的技术优势，带来了“好空调”的品质特色。同时，后一广告语还采用了品类定位，强调了格力主要生产空调，即专业性。

（三）功能利益定位

功能利益定位也是十分常见的定位方式，就是通过宣传品牌旗下产品提供的物质性功能给消费者带来某些利益，或是能满足某些市场需求而定位。功能利益定位与上述的产品特色定位，区别在于前者强调的是带给消费者的某项利益，后者强调的是产品某项功能特色，这项特色能带来什么功能利益则没那么明显或没有说明。二者的视角与给人的感受不太相同，功能利益定位更贴近消费者视角，更容易让消费者理解和产生共鸣。

例如，王老吉的广告语“怕上火，喝王老吉”，“怕上火”描述的是消费者需求，人们担心上火；“喝王老吉”就能解除这种担心，预防上火，这是一种功能利益。

（四）精神利益定位

精神利益定位是在产品物质利益趋同的情况下，企业通过突出强调品牌和其旗下产品所能带来的精神利益特色而定位。精神利益包括情绪利益、审美利益、家国情怀利益、地域文化利益等。

例如，哈尔滨啤酒采用情绪利益定位，强调“一起哈啤”，哈啤谐音“happy”，来渲染快乐的情绪。

（五）市场竞争定位

市场竞争定位是一种较为常见的定位方式，也是一种比较特殊的定位方式。即强调品牌或其旗下产品在某个品类市场上的领先市场地位，或是暗示第二的市场地位，或是比附同行其他大品牌，或是参照异业大品牌的地位。

例如，加多宝的广告语“全国销量领先”“中国每卖 10 罐凉茶 7 罐加多宝”“正宗凉茶”，都是在强调市场领导者的地位。“青花郎，中国两大酱香白酒之一”，就是在暗示第二的市场地位。

（六）档次定位

档次定位，是通过定价水平、产品与服务品质、销售渠道档次、活动与代言人档次等来综合反映品牌所处的档次。档次大致可以分为高、中、低档，一般来说质优价高，档次越高，往往能享受越大的溢价边际效应。也有些品牌宣传性价比高，追求优质低价。但此种方式有诸多问题：首先，经营难度大，需要有持续的成本与品质优势支持；其次，此种方式也容易被模仿，即使采取，也要配合其他品牌定位方式，并逐渐转移；最后，消费者需求会升级，追求性价比的消费者容易被其他品牌抢走。不同档次定位的品牌都会拓展市场，向上或向下延伸。一般而言，高中档向下延伸较为容易，而中低档向上延伸较难。

例如，小米手机面市时就通过极致性价比获得了极高的人气和销量。但之后性价比策略产生疲劳，其他竞争品牌先后推出更高性价比的产品，再如曾经的乐视，又如努比亚、Realme 等品牌。但这种定位方式不容易取得持久成功。

知识赋能

理解提问：如何理解产品特色定位与功能利益定位的差别？
课堂讨论：独特品类定位方式有何利与弊？
课堂实训：请以某个熟悉的品牌为例，分析其品牌定位的内容与方式。

二、客户视角的定位方式

上述从企业视角出发的定位方式，是较为传统的定位方式，眼光还是放在企业和品牌及其产品身上，容易和其他品牌雷同，难以激起消费者共情，更谈不上参与感和荣誉感。下面介绍几种客户视角的定位方式。

（一）人口统计指标定位

人口统计指标定位，是指采用一些常见的人口统计指标来定位，如年龄、性别、收入、家庭结构、职业等。

例如，本章导入案例中的“好爸爸”的品牌广告语“有孩家庭，安心之选”，“有孩家庭”突出了有孩子的家庭这一目标人群特征，再结合“安心”这一精神利益诉求。

（二）身份与亚文化定位

身份与亚文化定位，是指采用目标消费者的特殊身份角色或社会地位，以及某些亚文化圈层群体身份标签来定位。

例如，上述的“好爸爸”品牌通过品牌命名，突出了“爸爸”这一特殊家庭角色身份，与爸爸共情。又如“老板”品牌厨房电器，品牌命名抓住“老板”这样一个社会地位身份，凸显了品牌旗下产品的较高品质。

（三）场景与生活方式定位

场景与生活方式定位，是指通过抓住目标消费者的一些关键消费场景、特定的生活方式来进行定位。这种定位方式更容易建立品牌与特定场景的联系，激发消费欲望。

例如，东鹏特饮的一则广告是“年轻就要醒着拼”，就用到了“打拼”这样一种特殊的生活场景状态，再结合年轻人这样的年龄层标签，提升了品牌定位的境界，更容易与年轻人共情。再如“吃饭喝啥？天地壹号！”也是抓住了吃饭这个关键消费场景。

（四）个性与价值观定位

个性与价值观定位，是指通过多种方式将品牌人格化，通过塑造特定的、能与目标消费者共鸣的个性或价值观来定位。这种定位方式较为高级，定位较为抽象，也更容易满足目标消费者的精神追求，激发消费者的中长期忠诚。

例如，安踏的品牌广告语“永不止步”，就营造了拼搏进取、昂扬向上的进取精神，传递了正能量的价值观。再如啤酒品牌“雪花”的品牌广告语“勇闯天涯”，也隐含了勇敢、坚强、自信的个人特质，契合目标消费者追求的个性化。

三、品牌定位方式运用误区

品牌定位也不是仅仅依靠品牌如何宣传，而要看消费者如何记忆联想。在了解了上述两大类品牌定位方式后，我们再来看看运用过程中存在的诸多误区。

（一）定位脱离实际

品牌定位如果脱离实际，就不能使人信服，成为泡影，具体包括企业层面和消费者层面。企业层面，品牌定位宣示的核心价值，是否有企业核心技术、产品品质、市场定位等的支撑。消费者层面，品牌定位宣示的目标人群，是否符合品牌现有消费人群画像，或目标人群是否与品牌定位宣传的亚文化、生活方式、个性与价值观等契合共鸣。

因此，在品牌定位策划阶段，需要夯实现实基础，从企业和消费者两端的实际情况中，去提炼足够差异化的核心价值诉求。

例如，李宁换标并推出广告语“90后李宁”，想讨好年轻人，却抛弃了李宁原有的70后消费人群基础，在产品和形象上又缺乏吸引年轻人的元素，因此遭遇失败。

（二）定位模糊混乱

如果品牌在宣传过程中传递的价值点过多，多种品牌定位方式并存，或同一种定位方式下存在多种定位诉求，就可能造成品牌定位模糊、形式混乱。出现这种情况的原因，可能是品牌宣传混乱，在一句广告语或多句广告语里存在多种定位；也可能是品牌策略和营销混乱，传递出的价值诉求不一样或水平不一样；还可能是消费者演绎和感知造成的，消费该品牌商品和服务的消费者的某些特征和一些口碑传播，间接塑造了品牌形象和品牌定位。

因此，在进行品牌定位时应尽可能采用一种定位方式和一种核心价值诉求。如果有企业、消费者或竞争者原因而存在其他定位方式和定位点时，要努力建立和宣传这些品牌定位点之间的积极联系，宣传得当可以取得“1＋1＞2”的效果。随着时间推移和情况变化，需要变更品牌定位时，也要努力实现前后品牌定位的兼容，顺利平稳过渡；也可以直接采取多品牌策略。

（三）定位不到位

品牌定位不到位，是指品牌所做的定位没有找到自己合适的位置。与其他竞争品牌相比同质化，没有找到自己独特的核心价值，在消费者心目中没能占据特定的位置。原因又或是对自己的核心价值提炼得不够，或是表现形式不佳，难以打动消费者。在产品同质化严重的商品经济时代，传统的企业视角的品牌定位方式容易雷同，可以尝试从客户视角的品牌定位方式独辟蹊径。还可以尝试将二者相结合，向独特的消费者传递独特的核心价值。

案例实训 2－4　一起“哈啤”一起“Zào”

知识赋能

理解提问：从客户视角出发进行品牌定位有何好处？

复习提问：客户视角的品牌定位方式有哪些？品牌定位方式运用误区有哪些？

课堂讨论：人口统计指标还可以有哪些？场景与生活方式定位是否适合消费频次低的商品？

品牌视野

《升级定位》

推荐阅读冯卫东所著的《升级定位》，以下为其序言：

定位理论诞生于20世纪70年代初的美国，当时，艾·里斯和杰克·特劳特两人合著了《定位》一书，从此营销界就出现了一个绕不开的术语——定位。此后40多年中，两位大师陆续出版了20多本定位系列书，对美国营销界产生了巨大影响。

20世纪90年代，定位理论传到了中国。早期学习定位理论的不少企业家都取得了很大的成功，比如创立蒙牛乳业的牛根生、创立巨人集团的史玉柱。到了互联网时代，则涌现出一批学过定位的互联网企业家，比如分众传媒的江南春、小米科技的雷军、360的周鸿祎……

定位理论在中国咨询界也越来越普及。在定位咨询机构的帮助下，近些年中国涌现出了一批成功或阶段性成功的案例，比如王老吉凉茶、长城汽车、东阿阿胶、六个核桃、瓜子二手车等。定位理论在中国的传播正在创造新的实践和新的理论成果，其中也包括我个人的一些贡献。

我最初学习定位是因为做投资的需要。有一段时间，天图资本不仅内部学习定位，还鼓励天图投资的企业学习定位、接受定位咨询。毫不隐瞒地说，学习定位有正面效果，但也有坑，甚至是大坑。定位圈流传着一句话，“定位一学就会，一用就错”，而圈内某些大咖却自得于“运用之妙，存乎一心”。

作为科学方法论的坚定支持者，我认为“运用之妙，存乎一心”的状态表明定位理论还不够完善，需要发展。正如普通人用刀削水果皮，需要大量练习才能得心应手，然而用专门的削皮刀，通常立即就能上手。

科学的商业理论，必须像其他科学理论一样，具备可验证性、可重复性，甚至可以工具化、清单化。因此，我从经济学、管理学、精益创业、进化论等多元学科和理论中吸取养分，以此升级、完善定位理论，提出了顾客价值配方、战略二分法、品牌商业模式、品牌战略五阶段、品类三界论等新的理论，并总结出品类命名“八字诀”、品牌起名“四要”、定位广告“二语三性法则”等清单化工具。

除了把定位理论用于判断投资项目，天图还把定位理论用于自身品牌建设。从早期什么领域都投，到专注消费品投资，天图在投资界形成了较强的品牌影响力，投资了许多消费品类中数一数二的品牌，例如周黑鸭、百果园、奈雪的茶、德州扒鸡、鲍师傅、小红书、自如公寓、瓜子二手车、飞鹤奶粉、三顿半咖啡等。

为了让更多企业少走弯路，我开始在高维学堂、创业黑马、中欧创业营、混沌大学等创业社群讲授升级定位理论。不少学员感受到了定位理论的威力，向我反馈定位实践结果，使我能够超越狭隘的个人经验，实现定位理论的不断升级和有效落地。

学习的最大成本不是金钱，也不是时间，而是学了错误的知识，还付诸实践。升级定位理论是我在商业实践中结合多元学科知识对定位理论的系统升级，虽然还不够完备，但能帮助企业避免许多方向性错误。这样企业就能少走弯路，不踩大坑，大幅提升成功概率。

资料来源：冯卫东．升级定位．北京：机械工业出版社，2020.

请思考

1.“科学的商业理论，必须像其他科学理论一样，具备可验证性、可重复性，甚至可以工具化、清单化。”对此，你怎么看？

2. 请阅读冯卫东的《升级定位》一书，尝试用其中的定位理论工具来分析现实中的品牌案例。

第 3 节 品牌定位调整策略

品牌定位是要占领目标消费者心智中独特的位置，这是一个动态过程，会随着各种条件变化而需要时常重新审视。这些条件变化包括适应品牌发展的需要、消费者需求变化的需要和竞争态势变化的需要。要动态调整品牌定位方式和内容，为此就要制定品牌定位调整策略，做出决策。根据与原品牌定位的距离，品牌定位调整策略可以分为坚持品牌定位、缩小品牌定位、扩大品牌定位、全新品牌定位。

一、坚持品牌定位

坚持品牌定位，是指在经过对原有品牌定位进行重新审视之后，发现原有品牌定位的方式和内容并没有问题，需要坚持。如果品牌业绩表现不佳，就要问是否在品牌定位的执行和实现过程中存在着问题。如果执行和实现不够好，就要强化品牌定位。用品牌定位战略意图去统领其他品牌策略，去指导所有的营销策略，以实现真正的品牌定位，达到品牌定位策划的真正目的。

二、缩小品牌定位

缩小品牌定位，是指经过对原有品牌定位进行重新审视之后，发现原有的品牌定位模糊宽泛、不够精准，与其他竞争对手品牌区隔度不高，定位的精准度不够。此时，就要在原有品牌定位基础上进一步提炼聚焦，缩小品牌定位。在原有品牌定位基础上进一步聚焦，有助于发现品牌真正的核心价值，有助于和其他竞争品牌真正产生区隔。

三、扩大品牌定位

扩大品牌定位，是指经过对原有品牌定位进行重新审视之后，发现原有的品牌定位过于狭窄，限制了品牌发展空间，难以支撑品牌延伸。如果还希望延续继承原有的品牌资产，避免新旧品牌定位前后脱节、缺乏联系、无法衔接，则可以在原有品牌定位基础上进行品牌定位扩大，使得扩大后的新的品牌定位能覆盖原有的品牌定位，并能够支撑品牌的进一步发展，覆盖品牌旗下推出的更多产品。

四、全新品牌定位

全新品牌定位，是指在对原有品牌定位方式和内容进行重新审视之后，发现原有品牌定位已经完全不能适应企业品牌发展的需要，或不能适应消费者需求变化的需要，或不能适应竞争态势变化的需要。原有品牌定位下的品牌资产，对于企业未来发展来说已经没有太大价值，甚至已经成为生存和发展的障碍，已成为负资产的时候，就有必要做出比较大的品牌定位变动，进行全新品牌定位。这也就意味着要和原有的品牌定位划清界限、割断联系，品牌策略和营销策略也要相应做出非常大的调整。例如品牌名、标识，包括产品，都需要做出比较大的调整。对于原有品牌来说，等于是浴火重生。

知识赋能

理解提问：为什么缩小和扩大品牌定位时，不能隔断与原品牌定位的联系？
复习提问：品牌定位调整策略有哪些？为何要动态调整品牌定位？
课堂讨论：为什么要时常审视品牌定位？又为什么不能轻易调整？
课堂实训：请选取一个本书所提及的品牌或是大家熟悉的品牌，审视其品牌定位是否存在问题，又该采取什么品牌定位调整策略。

案例实训 2-5

“醒着拼”的东鹏

从2003年推出第一瓶东鹏特饮至今，东鹏在能量饮料赛道已经扎根20年。东鹏也想贴近年轻人，2016年东鹏把广告语换成了“年轻就要醒着拼”。零糖、气泡、咖啡……东鹏把新潮的“关键词”贴在新品瓶身上，但贡献的营收占比还不到5%。

东鹏特饮虽然广告词直指“年轻”，但靠货车司机起家的它，其客户群体却出现中年化趋势。据交通运输部2021年数据，货车司机中70后和80后占比达到80%，90后只有15%。当初东鹏能获得价格优势，走下沉市场，避开和红牛正面交手，是因为东鹏饮料颇具创意地设计出带防尘盖的塑料包装，在保证产品品质的同时，将生产成本大幅降低。而这个不起眼的防尘盖，却拯救了无数在高速上不知道怎么弹烟灰的货车司机。除了货车司机，建筑工人、外卖小哥等蓝领工人都是东鹏特饮的目标用户。东鹏的消费群体与红牛针对的极限运动爱好者以及白领完美擦肩，这让它得以在下沉市场大显身手。“累了困了，喝东鹏特饮”这句广告词几乎完全照抄“困了累了，喝红牛”，但贴着老大做营销，也把东鹏特饮送上了老二的位置。

但这个群体以中年男性居多，消费力自然不如备受品牌追捧的“Z世代”，消费群体的老化连带着东鹏特饮的形象也跟着老化。东鹏饮料在巩固维护好现有“开车一族”“蓝领/新蓝领人群”“白领消费者”基础上，努力满足“运动人群”“学生人群”“娱乐人群”等场景需求。

为了走出中年男人的消费瓶颈，东鹏饮料尝试贴近年轻人，更换了新的广告语，还陆续推出东鹏零糖特饮和气泡特饮、东鹏大咖、油柑柠檬茶等饮料，示好年轻人。但年轻人对“中年人爱喝的东鹏特饮”并不买账。东鹏喊不醒年轻人，年轻人也喝不动东鹏。

资料来源：“醒着拼”的东鹏，不懂躺平的年轻人．(2022-10-31)．https://baijiahao.baidu.com/s?id=1748171724215008577&wfr=spider&for=pc.

练习题

1. “累了困了，喝东鹏特饮”与“年轻就要醒着拼”分别是什么品牌定位方式?
2. 东鹏特饮“年轻就要醒着拼”为什么打动不了年轻人?
3. 东鹏特饮该采取什么品牌定位调整策略和品牌定位方式，才可能赢得年轻人又不丢了中年消费群体?

素养园地 中国人的饮水习惯：今麦郎凉白开

自2016年今麦郎凉白开亮出熟水旗帜后，熟水品类的发展就不断提速，逐渐成为瓶装水的重要分支。2020年，康师傅宣告进军熟水市场，推出了“喝开水”。

而旺旺、农夫山泉、统一也先后入局，进一步打开了消费者对熟水的认知。

过去几年，今麦郎凉白开不断捍卫其在熟水赛道“品类开创者”的江湖地位。2016年今麦郎推出凉白开，高举熟水旗帜，并以物理杀菌的工艺创新，使得熟水与生水产生品类区隔。此后，今麦郎凉白开一直在进行熟水品类教育，提炼出熟水更适合中国人体质、不喝生水喝熟水等价值锚点。2017年，在今麦郎力推之下，由中国民族卫生协会立项编制的《熟水包装饮用水》团体标准正式发布实施，熟水有了行业权威组织发放的“身份证”。2019年，今麦郎凉白开销售额突破20亿元，熟水品类自此有了20亿元级的大单品。2022年，今麦郎凉白开以“十二时辰”为创作源泉，推出了玻璃瓶系列产品，开辟了熟水赛道的高端线。

这些表明：第一，今麦郎凉白开就是要实现在熟水品类中的强势占位，夯实“品类开创者”和“市场领导者”的鲜明标签；第二，今麦郎凉白开要以品类带品牌，在消费认知中种下“熟水＝凉白开”的价值联想。经过多年的布局，今麦郎凉白开已经初步打下了地桩。基于此，可以大胆判断，今麦郎打下的“江山”在短期内不会被轻易撼动。

目前来看，瓶装水市场集中度较高，天然水、矿泉水等品类增速放缓，熟水或是一个不错的突破口，而且在今麦郎多年的市场教育之下，喝熟水更符合中国人饮水习惯的认知逐渐深入消费者心智，健康饮水的消费潮流正在兴起。可以判断，不断扩容的熟水赛道正在迈向主流品类。熟水传承了中国饮水文化，也最有希望代表中国水文化出海。

资料来源：今麦郎凉白开“守擂”，熟水大战一触即燃？.（2022－07－30）.https://www.bilibili.com/read/cv17839333/.

思考题

1. 今麦郎凉白开采用了什么品牌定位方式？

2. 今麦郎推出“十二时辰”系列与中国文化有何关系？有助于强化品牌定位吗？

3. 今麦郎是否能抵御住其他竞争对手进攻熟水赛道？在品牌定位上该如何调整？

4. 今麦郎凉白开熟水传承中国饮水文化，在品牌定位方式上该如何调整，以代表中国水文化出海？

5. 请了解中国人喝熟水的历史故事，知晓更多良好卫生习惯是如何普及的，从中体会新中国建设的伟大与不易！

本章小结

1. “市场定位”三部曲包括细分市场、目标市场选择和市场定位。品牌定位就是对品牌核心价值进行设计，使它在目标客户心目中占据一个独特的、有价值的位置。品牌定位与市场定位主体不同，思想和方法论一致。品牌定位高于产品定位，定位方式更多。品牌定位的作用包括帮助消费者减少决策成本、帮助企业规避竞争压力、帮助企业向目标消费者传递独特的核心价值。品牌定位的实现方式包括三维度策划、统领品牌策略和贯穿营销策略。

2. 品牌定位的方式包括从企业视角的六种方式——独特品类定位、产品特色定位、功能利益定位、精神利益定位、市场竞争定位、档次定位，以及从客户视角的四种方式——人口统计指标定位、身份与亚文化定位、场景与生活方式定位、个性与价值观定位。品牌定位方式运用有三个误区：定位脱离实际、定位模糊混乱、定位不到位。

3. 品牌定位调整策略包括坚持品牌定位、扩大品牌定位、缩小品牌定位和全新品牌定位。

拓展思考

1. 对你有吸引力的市场其他对手也想进入，你该如何选择目标细分市场？

2. 为什么说“品牌资产是无形资产，是国家、企业、组织、个人最宝贵的财富，是最不容易被剥夺但又是最容易受到伤害的资产”？

3. 品牌定位直接创造核心价值吗？品牌定位的作用到底是什么？

4. 身份与亚文化定位是否适合廉价商品？

5. 个性与价值观定位有哪些适用条件？

6. 一个品牌可同时采取几种定位方式和几个定位吗？

7. 如何辨识是品牌定位出了问题，还是品牌定位的贯彻落实有问题？

实训练习

1. 请以某个熟悉的品牌为例，分析其产品定位与品牌定位的区别与联系。

2. 请以某一品类中多个品牌为案例对象，分析各自品牌定位内容与方式并进行优劣比较，试着采取其他定位方式帮助其中有问题者重新定位。

3. 请结合一个行业，选取若干品牌实例，讨论如果重新审视，分别应该采取什么品牌定位调整策略。

综合案例

王老吉打造“吉文化”

王老吉将自身全方位融入国人过年仪式感中，从而成为“年味”的一部分，打造“吉文化”为有辨识度的品牌标签。2023 年春节期间，王老吉除持续加推百家姓罐外，还特别上线新春吉言罐，分别是学业吉、事业吉、家庭吉、财运吉、身体吉、爱情吉。无论是 2022 年爆火的百家姓罐，还是 2023 年推出的新春吉言罐，王老吉定制罐的主题核心都是对品牌“吉文化”的呈现。王老吉通过这些具象化的文化载体，为产品注入了美好祈愿，大众在重温这些经典文化的过程中，也潜移默化地建立起对品牌产品的认知。

同时，王老吉配料恰恰契合消费者对健康年货的追求。不管是拜年贺岁、阖家团圆还是朋友聚会等场景，都是对“吉文化”的最好诠释。

2023年，王老吉邀请六位明星，演绎吉言罐的六种适用场景，将王老吉吉言罐的吉言、品牌想要传递的“吉文化”与明星的生活内容深度结合，以王老吉为载体，向粉丝献上兔年吉言祝福。

除明星资源外，王老吉还布局年轻人广泛关注的影视剧圈层，根据年轻观众的喜好锁定了《浮图缘》《狂飙》等热播剧，将王老吉与头部IP的节目内容巧妙捆绑。这些内容既是品牌想要传达给消费者的重点，也与节目的情景完美契合。

近年来，品牌跨界联名持续大热，品牌希望通过与其他品牌、热门IP联名等方式协作营销，不仅满足消费者个性化、多样化需求，也能够打响品牌知名度。临近春节，王老吉自带的“年货”属性无疑会吸引不少品牌合作。

2023年春节，王老吉与好利来、梦金园、无穷等品牌进行了跨品牌联名，融合产品特点及双方品牌文化。王老吉与好利来联合打造出年味十足的“大吉大利”新年限定，与无穷推出“金蛋报吉”礼盒。借助王老吉更大众化的品牌形象、极具氛围的罐身设计、接地气的产品印象，年货氛围满满。

同时，王老吉还将广告在广州、上海、杭州等人流集中的地铁站进行了密集投放，同时在央视、陕西卫视、河南卫视等的热门广告时间及热播节目中进行投放，对用户构成高频而强制的触达，与线上传播形成互补，用喜庆十足的视觉印象为春节的热闹氛围预热。自带喜庆、团圆氛围的春节，很容易让消费者走进品牌搭建的共情场域，大幅降低沟通成本。深耕春节场景的王老吉，已经让“吉文化”深入人心。

资料来源：春节营销字典里，王老吉从不按套路出牌．（2023－01－19）．https://www.sohu.com/a/632382272_120138273.

思考题

1. “怕上火，喝王老吉”和“健康过年，喝红罐王老吉”分别是什么品牌定位方式？二者有何联系，能否协调一致一起使用？

2. 王老吉是如何建立和“年味”的联系的？

3. 中国人看重过春节传递出哪些价值观？

4. 中国吉祥文化有哪些积极意义？

第 3 章 品牌识别

政策瞭望

深入贯彻习近平总书记关于品牌建设的重要指示精神，立足新发展阶段，完整、准确、全面贯彻新发展理念，构建新发展格局，以深化供给侧结构性改革为主线，以满足人民群众日益增长的美好生活需要为根本目的，坚持质量第一、创新引领，开展中国品牌创建行动。

——《国家发展改革委等部门关于新时代推进品牌建设的指导意见》

知识思维导图

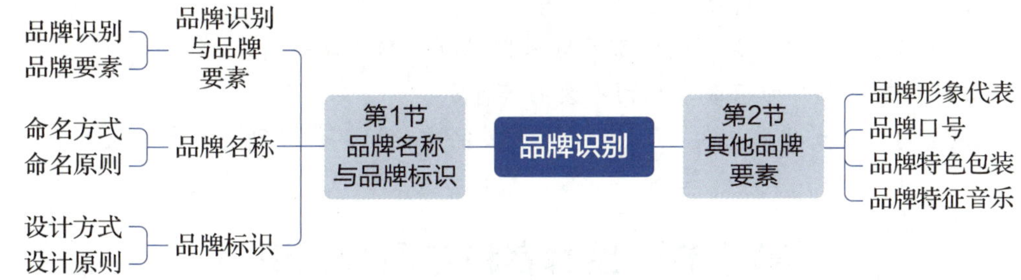

导入案例

“樊登读书”改名“帆书”

“十年，在收获中成长，亦在收获中出发。”樊登读书迎来了创立十年以来至关重要的一次品牌升级。2023 年 2 月 21 日，樊登读书正式更名为“帆书”，以全新的面貌与大家再次见面。回顾过去十年，从最初的书单、音频分享到樊登读书 APP 上线，其内容覆盖心灵、管理、职场、人文、家庭、创业生活等多个领域，打造了《樊登讲书》《非凡精读馆》《李蕾讲经典》等多个栏目，以深入浅出的方式让听众在 45 分钟左右听懂一本好书。樊登读书收获了超过 6 200 万用户，收听量超 50 亿次，在全国建立起了 2 000 多个运营中心，打造起作为新阅读开创者的闪亮品牌，点亮了一座又一座城市的阅读之光。

十年时间，樊登读书这个品牌发生了一系列的改变。这次更名，更是樊登读书进行的一次品牌升级。升级后的帆书，将提供更丰富的内容，将服务拓展延伸到更多元的领域，让阅读惠及更多人，以全新品牌形象拥抱书友。帆书汇聚了各垂直领域内最具影响力的专家学者，从教授到医生，从导演到主持人，还有余秋雨等“大咖”共同担任知识的传播者、人生旅途上的掌舵人，聚焦通识经典与实用百科，帮助大家听懂好书、更好生活。

正如樊登所说：“改名是想让大家知道，这里不只有我，还有非常多各个领域的学者专家，你可以尽情听你想听。”承载了樊登读书创新基因的帆书也有新的突破，全新出发的帆书将以“省时、专业、易懂、丰富”为核心，不断探索新内容、新方式、新生态。除了原有的音视频解读，思维导图、画线笔记等模块目前也已经在APP内上线，多角度帮助书友内化知识，在听书中得到智慧启发。与此同时，帆书将进一步拓宽内容边界，吸纳更多意见领袖加入，精选类目更多元的精品好书，以专业的视角提炼精华，让更多人轻松收获知识与启发，进而爱上阅读。

“人生如海，好书是帆。”这是对过去成绩的继承，也是立足当下、展望未来的突破。未来，帆书会继续以更多好书，帮助更多的人扬帆起航，横渡人生的阔海，也期待更多书友与帆书并肩前行，驶向下一个更好的十年。

资料来源：从“樊登读书”到“帆书”，持续传递好书价值．（2023－02－21）．https://zhuanlan.zhihu.com/p/608120823.

请思考

1. “樊登读书”为何要改名为“帆书”？
2. 新名称“帆书”为何还要继承联系旧名称“樊登读书”？
3. “樊登读书”为何改名称而不改品牌标识？
4. 看到、听到“樊登读书”“帆书”和其品牌标识，你分别会想到什么？

第1节　品牌名称与品牌标识

一、品牌识别与品牌要素

（一）品牌识别

品牌识别，是通过设计和使用各种品牌要素，让消费者能识别品牌，与其他竞争品牌区分开来，并把这些品牌要素与品牌所希望创造和保持的对品牌的美好印象联系起来，使消费者在看到、听到和想到这些品牌要素时，就能勾起对品牌的这些联系的记忆，从而促使在各个方面形成和提升品牌资产。

（1）品牌识别与品牌定位的关系。品牌识别要贯彻品牌定位的战略意图，通过外在的语言和感官化表达来传递品牌定位的心声。

（2）品牌识别与品牌体验的关系。品牌想要创造和传递给消费者全方位的美好体验，就要与品牌识别设计的品牌要素挂钩，方便形成记忆联系，提升品牌资产。

（3）品牌识别与品牌设计的区别与联系。品牌设计，从广义上来说包括品牌战略设计（定位、核心价值、价值观、个性等）、企业形象识别系统设计（理念、行为和视觉）、产品设计、品牌形象设计等。狭义的品牌设计则与品牌识别相似。区别在于，品牌识别强调了目的，是为了识别品牌；品牌设计强调了过程，是设计品牌战略、品牌要素等。

（4）品牌识别与品牌形象的区别与联系。品牌形象是从消费者视角，描述消费者对品牌的形象感知；品牌识别是品牌通过主动设计和使用品牌要素，来引导消费者识别品牌，形成良好的品牌形象。因此，品牌识别是因，品牌形象是果，由品牌识别到品牌形象的因果过程还会受到很多其他因素的影响。

（二）品牌要素

品牌要素，是品牌识别中需要设计运用的各种要素，是用以识别和区分品牌的各种有形或无形元素的总称。常见的品牌要素有品牌名称、品牌标识、品牌形象代表、品牌口号、品牌特色包装、品牌特征音乐等。一个品牌最常见的要素是品牌名称和品牌标识，也是最重要的视觉锚。其他品牌要素不一定全需要，但可以设计其中的若干要素，设计得当可以成为重要的品牌要素。各品牌要素之间要有一定的合理联系，方便消费者联想记忆。

品牌要素是品牌信息的有形载体，帮助消费者认知和锚定品牌所承载的一切信息，尤其是品牌定位所要传递的品牌核心价值，从而有助于在适当的时候触发消费者的品牌记忆，帮助消费者简化购买决策，降低决策成本。

品牌想要在消费者心智中占据独特的、有价值的位置，品牌要素至关重要。因此，品牌要素设计要具有独特性并传递价值。

知识赋能

理解提问：什么是品牌识别？品牌识别与品牌要素、品牌定位、品牌体验、品牌设计和品牌形象有什么区别与联系？

复习提问：什么是品牌要素？有哪些品牌要素？

课堂讨论：品牌要素的作用是什么？品牌要素之间为何要有联系？

二、品牌名称

品牌名称就像人的名字一样，是对品牌的称呼，是可以被念出来的品牌识别要素。人们认识一个品牌，从它的名称开始，品牌名称是消费者建立与产品信息联系的载体，因此品牌名称是品牌的核心要素。取一个好名称，是品牌迈向成功的第一步。品牌方应该十分重视品牌名称，更改品牌名称要十分慎重。如何取好品牌名称，是品牌经营团队面临的首要问题。

对品牌命名方式进行分类，有助于更好地理解品牌名称的内涵，开拓品牌命名的思路。

给品牌命名还有一定的原则，把握好这些品牌命名的规律，可以提高取好品牌名称的概率。

（一）命名方式

品牌的命名方式，总体可以分为四类：外显式、隐喻式、借用式和抽象式。每种方式又可以进一步细分。具体的命名方式分类和品牌举例见表3-1。

表3-1 品牌命名方式分类与举例

品牌命名方式	细分命名方式	品牌举例
外显式	目标客户市场的定位方式	好爸爸、霸王、娃哈哈、太太乐、小天才、老板、利郎、都市丽人
	品牌产品特色的定位方式	凉白开、喝开水、立白、喜茶、爽歪歪、香飘飘、美图秀秀、支付宝、饿了么、去哪儿
隐喻式	形象联想方式	李宁、李锦记、小鹏、王老吉、康师傅、农夫山泉
	隐喻联想方式	吉利、美的、康佳、好丽友、上好佳、良品铺子
借用式	地名联系方式	华为、燕塘牛奶、蒙牛、鼎湖山泉、百岁山、南极人
	文化联系方式	同仁堂、徐福记、百度、曹操出行、哈啰单车、洽洽
抽象式	字母组合方式	IBM，BYD，OPPO，vivo，TCL
	数字组合方式	万达、万科、百度、九阳、九毛九、七喜、三九
	外文翻译方式	雷克萨斯、保时捷、金利来、戴森、马可波罗
	其他新组合方式	格力（Gree）、慕思（DeRUCCI）、海尔（Haier）、奥克斯（AUX）

1. 外显式

外显式，指品牌名称直接外在显示了品牌定位，与品牌定位紧密联系。根据品牌定位方式，可以分为以下两种命名方式。

（1）目标客户市场的定位方式。让品牌名称发挥暗示产品的目标客户、迎合目标消费对象所处的特定文化背景和心理需要的作用。例如：好爸爸（洗衣露）、霸王（洗发水）、娃哈哈（饮用水）、太太乐（鸡精）、小天才（手表）、老板（厨房电器）、利郎（男装）、都市丽人（女性内衣）……

（2）品牌产品特色的定位方式。让品牌名称引发消费者对产品品类、特征、功用、情感、使用场合、档次（价格）和其所属类别的有利联想。例如：凉白开、喝开水、立白、喜茶、爽歪歪、香飘飘、美图秀秀、支付宝、饿了么、去哪儿……

2. 隐喻式

隐喻式，指隐含了一定的寓意，让人对品牌及产品产生一定的联想。

（1）形象联想方式。以品牌形象代表——人名、人物或物（动物、植物、其他物品）来命名，或联合使用产品品类、数字、职业等，能带来对产品功能或是目标消费群体的联想。例如：李宁、李锦记、小鹏、王老吉、谭木匠、康师傅、钱大妈、大娘水饺、邓老凉茶、农夫山泉、宝马、天猫、三只松鼠、七匹狼、红牛、乐虎、东鹏特饮、苹果、花西子、雪花、红旗……

（2）隐喻联想方式。采用一般有美好寓意的词，或是能暗喻产品功能或目标消费群体的词，或是采用上述的谐音词。例如：奔驰、吉利、美的、康佳、联想、恒大、好丽友、上好佳、美赞臣、良品铺子、真功夫、嘉鸣扬、粪庭、蔚来……

3. 借用式

借用式，是指借用地方、文化等词的寓意或是知名度，建立联系。

（1）地名联系方式。以国名、地名、标志性景观、地理名称等，或加以其他较为美好或有特别寓意的词，或加以产品类别，或加以数字、颜色等。例如：中兴、华为、华润、国窖 1573、燕塘牛奶、蒙牛、牛栏山、鼎湖山泉、百岁山、珠江啤酒、青岛啤酒、南极人、蓝月亮、红塔山、海天、云南白药、泸州老窖……

（2）文化联系方式。采用具有一定文学性、文化内涵或含有历史典故、企业价值观等的词语，或是含有一定的亚文化圈词语，或是表示特别的动作、声音效果的词语再搭配其他的形容词、产品类别等。例如：同仁堂、徐福记、百度、美团、拼多多、抖音、快手、滴滴出行、曹操出行、哈啰单车、叮咚买菜……

4. 抽象式

采用字母缩写（多与商标同）、创始人名字组合、中外文混排、新创外文词、数字、外文直译以及其他缺少明确含义的新词或新组合。

（1）字母、名字组合方式。直接以字母组合（多与商标同）、创始人名字组合、中外文混排、新创外文词等来命名。例如：IBM、TCL、BYD、京东、OPPO、vivo、MINISO 名创优品、元气（気）森林……

（2）数字组合方式。采用中文数字、阿拉伯数字，或搭配其他词，组合而成。例如：百度、万达、万科、三九、7-Eleven、七喜、九阳、三元、九毛九、361°……

（3）外文翻译方式。直接把外国品牌名字直译过来（有的翻译后还带有一定的与产品功能相关的寓意），或是中国品牌同时起个外国名字。例如：雷克萨斯、保时捷、宾利、凯迪拉克、金利来（英文直译应为金狮）、戴森、马可波罗……

（4）其他新组合方式。缺少明确含义的新词或新组合。例如：格力（Gree）、慕思（DeRUCCI）、海尔（Haier）、奥克斯（AUX）……

（二）命名原则

从以往的品牌命名成功经验与失败教训中，可以总结出品牌命名的一些基本原则。

1. 与品牌定位有联系

品牌定位是灵魂，品牌要素是躯壳。通过品牌名称，能直接联系到品牌定位，让躯壳直指灵魂，效果是最好的。

如上述的外显式品牌命名方式，就直接表达了品牌定位，是比较好的命名方式。但缺陷是，可能因为含义和定位明确与狭隘，而束缚了品牌的发展空间。但品牌又不能轻易改变名称，这样就只有另想出路，例如改个有延续性的品牌名称，或是采用多品牌策略。

2. 易识好记，朗朗上口

品牌名称的主要作用是要被识别，因此品牌名称是否容易被识别、是否好记忆，是基本要求。一般来说，有一定含义且包含人们熟悉的词语的品牌名称，容易被识别和记忆。像上述品牌命名方式中的隐喻式和借用式，都涉及人们熟悉的字词。而像抽象式中的字母组合，或新词或新组合，就比较让人费解，不易识记。此外，品牌名称一般也不宜过长，常见为两字或三字。也有些品牌取名四字或以上取得成功的，例如茶颜悦色、西贝莜面村等。

因为品牌名称就像人的名字一样，是要被念出来的，所以品牌名称的读音是否朗朗上口，非常重要。一般来说，音节简单、发音响亮、声调起伏的名字容易上口，易于识别记忆。

3. 与同行比有特点

品牌名称的主要作用是被识别，这就要求必须与其他品牌能区别开来。品牌名称如果具有特点，就容易让消费者在一众品牌中快速识别出来。也有些品牌，在创建之初，为了蹭其他知名品牌的热度，而采用了相似的品牌名称。这样做，首先可能会构成侵权，带来法律纠纷；其次，也只能像李鬼效仿李逵一样，更加容易让人看低为假货、仿冒品牌；最后，还因为没有特点，落入与知名品牌同赛道竞争的陷阱，无法胜出。

品牌名称要有特点，需要创新但又要有让人熟悉的感觉，容易产生品牌预期的积极联想。品牌名称所用字词元素，最好有熟悉的旧元素。在此基础上，可以采用旧元素的新运用、旧元素和新元素的组合、旧元素的新组合等方法。其中谐音法是用得较多的一种方式。在熟悉的元素都被使用、被保护的情况下，谐音法依靠品牌名称需要被念出来的特点而让品牌名称更易于成功。

4. 没有负面联想

品牌名称因为使用一些字词或者谐音字词而产生的天然含义联想或者其他被演绎的后天赋予的联想，如果有负面内容，就会对品牌产生负面效应。此种情况，应该极力避免。在品牌命名之初，企业就要精心策划，考虑到各种可能的联想，避免负面联想。在品牌名称使用过程中，也可能因为其他新闻事件，与品牌名称相关的字词被赋予了负面联想，品牌此时也要做出正面回应。有时某些不怀好意者或舆论，歪曲解释品牌名称，也容易让人产生负面联想，此种情况下也要做必要的品牌危机公关。

5. 不重复和知识产权保护

品牌命名还要注意不重复和进行知识产权保护。因为一旦品牌名称与其他已注册品牌名称重复或近似，一方面不能进行商标注册和工商登记，另一方面也会没有特点。在给品牌命名时，要多考虑一些预案，再进行商标注册和工商登记查重，看哪些可用。

企业还要对知识产权进行保护，以避免在品牌名称投入使用，获得品牌资产后被别人冒用侵害。因此，在进行商标注册登记时，企业还要对一些近似的品牌名称进行注册保护，对一些未来可能拓展的产品领域也要提前进行注册保护。

知识赋能

理解提问：品牌命名为什么重要?

复习提问：品牌命名方式可以分为哪几类? 各自的具体含义是什么? 品牌命名有哪些原则?

课堂实训：举一些品牌的例子，分析品牌命名方式，并用命名原则进行评判。

案例实训 3-1

小米品牌名称由来

科技公司小米的品牌名称由来，你知道吗?

一种说法是，雷军说公司刚成立的时候，为取名发愁。有人提议叫“红辣椒”，有人提议叫“红星”，但是都和品牌定位存在差距。后来雷军想起了自己最喜欢的一句话：“佛观一粒米，大如须弥山。”于是决定公司以“米”命名。之所以不叫“大米”，是因为投资人刘芹认为，互联网天生回避大而全，不取大取小。“小米”品牌名称因此得来。

另一种说法，是从移动互联网对应的英文单词“Mobile Internet”中各取首字母组成一个单词“MI”，再配以适当中文音译名称，“小米”品牌名称由此得来。

小米创始人雷军还曾解释称：小米中“米”的拼音是 mi，首先是 Mobile Internet，小米要做移动互联网公司；其次是 mission impossible，小米要完成不能完成的任务；再次，还希望继承发扬“小米＋步枪”的艰苦奋斗精神；又次，“小米”亲切可爱，大家熟悉；最后，小米的 Logo 倒过来是一个心字，少一个点，意味着让用户省心。

将“MI”音译成小米，外界还将其理解为雷军模仿苹果公司的取名。而举行产品发布会时，雷军一贯的 T 恤和牛仔裤着装，更有模仿乔布斯的嫌疑。

小米首创了国内科技互联网企业以粮食命名的先河，之后一批冠以食物、水果名称的企业相继崭露头角，但是这种类似卖萌的品牌命名趋势真的有效吗?

练习题

1. 提到小米，你想到些什么?
2. 一家科技公司为什么要取“小米”这样一个奇怪的名称?
3. 为什么要起“红米”“米家”这些名称呢?
4. 你对小米的竞争品牌苹果、OPPO、vivo、华为、Realme 等这些名称如何评价?
5. 总结思考：品牌名称到底起什么作用? 在品牌识别系统中的重要性如何?

三、品牌标识

品牌标识（Logo）是品牌识别要素中的标志性视觉识别符号，也称为品牌标志。与品牌名称的区别在于，品牌名称是文字，是可以被念出来的，而品牌标识则是侧重于图像化的视觉传达。二者也有联系，有些品牌的标识直接采用了品牌名称，既可以看也可以念；有些品牌的标识则采用了文字与图案的组合，既有品牌名称又有图案。上述用法中，品牌名称还采用了特定的字体、颜色、线条、排列方式等，构成了一定的视觉特征，已经成为品牌标识的一部分，而不仅仅是品牌名称了。

品牌标识和企业形象识别系统（CIS）中的形象识别（VI）相似，都是视觉传达。但品牌标识主要在于一个特定的品牌标志图案本身，而形象识别的内容更广，包括标准色、标准字体、企业办公和店面环境的形象风格设计、产品包装形象风格设计、员工服饰与形象设计等更广的视觉形象设计。二者也可以进行协调配合，可以说品牌标识是形象识别的核心，其他形象要与其保持一致与联系。

品牌标识是十分重要的，因为人们获取外部信息的主要方式是视觉，人们在认知方式上也偏好图案和视频，而不是纯文字。所以品牌标识是品牌识别要素中的核心，品牌名称则是品牌识别的基础，可以构成品牌标识中的一个元素，或是通过品牌标识化来进行视觉传播。相比品牌名称，品牌标识可以有更丰富的联想内涵，可以通过设计风格传达品牌理念、个性等，也更容易让人把品牌与其他品牌区分开来，还可以创造品牌带来的独特美学价值。

对品牌标识的设计方式进行分类，有助于更好地理解品牌标识的含义，把握品牌标识设计方法，启发品牌标识设计新思路。品牌标识设计方式分类标准很多，如按文图分、按含义分、按形状分、按拓展分等。

设计品牌标识有一定的原则，把握好这些品牌标识设计的一般规律，就容易设计出让人眼前一亮的品牌标识。

（一）设计方式

品牌标识的设计方式，可以按照文图、含义、形状、拓展等类型进行划分，每种方式又可以进一步细分，具体的设计方式分类与释义或品牌举例见表 3－2。

表 3－2　品牌标识设计方式分类与释义或举例

品牌标识设计方式	细分设计方式	释义或举例
按文图分	纯文字型	包括中文、外文或字母、中外文混合
	纯图案型	如苹果、星巴克等
	图文组合型	如李宁、安踏等
	数字型	包括纯数字、数＋图、数＋文

续表

品牌标识设计方式	细分设计方式	释义或举例
按含义分	文字具体型	直接采用品牌名称，且有具体含义
	图片具象型	如动物、人物、植物、场景和风景等
	文字抽象型	可分为单字母、双字母、多字母缩写和新词
	图片抽象型	如安踏等
按形状分	长方形（横向）	如康师傅、鸿星尔克、联想等
	长方形（纵向）	如汽车品牌红旗、魏牌等
	圆形	如沪上阿姨、星巴克、奔驰、宝马等
	椭圆形	如福特、杜邦、三星、丰田、比亚迪等
	方形	如小米、本田、7-Eleven等
	三角形	如五菱、三菱、匹克等
	其他异形	农夫山泉（水滴）、华莱士（公鸡）、茶颜悦色（六边形）
按拓展分	特定版	百度（国庆版、中秋版、孔子诞辰版等）、天猫（双11版）
	联名版	喜茶（联名《梦华录》等）

1. 按文图分

按品牌标识所用的设计元素是文字元素还是图案元素，可以分为纯文字型（中文、外文或字母、中外文混合）、纯图案型、图文组合型、数字型（纯数字、数+图、数+文）。纯文字（中文）型，如凉茶的几大品牌王老吉、加多宝、和其正等；纯文字（外文或字母）型，如手机的几大国产品牌OPPO、vivo、HONOR、MI等；纯文字（中外文混合）型，如MINISO名创优品、元气（気）森林等。纯图案型，如苹果、星巴克以及一些汽车品牌。图文组合型，如几大运动品牌李宁、安踏、鸿星尔克等，手机品牌华为等。数字型，如运动品牌361°、酒店品牌7天、手机品牌一加、男装品牌柒牌等。

2. 按含义分

按含义分即按品牌标识所用元素传递的含义来划分。含义基本可分为具体和抽象两大类。含义具体的又可分为文字具体型和图片具象型，含义抽象的又可分为文字抽象型和图片抽象型。

文字具体型比较常见，很多品牌标识直接采用品牌名称，并且品牌名称具有比较具体的含义，能够产生较为丰富的联想，这些联想有助于建立品牌资产。

图片具象型，是指直接采用了比较具象的图片来设计品牌标识，如动物、人物、植物、场景和风景等。例如红牛品牌标识，就是两头顶头的红牛；雀巢采用了大鸟喂一窝小鸟的雀巢具体图形。也有采用图案轮廓的，但仍能看出具体含义，例如瑞幸咖啡采用了顶着大鹿角的鹿的造型图案。还有直接采用人物造型的，例如老干妈、邓老凉茶、霸王等，都直接采用了创始人头像；真功夫采用了武打功夫的人物造型，沪上阿姨采用了穿旗袍女性形象等。

文字抽象型，是指品牌标识采用了文字，且比较抽象，不做了解是不太知道其具体含义的。其又可分为单字母、双字母、多字母缩写和新词。单字母如特斯拉的标识为一个 T，小鹏的标识为一个 X；双字母如惠普为 hp；多字母缩写如 TCL、BYD 等；新词，如格力（Gree）、联想（Lenovo）等。

图片抽象型，是指品牌标识采用了比较抽象的图案，含义也比较抽象。例如安踏采用的标识类似一个向左上方跳跃的箭头。

3. 按形状分

按品牌标识设计的形状，可以分为长方形（横向、纵向）、圆形、椭圆形、方形、三角形、其他异形等。最为常见的品牌名称加图案组合的品牌标识设计为横向长方形，图案在左侧，右侧是品牌名称。图案放上方，品牌名称放下方，构成方形或三角形或圆形，也比较常见。纵向长方形如汽车品牌红旗、魏牌等；圆形如沪上阿姨、星巴克等；椭圆形如福特、杜邦、三星等。方形标识如许多手机应用的品牌标识。三角形标识如五菱、三菱、匹克等。

其他异形：有在上述基础上稍作突破的，例如瑞幸的品牌标识，鹿角就撑出了圆形。还有呈现其他形状的，例如农夫山泉的品牌标识是山水实景构成水滴形、华莱士的品牌标识是 W 的字母造型中嵌入一只黄冠公鸡的造型、中式汉堡品牌塔斯汀的品牌标识像一只蹲着的醒狮又带着汉堡的形状。

4. 按拓展分

品牌标识可以进行拓展，按拓展的原因和方式可以分为普通版（原版，未拓展前）、特定版（节日、纪念日、主题日等）、联名版（与其他品牌、其他 IP 合作）。

特定版，例如百度等品牌，会根据最近的节日、纪念日、主题日等，以换背景、换字母造型等形式，拓展品牌标识变成特定版。这样的举动，会因为应景而获得消费者的特别喜爱。品牌也可以在其他情形下添加一些信息。例如天猫商城双 11 时，品牌标识中双眼就变成了双 11。再如 2021 年春节分红包大战中，别家在标识中加入分多少亿的字样，乐视视频 APP 却加入“欠 122 亿”字样，相关话题登上热搜；2022 年春节期间，则加入了“分不起”字样。

在与其他品牌、其他 IP 联名时，可以对品牌标识进行简单并列放置，或是进行一定的深度加工，临时添加一些联名品牌或 IP 的元素，会因为新鲜感而获得良好效果。

（二）设计原则

从以往的品牌成功经验与失败教训中，可以总结出品牌标识设计的一些基本原则。

1. 与品牌定位相联系

品牌标识要为传达品牌定位服务，把品牌定位具象化。品牌标识能让消费者直观感受到品牌定位，即为消费者创造的核心价值是什么；或是能让消费者通过较为自然的联想，即能联系到品牌定位；或是通过其他品牌传播方式，让消费者深入认知和记住品牌定位信息点，并与品牌标识视觉符号牢固绑定。

例如上文提到的雀巢的品牌标识，具象化呈现的母鸟喂食嗷嗷待哺的小鸟，很自然就让人联想到家庭和母亲精心照顾孩子的场景，与雀巢的母婴食品品类特征非常吻合。再如上文提到的塔斯汀的品牌标识，“醒狮＋汉堡”造型能让人很自然地联想到其品牌定位采用的产品特色定位“中式＋汉堡”。

2. 与品牌名称相联系

品牌标识与品牌名称作为品牌要素，一个负责视觉，一个负责听觉。二者之间需要有紧密联系，让人看到品牌标识就能想到品牌名称，反之亦然。如果二者有天然的联系，十分契合，自然最好。如果表面上的联系不明显，那就可以将品牌名称融入品牌标识中一起出现，以强化二者的联系。再不然就简单化，直接把品牌名称视觉化，品牌名称与品牌标识合一。

例如上文提到的雀巢的品牌标识，其图景与品牌名称的“雀巢”（Nestle）完全契合。再如沪上阿姨的品牌标识，其中穿旗袍风情万种的女性造型就很符合大家对老上海摩登女郎的印象，加之其手中拿着饮料和吸管，与其品牌名称和品类非常符合。

3. 设计独特有新意

品牌标识设计主要运用视觉语言，与品牌名称纯文字相比，有更大的发挥空间，比品牌名称更容易设计出独特性。品牌标识的基础作用是要把自己与其他品牌区别开来，所以品牌标识设计最好有新意，让消费者眼前一亮，才能记忆深刻。因此，品牌标识在设计方式上应该创新，突破行业传统。品牌标识在设计上可以尝试多种图景，在含义与形状上也可探索新意，努力营造与众不同的感觉，给人带来新鲜感和视觉冲击。

例如华莱士的最新品牌标识，就实现了字母与实景的结合，采用公鸡的动物造型寓意鸡肉是其主打原料，字母W又和竞争品牌麦当劳的M有异曲同工之妙，让人眼前一亮。

4. 简洁有趣有美感

品牌标识设计还需要简洁大方，信息量不大且关键信息突出，更容易辨识。简洁就留有余地，方便对品牌标识进行拓展运用，提升或扩充品牌含义，方便进行品牌延伸。品牌标识设计的效果最好还是有趣的，让人看了印象深刻，会心一笑，产生情绪价值。品牌标识设计呈现出一定的美感，会给消费者带来审美价值，也提供了高品质的线索，让消费者“爱屋及乌”，提高了消费意愿，从而也很可能更愿意在消费或使用过程中显露品牌，或是在社交媒体上分享推荐。美感的设计，可考虑立体化或景深感效果、动感或动图化效果，除视觉外还可调动听觉、嗅觉、触觉等。

知识赋能

理解提问：品牌标识与品牌名称有何区别与联系？品牌标识与形象识别有何区别与联系？

复习提问：品牌标识设计有哪些分类方式？品牌标识设计有哪些原则？

课堂讨论：品牌标识设计为什么重要？

课堂实训：举一些品牌的例子，分析品牌标识设计方式，并用设计原则进行评判。

案例实训 3-2

小米更换品牌标识

2021年3月，在“生生不息”新品发布会上，雷军宣布了一件大事，就是小米正式启用全新Logo，而且新Logo还是由著名设计师原研哉操刀设计的，据悉小米还为此花了200万元。不过从新Logo的设计来看，和旧的相比并没有明显变化，主要就是从原本的方形变成了圆形。对于这个新Logo，当时在网上引发了不小的争议。

更让人没有想到的是，在新Logo启用快半年之后，网上又突然传出小米要换掉自成立沿用至今的“MI”字Logo，更换为“xiaomi”字母标志。有媒体称，小米MIX4已经在宣发过程中采用了全新的“xiaomi”品牌Logo，而不是过去大家更为熟悉的“MI”字Logo，而且未来的产品可能将全部使用“xiaomi”标志。

对于这个消息，小米公关部总经理王化做出回应表示，“MI”标志在所有应用中具有最重要地位，它是小米集团全球唯一品牌标志，作为集团企业形象、产品宣传形象、渠道形象等使用。“xiaomi”和“Redmi”字母标志分别应用于归属系列产品、包装及传播，以表明其产品身份，不存在全球范围内停止使用“MI”品牌标识的说法。从这个回应可以看出，“MI”字Logo依然是小米最为重要的标志。其实“xiaomi”字母Logo也是小米新Logo的组成部分。原研哉认为，在使用的时候“MI”标志和“xiaomi”标志分开使用效果最好。对于更高精度的智能手机等设备，使用“xiaomi”标志效果更高。

资料来源：小米弃用新Logo，改用新标志？高管：不存在的！.（2021-09-01）.https://www.sohu.com/a/487137747_121124723.

练习题

1. 小米各个品牌标识采用了哪些设计方式？遵循了哪些设计原则？
2. 小米品牌标识为何要从方形变成了圆形？
3. 小米为何要分别启用“xiaomi”和“Redmi”品牌标识？
4. “xiaomi”和“MI”有何区别与联系？

第2节　其他品牌要素

一、品牌形象代表

品牌形象代表，也可称品牌吉祥物，是品牌为了营造更好的品牌识别效果，为品牌赋予人性光辉，增添品牌的有趣与可爱体验，而定制设计的独特的人物或动物形象。品牌名称和品牌标识，是必需的，每个品牌都有。而品牌形象代表并不是必需的，可以为品牌增光添彩。品牌形象代表也有别于品牌形象代言人：代言人是真人，是阶段性的；品牌形象代表不是真人，是设计出来的虚拟形象。

品牌形象代表的来源，如果是人物，可以源自真人，确有人物原型存在；也可以是源自生活中一类人的形象；还可以是全新设计的人物形象。如果是动物形象，一般没有原型存在，并且一般也不写实，而是以可爱、简洁和拟人化为上。

品牌形象代表有时也直接作为品牌标识的一部分，但一般不单独作为品牌标识。品牌形象代表还和以品牌创始人为品牌标识的情形不同。品牌创始人形象除做品牌标识之用外，并没有额外运用；而拥有品牌形象代表的品牌，一般会另外拥有品牌名称和品牌标识，会把品牌形象代表作为补充，并做一些趣味性的发挥。

例如，以人物造型为品牌形象代表的，有麦当劳小丑形象的麦当劳叔叔、肯德基山德士上校、海尔的海尔兄弟、米其林轮胎的米其林先生、蜜雪冰城的雪王等。

再如，以动物造型为品牌形象代表的，有三只松鼠的松鼠形象、美团的黄色袋鼠、京东的Joy狗、天猫的黑猫、得到的猫头鹰等。

运用品牌形象代表，可以帮助品牌拟人化，增强与消费者的情感联系与信任，方便进行品牌传播，也进一步强化品牌识别效果。

近年来，随着真人品牌形象代言人“翻车”事故频发，品牌采用定制的、品牌自己拥有的虚拟人或数字化身来做品牌宣传成为一种趋势。这种虚拟数字人形象，可以永恒存在，还可不断进化，不同于一般的、短暂的真人品牌形象代言人，因此也是品牌形象代表。

品牌视野

喜茶的Logo营销

数字时代，品牌Logo的角色发生了怎样的变化？喜茶频繁改动Logo，开展Logo营销。

喜茶Logo的不断“变身”，正成为其品牌文化的一部分。喜茶品牌经常在开展联名、推出新品时在社交平台限时“换头”。

例如，喜茶曾为了喜茶瓶装饮料升级出新，而将品牌Logo阿喜手里握的杯子换成了瓶子。推出灭火杨桃时，阿喜又化身消防员。当联名藤原浩时，喜茶又给阿喜烫了个爆炸头发型。当和彩妆品牌3CE联名时，阿喜直接男孩变女孩，还戴上了闪闪发光的耳坠。当和FARMER BOB联名时，男孩变大叔。节日里，喜茶也没闲着。二月二龙抬头当天，喜茶开了家“发型屋”，贡献出Logo让网友们客串理发师，给阿喜设计新发型。父亲节的时候，阿喜又化身老父亲形象。“520”的时候，“喜茶”变“囍茶”，小男孩直接娶了个“媳妇儿”。

喜茶认为，以Logo极高的辨识度、极强的包容性和极大的延展度为基础，喜茶全身像的创作逐渐变成了一种独特的“喜茶式互动”，能不断加深用户对喜茶Logo的认知与印象，这有助于品牌资产的累积，且是其他品牌无法复制的。

2021年10月，喜茶Logo的第一张全身像出现了。有网友在社交平台上创作了一个挺着肚子喝着喜茶的阿喜全身像。该图片被搬运至微博后，关于“喜茶Logo全身图”的话题也上了热搜。意外登上热搜以后，喜茶Logo也引来了更多关注。面对网友们的调侃和讨论，喜茶官方进行了自嘲式回应，并画出了第一张官方全身照。

喜茶向我们透露，品牌以网友的灵感为启发，在后续的品牌活动和品牌视觉设计中，对Logo设计做了很多延展尝试，在这个过程中也收获了很多有趣的互动，阿喜的“变装”也成为喜茶联名活动中倍受用户关注和期待的环节。

同时，网友也在日常生活中，基于节庆假日、热门话题等，自发创作了大量的喜茶Logo“变装秀”。面对热情的网友，喜茶也在社交媒体上不定期发起不同主题的“Logo变装”征集活动。喜茶甚至还鼓励好奇阿喜正面长什么样的网友，将想法画出来。喜茶表示，通过鼓励大量的用户二创，让喜茶成为用户进行自我表达和个性创作的窗口，这也更加凸显了喜茶独有的充满灵感、充满喜悦的品牌精神。

喜茶借Logo全身像“被公布”一周年的契机，以“喜茶想找你联名”为主题，发起二创作品征集专题活动，旨在延续独特的、带有喜茶印记的互动氛围，也进一步强化喜茶Logo和视觉标识在消费者心中的印象。

喜茶与消费者共创的玩法，让Logo变成了引流和参与的平台，顺应了热点，也给品牌造势。如果说以前的Logo是品牌人格的“脸面”，那么数字时代的Logo就是各种情绪和场景下的“表情包”。其不再是留有安全距离和空间的高高在上，而是平凡地走入人群，敢变敢玩。数字时代，Logo也完全可以变成品牌建立印象、加强互动的一个工具。

请思考

1. 按品牌标识的四类设计方式，喜茶的Logo属于哪一类？
2. 喜茶为何能开展Logo营销？其品牌标识有何拓展性？
3. 其他茶饮品牌是否合适学习开展Logo营销？

二、品牌口号

品牌口号是描述品牌的一句话，一般用于广告传播，属于广告语。但广告语范围更广，涵盖了品牌口号和产品口号，二者有所区别，虽然很多品牌建设之初将它们混为一谈。品牌口号是宣示品牌价值，产品口号是宣示产品。品牌口号在产品口号之上，品牌能在产品价值之外提供额外价值。产品口号一般是较为具体的，而品牌口号更抽象一些，也比产品口号更简洁。产品口号围绕具体产品的特色展开，品牌口号则要覆盖统领旗下所有产品的共同点。品牌口号的使用时间也比产品口号更为长久，轻易不改变。但当环境或业务发生剧烈变化时，品牌口号也需要适当改变，但最好要注意前后衔接。

不是所有品牌都有品牌口号，很多品牌只有旗下产品的产品口号。品牌口号作为品牌要素的一部分，通常是和品牌名称、品牌标识一起出现的，构成品牌识别系统的一部分。品牌口号也可以作为商标的一种，进行注册，申请知识产权保护。品牌口号与品牌名称、品牌标识所起的作用不同。品牌口号通过一句简短的话或词组，可以直接传达品牌定位的内涵，诠释品牌的核心价值主张；品牌名称、品牌标识更多是构成品牌识别记忆符号，作为品牌联想载体。品牌口号中可以出现品牌名称，记忆效果更佳。

例如，安踏品牌口号是"永不止步"，天猫品牌口号是"理想生活上天猫"，得到的品牌口号是"知识就在得到"，美的的品牌口号是"智慧生活可以更美的"。而像王老吉的广告语"怕上火，喝王老吉"，明显宣传的是产品功能价值，属于产品口号，而不是品牌口号。

案例实训 3－3　雪王"黑化"

知识赋能

理解提问：品牌形象代表与品牌形象代言人有何区别？
复习提问：品牌口号与产品口号有何区别？
课堂讨论：运用品牌形象代表和品牌口号有何好处？

三、品牌特色包装

品牌特色包装，是指具有品牌识别度，能够为品牌带来独特性，为消费者创造产品力之外的价值的产品包装。当消费者将品牌旗下的产品包装整体或某种特色作为品牌识别的重要元素时，产品包装就可称为品牌特色包装。

品牌特色包装，构成品牌识别系统中品牌要素的一种，也需要进行知识产权保护。与品牌名称和品牌标识通过申请商标进行保护不同，品牌特色包装可以通过申请外观设计专利和实用新型专利予以保护。

品牌特色包装，与一般的产品包装不同。产品包装一般包括包装盒、产品外观（形状、颜色、材质，装饰文字、图案等视觉元素），以及产品功能设计等。上述这些如果和竞争品牌没有多大区别，一般就不构成品牌特色包装。只有产品包装与竞争品牌相比具有独特性，并且对消费者是有意义的，才升级为品牌特色包装。

品牌特色包装需要精心设计，需要与品牌定位相一致，与其他品牌要素相呼应。包装既要有创新，与其他竞争品牌相比有独特性，又要有意义，带来额外的价值提升，如使用价值、审美价值、情绪价值等。

例如，椰树牌椰汁的易拉罐包装的黑色背景色、密集又土的信息轰炸，就构成了其包装特色，成为品牌特色包装。如果其没有对品牌特色包装进行很好的保护注册，或注册时无法覆盖全部包装特征，就容易被其他竞争品牌仿冒，使品牌资产受到侵害。

再如东鹏特饮的 PET 塑料瓶包装就很有特色，与竞争品牌红牛的易拉罐包装迥异。其还增加了一个防尘盖，创造了额外价值：一是更干净卫生，二是一次喝不完还可以拧上，三是还能派上其他用场，如作为货车司机的烟灰缸等。再加上鲜明的色彩和瓶型设计，让人一眼就能辨识出来。这就构成了品牌特色包装。

四、品牌特征音乐

品牌特征音乐，是指品牌所采用的某种音乐，能够构成品牌识别系统中的一种品牌要素，消费者能够将该特征音乐与该品牌紧密联系，或是看到、想到该品牌就能联想到该特征音乐。

用音乐的形式识别品牌较为少见，大多数品牌并没有采用。品牌特征音乐，与一般的品牌广告曲和品牌采用的其他音乐有所区别。品牌特征音乐一般来说需要像品牌名称、品牌标识和品牌口号一样，较为恒定，不轻易改变，而且比较简短；品牌广告曲一般较长，使用时间较短。品牌特征音乐是与品牌牢固绑定的，密不可分，构成了品牌识别中听觉上的更复杂、更有趣、更有冲击力的品牌要素。

品牌特征音乐可以是歌曲或乐曲，如果不是品牌原创的，需要获得创作者授权或其使用与改编权已失效。例如娃哈哈，其品牌名称就和一首儿歌相同，也因此陷入法律纠纷。蜜雪冰城采用的甜蜜蜜主题曲，改编自公版权的美国民谣《哦，苏珊娜》的旋律。

品牌特征音乐如果是简单的旋律，可以在品牌出现时一起呈现，构成视觉和听觉的双重冲击。例如芯片公司英特尔推出“奔腾”品牌芯片时，就推出了特征音乐，与品牌一起出现。再如电视栏目《新闻联播》《动物世界》，简短但特征鲜明的前奏音乐，也成为栏目品牌的重要辨识元素。

还有些品牌特征音乐是普通声音，不是艺术性的音乐，构成声音 Logo。2014 年 5 月 1 日施行的修订后的《商标法》，对声音商标进行了规定。例如尤妮佳公司申请的轻快向上的女声“SOFY”，腾讯公司申请的 QQ 提示音等。还有些品牌的品牌名称和品牌标识，天然就带着声音效果，例如“滴滴”出行，海底捞的 Logo 中的“Hi”等。

知识赋能

理解提问：品牌特色包装和一般的产品包装有何区别？
复习提问：品牌特征音乐与一般的广告曲有何区别？
课堂讨论：运用品牌特色包装和品牌特征音乐有何意义？

案例实训 3-4

蜜雪冰城甜蜜蜜

“你爱我，我爱你，蜜雪冰城甜蜜蜜。”2022年7月16日，是蜜雪冰城全球唯一代言人雪王出道四周年纪念日，蜜雪冰城主题曲MV重磅升级。时隔一年，熟悉的旋律再次响起，网友不禁调侃“死去的DNA又复活了”。这次，升级版MV融入交响乐元素，雪王城堡华丽梦幻，雪人乐团全情演绎，令网友直呼“优雅”！

“蜜雪冰城有自己的品牌营销日历。我们一般将节日分为春节、五一、十一等全国人民都知道的节假日，以及像‘双11’这样的品牌造节两类，并针对不同的节日策划不同的活动，让品牌与节日之间形成固定的营销节拍和主题。”其中，最典型的就是“520去蜜雪冰城领情侣证”活动，即顾客只要在蜜雪冰城的门店购买饮品，就可以免费领取情侣证。这个活动已连续举办四年。

对于蜜雪冰城来说，这是一个不断积累品牌知名度及品牌资产的过程。在蜜雪冰城的“日常积累”不断“刷存在感”的战略布局之下，一个简单的品牌事件，便可在时间的自然发酵的加成下，低成本地形成极大的讨论量。

如果说活动策划是所有茶饮品牌的惯用套路，那么“魔性歌曲”则是蜜雪冰城区隔其他茶饮品牌营销活动的“利器”。蜜雪冰城主题曲的现象级破圈，无疑是整个2021年最成功的营销案例之一。2022年年初元宵节前后，蜜雪冰城推出卖汤圆新神曲，在2022年6月又发起了“冰淇淋rap大赛”活动。

“卖汤圆，卖汤圆，蜜雪冰城汤圆是圆又圆。”“男朋友来女朋友，蜜雪冰城走一走，草莓双炫拿在手，浪漫爱情时时有……”不逊于蜜雪冰城主题曲的魔性旋律再次调动网友们的DNA。刘亚楠解释道：“蜜雪冰城会选择大家脑海里面或者一些文化记忆里面比较耳熟能详的经典曲目。”在发布前，蜜雪冰城会对歌曲进行受众反馈测试，“会在电梯里放这首歌，然后观察从电梯里出来的人的反应。如果他会不自觉地哼一下，那这首歌就是成功的”。

蜜雪冰城这些营销活动背后的逻辑对于任何品牌来说，似乎都有着巨大的借鉴意义：是否能通过简单的符号让消费者记住品牌，才是衡量营销策略的重要标准。

资料来源：蜜雪冰城不止“甜蜜蜜”｜独家对话．(2022-07-26)．https://baike.baidu.com/tashuo/browse/content? id=fbc778d594f92e1876e1a5a2.

练习题

1. 蜜雪冰城的甜蜜蜜主题曲是否是品牌特征音乐？
2. 甜蜜蜜主题曲和卖汤圆广告曲有何区别？

3. 甜蜜蜜主题曲和其品牌定位有无联系？

4. 甜蜜蜜主题曲和其他品牌要素有无联系？

素养园地　品牌从取洋名到取国潮名

从“外国的月亮比较圆”到如今的国潮兴起，不同代际的消费者的消费习惯和喜好也有所改变，从品牌名到产品包装再到与消费者的沟通方式，一切都发生了天翻地覆的变化。

2000年左右，中国化妆品市场被国外品牌大肆分割，国内消费者也似乎更倾向于崇尚这些“舶来品”。国货品牌取名会偏高大上、向国外看齐，或者是与草本植物相关，体现品牌定位。

化妆品行业一批品牌取英文音译品牌名，青睐“欧”“韩”等字眼。或者直接取英文名，虽然不容易记大家也看不懂。

随着新一代年轻消费者的成长和国潮兴起，新一代品牌的取名会与品牌想要传达的理念相结合。同时，也有许多新锐越来越“不按套路出牌”，从品牌名开始凸显个性。

同时，近几年崛起的新一代80后、90后创始人，天然会有国际化视野，并不会觉得取外文名是一件高大上或者是跟风的事，也不会有“崇洋媚外”的取名包袱。

品牌名偏国潮，一般是将中国传统文化注入品牌精神中，去提炼特有的文化要素，或是寄托了某种个人理想，又或者是将中文与汉字的美韵融入品牌。比如，花西子、彩棠、逐本、三草两木、鎏婳书、南柯记、蘭、大饭殿……

新一代品牌的创始人大多有海外教育背景或是外企工作经历，他们用国外逻辑塑造品牌，一开始就为进入国际市场做铺垫。也有几位新锐品牌创始人对这一问题有些惊讶，似乎觉得不值得讨论。在他们心目中，取一个国际化通用的名字是再自然不过的。就像逐本创始人刘倩菲所说的那样：“民族文化自信的崛起之势，是一个好事情，让中文名的品牌有了更宽容的土壤。但不应演变为另一番取巧之势和对异己的施压。”

这批新一代创业者，以包容的心态看待中文名和英文名的讨论，他们觉得品牌名只需要符合品牌的调性，无论是用什么语言来表达都一样。此外，也有几位只有英文名的创始人表示注册不到合适的中文名。中文商标和名称注册的困难程度较大，能正确表达品牌理念和内涵的词语并不是太多，很多品牌只能选择能正确输出品牌理念的英文单词或者是缩写组合来作为商标。

国潮风与国际化并行，新锐品牌走向世界。国货的发展终于迎来了转机，一群心中有品牌梦的创始人为市场带来了新兴力量。国货取名的趋势也正体现了这一点，它像一面镜子，反映了中华民族文化自信的底层变迁。文化的自信，与工业经济的发展节奏息息相关。这也是支撑越来越多新锐品牌国产化、国货化的硬件基础。

资料来源：从“舶来品”到国潮，品牌名发生了哪些变化？.（2021-06-21）. https://www.jiemian.com/article/6259903.html.

思考题

1. 你知道哪些取洋名的品牌？
2. 你知道哪些取国潮名的品牌？
3. 品牌以前为什么要取洋名？
4. 品牌现在为什么要取国潮名？
5. 这反映出消费者的心态变化与国家的发展有何关系？

本章小结

1. 品牌识别是通过设计和使用各种品牌要素，让消费者能识别品牌。品牌要素是品牌识别中需要设计运用的各种要素，是用以识别和区分品牌的各种有形和无形元素的总称。最常见的品牌要素是品牌名称和品牌标识，其他品牌要素还有品牌形象代表、品牌口号、品牌特色包装和品牌特征音乐等。

2. 品牌的命名方式可以分为外显式、隐喻式、借用式、抽象式，而品牌命名原则包括联系品牌定位、好记上口、有特点、没有负面联想、不重复和知识产权保护等。

3. 品牌标识设计方式的分类标准包括按文图分、按含义分、按形状分、按拓展分。品牌标识设计原则包括联系品牌定位、联系品牌名称、设计独特有新意、简洁有趣有美感等。

4. 品牌形象代表是与品牌绑定的人物或动物等形象。品牌口号是与品牌绑定的口号，传递品牌核心价值。品牌特色包装是指具有品牌识别度，能够为品牌带来独特性，为消费者创造产品力之外的价值的产品包装。品牌特征音乐是与品牌绑定的音乐或声音特征。

拓展思考

1. 品牌要素之间为何要建立联系？一个品牌如何与竞争品牌区别开？
2. 品牌要素分别调用了什么感官？能否协调一致？
3. 品牌命名如何为未来品牌延伸、跨地区与国际化经营留有余地？
4. 品牌标识与品牌名称之间应该有联系吗？
5. 品牌标识色与品牌标识是何关系？
6. 品牌标识在产品包装上应该是大还是小？位置是该偏上还是偏下？

▶ 实训练习 ◀

1. 请以一个行业内的知名品牌为对象，分析这些品牌分别用到哪些品牌要素。

2. 请选一个行业的主要品牌及其他主要竞争品牌，进行以下分析。

（1）请问该品牌（及主要竞争品牌）的品牌名称用了哪种命名方式？品牌标识用了哪种设计方式？

（2）请问该品牌（及主要竞争品牌）还用到哪些品牌识别要素？它们的品牌名称、品牌标识和其他品牌要素之间是否有联系？是否一致？

3. 品牌口号是最能体现品牌定位内涵的。请以一个行业的多个品牌为对象，分析这些品牌是否有品牌口号，其品牌口号能否体现其品牌定位内涵。

4. 品牌形象代表能增强品牌视觉识别、品牌趣味性与互动性。请以一个有品牌形象代表的品牌为例，分析品牌形象代表是如何增强品牌视觉识别、品牌趣味性与互动性的。

5. 请以一个行业的多个品牌为例，分析是否有品牌特色包装和品牌特征音乐；如果有，又是如何发挥品牌识别作用和提升品牌资产的。

▶ 创新创业 ◀

1. 假设你们要创业开一家新奶茶店，如何设计新品牌的识别要素呢？请调查市场上现有奶茶店的品牌命名方式、品牌标识设计方式，以及其他品牌要素，评判创新性。这对你们设计新品牌有何启发？

2. 创立奶茶店品牌，如何设计品牌识别要素，跨行学习借鉴可以获得启发。请调查其他某个行业（如饮料品牌、食品品牌、手机品牌、餐厅品牌、短视频 APP 品牌等）的品牌命名方式和品牌标识设计方式，评判创新性。他山之石，可以攻玉，这对你们有何启发？

▶ 综合案例 ◀

茶颜悦色：新中式茶饮

茶颜悦色定位为新中式茶饮，它的品牌标识是一个手持纨扇的中国古装打扮的女子，倚着六边形窗棂，古色古香的画面感，加上手写体品牌名称，具有很高的辨识度。

茶颜悦色推出的茶饮极具中国特色，掀起了中国风的时尚潮流，也响应了品牌口号“越中国，越时尚”。茶颜悦色使用了很多古典名词为茶饮命名，如蔓越阑珊、人间烟火、素颜锡兰、声声乌龙、筝筝纸鸢、凤栖绿桂等。在产品包装上，纸杯外侧印刷有一些中国古画。店铺装修也使用了中式装修风格。在新国潮成为流行的当下，新国潮品牌颇受消费者青睐。迎着新国潮红利，茶颜悦色开了数家“国潮”主题概念店。截至 2022 年 9 月，茶颜悦色已有方寸间 • 桃花源、关山越 • 塞外、竹林煮茶、别有洞天、江枫渔火等 24 家概念店，这些“新中式概念空间”成为不少游客的打卡地。

近些年来，万物流行国潮已成普遍现象，这不仅是中国创作对内用力的新景象，也是在传达中国文化理念，更重要的是国人对于民族文化有了认同感和信心。“国潮”的内涵也随之丰富起来，趋于品质化、个性化与多元化，进入大众生活各个方面，并凭借鲜明的文化体验与精神内核成为创造价值与衍生价值的新兴趋势。

茶颜悦色和江苏大剧院民族舞剧《红楼梦》官宣并联名发布“红楼梦主题”限定纸杯，同时在线下开设限时“红楼梦主题店”等，迅速引来众多国风爱好者，茶颜悦色本身国风气息更浓了。

茶颜悦色品牌名称除了中文，还有英文，但是引起不小的争议。茶颜悦色在南京正式开业，其门店两面外墙上除了有大众熟知的古典女子形象Logo，下方还有“SexyTea”的英文字样。此事一出，引发众多消费者和网友的热议。对此，茶颜悦色决定撤下“SexyTea”标识，并在后期的新店中不再沿用该英文名。茶颜悦色称，“SexyTea”本意是希望顾客能从每一杯茶里感受到惊喜，希望递到消费者手中的每一杯作品，无论外观还是口感都能有自己的特色，与Sexy一词“富有魅力的”的注释比较贴切，因此定名。谈及英文名称优化，茶颜悦色表示，年中复盘时，团队就已进行过一轮讨论，但复盘后，针对优化英文名一事推进确实较为缓慢，所以这一次的网络讨论是给团队的一次警钟。

国潮文化兴起，加入国风茶饮赛道的品牌越来越多，如2017年在云南成立的“霸王茶姬”，发源于深圳的“殿下的茶”等。新中式国风茶饮的“风”，正越吹越远。

思考题

1. 请分析“茶颜悦色”品牌的命名方式。
2. 请分析“茶颜悦色”品牌标识的设计方式。
3. 请分析“茶颜悦色”的其他品牌要素。
4. “茶颜悦色”为何要加上这么多中国传统文化元素？
5. “茶颜悦色”应该取一个什么样的英文名称？

第4章

品牌体验

政策瞭望

适应新时代新要求，进一步引导企业加强品牌建设，进一步拓展重点领域品牌，持续扩大品牌消费，营造品牌发展良好环境，促进质量变革和质量提升，推动中国制造向中国创造转变、中国速度向中国质量转变、中国产品向中国品牌转变，久久为功促进品牌建设高质量可持续发展。

——《国家发展改革委等部门关于新时代推进品牌建设的指导意见》

知识思维导图

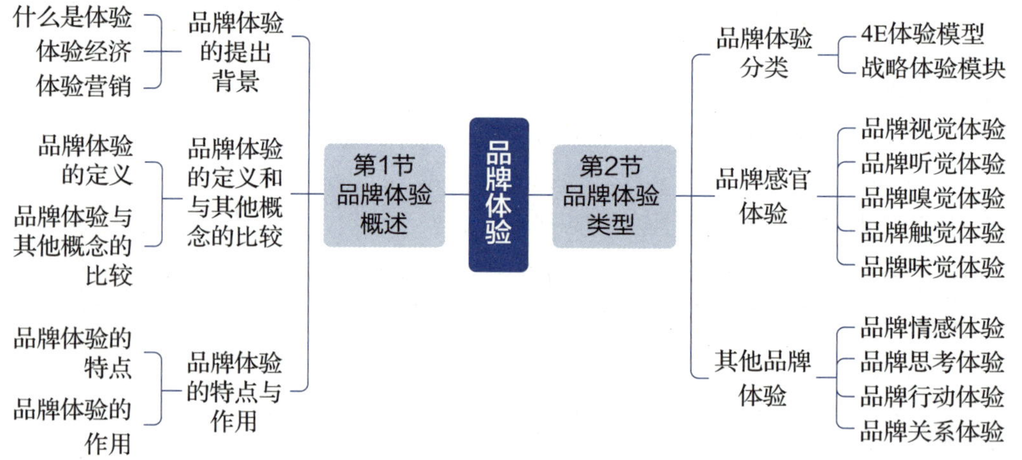

导入案例

奥利奥的独特体验

说到饼干，不得不提风靡全球的奥利奥。奥利奥创立于1912年，现已成为全球巧克力味夹心饼干的代名词。奥利奥的成功值得探讨一番。奥利奥的广告语相信大家耳熟能详，“扭一扭、舔一舔、泡一泡”，这简简单单的九个字，深究下来就能够发现，里面蕴含着大学问。

首先，奥利奥的定位是十分清晰的，它面对的消费群体主要是儿童。而这一群体的特点便是爱玩，奥利奥推出富有趣味的“扭一扭、舔一舔、泡一泡”吃法，满足了处于玩乐时期的儿童的心理。儿童在吃饼干的时候充满了乐趣，还会不自觉跟着律动起来。玩着吃饼干，除了奥利奥，试问还有谁能够做到呢？“扭一扭、舔一舔”比较好理解，这“泡一泡”可不简单。奥利奥为什么推出“泡一泡”的吃法呢？实际上，这“泡一泡”不仅是趣味吃法中的一种，还是一招打动家长的“王牌”。

众所周知，家长对于孩子零食的控制，实际上都是严格的。对于家长来说，只有健康、营养才是首选。奥利奥便是奔着家长的这一心理去的。奥利奥推出将饼干泡在牛奶中的吃法，让饼干一下子富含营养，家长消费起来也不会再犹豫不决。将奥利奥与牛奶关联起来，可谓是十分明智的战略，无形中强化了奥利奥的营养附加值。

奥利奥的广告打得也是别出心裁。几乎每一支奥利奥的广告都会令人耳目一新，印象深刻。可以说，奥利奥的广告已经跳脱原始的“信息传播”阶段，而达到了与顾客“体验互动”的阶段。奥利奥与微信创意相机合作，推出了亲子表情系列，用可爱的漫画表情，记录亲子瞬间的爱，留住值得回忆的幸福片段。此外，奥利奥还通过一系列的视频营销活动，向消费者展示和征集视频。

资料来源：火了 100 多年的小饼干？奥利奥品牌故事：不只是饼干 . https://www. pp918. com/brandshow/brandstoryinfo _ 13498. html.

请思考

1. 提到奥利奥，你会想起什么？
2. 奥利奥与其他品牌的饼干有什么区别？
3. “扭一扭、舔一舔、泡一泡”是奥利奥品牌特有的吗？
4. 奥利奥采用了哪些品牌体验营销手段？

第 1 节 品牌体验概述

一、品牌体验的提出背景

（一）什么是体验

什么是“体验”？英文中对应单词为“experience”，来源于拉丁文“exprientia”，意指探查与试验。中文中与“体验”一词比较接近的，还有“经验”和“经历”这两个概念。“体验”指通过实践认识周围的事物，亲身经历和感受。“经验”指经过多次实践而得到的知识或技能、亲身经历。“经历”指亲眼见过、亲身做过或遭遇过的事情。三个概念的共同点是亲身参与，“体验”的概念更大，包含了经历和经验，更侧重于从感官、情感、认知等方面去感受、认识事物，含义比“经历”和“经验”丰富。

"体验"的概念，最早起源于哲学与美学，后发展于心理学，最后运用于经济与管理学领域，已经成为一个跨学科概念。总结"体验"的概念在不同领域的表述，共同点包括：体验的产生需要人与外界事物进行相互作用；体验是人的内心感受、感觉等主观反应；体验是因人而异的；体验是时代发展的产物。

（二）体验经济

1970年，未来学家阿尔文·托夫勒（Alvin Toffler）在《未来的冲击》一书中提出了"体验产业"的概念。他认为，体验是经过心理化精心设计的产品或服务给人所带来的独特经历。他还依据情境的不同，将体验分为真实环境的体验和模拟环境的体验。①

1972年，爱德华·M. 陶伯（Edward M. Tauber）提出：人们为什么要购物？购物动机可以分为个人动机和社交动机。许多动机是为了满足心理体验，而不是物质需求。②

直到1998年，派恩和吉尔摩（Pine Ⅱ and Gilmore）在《哈佛商业评论》上发表了一篇《欢迎来到体验经济》的文章，引起了社会的热烈反响，正式提出体验经济的概念。他们将经济发展递进的阶段划分为产品经济、服务经济和体验经济，认为企业要想获得持续的竞争优势，就必须向顾客展示具有吸引力的、令人信服的体验产品和独特的体验环境。③

他们将"体验"定义为"企业有意识地提供的、使消费者以个性化的方式参与其中的事件，是一种独特的经济提供物"。后来他们又提出"体验"是"当一个人达到情绪、体力、智力甚至精神的某一特定水平时，他的意识中所产生的美好感觉"。④

（三）体验营销

世界正加速进入体验时代，这个趋势不仅发生在服务业，如主题公园、酒店、餐厅、航空公司等，也发生在零售业，如百货商场业态从售货向社交娱乐中心转型、开设体验店等。消费者在寻求不仅能够满足其基本功能需要，还能满足其深层次精神需要的品牌。

"体验营销之父"伯恩德·施密特（Bernd H. Schmitt）在《体验营销》一书中提出，真正的优秀企业应该是"体验的提供者"。⑤ 从迪士尼、星巴克到苹果手机，从李宁、茶颜悦色到海底捞，这些企业的成功向人们展示，提供产品和服务以外的

---

① Toffler A. Future Shock. London：The Bodley Head，1970.

② Tauber E M. Why do people shop? . Journal of Marketing，1972，36（4）：46－59.

③ Pine II B J，Gilmore J H. Welcome to the experience economy. Harvard Business Review，1998，76（718）：97－105.

④ Pine II B J，Gilmore J H. The experience economy：work is theatre & every business a stage. Boston，MA：Harvard Business School Press，1999.

⑤ Schmitt B H. Experiential marketing：how to get customers to sense feel think act relate to your company and brands. New York：The Free Press，1999.

积极的顾客体验，能够提升顾客获得的价值，提升顾客忠诚度。

体验营销就是基于消费者精神享受和心灵体验的营销活动，它以满足消费者精神体验为出发点和归宿。体验营销也是站在消费者的感官、情感、思考、行动、关联五个方面重新定义和设计营销活动的思考方式。

企业应以消费者为中心，通过创造能够使消费者参与、值得消费者回味的活动来传递各种体验。参与其中、具有丰富体验的消费者更容易产生新的联想和独到的见解，他们力求通过某种方式树立起自己的形象，掌握自己的生活方式，实现和表现自我价值。

知识赋能

理解提问：“体验”与“经历”“经验”有何区别？体验营销与以往的营销有何区别？

复习提问：什么是体验？什么是体验营销？

课堂讨论：有哪些品牌是靠体验营销成功的？

品牌视野

《体验经济》

“产品和服务已经远远不够”，《体验经济》中的这句话可能很多人根本没注意到，更谈不上牢记在心了。虽然这本书被翻译成 15 种文字，在全球卖出了 30 多万册，但它要传达的主题还远没有冲破商业领袖（和政策制定者）的传统思维方式，无法真正实现全新的、绝对必要的经济秩序。依靠产品制造和服务提供进行发展依然是绝大多数企业管理者（和政策制定者）的思维定式，这就阻碍了企业（和国家）向更有活力的体验经济的转型。

因此，在这里我们必须再次大声疾呼：产品和服务已经无法继续支持经济增长，无法提供新的工作机会，无法维持经济繁荣。要想实现收入增长，提供更多的工作机会，我们必须把体验营造作为一种全新的经济形式去努力实现。毋庸置疑，如今的商业世界到处都是毫无差异化的产品和服务，在这种情况下创造价值的最大机会就在于营造体验。

我们认为，体验经济中蕴涵着四种价值创造机会。首先，对产品来说，更多的产出应当实现大众化定制，也就是说，人们需要的不是具体产品的大量生产，而是需要企业以更有创意的方式去生产。其次，对服务来说，更多的企业应当引导其员工展开积极行动。强调服务性思维的企业只注重员工做了些什么工作，而强调体验式思维的公司还要考虑这些工作是怎么做的，因此它们注重的是为消费者提供舞台化的服务感受。再次，对于体验来说，更多的体验产出应当明确地按消费时间收费。时间就是衡量体验的货币。最后，更多的体验应当产出变革。作为经济价值递进表中的第五种，也是最后一种经济产出，这些变革本身就应当为潜在体验带来的成果以明确的方式收取一定的费用。

体验经济是长期的结构性转换，新的经济产出形式并不是自动出现的，它们需要每个个人和企业展开行动，抛弃昨日的工业经济和服务经济模式，拥抱全新的体验经济和变革经济的到来。

资料来源：派恩，吉尔摩．体验经济：珍藏版．北京：机械工业出版社，2016.

▶ 请思考

1. 请阅读本书，并写一篇读书笔记，重点结合现实商业案例来谈对体验经济的体会。

2. 请向他人推荐本书，并介绍自己从本书获得的思考与行动体验。

二、品牌体验的定义和与其他概念的比较

（一）品牌体验的定义

布拉库斯（Brakus）等人提出的品牌体验的定义是：品牌相关的刺激物，如品牌名称等品牌要素、品牌特点与含义、品牌沟通和环境等，所激发的消费者内在的主观反应（包括感官、情感、认知）和行为反应。①

他们认为，品牌体验有正面的，也有负面的，有些比较长久，有些比较短暂。品牌体验是在与品牌接触的全过程中，品牌为消费者带来的印象和经历，是有关该品牌的经验积累的集合。

费希尔（Fischer）等人提出的品牌体验定义是：消费者对刺激的主观和内部的反应，包括积极的情绪、非凡的信念以及与品牌的联系。②

本书给品牌体验下的定义是：在消费的各个阶段，消费者与品牌接触，由品牌相关刺激物（包括品牌要素、沟通与环境等）所引发的内在主观反应和外在行为反应。这些反应与品牌建立了密切联系，并且转化为记忆后，还可以被品牌要素触发重新唤起。

（二）品牌体验与其他概念的比较

1. 品牌体验与顾客体验的比较

顾客体验是一个更大的概念，包括了品牌体验。二者的相似之处在于都是顾客的内在主观反应和外在行为反应，都是由直接和间接的因素引起。二者的不同之处在于范围不同、刺激不同和阶段不同。

首先，范围不同。与品牌体验相比，顾客体验是一个更大的概念。顾客体验包括品牌体验、消费体验、产品体验、服务体验和购物体验。品牌体验与品牌相关，消费体验发生在消费过程中，产品体验与产品相关，服务体验与服务相关，购物体

---

① Brakus J J，Schmitt B H，Zarantonello L. Brand experience：What is it? How is it measured? Does it affect loyalty?. Journal of Marketing，2009，73（3）：52－68.

② Fischer D，Praxmarer-Carus S. A revised concept of brand experience and its theoretical linkage to brand attachment. American Marketing Association Winter Educators' Conference Proceedings，2013.

验发生在购物过程中。

其次，刺激不同。顾客体验由各种刺激引发，如产品、服务、品牌等。品牌体验只由品牌相关刺激引发。有些刺激很容易被识别为与品牌相关，而有些很难判断。例如产品，其包装、功能很容易与品牌相关。

最后，阶段不同。品牌体验虽然可以发生在消费的全过程，但在消费中和消费后容易和其他体验混淆。消费者消费前，还没有实际接触产品和服务，还没有消费和购买过程。此时，品牌体验是更加独特的，独自助推顾客做出消费决策。

2. 品牌体验与其他品牌概念的比较

（1）品牌体验与品牌知名度。

品牌知名度是指消费者识别或回忆品牌的能力，这应该是消费者之前有品牌体验的结果。

（2）品牌体验与品牌形象。

品牌形象是消费者对品牌的联想，包括属性、利益和态度。品牌体验是指消费者与品牌接触时发生的内部反应，不是外在的属性、利益和态度本身。

（3）品牌体验与品牌个性。

品牌个性是与品牌相关的人类特征，是对品牌的抽象印象，可以拟人化描述为消费者认为品牌是什么样的人。品牌体验是消费者的直接反应，内容更为丰富。品牌体验是消费者接触品牌时产生的具体反应，是事实而不是观点。

知识赋能

理解提问：品牌体验与顾客体验有何区别？品牌体验与品牌形象有何区别？
复习提问：什么是品牌体验？
课堂讨论：举例说明有哪些品牌刺激物可以激发品牌体验。

三、品牌体验的特点与作用

（一）品牌体验的特点

品牌体验是在商业竞争升级与需求升级两股力量推动下诞生的。不同于产品、服务和购物环境所带来的物质功能利益与精神体验，企业要为消费者创造美好、丰富和独特的品牌体验。品牌体验具有以下特点：

1. 品牌体验更注重消费者参与和投入

传统企业单纯地售卖产品或提供服务，没有给消费者提供参与的机会，更谈不上消费者投入，剥夺了消费者动手动脑的快乐。没有参与，消费者就会缺乏对产品和品牌的深刻认识与情感投入。品牌体验通过设计消费者互动环节，增加消费者投入的情感与时间，让消费者获得丰富、美好与独特的体验，为消费者创造产品和服务之外的额外精神价值，增进消费者对品牌的认知、情感联结与好感等。

企业也可以通过设计互动环节，更深层次、全面地了解消费者，洞察消费者如何体验品牌旗下的产品和服务，从而为消费者创造出高峰体验。因此，互动过程，也是品牌和消费者之间相互学习的过程。

例如，三顿半咖啡通过“返航计划”这一互动活动，让消费者亲身参与，增加了消费者的投入，为其创造了一段购买产品之外的经历。活动使品牌、消费者、返航点咖啡馆之间建立起友好连接，三者之间通过活动相互学习了解、建立情感纽带、沉淀彼此的信任。

2. 品牌体验更侧重活动设计与经历过程

品牌体验是品牌带给消费者的体验，更多是通过设计活动来让消费者沉浸其中，经历一个过程，耗费一段时光，形成一段难忘的美好记忆。品牌体验不是靠产品、服务和购物环境带来的，而要靠设计新鲜有趣的品牌活动，来让消费者亲身经历，获得丰富的体验，形成美好的记忆，提升对品牌的好感。

普通的促销活动是单向传播型的，以推销产品和服务为目的。而品牌体验活动是双向互动型的，是要让消费者参与和沉浸其中，以提升品牌联想和品牌忠诚为目的，不以销售商品和服务短期盈利为目的。

例如奈雪的茶、Manner咖啡等跨界举办各种艺术展，宠物生活方式品牌彼诞（pidan）联合Design360°开设线下首展，GXG服饰品牌以数字艺术为媒介构筑虚拟艺术展，以话梅（Harmay）为代表的生活方式品牌更直接将艺术展作为门店空间内容叙事的日常板块。这些活动都为消费者创造了丰富体验，让人沉浸其中，不以销售为目的，却能无形中提升品牌资产。

3. 品牌体验更强调品牌满足精神需求

品牌体验与其他顾客体验不同，更强调撇开旗下的产品和服务，由品牌独立为消费者创造丰富而独特的体验。这些精心设计的丰富而独特的品牌活动，与品牌要素紧密结合，更能彰显品牌定位、张扬品牌个性、渲染品牌文化等精神特质，让消费者沉浸其中。

例如，永璞咖啡从2019年开始，每年下半年都会独立策划举办一场线下艺术活动“永璞灵感艺术节”。这个品牌节日被咖啡爱好者视为一场结合咖啡、艺术以及生活趣味的狂欢。这是以品牌命名的主题活动，与品牌要素建立了强联系，主题却与产品和服务关系不大，这就是品牌体验。

（二）品牌体验的作用

品牌体验的作用是非常强大的，最终会有力地提升品牌资产。

1. 品牌体验可以帮助品牌实现差异化与个性化

产品和服务容易同质化，而通过品牌活动等方式为消费者创造的独特品牌体验不容易同质化，可以帮助品牌实现差异化，与其他竞争品牌区隔开来。这不仅在于活动设计本身的独特性与体验的独特性，更在于只要消费者参与其中，就形成了一段独特的美好记忆。时光是有限的，令人印象深刻、可回味的美好时光记忆更是有限，这就构成了对每位参与其中的消费者个人的独特意义。

品牌体验强调的是消费者亲身参与，每位消费者的个人情况不同，如个性不同、兴趣不同、经历不同，导致对同样的品牌体验刺激物会有不同的反应。这样，消费者获得的品牌体验就具有了个性化特征。品牌也因为消费者品牌体验的个性化而在消费者眼中具有了个性化。

2. 品牌体验可以帮助品牌创造额外价值

品牌要在产品和服务之外为消费者创造额外价值，而品牌体验就是品牌创造额外价值的最佳途径。消费者获得的良好体验，增加了消费者的获得感，可以满足消费者的各种高阶需求，如社交需要、尊重需要、审美需要、求知需要和自我实现需要。

品牌体验作为消费者对品牌的反应结果，是衡量一切品牌与营销活动效果的工具。将是否创造了良好的品牌体验作为检验长期绩效的标准，可以减少营销短视症。从品牌体验出发，商家还获得了更新颖、更高阶的消费者视角，来重新考虑设计其他品牌和营销策略，从而达到提升品牌资产的最终目的。

例如三顿半咖啡的“返航计划”，不仅通过独特的品牌包装“小杯装”塑造了品牌独特的符号资产，还设计了好玩的品牌活动，把空罐包装回收做成一场有意思又有意义的活动。借助仪式感满满的活动设置，三顿半把咖啡罐做成社交货币，把“返航计划”做成年轻人的流行文化，为消费者创造了独特的品牌体验和额外价值，提升了品牌资产。

3. 品牌体验可以帮助提升品牌资产

提升品牌资产是品牌管理的最终目标，而品牌体验是全面提升品牌资产的核心手段。

第一，提升品牌知名度。品牌体验通过设计精妙的品牌要素和独特的品牌活动，吸引人们关注带来流量，然后通过新闻和社交媒介获得传播，自然就提升了品牌知名度。第二，提升品牌联想。品牌活动创造丰富和独特的品牌体验，自然会带来丰富而独特的品牌联想。第三，提升品牌忠诚度。品牌体验往往会给消费者带来意外的惊喜，而品牌活动应该是源源不断的，消费者还会不断获得惊喜，这种惊喜连连以及与品牌共处的美好时光，往往会使消费者从一般满意上升到品牌忠诚。第四，提升感知质量。品牌活动的高质量，提供了很好的质量线索，自然提升了感知质量。第五，提升其他专有资产。消费者在品牌活动中，会加深对品牌要素的认识，也会增进对品牌技术的了解，增加在专属渠道体系中逗留的时光，这就自然提升了其他专有资产的价值。

案例实训 4－1　Meta-GXG 推出“艺术假期”线上虚拟展

知识赋能

理解提问：请结合案例谈谈对品牌体验特点的理解。
复习提问：品牌体验有哪些特点与作用?
课堂讨论：举例说明品牌体验是如何发挥作用的。

第2节　品牌体验类型

一、品牌体验分类

由于视角不同，不同学者划分出来的品牌体验类型也会不同。以下介绍派恩和吉尔摩的4E体验模型，以及施密特的战略体验模块。

（一）4E体验模型

“体验经济”的提出者派恩和吉尔摩从“消费者参与程度”和“与环境的相关性”两个维度，把体验分为娱乐体验、遁世体验、审美体验和教育体验，统称为4E体验模型（如图4-1所示）。[①]

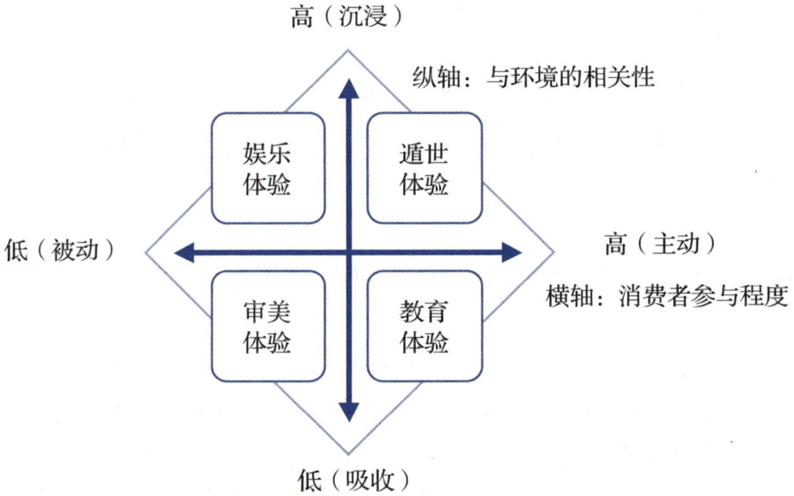

图4-1　4E体验模型

资料来源：Pine II B J，Gilmore J H. The experience economy：work is theatre & every business a stage. Boston，MA：Harvard Business School Press，1999.

其中，“消费者参与程度”的一端是被动参与者，意味着消费者并不直接影响事件的进程，参与者只是作为受众，如看电影；另一端是主动参与者，意味着消费者可能影响事件的发生和进程，参与者参与创造了他们自己的体验，如滑雪。

而“与环境的相关性”的一端是吸收，企业通过让消费者了解体验的方式来吸引消费者，客体与环境有距离，如通过电视看球赛；另一端是沉浸，意思是消费者成为真实经历的一部分，客体走进了环境，如到比赛现场观看世界杯足球赛。

---

① Pine II B J，Gilmore J H. The experience economy：work is theatre & every business a stage. Boston，MA：Harvard Business School Press，1999.

1. 娱乐体验

娱乐体验是消费者被动参与和沉浸而获得的一种体验。典型的娱乐体验是置身于一个相对封闭的环境中欣赏。例如看演出、看电影、听音乐会、看展览等。娱乐体验并非一般意义的“娱乐”，并不是指活动本身的娱乐性质，而是强调环境的沉浸感。例如通过电视或手机来看剧，虽然是娱乐活动，但消费者所处环境没有与周边区隔开来，所以并不是娱乐体验。娱乐体验并不需要消费者主动参与，消费者只是被动地接收信息，但创造了一个可以让消费者全身心被包裹来“欣赏”的空间环境。

2. 遁世体验

遁世体验（又称逃避现实体验），是消费者主动参与并沉浸其中的一种体验。典型的遁世体验需要一个远离家庭和工作的环境，例如主题公园、酒吧、餐厅、酒店、度假胜地、VR 游戏虚拟世界等。消费者厌倦了现实生活，希望摆脱日常工作和生活的束缚，以轻松的姿态绽放真实的自己，遁世体验满足了这种需求。同娱乐体验的消极角色不同，这里消费者是更加积极的参与者，需要做出各种行动与决策等。

3. 审美体验

审美体验是消费者被动参与并与环境保持距离的一种体验。审美体验与娱乐体验相同，也是“静静地”欣赏。只不过游离于体验来源的环境，未脱离现实的工作或生活环境空间。例如前述通过电视和手机来看剧，就是典型的审美体验。审美体验的“审美”是广义的，泛指欣赏事物。审美体验是最常见的，也是最容易实现的，体验效果也容易受到外部环境影响。当看剧或看直播时，如果发弹幕互动，因其主动参与就成为教育体验。

4. 教育体验

教育体验是消费者主动参与并与环境保持距离的一种体验。教育体验也不是指教育活动获得的体验，只是强调了“教育”式的主动参与。教育体验就品牌活动而言，例如消费者在线上品牌社区分享品牌相关知识与经验，在线上观看品牌直播时进行弹幕互动、转发评论等。

（二）战略体验模块

“体验营销之父”施密特根据消费者的参与深度与广度，把品牌体验分为五种，即感官体验、情感体验、思考体验、行动体验与关系体验，统称为“战略体验模块”(Strategic Experiential Modules，SEMs)。[①]

品牌体验五个维度的量表见表 4－1，它可以用来测量消费者对指定品牌的品牌体验，也可以用来测量某种品牌刺激物带来的品牌体验。

本书主要采纳施密特的这一品牌体验分类方式，并在本章后面内容中继续详细介绍。

---

① Schmitt B H. Experiential marketing：how to get customers to sense feel think act relate to your company and brands. New York：The Free Press，1999.

表 4-1　品牌体验量表

维度	题项
感官体验	这个品牌给我在某种感官（视觉、听觉、嗅觉、触觉、味觉）上留下了深刻的印象。
	我觉得这个品牌在某种感官上很有趣。
	这个品牌在感官上并不吸引我。*
情感体验	这个品牌可以诱导出我的某种情感。
	这个品牌对我的情感没有影响。*
	这个品牌是一个有情感的品牌。
行动体验	当接触这个品牌时，我会做出一些行动。
	这个品牌激发我的行动体验。
	这个品牌并不会导致我有行动。*
思考体验	当遇到这个品牌时，我会产生很多思考。
	这个品牌并不能让我思考。*
	这个品牌激发了我的好奇心和如何解决问题的新思考。
关系体验	这个品牌没能让我与他人建立关系。*
	我感觉我是品牌社群的一员。
	这个品牌让我感到不孤单。

*反向编码的题项。

注：本量表经过作者翻译与部分修正。

知识赋能

理解提问：请结合案例谈谈对品牌体验4E模型中每种品牌体验的理解。

复习提问：品牌体验按4E体验模型和战略体验模块分别如何分类？分类标准是什么？

课堂讨论：举例说明战略体验模块的五种品牌体验。

二、品牌感官体验

人对外部世界信息的感知，是通过感觉器官来实现的。人有五感“看、听、闻、品、触”。首先，人获取信息最主要的方式是“看”，即通过眼睛来获取外界图像信息，以及人类发明的文字信息等。视觉信息可以分为纯图、图文与纯文，效果可以分为美与丑、简单与复杂、抽象与形象、枯燥与有趣等。其次是“听”，通过耳朵来听取外界声音信息，包括人类发明的语言与音乐等。效果可以简单分为悦耳与刺耳，还可以分为节奏快慢、声音高低等。看和听往往需要相互配合，以便获取更为全面的信息。这两种感官的调用，是品牌营销用得最多的，例如品牌要素传播、品牌宣传视频、品牌直播等。

五感中的其他三个好像用处不大，尤其是在购买前或是在互联网媒介下，无法身临其境。但通过精巧的设计，调用得当，它们也能帮助品牌传递丰富、独特和美好的品牌体验，为消费者创造更多额外价值，提升品牌资产。

首先是“闻”，通过鼻子来获取外界的气味信息，包括天然的和人工合成的，效果可以简单分为好闻与不好闻。其次是“品”，通过舌头与口腔来品尝外界的味道，包括咸、甜、酸、辣、鲜、苦等，还包括咀嚼食物时的咬劲、食物的温度（凉、温、烫）等。最后是“触”。与其他感官不同，触觉器官不在头部，而是全身皮肤。除了手指对外界物品的触觉，还有对外界环境温度、物品重量等的感知。触觉还包括软硬、粗糙与光滑等。

人的五种感官体验，还会产生协同效应和“通感”效应。协同效应是指，当多种感官体验都得到满足时，人会体验到更高层次的感官愉悦。例如菜肴讲究“色香味俱全”，多方面的感官满足。“通感”效应是指，一种感官的外界刺激物，能调动起人们联想产生其他感官的反应，例如成语“望梅止渴”、听音乐达到的“三月不知肉味”等。

如何创造品牌感官体验，需要精心设计品牌刺激物，包括品牌标识等品牌识别要素和品牌传播与体验活动。下面从视觉、听觉、嗅觉、味觉和触觉这五种品牌感官体验出发，分别介绍做好品牌要素以及品牌活动等品牌刺激物的设计策略。这些品牌刺激物设计得当，不仅能调动品牌感官体验，还可能带来其他品牌体验。

（一）品牌视觉体验

如何从品牌视觉体验出发来做好品牌要素的设计？品牌要素中最重要的视觉要素是品牌标识。品牌标识的良好视觉感，既是品牌体验的“锚”，又可以创造体验。

例如，色彩要和品牌定位与品类匹配。怀旧类品牌标识比较适宜选用黑白色彩；功能性产品品牌标识比较适宜选用功能性颜色，如灰色、黑色、蓝色和绿色；社交型产品品牌标识，如香水、巧克力、高档餐馆等，适宜选用社交型颜色，如红色、黄色、粉色、紫罗兰色。

再如品牌标识周围要不要加边框。对于安全属性重要的产品品类，有边框的品牌标识更能增加消费者的安全感。[①] 至于边框的形状，圆形品牌标识会给消费者带来更高真诚感，椭圆形品牌标识会给消费者带来更高兴奋感。[②]

再如同样使用动物形象作为标识，有归属需求的消费者偏好力量型的动物形象，有独特需求的消费者偏好温暖型的动物形象。[③]

此外，品牌标识设计如注意营造画面感、立体感、动感、醒目感等，能更好地

---

① 景奉杰，石华瑀，牛亚茹．品牌标识边框对消费者品牌态度的影响机制探究．经济与管理评论，2019（1）：45－56．

② 潘鹏杰，尹龙，王忠勋．圆还是椭圆：品牌标识边框与内容匹配对消费者感知的影响．商业研究，2020（12）：1－9．

③ 郭晓凌，刘浩，张逸聪．“狮兔赛跑”？动物品牌标识类型的消费者偏好研究：来自眼动和实验的证据．（2022－06－17）．南开管理评论．https://kns.cnki.net/kcms/detail/12.1288.f.20220614.1413.002.html.

调动视觉感官，带来良好的视觉体验。还可以通过品牌标识，来传递文化与情感，联系目标人群与场景，激发其他品牌体验如情感体验、思考体验等。其他的，如品牌标识在产品外观或广告中的大小比例、上下左右位置等，也可能带来不同的品牌视觉体验和其他体验。

品牌要素中的视觉要素还有品牌特色包装，不仅可以提供视觉体验，还可以提供质量线索、丰富联想和满足审美需求等，从而提升品牌资产。

（二）品牌听觉体验

品牌要素中的听觉要素包括品牌音乐，以及辅助性声音、环境声音等。这些良好而独特的声音，既是品牌体验的“锚”，又可以创造体验。

品牌特征音乐已在第3章详述，在此重点介绍辅助性声音。辅助性声音可以暗示某些属性的状态，是消费者了解产品属性和功能的窗口。辅助性声音作用并不局限于产品判断，还包括激发消费者的其他体验如情感体验。例如哈雷摩托车的轰鸣声，被认为与众不同，是品牌品质的代表，也是品牌特色要素，消费者对此高度认同并产生情感。再如某些豪华车的关门声厚重，被消费者认为是品质的象征，并对品牌产生信赖与情感。再如星巴克磨咖啡豆的声音不仅可提供产品质量信号，还是维系消费者情感的纽带。

背景声音或环境声音也可以帮助企业塑造品牌听觉体验和情感体验等，尤其是该背景声音被某品牌所专有时。例如专卖店、酒店、餐厅、售楼处等场景下的不同风格与特色的背景音乐，能营造不同氛围，刺激消费者产生听觉体验，进而可能产生对品牌的情感与个性等方面的体验。

再如，有研究表明，若背景音乐的音乐特性与消费要素之间存在较高契合度，则能够引起消费者的关注，使消费者加强对商品的记忆并提升购买欲。背景音乐的社会隐义也能与消费要素产生契合关系，二者之间的契合程度决定了消费者对品牌的态度、情绪状态，以及对商品的记忆和选择。背景音乐与消费要素在文化意蕴方面的高度契合则能够促进消费者对品牌的态度、提升购买意愿、促进购买行为。①

（三）品牌嗅觉体验

通过独特的气味可以提供品牌嗅觉体验，如有气味的产品。嗅觉与记忆性情绪的关联紧密，气味牵动着人们的记忆以及与经验相关的情绪。因此，可以通过气味来做品牌定位，使独具个性的气味与品牌建立紧密联系，并调动消费者的情绪记忆。例如星巴克咖啡店里的咖啡香味，可以唤起人们对某段快乐消费情景的记忆。再如强生婴儿润肤露、六神花露水等的独特气味，会让很多父母回忆起自己的童年，继续给自己的孩子使用，有助于延续回忆。气味诱发回忆的时间较长，一经辨别，个体就会回忆出曾经熟识的气味。

---

① 刘俊峰，喻丰，杨沈龙．背景音乐对消费者的影响：音乐契合度的视角．心理科学，2021（1）：177－183.

通过气味来提供品牌嗅觉体验，还包括服务环境和购物环境的香气。例如高级酒店、精品店、餐厅等，通过在环境中释放特定的怡人香气，为消费者提供一种心理满足，使其产生愉悦的情绪，提升消费者对品牌的认可与记忆。

还可以巧妙结合气味与音乐。令人愉悦的环境气味与背景音乐相一致时，会令消费者产生更为愉悦的感官体验与情感体验。这些还是质量线索，会提高消费者对产品的感知质量。

另外，要注意环境中人口密度的影响。研究显示，只有当人口密度处于适中的情况下，清新怡人的环境香气对消费者的情绪影响才会比较显著。人口密度过高或过低，环境香气的调节作用会比较负面，此时无香胜有香。

（四）品牌触觉体验

触觉是相当重要却最容易被忽视的感官体验，尤其在现如今互联网时代，很多消费都是在线上进行，看得见摸不着。触觉能提供质量信号，增强个体的探索欲望。研究发现，只有经过事先抓握和提举后，个体才会决定是否进行下一步的探索。是否能试用和触摸会影响消费者的购物时间和决策。商家提供样品或允许打开的产品，会吸引更多消费者试用和触摸，并可延长他们在店内的逗留时间，提高购买可能性。但要注意的是，消费者喜欢购前触摸产品，但放进购物车的却是未被触摸过、包装严实的产品，因为被他人接触过的产品会引起消费者的厌恶情绪。

不同品类对触觉的重视程度不同，消费者对服饰类产品在购买前的触摸欲望很强。对该类产品曲线和褶皱感的利用和重视，可以帮助产品赢得市场。

对材质和温度的感知，最先影响消费者的触觉体验。视觉中的材质触感，也能影响消费者的感受。例如服装和家居零售店的环境陈设，就适宜柔软质感与温暖色调的陈设。在材质的应用上，品牌包装袋、员工服装等，采用特殊的材料，可以达到与众不同的效果。

感受重量也是触觉的一种，多数消费者认为产品越重代表质量越好。例如，某高端音箱品牌发现，消费者之所以青睐该品牌，一个原因是该品牌的遥控器重量是其他品牌的两倍，拿在手里有质感。

（五）品牌味觉体验

味觉是很内在、很丰富的感觉。味觉不仅源自人的味蕾对味道的反应，还包括牙齿和舌头的触觉等。味觉不仅依靠味觉器官，还可以由其他感官获得线索，与其他感官交互影响。当缺少某一感官时，味觉对消费者判断的影响会大大降低。

在食品、饮品、药品、口腔护理等需要入口的产品行业，餐厅、酒店、饮品店等服务行业，特别需要关注味觉的应用。不仅要关注产品本身的味觉体验设计，还要关注品牌传播中的味觉体验设计。例如，饮品店和餐厅可以为饮品或菜品起美好而有特色的名称，通过词汇联想和多感线索，激发消费者将味觉体验与美好事物联系在一起，增加情感体验和对品牌的记忆。

此外，一些不能吃的产品，也可以调用味觉。很多非食物类产品都有打造味觉感的潜力，使用味觉关联词汇对非食物类品牌进行命名，对营销者是一种启示。例如电子产品企业用“苹果”“小米”等名称，包装模仿食物的颜色并以食物来给颜色命名（如巧克力色）。

味觉也可以借助其他感官线索发挥作用。例如，颜色可以改变消费者关于产品的味觉和嗅觉感知。红色会增加消费者对食物甜度的感知；食物颜色越深，消费者对气味的感知越强烈。再如，听觉也会影响消费者的嗅觉和味觉。轻快的声音往往与清淡的味道和食物相联系，而凝重的音乐往往与浓烈的味道和食物相联系。

知识赋能

理解提问：请结合案例谈谈品牌感官体验与品牌刺激物的关系。
复习提问：请简述五种品牌感官体验的内涵。分别有哪些品牌刺激物设计策略?
课堂讨论：举例评判五种品牌感官体验应用策略的成败。

案例实训 4-2

节气盒子：从嗅觉到五感

消费升级背景下，追求个性化、定制化体验的人群不再局限于满足基本需求的味觉体验，对视觉、嗅觉、听觉，甚至是五官的融合体验也更为关注。嗅觉作为五感之一，近年来颇受关注，如香水香氛市场一直表现出超过10%的增速。中国本土品牌也借势迎来新机会，节气盒子就是其中之一。

节气盒子成立于2017年，2020年进入嗅觉赛道，此前主要面向B端提供产品。随着第一批90后步入30岁，节气盒子观察到新消费时代下女性主义的需求正在发生变化，女性“自我表达”的意愿增强，更偏好具有仪式感、文化感的产品。节气盒子想要打造一个东方生活消费品牌，同时兼备商业和文化属性。

节气盒子正在打造一个以场景为横轴、气味为纵轴的产品矩阵。横轴以春、夏、秋、冬四季和二十四节气为主线，纵轴以不同香型为主线。节气盒子的产品线，将围绕家居香薰、个人护理、家庭护理等使用场景不断拓展。

以东方茶底+果味为搭配，节气盒子已面向四季，分别推出百香果绿茶、蜜桃乌龙、粉柚红茶、香芋白茶的茶烛和扩香产品，以及牡丹花、荷花、木兰味道的瓶花产品。其中，白桃乌龙香薰蜡烛已经成为天猫品类第一。此外，品牌还推出香膏、洗护等产品。

除嗅觉体验外，节气盒子还在产品设计上融入视觉、听觉、触觉和场景上的考虑。创始人孙雪婷表示，节气盒子在五感方面都建有知识库储备。如二十四节气中的国色系统和白噪声系统，方便品牌快速迭代，推出新品、联名款、限量款。

除五感外，场景也是节气盒子进行产品创意设计的维度之一。以面向卧室场景的茶烛为例，节气盒子更看重私密空间内的交互体验，为燃烧加入听觉体验。而在外出场景下，节气盒子更看重产品的便携性，比如将香膏设计为口红型，方便随时补香。

节气盒子的用户主要为一线和沿海城市的女性群体，气味对女性的吸引力决定了嗅觉产品的主要消费群体为女性。因此，节气盒子选择从家庭方向切入，提供香氛喷雾、功能型喷雾等产品。此外，节气盒子也面向车载场景推出香氛类产品，拓展男性用户群。

节气盒子的产品在设计时就预留了很多创意点，方便在社交媒体快速传播，比如每款产品都会有自己的代号和风格。节气盒子目前已进入天猫、微信小程序销售，线下已进入家居、美妆、文创类门店，如海澜优选、调色师、九木杂物社等品牌集合店。

除产品线外，节气盒子还搭建了节气数据库，面向 B 端提供数据和内容，目前拥有数百款香型体验数据，未来计划拓展到千款。节气盒子与上海文化出版社联合打造的《节气研究社》也将于近日出版。节气盒子注重知识产权体系搭建，品牌将增加研发储备，推动香型专利化。

资料来源：打造四季和节气传播点，本土品牌“节气盒子”切入嗅觉经济赛道．(2021-04-27). https://36kr.com/p/1198370123172353.

练习题

1. 节气盒子调用了哪些品牌感官体验？
2. 节气盒子为何强调节气与场景？是否可以带来独特而丰富的品牌感官体验？
3. 节气盒子打造《节气研究社》和推动香型专利化，有利于提升品牌资产吗？

三、其他品牌体验

（一）品牌情感体验

情感体验与情绪反应既有区别又有联系。区别是，人的短暂而强烈的具有情景性的感情反应为情绪，如愤怒、恐惧、狂喜等；稳定而持久的、具有深沉体验的感情反应为情感，如自尊心、责任感、热情、亲人之间的爱等。联系是，情绪反应出现在先，情感体验发生在后。强烈的情绪反应中有主观体验，而情感也在情绪反应中表现出来。

品牌情感体验，就是指通过品牌激发起消费者内在的情感及情绪反应，沉淀为消费者对品牌的情感与记忆。情感体验有不同的程度，从温馨浪漫的甜美心情到奔放炽烈的强烈情绪。情感体验，可以在消费过程中被激发，也可以脱离消费场景而发生。

消费者可以由品牌情感体验，建立起对品牌独特的情感联系。依据消费者与品牌情感的关系强度由弱到强，可以分为品牌情绪、品牌情感、品牌至爱、品牌依恋。品牌情绪是短时情绪，品牌情感是情绪和感情的总称，比品牌情绪范畴更大，二者均属于消费者对品牌的一般情感。品牌至爱属于消费者对品牌的进阶情感；品牌依恋属于消费者对品牌的特殊情感。①

① 苏勇，方凌智，陈云勇．品牌情感的形成及其拓展：基于情感营销的研究综述．中国流通经济，2018(6)：53-61.

例如，被誉为“冰淇淋中的劳斯莱斯”的哈根达斯，长期享有较高溢价。其成功除了因为其品质不俗，“爱她，就请她吃哈根达斯”这句广告语功不可没。通过这句广告语，哈根达斯变得与钻戒、巧克力和鲜花一样，代表着浪漫而甜蜜的爱情。消费者与其说是在品尝哈根达斯，不如说是在享受甜蜜的爱情。

（二）品牌思考体验

品牌思考体验是指品牌激发消费者产生思考，得出有利于品牌的结论。思考体验比感官体验和情感体验层次更深，影响消费者进行理性思考。目标是促使消费者重新思考，在品牌引导下获得新的认知与新的体验。思考体验，利用的是消费者的好奇心，还可以满足消费者的求知需要。消费者渴求对未知世界的探索和对新知识的获取，这些需要的满足，也会使消费者获得成就感与精神愉悦。

例如，苹果公司早期的广告语就是“Think different”。再如，一些品牌通过设问或疑问性的品牌广告或品牌口号，来激发消费者的思考体验。如联想早期广告语：“人类失去联想，世界将会怎样？”又如天地壹号的广告语：“吃饭喝啥？天地壹号！”

（三）品牌行动体验

品牌行动体验，就是品牌要激发消费者来参与，身体力行，从而获得行动体验，对品牌产生好感与记忆。行动体验比思考体验更进一步，不仅要消费者动脑，还要消费者动手。让消费者参与进来，投入时间，产生行动。

行动体验，可以是设计一些标志性的品牌动作，邀请消费者来做，使消费者加深对品牌的行动识别记忆。也可以是通过品牌活动设计，让消费者参与互动，可以称之为“互动营销”。还可以是影响消费者的日常，改变消费者的生活方式、作息习惯等。

例如，农夫果园的经典广告语“喝前摇一摇”，通过动作设计，提示消费者关注其果汁品质。又如三顿半咖啡的“返航计划”，通过活动让消费者参与其中。再如一些新生活方式品牌，如 MUJI，倡导去繁从简、朴实无华的生活理念。

（四）品牌关系体验

品牌关系体验，是指通过品牌与他人建立关系，帮助构建自我身份与群体认同感，满足社交需要、自尊需要、自我实现等精神需要。

关系体验的目标，是使消费者与品牌构建的社会与文化环境产生关系，消费者与品牌、消费者与消费者之间产生互动，构建良好的社交关系，获得体验。消费者通过消费或是与品牌接触，获得了与他人建立关系的入场券。品牌与商品，成为社交平台与社交工具。

商家可以通过品牌活动，让消费者在参加活动过程中同时开展社交活动，与其他人产生联结；也可以通过构建品牌社群，让消费者彼此建立关系；还可以通过塑造品牌文化故事和品牌拟人化，让消费者把品牌当作鲜活的人来看待，产生共鸣与好感，建立关系。

例如，蜜雪冰城通过“你爱我，我爱你，蜜雪冰城甜蜜蜜”的品牌特征音乐，将品牌与“情侣之爱”绑定，让品牌与“情侣”建立关系，情侣之间也因为品牌而更“甜蜜”。该主题视频在网络上的广泛转发、评论、改编，也让消费者参与其中，与他人建立了关系。

知识赋能

理解提问：请结合案例谈谈品牌情感体验、品牌思考体验、品牌行动体验、品牌关系体验如何创造额外价值。

复习提问：上述四种品牌体验的内涵是什么？分别有哪些品牌刺激物设计策略？

课堂讨论：举例评判上述四种品牌体验的应用策略的成败。

素养园地

红旗汽车的红色情怀

对于中国人而言，“红旗”不仅是一个著名的汽车品牌，还是一种深深的情怀和神圣的记忆。对于一汽人而言，红旗更是一种强烈的责任和历史的使命。时间回溯到 60 多年前，1958 年 2 月 13 日，毛主席亲临一汽视察，当时毛主席对陪同视察的一汽厂长饶斌语重心长地说：什么时候能坐上我们自己造的小汽车呀？言语中充满了期盼。

毛主席要坐我们自己生产的小汽车！当时在没有任何图纸资料和技术的情况下，一汽设计处技术人员找来了法国的“西姆卡”轿车作为样车。经过三个月的苦战，1958 年 5 月 12 日，我国的第一辆国产小轿车诞生了。

轿车试制成功后，1958 年 6 月，北京传来要造高级轿车的消息。一汽的设计处由此提出，既然第一辆轿车是我们搞出来的，第一辆国产高级轿车也应当出自一汽，决不能把这个第一让给别人。于是，厂党委一声令下，喊出了“乘东风，展红旗，造出高级轿车去见毛主席”的响亮口号。从 1958 年 6 月 30 日开始，一汽工匠以“赶庙会”的方式，纯手工敲制红旗车身，昼夜奋战，如期造出新中国第一台高级轿车。

当时的吉林省委书记给一汽的高级轿车命名为红旗牌，并在车头上插上了红旗。“我们把这辆轿车命名为红旗，把红旗插在汽车上，插在汽车厂，要让插红旗的轿车走遍全中国、走遍全世界。”当年一汽人艰苦奋斗，从无到有把轿车造了出来，这段历史值得记录下来。60 多年的风雨兼程，几代人的砥砺前行，时代的变迁，没有改变红旗人打造世界级中国车的决心，他们一直在这条路上不断前行。

资料来源：中国一汽红旗品牌的前世今生．(2022-01-25). https://baijiahao.baidu.com/s?id=1722855141538710344&wfr=spider&for=pc.

思考题

1. 红旗汽车的品牌名称给你带来了哪些品牌体验？
2. 红旗汽车为什么能成为“国车”？
3. 红旗汽车品牌还可以设计哪些品牌体验？
4. 红旗汽车的艰苦奋斗与永争第一精神对你有何启示？

本章小结

1. 品牌体验是在体验、体验经济与体验营销等概念不断发展下提出的。品牌体验是消费者对品牌刺激物的内在主观反应和外在行为反应。品牌体验是顾客体验中的一种。

2. 品牌体验主要有三个特点，分别是更注重消费者参与和投入、更侧重活动设计与经历过程、更强调品牌满足精神需求。品牌体验主要有三个作用，分别是帮助品牌实现差异化与个性化、帮助品牌创造额外价值、帮助提升品牌资产。

3. 品牌体验的两种分类方式分别是4E体验模型（包括娱乐体验、遁世体验、审美体验、教育体验）和战略体验模块（包括感官体验、情感体验、行动体验、思考体验和关系体验）。

4. 品牌感官体验的五种类型分别是视觉体验、听觉体验、嗅觉体验、触觉体验与味觉体验。

拓展思考

1. 如何区分品牌体验与产品体验、服务体验、购物体验？

2. 品牌体验的特点与作用之间有何联系？

3. 从4E体验模型中可以获得哪些启发？

4. 为什么品牌感官体验之间会有“通感”？

5. 战略体验模块中五种品牌体验的重要性和难度如何排序？

6. 一种品牌刺激物能产生多种品牌体验吗？

7. 在消费的不同阶段，品牌体验来源会有何不同？

实训练习

选一个行业（某主要品牌、其他主要竞争品牌），进行以下分析：

1. 请问该品牌（及主要竞争品牌）的品牌识别要素和品牌活动分别能带来哪些品牌体验？[感官体验（五感）、情感体验、思考体验、行动体验、关系体验]

2. 请问这些体验是否协调一致？是否发挥了“1+1>2”的协同效应？

3. 请问与主要竞争品牌相比，该品牌的品牌体验设计（品牌识别要素、品牌活动）有何优点、特色和不足？

4. 请为该品牌的品牌体验设计（品牌识别要素、品牌活动）做一些改进。

综合案例

农夫山泉“有点甜”的品牌体验营销

农夫山泉开创天然水品类之后，为天然水确立“天然弱碱性水”的品类价值。但弱碱性水存在两个问题：一是弱碱性水与天然水一样，无形无色无味，消费者饮用时无法体验弱碱性水的独特口感；二是消费者不知道弱碱性水有什么优点。

为此，农夫山泉引入了“pH试纸”。有学识的消费者都明白pH试纸会因水的酸碱度不同呈现不同的颜色。农夫山泉借助pH试纸将“天然弱碱性水”从无形变为有形，从无色变为有色，将产品价值可视化，让消费者肉眼可以看到弱碱性水与纯净水的不同，强烈地将弱碱性水的价值植入消费者心智。当消费者用肉眼体验到产品为弱碱性水时，农夫山泉提出的“健康的生命，需要天然的弱碱性水”，就为已视觉化的天然弱碱性水建立了健康价值。

为了让消费者身临其境，达成“眼耳鼻舌身”多感官同时体验产品的目的，农夫山泉于2006年起，发起以“见证农夫山泉水源地”为主题的活动，组织消费者、记者探访水源地，已经累计达到3万多人次。在水源地，农夫山泉通过工作人员的介绍，向消费者灌输产品价值。通过“可视化”pH试纸，现场进行不同水质的对比测试，将天然弱碱性水的价值体验展示于消费者眼前。而看到对比测试后，请消费者品尝农夫山泉，体验“为何有点甜”，达成味觉体验。消费者经过这一次身临其境的体验，很容易成为农夫山泉最为忠诚的客户。

农夫山泉自2014年之后，在品牌宣传上采用“真人说真事，专业人做专业事”的传播策略，为品牌塑造匠人的精神，为产品塑造专业的体验。2014年，农夫山泉推出以“一个你从来不知道的故事”为主题的品牌宣传片：以农夫山泉水源勘探师方强为主角，向消费者讲述农夫山泉在白雪皑皑的长白山寻找优质水源的故事，将农夫山泉寻找水源地的用心、辛苦、认真的过程展示给消费者；以西藏拉萨地区的业务代表为宣传片的主角，讲述其作为农夫山泉的搬运工，在“最后一公里”是如何搬运天然水的；以为天然水做检测的公司员工的视角，讲述其跋山涉水取水，只为保障农夫山泉天然水的安全。这些真人真事，让消费者体会到农夫山泉作为“大自然的搬运工”，是真正专注天然水产品的专业品牌。

思考题

1. 你认为农夫山泉调动了消费者哪些品牌体验？
2. 你认为还可以设计哪些品牌刺激，来调动更多品牌体验？

第5章

品牌传播

政策瞭望

支持企业实施品牌人才提升计划，完善品牌人才引进和培养培训机制，提高品牌创建、运营和管理能力。鼓励企业联合高等院校开设品牌理论和应用管理课程，培养一批具有国际视野和品牌管理专业素质的企业家、管理人才。支持企业加强品牌适用人才培训，鼓励企业和专业机构、职业学校开展品牌管理职业培训，培养品牌建设专业人才。弘扬工匠精神，培养造就一批高素质技术技能人才。

——《国家发展改革委等部门关于新时代推进品牌建设的指导意见》

知识思维导图

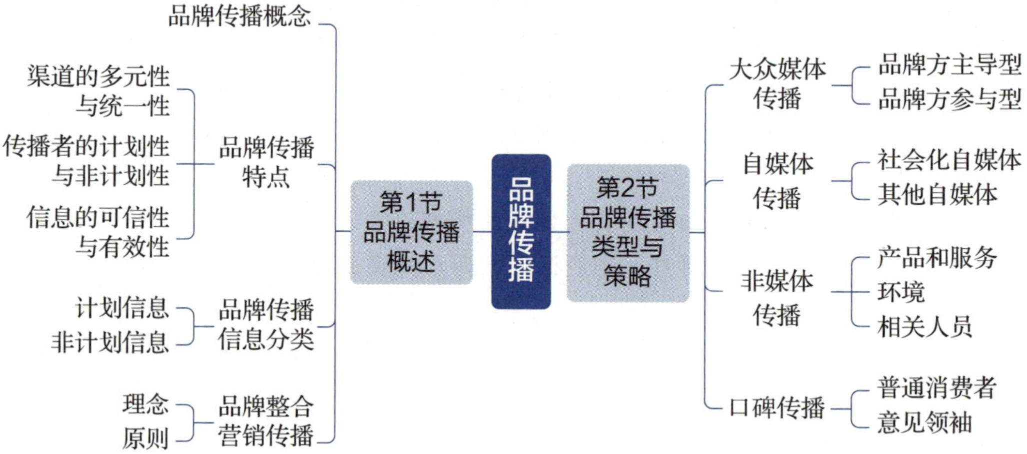

导入案例

追觅“新家务自由”

追觅品牌旗下有洗地机、吸尘器、扫地机器人、吹风机等多元品类。基于对智能清洁领域的洞察，追觅锁定都市家庭消费群体，为工作忙碌、追求品质生活的白领，尤其是年轻消费者，提供“解放双手”的自动化、一站式新家务自由体验。

2022年3月，追觅洗地机H12重磅上市。与其他产品相比，H12具有集成性功能和彻底的清洁力，便于大户型清洁，人机交互体验更友好，外观颜值高。为了让更多消费者快速了解品牌优势，追觅进行了以“新家务自由”为主题的点线面铺开的品牌传播推广活动。

追觅选择了苏炳添作为品牌代言人，这是“点”。苏炳添的顾家人设与产品家庭场景十分契合，奥运新锐偶像实力与颜值兼具，他的赛场卓越成绩与产品的高品质也相得益彰。追觅制作了关于苏炳添的创意视频，围绕苏炳添的事业与生活，提出“享受速度带来的高光，更珍惜速度带来的慢生活”。

追觅联手抖音量身打造跨界达人营销，以多圈层达人“种草”为“线”。颜值类、测评类、智能家居类、生活类、情感类等各类关键意见领袖，围绕“新家务自由”“被精致妈妈们治好了家务焦虑”等话题，发布创意短视频，吸引该领域消费者，形成多条链路上的“种草”获客，每条“线”都有所斩获。

除了线上拉新获客，追觅还以线下覆盖为“面”。追觅洗地机H12投放一线城市梯媒，广泛覆盖优质人群。例如通过上海优质小区近3 000点位梯媒投放，共同为站内引流，拓面拓客放大效果。

此次营销活动声震全网，在抖音电商新锐发布的助力下，追觅洗地机H12全域曝光量达3亿，销售额登顶智能家居行业商品榜、店铺榜、品牌榜。

此次营销活动不仅推广了新品，还使品牌形象深入人心，实现了推新、带货、塑品牌的综合效果。其带来的启示有以下几点：

首先，把握品牌特性，将新锐产品迅速打造成细分赛道领军产品。追觅将广大女性尤其是精致妈妈们作为品牌的潜在用户，通过设置女性关心的话题，以精准的目标客群定位带动品牌和新品的关注度。

其次，新锐品牌为新品带货需要打“组合拳”。追觅通过主题宣传、奥运明星代言人发声，以及多轮话题、多圈层达人同“屏”共振，放大品牌声量，在打造新品的同时，塑造品牌在消费者心目中的优质形象。

最后，新锐品牌的塑造忌“持久战”，又快又准才是王道。在抖音电商新锐发布的支持下，追觅在一线城市优质梯媒投放，快速锁定高端消费群体，缩短触达链路，提升传播效果，在带货的同时，也为品牌形象塑造打下了坚实基础。

资料来源：引领智能清洁趋势　追觅携手抖音电商新锐发布开启“新家务自由”时代.(2022-03-28). https://www.zgswcn.com/article/202203/202203281117561079.html.

请思考

1. 追觅采用了哪些品牌传播手段？
2. 追觅选择苏炳添作为代言人是否合适？
3. 抖音关键意见领袖“种草”为何要扩展到多圈层达人？
4. 线下投放梯媒如何做到快和准？

第1节 品牌传播概述

在品牌创建过程中，品牌传播起到动态传播品牌的作用，是塑造品牌影响力的主要途径。之前的品牌定位、品牌识别和品牌体验，都是静态的策划与设计，都需要通过品牌传播来触达消费者和大众，让大家了解品牌，提升品牌资产和塑造品牌形象。

一、品牌传播概念

传播是一切社会交往的本质，是传播者与接收者之间，通过有意义的符号进行信息传递、接收和反馈的活动的总称。传播可以分为人际传播和大众传播。

在传播学中，关于传播模式有很多理论，总体可分为基本模式、大众传播对微观个体影响模式、大众传播对宏观社会影响模式。其中基本模式又可以分为线性模式、控制论模式和系统论模式。在线性模式中，拉斯韦尔（Lasswell，1948）提出的5W传播过程模式，界定了传播学的研究范围和基本内容：Who（谁，传播者）；What（说什么，信息）；Which channel（渠道，传播媒介）；Whom（对谁说，接收者）；With what effects（传播效果）。布雷多克（Braddock，1958）在此基础上增加了Where（情境）和Why（动机），提出7W模式，即把传播过程分解为传播者、接收者、信息、媒介、效果、情境和动机七个要素。[①]

品牌传播的概念，有狭义和广义之分。狭义的品牌传播，是指品牌方通过各种媒介手段，向目标消费者传递品牌相关信息。广义的品牌传播，涉及品牌的一切传播活动，还包括非品牌方发起的传播活动。

品牌传播与营销策略4C［客户（customer）、成本（cost）、便利（convenience）、沟通（communication）］中的沟通策略的区别在于：沟通更强调企业与消费者之间的互动，改变企业单向的信息传播模式；狭义的品牌传播，更多地指品牌向消费者传播信息。如果想要充分贯彻4C中的沟通策略，实现品牌与消费者更对等的互动，建立更紧密的关系，则要依靠构建品牌社群。

品牌传播与营销策略4P中的促销策略也有着区别与联系：促销策略包括人员推广、广告、公共关系等，促销推广的主要是企业的产品和服务；品牌传播更多强调的是对品牌信息的传播，对品牌创造的产品和服务之外价值的塑造与宣传。品牌传播与促销策略的共同之处是，二者都是传播活动，都用到一些媒介，信息传播者都是企业或品牌方，信息传播方向一般为单向，不强调互动。

品牌传播的相关理论基础包括独特销售主张理论、品牌形象理论、品牌个性理

---

① 董璐．传播学核心理论与概念．2版．北京：北京大学出版社，2016.

论、360 度品牌管家和整合营销传播理论等。[①] 详见表 5-1。

表 5-1　品牌传播理论简介

品牌传播理论	主要观点
独特销售主张理论	每一种产品都应该发展一个自己独特的销售主张或主题，并通过足量的重复传递给受众
品牌形象理论	每个广告都必须对品牌形象这个复杂的象征有所贡献，企业要将广告看作建立品牌形象的长期投资。企业宣传应以品牌为中心，广告只是传播的一种手段
品牌个性理论	品牌传播不只是传播形象，更要传播品牌个性
360 度品牌管家	要求企业在与消费者的每一个接触点做好品牌传播，才能建立和维持强有力的品牌形象
整合营销传播理论	将企业一切营销和传播活动，如广告、促销、公关、新闻、直销、数字营销、企业形象、包装、产品开发等进行一元化的整合重组，让受众从不同渠道获得的品牌信息保持一致

品牌传播的内涵的代表性观点是品牌资产论和品牌形象论。综合两种观点，品牌传播是品牌管理的重要环节，是塑造品牌形象的主要手段。品牌传播可以多方面提升品牌资产；品牌传播可以创造和传递品牌核心价值，帮助消费者更好地识别品牌。品牌传播既是品牌信息的传播过程，又是品牌形象的塑造过程，更是品牌资产的积累过程。

知识赋能

理解提问：请结合案例谈谈传播的 7W 模式。
复习提问：什么是品牌传播？品牌传播与沟通策略、促销策略有何区别？
课堂讨论：举例讨论品牌传播的内涵。

二、品牌传播特点

（一）渠道的多元性与统一性

品牌传播有很多渠道可以选择，品牌方往往会自觉不自觉地选择不同的传播渠道组合运用：既有广告等传统大众传播渠道，又有人员推广等人际传播渠道，还有不自觉的企业家形象、环境等非媒体渠道，当前还特别注意运用互联网时代的各种社交新媒体渠道。

采用多元渠道发出品牌的声音，可以覆盖更广的受众群体，带给受众更丰富的信息和传播体验。不同渠道保持相对的独立性，面向的受众不同，场景不同，效果不同。

---

① 余可发．品牌管理．上海：复旦大学出版社，2016.

但同一受众从不同渠道获得的品牌信息可能不同，对不同信息源的信息感知可能相互矛盾。为了让不同渠道发出相同的声音，产生“1+1>2”的协同效应，不同传播渠道需要协调一致，保持统一。

（二）传播者的计划性与非计划性

品牌传播需要品牌方精心计划。品牌经营者要对品牌传播活动进行科学决策和周密部署，包括目标受众及偏好媒介的选取、传播什么样的品牌信息、采用什么传播方式、怎样利用媒介渠道组合、如何衡量传播效果等。

但品牌传播也存在着非计划性。一方面，传播者可能不是品牌方，而是消费者、社会舆论、其他竞争对手等，并且不受品牌方影响或控制，或控制存在着不确定性。另一方面，传播者即使是品牌方，也存在着非计划性的情形。例如某些非媒体也传播品牌信息，如员工形象、企业家形象、代言人形象、产品形象等。

因此，品牌传播既存在着计划性，需要精心计划，也存在着非计划性，需要努力施加影响进行控制，随时准备应对意外情况。

（三）信息的可信性与有效性

品牌传播能否取得良好的效果，除了渠道的影响，还取决于传递的信息本身的质量。

首先，传播的信息想要取得受众的信任，除了需要选取可靠的渠道，例如选择知名的代言人、采用权威渠道发布等，更需要注意精心策划信息的形式与内容，例如采用消费者现身说法、新闻媒体软文、科普知识讲座等形式。

案例实训5-1 顾家家居：春日营销“焕新”

其次要注意信息的有效性，明确品牌信息传递的目的是创造和传递品牌核心价值、帮助消费者更好地识别品牌。这就要确保信息与品牌紧密联系，为品牌定位服务，能强化受众对品牌识别要素的认识，并使受众与美好的品牌体验建立联系。

因此，品牌传播中的信息，既要可信，还要有效。不能为了传播而传播，光有流量而没能让受众记住品牌，那么传播就是无效的。

知识赋能

理解提问：请结合案例谈谈品牌传播渠道的多元性与统一性。

复习提问：什么是传播者的计划性与非计划性？

课堂讨论：举例讨论品牌传播如何做到信息的可信性与有效性。

三、品牌传播信息分类

品牌传播的信息，可以根据传播者是否有目的计划而分为计划信息和非计划信息。计划信息，就是由品牌方主动计划并进行传播的信息，以及由非品牌方传播但是经由品牌方事先计划以施加影响与控制的与品牌相关的信息。非计划信息，就是品牌方未进行计划而被动或无意识传播的信息，以及未经品牌方计划或是品牌方对此的计划性与控制力比较弱，由非品牌方传播的与品牌相关的信息。

（一）计划信息

计划信息无论由品牌方还是非品牌方传播，都经由品牌方精心计划，目的性强，可以充分体现品牌方的意图，创造和传递品牌核心价值，帮助受众识别品牌，塑造品牌形象。但由品牌方发起的品牌传播活动，由于品牌推广意图比较明显，品牌自我标榜意味较浓，不容易获得受众的信任和喜爱。例如户外、电视等传统的广告形式，已经无法吸引消费者的目光；互联网广告形式如搜索引擎、视频贴片和旗帜广告等，也一样或因信任危机，或因缺乏互动与趣味性等，效果日渐式微；其他方式如人员推广、销售促进，则容易陷入推销与价格战的困境。品牌需要创新传播活动形式，例如新社交自媒体营销，以及策划设计新颖有趣又有意义的品牌活动，吸引消费者的参与，达到传播品牌的目的。

而由非品牌方发起的与品牌相关的传播活动，由于没有那么明显的功利性，以及第三方的独立地位，较易获得消费者的信任与偏爱。例如在大众媒体上由记者或专家发布的新闻报道与软文，隐含有利于品牌的信息；再如赞助各种公益活动、体育赛事、娱乐节目，参加各种行业峰会、展会和其他活动等。诸如此类，可以归为公共关系与事件营销。

（二）非计划信息

非计划信息无论由品牌方被动传播还是非品牌方传播，都未经过品牌方计划，或是品牌方无法控制或无法预料。对于品牌方来说，具有一定风险；但对于目标消费者来说，信息未经计划修饰，更加真实可信。品牌方被动传播的形式，例如品牌聘请的代言人的言行操守与相关新闻舆论，常常不可控制、无法预料，随时可能遭遇品牌危机。再如品牌的企业家和员工的形象与表现，也在无形中塑造着品牌形象，很可能在无意中带来好或坏的影响。

由非品牌方发布的非计划信息，例如与品牌有关的消费者口碑评价、新闻舆论，对消费者的影响很大。品牌方可以通过善待老客户、及时处理客户抱怨，以及鼓励消费者评价，间接施加影响，提高消费者口碑传播效果。当负面新闻舆论事件发生时，做好品牌危机公关，及时和真诚的处理态度可以转危为机。

知识赋能

理解提问：请结合案例谈谈如何区分品牌传播中的计划信息与非计划信息。
复习提问：什么是计划信息？什么是非计划信息？
课堂讨论：举例讨论计划信息和非计划信息的利弊。

四、品牌整合营销传播

（一）理念

品牌整合营销传播的理念是，整合协调各种渠道的品牌传播活动，发出同一种声音，让目标受众从不同渠道获得的品牌信息保持一致，塑造统一的品牌形象，以提升品牌传播效率。各种渠道的品牌传播活动包括但不限于广告、促销、公关、新闻、直销、数字营销、企业形象、包装、产品开发等。

品牌整合营销传播要做好接触点管理，即要把品牌与目标消费者所有可能的接触点进行统一整合管理。这些接触点都是传播品牌信息的品牌传播渠道，都会影响消费者。品牌整合营销传播并不是各种品牌传播活动的简单叠加运用，而是将其组成一个有机整体，形成合力，产生协同效应，避免不同活动发出信息不一致造成的消费者认知混乱，也避免传播资源的浪费与重叠，还能减少不同品牌传播方式都没顾及的盲区，以及挖掘用好之前易被忽视的品牌传播方式。

品牌整合营销传播还强调动态调整与双向互动。品牌传播应该是动态的过程，品牌整合营销传播则更强调做好动态调整：以动态的品牌传播活动，不断创造和丰富品牌核心价值，传递给消费者；不断调整品牌传播的内容和形式，更好地适应动态的需求与竞争。品牌传播还应重视品牌与消费者之间的双向互动交流，在这一过程中帮助消费者加深对品牌的认识，与品牌建立良好的关系；互动交流还能帮助品牌更好地了解消费者的需求，更快速地响应消费者的诉求。

（二）原则

1. 消费者需求导向

品牌整合营销传播整合一切营销传播手段的目的之一，就是更好地响应和满足消费者需求。品牌整合营销传播强调，从消费者的立场和角度出发，考虑消费者与品牌的每一个接触点，做好每一次接触，保持同一种声音和同样的品质，提升消费者的品牌体验。

2. 长期关系导向

品牌整合营销传播，就是要建立和发展品牌与消费者之间的长期关系，使消费者对企业品牌产生信任，建立良好品牌形象认知。品牌要通过各种传播手段，与消费者建立和保持长期的、通畅的、频密的和亲切的沟通关系。

3. 动态调整导向

品牌方应充分调动各种传播渠道，实时动态收集消费者反馈，并能在内部快速消化处理，动态调整品牌传播的内容与形式，调整所提供的产品和服务。

知识赋能

理解提问：请结合案例谈谈如何体现品牌整合营销传播的理念。
复习提问：品牌整合营销传播有哪些原则？
课堂讨论：举例讨论品牌传播案例中如何体现品牌整合营销传播原则。

案例实训 5 - 2

安慕希携手新华网发起“寻找新青年冒险家”计划

“冒险精神”标签正在被 Z 世代青年人改写。对于当代青年人来说，“冒险”是他们认知这个世界的标签。安慕希作为体现年轻人精神态度的品牌，借助五四青年节这样一个特殊的时间节点，携手新华网以“新一代，爱冒险”为主题向当代青年进行了一次整合式传播。

在活动预热期，安慕希请一批明星作为新一代冒险家发布了一支 TVC 视频。紧接着，在引爆期，其与新华网联合出品《新青年冒险家对谈》首播节目，并在 B 站、抖音、新华网 APP 等平台进行全网直播。来自文化、科技、体育三个领域的新青年们，展开了一场关于冒险之旅的对话，通过对“新青年”冒险精神的探讨，表达新一代青年对冒险的态度。例如，由中国奥运金牌第一人许海峰先生，与冬奥会单板滑雪冠军苏翊鸣，对“冒险必须要成功吗”进行话题讨论。

安慕希和新华网的 B 站账号全网首播，安慕希 B 站账号全天 24 小时轮播。平均在线观看人数为 2 万人，最高峰在线观看人数达 2.7 万人，是新华网、央视网等官媒五四主题直播实时观看人数 5 倍多，超过 B 站热门游戏直播数据，并且达到 B 站直播总区热门榜第二，日常区热门榜第一。该 TVC 视频在 B 站累计播放量高于大部分同期官媒发布的青年主题视频。

同时，安慕希官方微信主题推文阅读量超过 10 万。推文内容介绍，新华网与安慕希联合发起的“新一代，爱冒险——‘寻找新青年冒险家’计划”活动正在进行，投稿自己的任意冒险经历或正在拟订的冒险计划，将有机会瓜分丰厚的冒险奖励，更有机会获得安慕希的助力，实现自己的冒险心愿。

资料来源：安慕希最新跨界联合营销案例：安慕希携手新华网发起“寻找新青年冒险家”计划．(2022 - 05 - 07). https://www.yunmeipai.com/article/9045.html.

练习题

1. 安慕希为何要策划“新一代，爱冒险”的主题活动？
2. 安慕希为何要联合新华网开展这个主题活动？
3. 安慕希还通过哪些媒体手段开展主题活动？是否发出同一种声音？
4. 你有何冒险经历？当代青年为何要被鼓励去冒险？

第 2 节 品牌传播类型与策略

品牌传播可以根据传播者和传播的媒介，大致分为大众媒体传播、自媒体传播、非媒体传播和口碑传播。其中前三种的传播者为品牌方或是品牌方可控，口碑传播的传播者则是消费者等。

品牌危机公关作为一种特殊情形下的品牌传播，将在第 8 章中进行介绍。

一、大众媒体传播

大众媒体传播，也称大众传播，是指面向大众的媒体传播形式，是相对人际传播而言的。大众媒体传播复制和传递信息，常见媒体手段有网络、户外、电视、电影、广播、报纸、杂志等。大众媒体传播具有速度快、范围广、影响大等特点，拥有大量的受众，受某些机构（如网络 APP、电视台、报社等）的控制，采用某种技术手段（如互联网、电视、印刷等）。大众媒体机构一般是独立性营利机构，掌控一定的媒体宣传资源。品牌方需要支付费用，通过这些大众媒体机构来进行大众媒体传播。

大众媒体传播对于某些品牌来说是最重要的传播手段，也是花费最多的。大众媒体传播可以有多种分类标准，如按照媒体技术性质可以分为印刷类和电子类，根据是否用到互联网分为线上媒体和线下媒体。这里我们根据品牌方在传播活动中扮演的角色，分为品牌方主导型和品牌方参与型。

（一）品牌方主导型

品牌方主导型是指品牌方主导的大众媒体传播活动，受众可明确感知到该传播活动是由品牌方所为及其传播目的。根据品牌方主导的方式和传播活动的性质，进一步分为广告、销售促进和品牌活动等。

1. 广告

广告是最为常见的大众媒体传播形式，可以采用多种大众媒体进行传播，例如电视、户外、网络、广播、报纸、杂志等，发布的广告形式有视频、平面、音频、文字等。广告需要品牌方精心设计，一般由品牌方的市场与设计专业人员或聘请广告公司来设计。广告投放的方案与预算等，需要品牌方市场人员专业决策。一般需要考虑的问题包括品牌目标消费者偏爱哪些大众媒体、偏好哪些广告形式、与媒体接触的时间与场景，还需要明确广告目的，策划广告文案，设计广告视觉或听觉传达方式，设计广告效果评价，进行广告小规模投放试验，进行广告大规模投放，进行广告效果评价等。广告要能创造和传递品牌核心价值、增强品牌识别、塑造品牌形象，不能光有创意或是名人却无法让人记住品牌。

随着互联网与社交媒体的兴起，传统线下媒体受到极大冲击，再加上传统大众媒体受众针对性不强、费用高昂、互动性差、广告效果难以评价，以及受众对硬广告的怀疑与厌烦等原因，品牌对采用传统线下大众媒体传播越发慎重。即使要做广告，品牌也更多采用受众精准、投入绑定效果、性价比高的大众媒体传播形式，尤其是线上媒体。

2. 销售促进

销售促进，是以促进产品销售为目的的活动。传播核心是产品信息和价格信息，但对品牌形象、品牌资产也会产生影响。传播形式包括线上和线下的促销活动、产品体验活动等。具体包括赠品样品的发放、产品试用、优惠券发放、抽奖、返现、游戏、竞赛，以及品牌方主办的小型促销活动如讲座、会议、展览等。

此类活动规模大者如淘宝和天猫发起的双 11 购物节、京东的 618 大促等，常伴有大量的线上和线下的大众媒体广告宣传。规模中等者如线下连锁品牌或百货品牌某个时段发起的促销季，伴有一定的大众媒体广告宣传和自媒体宣传。规模较小者，在线下门店或线上店铺发起促销活动，伴有一定的店面及周边的宣传陈设、宣传材料派发和人员传播。

销售促进有助于消费者对品牌旗下产品的了解，间接提升其对品牌的好感。但大多数销售促进涉及降价与让利，在减少消费者经济付出的同时，也会拉低品牌形象。尤其是频繁的销售促进活动，会不断抬升消费者对让利的预期，让品牌陷入价格战的泥潭。

因此，要少搞拼价格的促销活动，可以采用区别定价，如多付出时间成本等额外成本的价格敏感型消费者才能获得更多折让；可以采用游戏和抽奖等趣味性和偶然性高的形式，减少消费者对品牌价值的贬值评价；可以多办产品体验活动，提升消费者对产品价值的认识，进而增加品牌溢价。

3. 品牌活动

品牌活动，是品牌主导举办的以塑造和提升品牌形象为主要目的的传播活动，与销售促进是以促进产品销售为主要目的不同。举办品牌活动，品牌方常需要主动邀请大众媒体参加和进行新闻报道，也可能因其具有新闻性而吸引大众媒体主动报道。此外，品牌方还常需要投入费用在大众媒体上配合宣传品牌活动，以及在品牌自己或控制影响的自媒体上配合宣传。

常见的品牌活动如新闻发布会、新产品发布会、经销商大会、客户招待活动，以及品牌举办的慈善或环保活动、讲座或论坛、艺术或娱乐活动、体育活动等。品牌举办的活动，也可以联合其他合作方或品牌举行。

品牌活动因其事件的新闻性、活动的参与性、非促销的公益性、新颖的趣味性，往往能取得良好的品牌传播效果。好的品牌活动如果成为新闻焦点，大众媒体会不请自来，无须付费自愿报道。品牌活动可以说就是品牌方自主制造新闻以吸引流量、提供舞台以制造丰富体验，是比广告和销售促进更为有效的品牌大众传播方式，将逐渐成为主流。

（二）品牌方参与型

品牌方参与型，是指在大众媒体传播活动中，品牌方只是参与者，不是主办者或作者，品牌的宣传功利性比较隐秘。由于主办者或作者的权威性或公允性，受众比较容易信任此类大众媒体传播活动，间接地比较容易接受品牌信息，这对于树立品牌良好形象效果较好。其可以根据品牌方参与的方式和传播活动的性质，进一步分为参加展会、公共关系（软文广告、新闻报道）、活动赞助（体育赛事、娱乐节目、公益活动）等。

1. 参加展会

品牌参加展会，包括面向大众消费者的消费品专业展会活动和面向行业企业如经销商等的行业专业展会活动。品牌可以借助展会搭建的交流平台，借展位展板和会议发言机会等，自主进行人际交流式的品牌传播；也可以借机获得大众媒体宣传报道的机会；还可以同步举行品牌主办的新品发布会、客户交流会等。

参加展会，不仅能够在目标受众心目中塑造良好的品牌形象，还是在同行面前塑造品牌行业地位的良好机会。参加展会，目标受众短时间被集聚在一起，传播针对性强、效率高，品牌投入费用不太大，投入产出比较好。但要注意选择参加权威性的展会活动，参加活动前要广泛邀请客户借机交流，借展会流量多搞品牌自己的活动，做好大众媒体和自媒体宣传。

2. 公共关系

此处公共关系主要是指品牌通过大众媒体，借媒体记者或作者之手，来发布与品牌相关并且利好品牌的软文广告，或是与大众媒体配合以制造新闻报道。其实质即通过公正公益的新闻舆论，进行品牌宣传。

此种形式的品牌宣传，更为隐秘，更容易被消费者接受。有些大众媒体会对此类文章或新闻报道专门用小字标注“出于商业目的传播”等字样，以避免误导消费者。

3. 活动赞助

活动赞助，是指借赞助各种活动的形式进行品牌宣传。活动包括体育赛事、娱乐节目、公益活动等。赞助形式有冠名、指定某类用品、产品和品牌植入节目、活动现场广告曝光等。除了借助这些活动本身的影响力进行宣传，有时品牌还需要另外投入费用进行大众媒体传播和自媒体传播，借此扩大影响。

活动赞助要注意所赞助活动与品牌的契合度，巧妙设计品牌的植入方式。品牌方有时也不一定非要花钱赞助活动，可以借活动契机设计品牌宣传方案蹭热度，但要注意规避侵权风险。

知识赋能

理解提问：请结合案例谈谈有哪些品牌主导型的大众媒体传播方式。
复习提问：品牌参与型的大众媒体传播方式有哪些？
课堂讨论：举例讨论你眼中最为成功的品牌大众媒体传播方式。

二、自媒体传播

自媒体传播，是指利用品牌方自主掌握的媒体手段来进行品牌传播。包括线上的媒体手段，如微信、微博、抖音、网站、APP、微信群、QQ群、网上论坛等，还包括电邮、短信、电话、宣传单、企业内刊、宣传册等形式。品牌方不仅可以自已建设运营自媒体账号，还可以借助企业家、核心员工的社交自媒体账号来进行品牌传播。

品牌对自己所拥有的自媒体资源，原则上无须再付出媒介渠道费用，其成本低、门槛低。借助互联网东风，自媒体传播的信息也可以被迅速放大，取得比传统广告形式更好的品牌传播效果。自媒体已经成为品牌首选的要建设利用好的品牌传播阵地。

根据借助的是不是社会化媒体，自媒体传播可以分为社会化自媒体传播和其他自媒体传播。

（一）社会化自媒体传播

品牌的社会化自媒体传播，是指借助网络技术，利用各种社会化媒体手段，在网络上传播品牌信息，塑造品牌形象。在各种社会化媒体手段中，尤其以微博、微信与抖音这三大社交媒体平台影响力最大。品牌或品牌旗下的企业家和核心员工，在平台上开设账号并被认证为官方账号或是大 V 账号，建立对外进行品牌传播的自主媒介渠道。企业家和核心员工的社会化自媒体账号，与品牌官方账号一起构成了企业品牌的社会化自媒体矩阵。

这些渠道不仅是品牌单向传播信息的渠道，更是品牌与消费者、社会大众和其他品牌互动的绝佳通道。品牌需要精心设计与经营这些社会化自媒体账号，包括发布信息、回复留言、主动互动等，促进受众的阅读、点赞、留言、吸粉、转发、转化等行为。社会化自媒体传播，不仅能发出品牌声浪，提升品牌知名度，还能在无形中塑造品牌形象。尤其是其有利于将品牌拟人化，打造成有个性、有思想的独立人设，实现品牌的 IP 化，相应策略将在本书的第 3 篇展开详述。

微博、微信与抖音这三大社交媒体平台各有特点，原则上品牌均需开设账号加以利用。尤其是要充分利用好短视频和直播方式，它们的视觉和互动体验更好，品牌传播效果更佳，应该成为品牌传播中不可或缺的环节。

（二）其他自媒体传播

其他自媒体包括缺乏社交属性或是社交属性不强的线上媒体形式等。在线上媒体形式中，官方网站传播是企业品牌应该长期经营建设的品牌传播主阵地，其也应该与品牌的社会化自媒体同步配合宣传。一般业务非平台型的品牌，已无法支撑建设一个独立的 APP。微信群、QQ 群和网上论坛，可以用来建立品牌社群，进行信息发布和收集，但因为缺乏打造品牌人设的社交属性，所以建议归为其他自媒体。

在非线上的媒体方式如电邮、短信、电话、宣传单、宣传册和企业内刊中，电邮、短信、电话和宣传单（通过邮寄或派发）等形式，也被称为直复营销或直接响应营销，近似于人际传播。使用这些方式，前提是需要获得受众的个人信息。这些方式由于滥用，有时被视为对个人的骚扰，所以要慎用。但如果这些方式能用来传播品牌以及听取受众反馈，而不是以推广产品为目的，也能发挥一定的品牌传播效果。

在余下的自媒体中，品牌宣传册（纸质版和电子版）在品牌活动、客户拜访等活动中也有一定作用。企业内刊则已经不太流行，其对外传播功能已经部分被微信公众号等取代，但仍有对内传播价值。

知识赋能

理解提问：请结合案例谈谈如何区分自媒体和大众媒体。
复习提问：什么是品牌的社会化自媒体传播？有哪些自媒体平台？
课堂讨论：为什么要构筑社会化自媒体矩阵？对品牌传播来说，其他非媒体是否必要？

案例实训 5-3

世界杯营销：雪碧蹭“黄牌”

2022年卡塔尔世界杯期间，消费者面对的品牌营销声量纷杂。洞察和创意“有新意”，才能抢占先机。就在一众品牌专注于赛事赞助、央视投放、球星代言和借赛事比分做创意时，雪碧以创新的目光瞄准了赛场上的黄牌时刻。雪碧巧妙抓住消费者心理，在赛事视频直播中，每当黄牌时刻就会出现雪碧角标，提醒球迷“黄牌易燥，雪碧降燥”，潜移默化加深了品牌的记忆点。

世界杯期间，雪碧化身“金句制造机”。对每一个黄牌时刻，雪碧都根据“拉球衣”“踩脚”“故意冲撞”等不同的现场犯规情况，用一张社交海报配上简洁的文字，喊出球迷心中所想，堪称“全网最强嘴替”。

雪碧又紧跟赛场热点，抓住本届世界杯上的爆冷时刻如“梅西首场失利爆冷输球”，实时产出金句海报。在黄牌满天飞的荷兰对战阿根廷比赛中，本身以“黄牌时刻”作为营销热点的雪碧尽显营销优势，用迅速响应的热点海报和调侃风趣的金句，吸引了消费者的注意。

仅有社交上的共鸣还不够，雪碧更进一步将情绪上的降燥感知，落地为现实中的降燥体验。卡塔尔世界杯每场比赛中，每当裁判掏出一张黄牌，雪碧就会在微信小程序平台上实时响应，面向消费者发放雪碧无糖系列产品免费券。消费者可凭券前往适用门店领取，还可呼朋唤友邀请更多好友一起来分享这一降燥惊喜。

这一活动以相应的功能性产品，为球迷们观赛场景下的燥热心情提供降燥解决方案，让球迷感受到品牌是自己人，更觉“贴心”。最重要的是，这个互动加强了球迷与世界杯、与品牌营销的“关联感”。“呼朋唤友”的裂变设定，带动更多泛用户人群一起关注世界杯。在这场互动中，雪碧获得的不只是流量，更沉淀了品牌价值。品牌再度深化消费者心智中的“酷爽”认知，本来雪碧在品牌视觉形象焕新后，即开展了“燥不可挡，酷爽以对”的主题活动，此次营销巧妙关联“黄牌”的降燥时刻，无疑延续了这一主题。由此，在体育赛事等各类需要降燥的场景里，在各类需要降燥的情绪下，人们都将联想到雪碧的“酷爽”。此外，从社交海报传播到小程序互动，也实现了“从公域引流，到积蓄可长期运营的私域流量”，达成

"品效兼收"。

资料来源：世界杯营销打什么牌？雪碧拿出一张"黄牌".（2022－12－11）. https://www.niaogebiji.com/article－503192－1.html.

练习题

1. 雪碧此轮"黄牌易燥，雪碧降燥"品牌传播是大众媒体传播吗？
2. 雪碧此轮品牌传播活动是品牌主导型还是品牌参与型？具体是哪种形式？
3. 雪碧还运用了哪些品牌传播手段？

三、非媒体传播

非媒体传播，是指品牌通过一些并非媒介手段的方式而达到品牌传播的效果。非媒体传播方式的载体，有些是比较明确和可控的，如产品和服务、环境；有些是不太可控的，如与品牌相关的人员。

非媒体传播方式的载体虽不是媒体，但可以无声地传递信息或是通过人际传播，当与品牌相关时，就构成了品牌传播，无形中影响并塑造了品牌形象。非媒体传播传递的品牌信息，往往是隐含的，提供了暗示性线索，提示构建品牌形象。这些元素的设计与表现，可能是品牌出于品牌传播目的精心设计的，也可能是出于商业常识而采用的，还可能是品牌无心之作或较难控制的。

（一）产品和服务

品牌旗下的产品和服务，是塑造和传递品牌形象的重要载体，包括价格信号、产品功能、外形设计、包装、配送、售后、服务的有形载体等。从价格信号来看，消费者可以根据价格，而对品牌的档次定位。从产品功能和外形设计来看，这些特色和其所带来的独特物质或精神利益，是否与品牌要素契合，影响着消费者对品牌的识别以及品牌定位。从包装来看，包装不仅有着一定的信息承载空间，可以传播品牌要素等品牌信息，还可以升级为品牌特色包装，成为品牌要素。从配送来看，配送的速度、配送商的品牌、配送包装质量也可以折射品牌形象。从售后来看，售后承诺与表现也影响了消费者对品牌的质量感知与信任度。从服务的有形载体来看，服务类产品如酒店带有品牌标识的毛巾、餐饮中带有品牌特色的菜品饮品命名、景区的门票或手环，都可能会带来品牌体验，影响品牌形象。

因此，品牌要精心打磨产品和服务，从品牌定位出发设计产品和服务细节，努力创造良好的品牌体验与令人印象深刻的品牌识别要素，达到"无声胜有声"的品牌传播效果。这还可能在消费者群体中赢得良好口碑，产生品牌口碑二次传播效果。

（二）环境

环境，这里特指品牌旗下的线下和线上的店面环境、所用到的设备、交通工具、办公场地等。其中以店面环境最为常见，会产生影响的因素如店铺位置、店面大小、店面装潢、环境陈设、商品陈列、声音与嗅觉体验等。这些都可能会折射出品牌的档次、品位、个性等，塑造和传递品牌形象与定位。

所用到的设备，特指消费者所能看到或接触到的，带有品牌识别要素或是能与品牌建立密切联系的设备。例如餐厅的带品牌标志的品质餐具、咖啡馆的品牌咖啡机、酒店大堂的知名品牌钢琴等。

交通工具，特指品牌提供服务所用到的带有品牌识别要素的交通工具。例如航空公司的飞机、路上行驶的带品牌标识的物流车等。

办公场地，特指品牌所使用并被客户知晓或访问的办公场地，包括位置地段、所在建筑、场地大小、场地装潢与家具用具、场地清洁与照明程度、附属洗手间洁净程度等。

上述这些环境元素，无不向消费者传递出品牌信息，塑造品牌形象，暗示品牌的定位，影响品牌资产。

因此，品牌也要从品牌传播角度去考量各种环境元素，要去考虑以下问题：是否能帮助识别品牌？是否能创造品牌体验？是否提供了产品之外的额外品牌价值？是否与品牌定位一致？是否有助于塑造品牌良好形象？

（三）相关人员

相关人员，特指与受众产生人际交往，涉及或影响品牌形象，构成品牌传播的人员。包括企业家、员工、代言人、配送人员等。

企业家，指品牌的创始人或总经理等高管，他们的形象、言行、个性、价值观、故事等，或通过消费者亲身接触，或通过新闻报道、自媒体等的宣传而被消费者感知。消费者对企业家的印象，会迁移到其所代表的品牌上。

员工，个体数量比企业家多得多，消费者日常接触到的也是他们，例如客服、销售代表等。员工的形象、素养、谈吐、品味、个性、精神面貌等，也会间接影响消费者对品牌的印象。

代言人，一般是名人如影视明星、运动明星、娱乐明星、知名专家、网红大V等。代言人一般不是公司员工，品牌通过签约付费与他们达成一段时间的合作代言协议。除了为品牌所做的宣传以及出席品牌宣传活动，代言人的言行、个性和新闻也会对品牌产生影响。

配送人员，指品牌产品如果通过物流配送所用到的自有的配送人员，或是合作的物流品牌方的配送人员。这些人员的形象、素养和与消费者接触时的表现，也会对品牌产生影响。

总之，品牌相关人员的形象和言行较难控制。一方面，品牌要对与消费者接触的相关人员进行培训，统一和标准化服务流程，让人员由内到外都能与品牌形象相一致。另一方面，品牌要对较难标准化的企业家和代言人等相关人员的形象与言行，进行精心设计和监管，确保与品牌形象一致；为防万一，还要有风险防范意识和应急纠错机制。

知识赋能

理解提问：请结合案例谈谈如何区分非媒体传播和媒体传播。
复习提问：非媒体传播的载体有哪些？其中又各有哪些要素？
课堂讨论：举例讨论非媒体传播带来的品牌传播效果。

四、口碑传播

口碑传播，特指在他人口中的关于品牌评价的传播。因为从众心理和对品牌缺乏信任，消费者有时更愿意相信其他消费者，借别人的消费评价，来降低决策风险。

口碑传播可以分为普通消费者口碑传播以及品牌可以施加一定影响的意见领袖口碑传播。口碑传播还是品牌社区的一个功能，但品牌社区要比口碑传播作用更多、更高明，在第 3 篇中还会详细介绍。

（一）普通消费者口碑传播

普通消费者口碑传播，近似于人际传播，可分为以下两种：一种是消费者在自己的人际圈子、自媒体和其他媒体上，自主地分享传播与品牌相关的信息，如品牌体验、推荐建议等。另一种是消费者在品牌的店铺产品评价区等品牌所提供的媒介上，发表关于品牌和产品的口碑评价信息。前者不易受品牌影响，如有对品牌不良的言论造成品牌危机，品牌需及时处理。关于后者，品牌可以发挥一定的影响作用，引导消费者积极发表对品牌较为有利的评价。

消费者会通过评价的数量和质量来判断品牌的知名度和美誉度。消费者还可以通过线下店铺的人气来间接了解品牌口碑。品牌可以在其产品介绍中引用一些消费者评价，以增加可信度；或是标注“人气商品”“热卖”“已售多少件”等，来提示消费者该商品的受欢迎程度；甚至可以在品牌广告或其他宣传活动中让真实的或是扮演的消费者代表来现身说法。品牌方还可以引导已有消费者进行更加丰富生动的买家秀、“种草”秀，或者邀请消费者做产品试用员、品牌体验官等。

普通消费者的口碑传播，贵在真实。如果品牌方对消费者口碑进行操纵甚至造假，引起消费者的怀疑，那品牌的形象就会塌方，难以重建消费者对品牌的信任。

（二）意见领袖口碑传播

意见领袖，也称关键意见领袖（key opinion leader，KOL），是指其关于品牌或某类商品的意见，在某个群体范围内或某个传播领域内具有一定的影响力。互联网时代，人人拥有自媒体，都可以发声影响他人，可以在众多自媒体平台如微信、微博、抖音、快手、小红书、B 站、知乎、豆瓣等，发表关于品牌和消费的体验、知识和建议，其中很多优秀者成为意见领袖。

粉丝不多但人数更多的优质素人，也被称为关键意见消费者（key opinion consumer，KOC）。KOL是专家，KOC是朋友。KOC虽然不如KOL知名，但贵在真实，他们自己就是消费者，与普通用户联系更加紧密，形成了情感纽带关系。而KOL有时因为商业合作的关系，发布的信息并不易受到用户信任。KOC和KOL并不是界限分明，成功的KOC也拥有堪比KOL的影响力。此外，KOL是公域流量，KOC是私域流量。

品牌一方面可以和大牌的KOL合作，但要注意与自己品牌在品类、人设等方面的契合，还要精心设计话术和植入方式，自然有趣方能带起话题；另一方面更应该大力挖掘扶持KOC，特别是从已有消费者或是现有的与品牌赛道契合的KOC之中遴选优秀者，通过他们来发声，会让品牌传播效果事半功倍。

知识赋能

理解提问：请结合案例谈谈口碑传播与其他三种品牌传播类型的不同。

复习提问：口碑传播可以分为哪两种类型？二者的区别是什么？

课堂讨论：举例讨论品牌如何促进和利用好口碑传播。

素养园地

"二十四节气"事件营销传播

2022年2月4日，北京冬奥会开幕式在国家体育场盛大举行。恰逢立春，开幕式盛典以二十四节气为序曲，从"雨水"开始，一路演进，最终行至"立春"。转眼间，现实生活中的雨水节气来临，而北京冬奥会也渐近尾声。

在各方的大力宣传和推动下，越来越多的人开始关注二十四节气，节气营销渐成潮流。随着节气文化的广泛传播，近些年，食品企业逐渐增加关于二十四节气的新内容。比如康师傅绿茶将雨水节气与自身品类相结合，倡导"蓄满清新活力，待万物复苏、芳草连天一起去踏青"；立秋节气，"秋天的第一杯奶茶"一度走红，奶茶销量大涨；川娃子食品有限公司官方发布微博，称转发抽请吃立冬的第一顿火锅……

"不仅是食品，近年来，在传统节日之外，不少商家也开始尝试二十四节气相关的节日营销。"知微数据高级数据分析师张帆对《中国消费者报》记者表示，比如"Nanci二十四节气盲盒"进入电商平台潮流盲盒销量榜前五名，盘子女人坊官方微博发布的二十四节气壁纸深得消费者喜爱。

北京服装学院教授、2020年度中国纺织非遗推广大使郭瑞萍还曾尝试将"二十四节气"穿在身上。2015年，郭瑞萍和团队创立"度兮"品牌，提倡"人生有度，大美化兮"。2017年，她还带着"度兮·二十四节气"时装发布会走进了"锦绣中华：中国非物质文化遗产服饰秀"现场。

二十四节气是见人、见物、见生活的一种时间载体，是中国人看世界、看人生的智慧的浓缩。作为华夏儿女，传统文化的基因始终深植于我们心中。只要时机合适，它就能够破土而出，长成参天大树。今天的中国，正日益向世界舞台中央迈进，中国文化以全新姿态展露于世界面前。从二十四节气越来越受青年人的关注就可知，传统文化仍然浸润着百姓的生活，也滋养着我们的精神。

资料来源：二十四节气｜节气消费渐成潮流．（2022－02－18）. http://finance.sina.com.cn/jjxw/2022-02-18/doc-ikyamrna1499748.shtml.

思考题

1. 二十四节气越来越受青年人的关注说明什么？
2. 节气和其他的节日有何不同？节气营销对塑造品牌形象有何帮助？
3. 材料中所提到的节气营销案例属于哪一种品牌传播方式？
4. 节气营销能否与非媒体品牌传播相结合？
5. 请为某个品牌策划某个节气主题的品牌传播文案与传播方式。

本章小结

1. 狭义的品牌传播是指品牌方通过各种媒介手段，向目标消费者传递品牌相关信息；广义的品牌传播涉及品牌的一切传播活动。品牌传播与沟通策略以及促销策略是有区别的。品牌传播的相关理论基础包括独特销售主张理论、品牌形象理论、品牌个性理论、360度品牌管家和整合营销传播理论等。品牌传播的内涵的代表性观点是品牌资产论和品牌形象论。品牌传播的特点包括渠道的多元性与统一性、传播者的计划性与非计划性、信息的可信性与有效性。品牌传播的计划信息与非计划信息的区别在于品牌是否有计划地进行传播。品牌整合营销传播的理念是让不同渠道发出同一种声音，原则包括消费需求导向、长期关系导向和动态调整导向。

2. 品牌传播可以分为大众媒体传播、自媒体传播、非媒体传播和口碑传播。大众媒体传播又可分为品牌主导型传播和品牌参与型传播。自媒体传播又可以分为社会化自媒体传播和其他自媒体传播。非媒体传播方式的载体包括产品和服务、环境、相关人员。口碑传播又可以分为普通消费者口碑传播和意见领袖口碑传播。

拓展思考

1. 大众媒体传播过时了吗？品牌应该如何善加利用大众媒体传播？

2. 品牌活动与销售促进有何区别？如何实现品效合一？

3. 自媒体传播与大众媒体传播相比，有何优劣势？

4. 品牌为什么要构建覆盖全域的自媒体矩阵？

5. 产品包装用于品牌传播，与第3章“品牌识别”中的品牌特色包装有何区别与联系？

6. 企业家进行品牌传播与品牌形象代表进行品牌传播有何区别？与自媒体传播、大众媒体传播有何联系？

7. 品牌引导和利用口碑传播，与其他媒体传播能否结合？

实训练习

选一个行业（某主要品牌、其他主要竞争品牌），进行以下分析：

1. 对该品牌各种大众媒体传播活动进行整理分类，分析是否提升了品牌资产和品牌形象。

2. 对该品牌各种自媒体传播活动进行整理分类，分析是否提升了品牌资产和品牌形象。

3. 对该品牌各种非媒体传播活动进行整理分类，分析是否提升了品牌资产和品牌形象。

4. 对该品牌如何引导和利用口碑传播进行整理分类，分析是否提升了品牌资产和品牌形象。

5. 总结分析该品牌是如何实现品牌整合营销传播的。

创新创业

1. 假设你们要创业开一家新奶茶店，如何设计新品牌的传播方式和内容？请调查市场上现有若干奶茶店品牌的品牌传播方式、传播内容，评判创新性与传播效果。这对你们设计新品牌的传播方式和内容有何启发？

2. 创立奶茶店品牌，策划品牌传播活动，需综合运用多种品牌传播类型。请调查其他行业头部品牌的品牌传播活动，评判创新性与传播效果。他山之石，可以攻玉，这对你们策划新品牌传播活动有何启发？

3. 在上述基础上，请为新奶茶店品牌策划一份品牌传播方案。

综合案例

中国平安与腾讯合作举办李健“万物平安声长”音乐会

以平安为名，中国平安将消费者的价值视为重中之重。中国平安持续关注用户的内容消费需求，联合腾讯音乐，邀约大众喜闻乐见的音乐诗人李健，将最美的音乐以粉丝福利的方式回馈用户，在小年夜为全国人民送上温暖贺岁礼，打造一台名为“万物平安声长”的线上音乐会。

“万物平安声长”，顾名思义，是一次聆听万物之声、拥抱大自然的回归之旅。在李健看来，疫情影响了人与人的接触，却也让人可以回归自然，从万物的平安生长中找回对未来的美好期许。而这也与中国平安的品牌理念不谋而合。在时长数月的精心筹备下，李健“万物平安声长”音乐会在2022年小年夜与平安粉丝正式见面。

相比起近年其他线上音乐会，李健“万物平安声长”音乐会成功的关键，还在于建立了与消费者的深度交流和情感共鸣的场景。线上音乐会中，不仅有李健诚恳、温情的音乐和真挚的话语，还有来自中国平安润物细无声的关怀。

演出期间，李健谈及生命的可贵，还邀请平安集团董事会秘书兼品牌总监盛瑞生上台，两人以开放坦诚的态度畅谈人生。盛瑞生给出建议：当我们正年轻，作为自己和参与父母养老的亲历者，能够认识年老的真相，可以对养老生活未雨绸缪，不必等到真正步入老年的那一刻而手足无措。当下，中国的老龄化日趋严重，养老问题成为很多人的隐忧。正是洞悉了这样的痛点，中国平安在传统金融保险之外，还朝医疗健康方向延伸，希望通过专业的服务，为万物平安做出努力。

作为讨论话题的延续，李健还翻唱了知名曲目《当你老了》，为用户对未来人生的畅想和内心蓄积的生活情绪找到了出口。新年即将到来之际，这样如同老友对谈般的氛围以及中国平安温暖亲近的品牌关怀，有效地传递到了荧屏前的消费者心中，并自然衔接进了家人团聚、探访长辈、爱老敬老的用户行为场景中。

一场线上音乐会的成功，离不开一群热爱音乐的观众。在这个“酒香也怕巷子深”的时代，中国平安通过与腾讯的深度合作，在活动预热期、直播中和回放期三个阶段频频出招，多种创新玩法合力，为好内容找到了好观众，实现了品牌声量的破圈共振。

预热阶段，中国平安遵循 QQ 音乐用户听歌路径和产品的使用逻辑，通过 QQ 音乐开屏广告、焦点页以及微博等站内站外多个流量入口的联动，不断扩散李健音乐会的活动信息，吸引用户关注预约和社交分享，持续扩大活动对潜在用户的影响力覆盖，最终实现了近 20 万人次预约的好成绩。

而在直播过程中，中国平安还通过直播页面贴片、线上主持人文字信息条、品牌 icon、品牌定制礼物等多种权益形式实现品牌的全面曝光。此外，音乐会在中国平安自有渠道平安金管家 APP，平安人寿官方微博、视频号，以及 QQ 音乐等多平台联动直播，全程回放也在 QQ 音乐相关资源点位推送，在持续收获用户流量的同时，不断引流沉淀至中国平安的私域生态中。

资料来源：中国平安“万物平安声长”音乐会斩获大奖，引领品牌营销新时代．(2023-02-07). https://www.yunmeipai.com/article/9768.html.

思考题

1. 这场线上音乐会于平安而言主要是哪种形式的品牌传播活动？前前后后又配合用到了哪些品牌传播方式？

2. 这次活动是否体现了品牌整合营销传播的理念和原则？

// 第2篇 //

品牌发展

第 6 章

品牌内扩

政策瞭望

明确我国社会主要矛盾是人民日益增长的美好生活需要和不平衡不充分的发展之间的矛盾，并紧紧围绕这个社会主要矛盾推进各项工作，不断丰富和发展人类文明新形态。

——《高举中国特色社会主义伟大旗帜 为全面建设社会主义现代化国家而团结奋斗
——在中国共产党第二十次全国代表大会上的报告》

知识思维导图

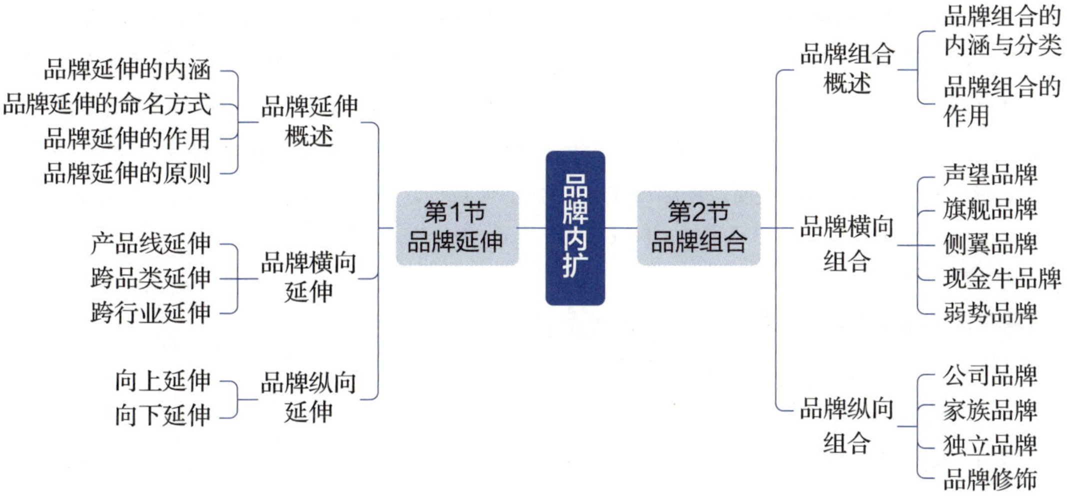

导入案例

麦咖啡和麦当劳“分手”

2022 年 8 月 30 日，麦咖啡突然发出一条微信推送——“《麦咖啡分手通知》请查收”。在正文中，麦咖啡直接喊话麦当劳“我们分手吧”，同时表示自 9 月 1 日起，不要再叫麦咖啡“麦当劳的咖啡”。

最近一张麦当劳与旗下咖啡品牌麦咖啡 25 米的“巨幅分手海报”引起了大众

的注意，海报以麦当劳品牌色黄色为背景，其白色的“分手吧”格外显眼。而仔细一看，海报写着：请叫我麦咖啡，别叫我“麦当劳的咖啡”。

消息一出，引发了网友的围观，有人甚至跑到微博上去喊话：“麦当劳和麦咖啡分手了?”同时，在小红书、微博上，许多网友就两大品牌的“分手”展开了讨论，形成了“上海25米巨幅分手海报”“麦当劳和麦咖啡分手”等话题讨论。

9月1日，麦咖啡在公众号官宣：拿铁下架，奶铁问世。总之，麦咖啡搞这么大阵仗，不难看出其欲脱离麦当劳标签的决心。为了向大众强调“麦咖啡”的独立品牌定位，麦咖啡通过具有八卦意味的“分手”创意炒热话题，成功获得了关注。

麦咖啡上线《麦咖啡分手通知》，一来是为了造势，将事态扩大化，尽可能地实现广而告之，为获得更多人对品牌的认同做好铺垫；二来是深化营销主题，让事件营销产生以点带面的营销影响力，达到吸引年轻消费群体的目的。同时，麦当劳通过翻牌网友关注的“分手”事件，引发了新一轮的营销关注，为话题制造更多的看点与物料，并将事件营销推向新高潮，也为传播与新品上市做好了铺垫。从表面上看，此次品牌分手桥段，是麦咖啡因被用户视为麦当劳的附属品，自己一直不配拥有姓名而闹情绪，实则是两大品牌通过分手的营销内容，去深化麦咖啡更专注做咖啡的决心，实现麦咖啡品牌专业与职能的深化。为了打破用户对品牌的偏见，麦咖啡不仅在营销策略与方式上进行了改变，还在产品上进行了全新变革，想要通过奶铁系列产品让用户真正认同麦咖啡这个专注做咖啡产品的品牌。

麦咖啡卖咖啡由来已久，为什么现在才想到去深化品牌专注、专业卖咖啡的品牌形象？其实还是与市场前景、用户需求有着莫大的关系。现在中国咖啡的消费市场迎来了最好的发展时代，让品牌看见了咖啡市场的增长潜力。麦咖啡在这时候去深化品牌价值，其实就是为了抓住年轻消费群体，实现品牌焕新，为企业增加新的利益增长点。

资料来源：不再做小透明，麦咖啡上演“分手大戏”．(2022－09－28)．https://baijiahao.baidu.com/s?id=1745204023276120141&wfr=spider&for=pc.

请思考

1. 麦咖啡和麦当劳两个品牌之间是什么关系？
2. 麦咖啡品牌为何要如此命名？
3. 麦咖啡为何要与麦当劳分手？
4. 麦咖啡为何要推出奶铁系列咖啡？

当一个品牌被创建和传播，获得了一定品牌资产的时候，品牌就可以谋求进一步的发展。最常见的方式，就是拓展品牌旗下的产品组合，推出更多产品，以满足消费者的更多需求或是更多消费者的需求，扩大市场覆盖范围，提升品牌获利能力。如果此种方式主要采用的是原品牌名称，则被称为品牌延伸策略。

如果企业在相同品类上采用了多个品牌，或是拥有不同层次、覆盖范围由大到小的众多品牌，则被称为品牌组合策略。

因为上述两种策略都是企业内部的品牌资源扩张，所以被合称为品牌内扩。

第 1 节　品牌延伸

一、品牌延伸概述

（一）品牌延伸的内涵

品牌延伸是指企业推出新产品采用或部分采用现有品牌名称的做法。品牌延伸，也称为单一品牌策略，即企业在不同的产品类别中采用单一的相同品牌名称的做法。

品牌延伸的前提是，现有品牌已经拥有了一定的品牌资产。品牌延伸就是利用现有品牌的品牌资产，希望将其移植到新产品身上，使得新产品更易取得成功。品牌延伸最明显的就是利用了现有品牌的知名度，希望对品牌的整体宣传覆盖旗下所有产品，使新产品能搭便车，从而降低新产品的推广成本。品牌延伸还能利用现有品牌的忠诚度，希望将消费者对品牌的信任甚至依赖转移到新产品上。品牌延伸还可以利用品牌资产的其他内容，包括感知质量、品牌联想和其他专有资产。其中较难和关键的是品牌联想，尤其是当现有品牌与品类的联系较为紧密时，扩展推出的新产品如果跨品类，则难度比较大。

总结来说，品牌延伸是一个品牌扩大其所覆盖的产品范围，延伸其品牌影响力的过程。这个过程既涉及利用现有品牌资产，又会动态地影响品牌资产，使其增值或贬值。

（二）品牌延伸的命名方式

在进行品牌延伸时，依据新产品采用的品牌名称与现有品牌名称的紧密度，可以采用以下几种品牌命名方式。

1. 完全采用现有品牌名称

这是指新产品没有独立的新品牌名称，完全采用现有品牌名称，也可称为单一品牌策略。有些新产品虽拥有产品名，但是还未上升到品牌高度，未经知识产权注册保护，或只有通用型产品名称，或只有产品型号和编号，与其他品牌的同类产品无法构成产品名称的显著差异。

此种情形需要品牌具有强大的品牌影响力，或者是所延伸推出的新产品未跨越原品类，只是增加了产品的丰富度。

2. 母子品牌联用，突出母品牌

母品牌是指现有品牌名称，子品牌是指新推出产品所采用的新品牌名称。此种情形下在新产品的宣传和包装上，母品牌和子品牌同时出现。母品牌的品牌名称和标识，其形状大小和位置比子品牌更醒目；子品牌虽不突出，但也能被明显识别。

此时，子品牌名已经不仅是产品名，而是上升到新品牌高度，已经需要企业进行知识产权注册保护，但同时子品牌影响力还不够，需要借助母品牌来背书，主要

是利用母品牌资产中的品牌知名度和感知质量。以这种方式运用子品牌，能够为子品牌带来一定的独特性，塑造与母品牌有所不同的品牌联想。

3. 子母品牌联用，突出子品牌

此种情形下，子母品牌联用，但在新产品的宣传和包装上，以子品牌为主、母品牌为辅。虽然消费者仍能清晰地识别到母品牌，但是子品牌的品牌名称和标识的形状与位置更为突出。

子品牌是新品牌，虽然仍需要母品牌的背书，但又希望保持更强的独立性，塑造子品牌的品牌影响力。而当新的子品牌为消费者所熟知后，企业在宣传中会进一步淡化母品牌，而单独提及子品牌，在产品包装上则仍保留母品牌标识。

4. 新品牌名与母品牌有联系

此种情形下，新产品采用了独立的新品牌名称。但该名称与母品牌明显有联系，借用了母品牌名称的一部分，或是二者间有很自然的联系。

此种情形与前面的母品牌与子品牌联用的两种情形不同。虽然三者都采用了新的子品牌名，但是母品牌与子品牌联用两种情形下的子品牌名称，并不是借用母品牌名称的一部分，而是直接采用了与母品牌同时出现的形式。新品牌名与母品牌有联系，则是间接借用母品牌的影响力。一般而言，此时母品牌名称和标识已不用再出现，就能达到同样的效果。

5. 采用完全独立的新品牌名（多品牌策略）

此种情形下，新品牌名与母品牌毫无联系。新品牌的宣传和包装上不再出现母品牌的品牌名称和标识，或是仅保留很小的字样，不仔细观察是无法注意到的。

新品牌与母品牌的品牌定位可能有较大差异，也可能新品牌已有一定的品牌资产。或是为了强化新品牌的独立性，降低与母品牌有形象关联的经营风险。

这是一种特殊情况，没有利用母品牌的品牌资产，严格来讲已不属于品牌延伸，应被归为多品牌策略，故这里不再展开。我们将在本章第 2 节中进行分析。

> **知识赋能**
>
> 理解提问：请结合案例谈谈品牌延伸的内涵。
> 复习提问：在进行品牌延伸时可以有哪几种命名方式？
> 课堂讨论：举例讨论品牌延伸的不同命名方式。

（三）品牌延伸的作用

1. 积极作用

（1）提高新产品的感知质量。

知名的现有品牌具有明显的感知质量优势，消费者对其品质有较高评价。对于品牌延伸的新产品而言，消费者就可以依据对现有品牌的认知，以及新产品与母品牌的关联程度，来形成对于新产品质量的预期，降低消费者对新产品的风险感知。

（2）降低新产品的推广成本。

借助现有品牌的品牌影响力，将品牌和其旗下的所有产品作为一个整体进行推

广，就摊薄了单个产品推广的成本，避免单独推广单个新产品或新子品牌可能造成的重复浪费。以相同的品牌名推出系列延伸产品，还会因规模效应而节省渠道推广成本。

（3）满足消费者的多样化需求。

品牌延伸推出更多新产品，就可以满足消费者的多样化需求，能照顾到不同消费者的需求差异，满足消费者的个性化需求，使得消费者不用寻求其他品牌。品牌延伸还能给品牌带来新意，满足消费者喜新厌旧的心理需求。

（4）扩大品牌所覆盖的市场。

品牌延伸通过推出更多新产品，可以满足同一消费者的多样化需求，以及更多消费者的差异化需求，从而扩大品牌所覆盖的市场，增加已有客户对品牌旗下产品的购买总量，同时吸引没推出新产品前未能覆盖到的消费者，增加品牌的总营收。

（5）提升母子品牌的品牌资产。

如果延伸推出的新产品具备更高的品质，就可提升母品牌的感知质量。如果新产品具有更强的独特性，就能丰富母品牌的品牌联想。如果新产品带来了更多的品牌传播，就可提升母品牌的知名度。如果新产品带来了更好的品牌体验，就可提升母品牌的忠诚度。母品牌的其他专有资产，以及子品牌的品牌资产，也在此过程中得到提升。

（6）强化或改进母品牌的品牌定位。

品牌延伸推出的新产品或新子品牌的定位，如果与母品牌的品牌定位相一致或为其所统率，则可以帮助强化母品牌的品牌定位。如果母品牌之前的品牌定位是较为狭窄的或是较为宽泛的，则通过新产品或新子品牌更为新颖和精准的品牌定位，可以改进母品牌的品牌定位，使其得到更新，焕发出新的生命力。

2. 消极作用

（1）模糊母品牌的定位。

品牌延伸推出的新产品或新子品牌的定位，如果与母品牌的品牌定位难以找到共同点，就会产生违和感，让消费者认知失调，从而对母品牌的定位认知更为模糊。如果母品牌定位是采用产品品类、特色和功能等较为具体的定位方式，新产品或新子品牌一旦延伸超出这些范围，就容易模糊母品牌的定位。这样既损害母品牌的品牌资产，也不利于新产品或新子品牌的成功。

（2）损害母品牌的形象。

如果新产品或新子品牌的产品品质和市场表现未能达到母品牌原有的水准，或是发生了品牌危机事件，将会牵连母品牌形象受损。品牌延伸的好处是一荣俱荣，而坏处也是一损俱损，存在连带效应。

如果新子品牌传递出的品位、档次、文化、个性等，与母品牌的原有形象违和，或是低于母品牌的水平，也会损害母品牌的形象。

（3）扰乱母品牌的联想。

如果延伸推出的新产品或新子品牌与母品牌的品牌联想存在较大的差异，不仅难以使消费者将母品牌积极正面的联想转移到新产品或新子品牌上，还将扰乱母品牌的联想，让消费者原有的品牌联想产生动摇。

如果母品牌的品牌联想根深蒂固，而品牌延伸与母品牌截然不同，则照搬母品牌的品牌联想，只会让消费者对新产品或新子品牌产生怪异的联想，导致品牌延伸的失败。

知识赋能

理解提问：请结合案例谈谈品牌延伸为何能强化或模糊母品牌的定位。
复习提问：品牌延伸有哪些积极作用与消极作用？
课堂讨论：举例讨论品牌延伸是如何发挥积极和消极作用的。

（四）品牌延伸的原则

1. 母品牌定位要高于子品牌的定位

品牌延伸的本质是利用母品牌的品牌影响力推出新产品，让母品牌旗下覆盖更多的产品。要让母品牌能够统领更多的子品牌，母品牌的定位要高于子品牌的定位。如果新产品没有启用子品牌，完全使用母品牌，那么新产品的产品定位，也要低于母品牌的品牌定位。

母品牌如何定位才能高于子品牌的定位？这就要考虑品牌定位方式是具体的还是抽象的，如从企业视角出发的品类、特色和功能等定位方式就较为具体，而从精神、市场竞争和档次，以及客户视角出发的定位方式就较为抽象。抽象的品牌定位方式高于具体的品牌定位方式，其联想空间更大，可以向下兼容；具体的品牌定位方式有较多局限性，难以向上兼容。

因此，品牌延伸也是审视和调整母品牌定位的良机，如果原有品牌定位较为具体、有局限性时，应同步调整品牌定位，将其从具体的定位中解绑出来，提升品牌定位的层级。品牌延伸就是品牌定位由具体到抽象的扩容过程，母品牌这顶帽子一定要做大，才能覆盖其下更多的产品和子品牌。

例如霸王防脱发洗发水非常成功，后品牌延伸推出霸王凉茶，还请了明星代言，结果却失败了。原因之一就是霸王品牌与防脱发的功能以及洗发水品类牢牢捆绑在一起，当推出凉茶时，消费者难免产生怪异的联想：凉茶带上洗发水的味道？如要延伸成功，需要先解绑，如同时宣传霸王“中药世家”，好中药好凉茶。防脱发洗发水和凉茶中的核心原料都是中药材，强调中药的品牌定位，要比具体的品类定位层次更高。

2. 不超出母品牌名称的联想范围

品牌延伸的边界，由母品牌名称的联想范围所决定。品牌名称所采用的文字，总能产生一定的联想。按照品牌命名方式，其中有外显式、隐喻式、借用式和抽象式，其中外显式的联想最为具体而范围较窄。

有不少品牌名称带有产品品类，曾经帮助品牌在该品类上获得成功，但当品牌延伸时，却限制了品类扩容空间，因此延伸推出的新产品最好不要超出这个品类范围。可以采用子母品牌联用淡化母品牌的印迹，甚至采用完全独立新品牌的多品牌策略。

例如农夫山泉在推出其他非饮用水的饮料时，就采用子母品牌联用，突出子品牌。如东方树叶、茶π、水溶C100、尖叫等，农夫山泉的母品牌在包装上都很小并不突出。

有时为了既发挥母品牌的品牌影响力，又拓展母品牌的联想范围，子品牌名可以借用母品牌名称的部分元素。例如农夫山泉推出果汁新品时，就采用了农夫果园的子品牌名：既去掉了“山泉”的品类限制，替换成了明喻果汁品类的“果园”，又保留了母品牌“农夫”，让消费者继续产生对自然纯真的联想。

再如王老吉推出的子品牌“刺柠吉”，就保留了母品牌的“吉”字，“刺柠”代表刺梨和柠檬两种原料。同时其还在包装上保留了母品牌，但不突出。可惜其没有宣传突出“吉”的品牌含义，让消费者不知道该产品与王老吉凉茶的共同点，错失提升王老吉品牌定位促使品牌扩容的良机。

3. 产品与市场组合区别对待

根据产品的新老与市场的新老，有四种组合方式。在四种组合情况下，品牌延伸应区别对待。

第一种组合是老产品老市场，即只是在原品类内做一些型号、花色、款式、包装等丰富化的新品，满足原目标客户基本需求基础上的一些差异化需求。这类品牌延伸难度最小，与母品牌不冲突，能够充分发挥母品牌的影响力，所以可以完全采用原品牌名称。

第二种组合是新产品老市场，即面向同一类型的老客户，满足其多样化的需求。这就需要重新审视母品牌的定位，如果其定位已经是客户视角的定位方式，就可以进行品牌延伸，并突出新产品服务于老客户的互补性，完全使用原品牌名即可。如果新产品与原品类距离较远，互补性较为抽象，则可以采用母子品牌策略。例如，某运动服装品牌推出个人护理产品时，突出了运动后的使用场景，与现有产品互补，契合了品牌定位。

第三种组合是老产品新市场，即用旧的产品开辟新的市场，包括地域上的新市场和使用需求上的新市场。前者，视母品牌在新市场的影响力和文化适应性而定。如果影响力不大、有较大文化差异，母品牌品牌资产就作用不大，建议采用子母品牌策略或多品牌策略，取新的品牌名要迎合新市场的文化联想。后者，可以根据新需求的联想需要和母品牌的原有联想而定。如果二者是一致的，就可以继续采用母品牌名或是母子品牌策略；如果二者不一致，就要重新起名，突出子品牌名，甚至采用多品牌策略。例如强生的婴儿沐浴露，因其安全无刺激，也受到了成人的喜爱，在推出成人洗浴用品时，无须做出改变。

第四种组合是新产品新市场，即用新产品来开辟新的市场，满足新客户的新需求。因为新客户不曾接触使用过母品牌，所以母品牌的影响力可能有限。又因为进入的是新市场，跨度较大，所以母品牌原有的品牌联想可能对市场推广也无助益。此种情形下，应该采用子母品牌策略或是多品牌策略。

知识赋能

理解提问：请结合案例谈谈为何母品牌的定位要高于子品牌的定位。

复习提问：产品与市场有哪四种组合方式？各自品牌延伸难度如何？应该使用什么样的品牌命名策略？

课堂讨论：举例讨论品牌延伸是否会超出母品牌名称的联想范围以及效果如何。

案例实训 6-1

“HUAWEI问界”被紧急叫停——华为不造车？

2023年3月31日，华为于内部发文再次强调“华为不造车”，并且不允许在整车宣传和外观上出现“华为”或“HUAWEI”标识，文件期限为五年。

早在2019年，华为正式成立智能汽车解决方案事业部，定位是“提供增量部件”。此后，外界一度有“华为要造车”的猜测。2020年11月，华为创始人、CEO任正非签发文件强调“华为不造车”，并表示该文件有效期为三年。2021年年中，余承东接棒华为汽车业务，主导了华为汽车业务事业部和消费者事业群的整合，并成为总负责人。关于华为造车的猜测再次涌起。

不少消费者注意到，在各地华为的门店，都有“问界”系列车型销售，且摆在门店显眼位置。打开华为网上商城，也有“问界”多款车型销售。这让部分消费者认为，华为已经在生产和销售新能源汽车。不过，细心的消费者可以注意到，该商品的页面有标注，商品由第三方商家（“问界”实际由赛力斯制造）提供。

3月8日，在社交渠道的宣传语中，原先“AITO问界”的字样更改为了“HUAWEI问界”。这被认为是华为进一步主导AITO汽车发展的信号。但这一做法随着“华为不造车”的决议再次重申而被紧急叫停。

华为表示，华为目前与车企有三种合作模式：一是标准化零部件的模式；二是HI模式（Huawei Inside）；三是华为智选模式。“问界”是华为智选车生态品牌，即华为提供电动化、智能化零部件等核心软硬件技术，并进行严格的质量管控、产品定义、零售服务等。

4月1日，在中国电动汽车百人会论坛（2023）上，余承东在演讲中回应了“华为不造车”这一决定。他指出，原本是希望“HUAWEI问界”成为生态品牌，不让消费者产生困惑。但是公司有些领导有不同意见，要求把“HUAWEI”去掉。

余承东强调，通过智选模式与华为合作的企业，在产品规划上不冲突。他指出，像蔚来、理想这样的造车新势力和担心“灵魂问题”的传统车企或不会与华为合作，所以希望通过智选模式，让车企与华为实现共赢。

2023年3月31日，华为副董事长、轮值董事长徐直军在回答记者提问时表示，市面上“华为汽车”的说法，是有些部门、个人滥用华为品牌，华为后续将确保华为品牌不被滥用。徐直军强调，华为不造车，也没有任何“华为汽车”。华为将对所有旗舰店和授权店进行清理整顿，要回归到华为的战略和定位上来。

资料来源：任正非发文重申“华为不造车”，华为：避免“问界”被错当“华为造”.(2023-03-31). https://baijiahao.baidu.com/s?id=1761870812284825047&wfr=spider&for=pc.

练习题

1. 华为造车争议反映出品牌延伸中品牌命名方式的什么问题？
2. 余承东为何希望运用华为品牌来联合命名“问界”？有何积极与消极作用？
3. 华为的“HI”模式、智选模式分别应该如何进行品牌命名？
4. 华为此举是否符合品牌延伸的原则？
5. 你是否支持华为造车？你认为华为与其他中国汽车品牌该如何合作？

二、品牌横向延伸

品牌横向延伸，是指品牌推出新产品扩充产品品类，但新产品的档次和原产品基本相似。根据延伸的新产品种类距离原产品品类的近远，品牌横向延伸可以分为产品线延伸、跨品类延伸和跨行业延伸（如图 6－1 所示）。

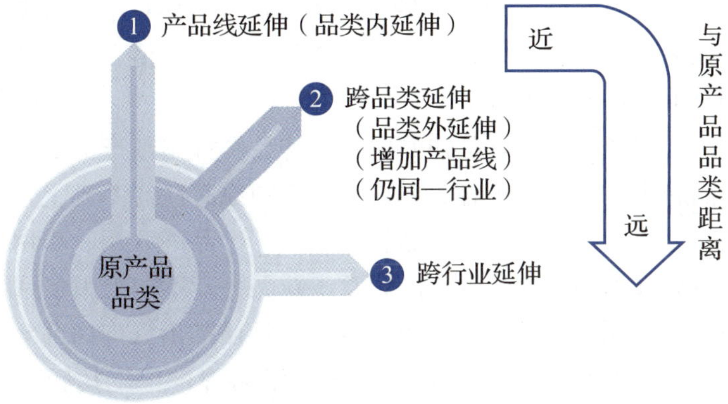

图 6－1　品牌横向延伸示意

（一）产品线延伸

产品线是指由一群相关的产品项目组成的一条产品管线，也可称为一个产品品类。一条产品线，是由使用功能相同，能满足同类需求，而型号、规格、花色等不同的若干个产品项目组成的。一条产品线上的产品，销售给同一目标顾客群体，经过相似的销售途径，且在相似的价位档次上。一个产品项目，则是指每一种具体产品。

产品线延伸，就是在产品线（品类）现有产品范围内，增加新的产品项目。新产品与已有产品群的不同之处并不是很明显，除了产品型号不同，还可能体现在规格、花色、成分、口味、包装、尺寸、辅助功能等方面。

产品线延伸是品牌延伸的主要形式，是难度最低的品牌延伸。基本可以完全采用原有品牌名称，也可考虑母子品牌联用的方式。产品线延伸，目的是丰富产品供给，更好地满足目标客户基本需求基础上的一些差异化需求，保持品牌一定程度的新鲜感，促进品牌营业收入增长，提高消费者对于品牌的消费金额与频次。

例如洗衣液品牌蓝月亮，推出了洗内衣手洗专用的洗衣液、运动型专用洗衣液、至尊浓缩机洗洗衣液等，还在上述基础上推出旅行装、补充装等，同时推出不同香型、不同包装规格等。再如东鹏特饮在经典包装之外，还先后推出了易拉罐装、纸盒装、500ml大包装，还推出了东鹏零糖特饮的纤细易拉罐装，以及推出了东鹏碳酸气泡加水果风味的能量饮料新产品。这些延伸产品都在原产品品类范围内，丰富了产品选择，扩大了市场覆盖范围，较为容易得到市场的接受，还增进了消费者的好感。

（二）跨品类延伸

跨品类延伸是指延伸产品跨越了原有产品类别，另外开辟了新的产品线，但与原有产品类别仍然属于同一行业，丰富了产品组合。产品组合通常是由若干条产品线组成，不同产品线之间在最终用途、生产技术、销售渠道等方面存在关联。

跨品类延伸难度比产品线延伸要大一些，因为要跨越原产品品类，可能会受到消费者对品牌已有品类认知的束缚。尤其是当母品牌名称含有原产品品类，或是母品牌的旗舰产品太成功了以至于消费者对此印象深刻，将品牌与该品类建立了紧密联系。如果产品线之间联系紧密，有共同的品牌联想，那对于消费者来说还是比较容易接受的。如果能因此而强化了品牌定位或品牌核心价值，跨品类延伸不仅能取得成功，还将有助于提升品牌资产。

这种情形下要参考前述品牌延伸的原则。跨品类推出新产品的同时，要审视和更新母品牌的品牌定位，使之扩容。要在母品牌的原有联想基础上，尝试扩大母品牌的联想范围。可以多考虑采用母子品牌联用、子母品牌联用、借用母品牌名称部分元素等方式。如果母品牌的品牌资产无益于新品类，不如采用多品牌策略。

例如云南白药，原先品类是止血药，后品牌延伸推出云南白药牙膏，主打的是牙龈止血消肿功能，与原品牌联想相同，强化了品牌定位。其后延伸推出“养元青”防脱洗发水，与原功效联想不符，所以在包装和宣传上更突出子品牌，而以母品牌为辅。当然“养元青”洗发水的有效成分也是中药，云南白药也是中药，二者还是有共同点。

再如东鹏特饮延伸推出的新产品由柑柠檬茶、陈皮特饮，虽仍属饮料行业，但跨越了原有能量饮料的品类，而且新产品、新品类特色鲜明，于是采用了突出新产品名或子品牌名，而淡化母品牌名的策略。其在推出东鹏大咖和东鹏饮用水时，则因为咖啡和水的品类没有特色和新意，而又借用了母品牌名称。

（三）跨行业延伸

跨行业延伸是指延伸产品跨越了原有的行业，进入了新行业，与原有产品类别距离遥远，在最终用途、生产技术、销售渠道等方面关联性较弱。

跨行业延伸的难度是较大的，将一个行业的知名度和影响力迁移到另一个领域，是比较困难的。而且在生产和销售上，跨行业比较难共享能力与资源，较难产生协同效应。

在这种情形下，品牌延伸想要成功，更要参考前述的品牌延伸原则。跨行业推出新产品时，一定要审视和更新母品牌的品牌定位，寻找不同行业之间的共同点，提炼升华为品牌的新定位。新定位一定是较为抽象和高级的品牌定位方式，例如档次、场景、文化、生活方式和价值观等。跨行业延伸的新品类，如果能与原品类于表面的不同处体现内涵的共性，则可以进一步彰显和强化品牌定位，带来品牌资产的增值。

在品牌命名方式上，除非母品牌的影响力非常强、品牌名称和内涵比较抽象，才可以考虑完全采用母品牌名称。这一点，在耐用品领域比易耗品领域更为常见，可能耐用品要更多考虑产品品质。例如三星的名字横跨半导体、显示器、手机等行业，通用电气之名横跨灯泡、发电机、发动机、医疗设备等行业，华为 2B 的业务和 2C 的手机业务都采用了华为的母品牌命名。除此之外，跨行业延伸可以多考虑采用子母品牌联用、借用母品牌部分元素或多品牌策略。

例如新东方业务转型，从教培行业杀入电商行业，推出了“东方甄选”直播间，主推三农产品和知识产品，业务跨度较大，子品牌命名就采用了借用母品牌部分元素的方式。

知识赋能

理解提问：请结合案例谈谈跨品类和跨行业延伸时如何扩容母品牌定位。
复习提问：什么是品牌横向延伸？有哪三种类型？
课堂讨论：举例讨论品牌横向延伸时该采取何种品牌命名方式。

三、品牌纵向延伸

品牌纵向延伸，也称品牌垂直延伸，是指品牌推出新产品时延伸产品档次到更高档次或更低档次。新产品的价位档次和面向人群与原产品明显不同。而新产品的品类与原产品的品类，可以相同，也可以不同。如果品类不同，则混合了前述的品牌横向延伸。根据所延伸的新产品档次与原产品档次位置的高低，品牌纵向延伸可以分为向上延伸和向下延伸。品牌也可同时做向上和向下延伸，这称为双向延伸（如图 6－2 所示）。

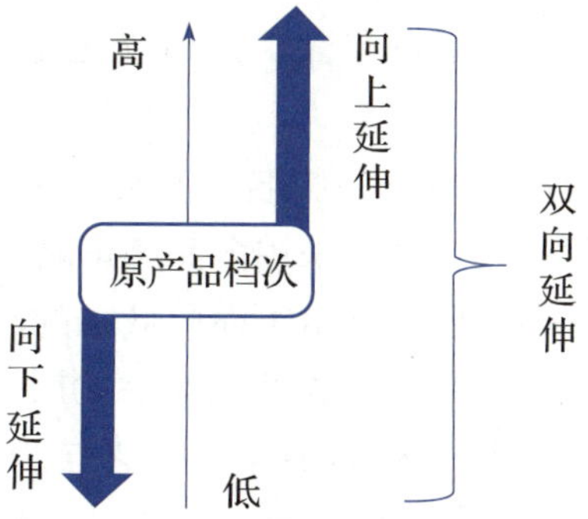

图 6－2 品牌纵向延伸示意

（一）向上延伸

品牌向上延伸，是指企业推出新产品时，提升了产品所处的档次。一个品牌旗下的产品，跟同类品牌相比，总处于某一个价位档次范围内。品牌向上延伸，如果直接用母品牌名来命名档次更高的新产品，一般不太容易成功。因为母品牌给消费者带来原档次的刻板印象。但如果新产品成功了，则会转变和提升母品牌的品牌档次。如果企业推出中高端品牌的做法是为了改变原有较为低端的品牌形象，此时向上延伸又可称为“品牌升级”。

例如手机品牌小米，原先主打性价比，从2020年2月推出小米10开始冲击高端市场。到2021年12月发布小米12时，小米正式提出对标苹果手机。2022年12月小米推出小米13，市场反响良好。这正是因为新产品持续卓越的产品力和良好体验，支撑了小米品牌档次的提升。

品牌向上延伸所采取的品牌命名方式，一般可以在母品牌之外推出新的子品牌。如果母品牌档次联想较弱，可以采用母子品牌联用的方式；如果母品牌档次联想较强，则可以采用子母品牌联用，或者是多品牌策略。

例如华为推出中高端手机时，采用的是母子品牌联用方式命名，即母品牌名加子品牌代号加数字方式。从2014年Mate7和P7的成功开始，华为在中高端市场占稳了脚跟。Mate7的定位是“爵士人生”，符合高端商务人士的口味。而P系列价位档次稍低，主打拍照和时尚。

再如家电品牌海尔，当品牌延伸推出高端冰箱时，启用了新的品牌名“卡萨帝”，起初采用了子母品牌联用的方式。之后卡萨帝又延伸推出更多品类，品牌进一步独立，成为海尔集团旗下家电品牌的一员。而农夫山泉延伸推出更为高端的天然雪山矿泉水时，采用了“长白雪”的子品牌名，命名方式也是子母品牌联用。

（二）向下延伸

品牌向下延伸，则是指企业推出新产品时，降低了产品所处的档次：从原来的奢侈品降到轻奢品，或是从高端降到中端，或是从中端降到低端。相比品牌向上延伸，品牌向下延伸一般而言是比较容易成功的。但新产品成功的同时，很可能对母品牌造成严重伤害，不仅拉低了品牌形象，还可能抢走母品牌的部分原有消费者，或使得部分消费者转身离去。

品牌向下延伸，最好使用新的子品牌名，不突出母品牌，采用子母品牌联用，或是借用母品牌名部分元素，或是直接采用多品牌策略。

例如小米手机在走向中高端后，推出了面向低端的红米子品牌，采用了借用母品牌名部分元素的命名方法，之后红米越发独立。OPPO推出Realme品牌、华为推出荣耀品牌，与之相似，起初子母品牌联用，之后为多品牌策略。华为在2016年又推出了Nova系列，面向中端主流人群。华为还先后推出畅享系列、麦芒系列和青春版，面向低端市场，现只剩下畅享系列。

再如家电品牌海尔，除了卡萨帝冲击中高端市场，还推出了Leader（统帅）品牌，覆盖低端市场，而海尔原品牌覆盖中端市场，进行了市场区隔，也施行了多品牌策略。

知识赋能

理解提问：请结合案例谈谈为何品牌向上延伸时直接用母品牌名命名不容易成功。
复习提问：什么是品牌纵向延伸？有哪两种类型？
课堂讨论：举例讨论品牌纵向延伸时该采取何种品牌命名方式。

案例实训 6-2

“雪糕刺客”钟薛高下探平价市场

2018 年被称为“国潮元年”，同年 3 月成立的钟薛高，以中国姓氏组合成为品牌名，谐音“中式雪糕”。其代表性的瓦片外观，加上顶部的回字纹，还原青瓦白墙。包装则带有“祥云”“生肖”等中国古典意象。“国潮”概念的深化，让营销在线的钟薛高趁势而起，抓住了年轻人的心。

2022 年，钟薛高多次上热搜，引发全网热议。钟薛高的一支雪糕产品售价高达 66 元，钟薛高也被贴上了“雪糕刺客”的标签。2023 年 3 月 29 日，“雪糕刺客”钟薛高，发布了售价 3.5 元/支的雪糕新品 Sa'Saa。钟薛高推出平价新品引发热议，不仅因为低价，还因为其被贴上了 AI 标签。钟薛高新推出的这款雪糕产品主要销售渠道在线下，线上仅作为赠品。钟薛高推出平价雪糕新品，是其产品矩阵的一次下探布局。

值得关注的是，钟薛高同日还推出了“腰部”新品“旦生”，蛋形甜品售价 15～18 元，主打分享型的甜品市场，包括生日聚会及下午茶等，主要销售渠道在线上。雪糕品类，除了此次的 Sa'Saa，钟薛高在 2019 年就推出了首个平价品牌雪糕“李大橘”。但四年过去，李大橘始终没能走红。

2020 年，钟薛高推出了简餐品牌“理象国”，进军高端饺子市场，最贵的松茸馅饺子一个饺子 6 元多。从市场反应来看，理象国的数据也非常平淡。2021 年，钟薛高又推出了“杏余年”“芝玫龙荔”“梨花落”“和你酪酪”四款“钟薛高的糕”，用甜品化战略重新定义冰淇淋，并将品牌价格天花板从 66 元刷新到了 88 元。

很明显，钟薛高这家以价格贵出圈的网红雪糕品牌，已经不满足互联网渠道及高端产品市场，希望扩充产品品类，构建“高、中、低”的头部、腰部、足部全产品矩阵。钟薛高也已经不满足雪糕市场，进入生日聚会及下午茶新消费场景，试图与幸福西饼及线下甜品市场玩家竞争，打造一个多品类的综合品牌。

近几年来，钟薛高等网红品牌涌现，话题不断，直接改变了雪糕市场的营销玩法和营销渠道形式。而雪糕的主要消费人群是年轻人，消费场景早已从过去的消暑解渴，转变成社交分享、文化共鸣、居家零食等。

国内外老牌雪糕玩家正在加大力度推出更多高端雪糕品牌及产品，试图进一步扩大市场份额。跨界玩家也越来越多，比如茅台在 2022 年推出了冰淇淋，多家博物馆也推出了雪糕产品。

资料来源：钟薛高推出 3.5 元雪糕，“雪糕刺客”从此再见？.（2023－04－03）. https://www.thepaper.cn/newsDetail_forward_22508233.

练习题

1. 钟薛高推出平价新品 Sa'Saa 属于哪种品牌延伸（纵向、横向）？
2. 钟薛高推出平价新品 Sa'Saa 采用了哪种品牌命名方式？
3. 钟薛高推出其他新产品分别属于哪种品牌延伸和品牌命名方式？
4. 钟薛高做品牌延伸产生了哪些作用？是否符合品牌延伸原则？

第 2 节　品牌组合

一、品牌组合概述

（一）品牌组合的内涵与分类

1. 品牌组合的内涵

品牌组合，是指一家企业拥有多个品牌所构成的组合。品牌组合管理，即对这些品牌之间的关系进行协调与管理，减少品牌间的内耗，增强品牌间的区隔与联系，使之形成合力，成为一个有机整体，让品牌各自都能发挥最大作用，使企业整体品牌价值最大化。企业所拥有的品牌，还包括企业通过全资新设、并购、控股、参股和合作等方式而产生关联的所有品牌。

品牌组合，与之相似的概念还有品牌架构、品牌结构、品牌系统与品牌体系等，其中品牌架构在学术界使用较多，而品牌组合在实务界使用较多。学术界的主流观点认为，品牌架构与品牌组合是隶属关系，品牌架构包含了品牌组合，同时为品牌组合的设计、组织和管理提供了原则、框架和方法。也有学者认为二者只是表述上的区别，在含义上是等同的。还有学者认为品牌架构与品牌组合是两个分立的概念：品牌架构定义品牌的层级结构，即确定品牌之间的关系；品牌组合界定品牌的数量和品牌的角色。

品牌架构，还可以特指绘制品牌关系图。其通过图形工具，可以清晰展示企业所拥有的各个品牌之间的层级关系、品牌与产品品类的关系，以及同品类中品牌的数量与关系。

品牌组合的内涵，就是如何发挥各个品牌间的协同效应，使得企业品牌系统价值最大化，并反映到经营绩效的最大化上来。品牌组合管理的核心，是管理好品牌之间的关系。

2. 品牌组合的分类

可以根据企业下属各品牌之间的基本关系来划分品牌组合的类型。有的品牌之间是平行关系，都覆盖同一产品品类，又相互独立。我们可以称之为品牌横向组合。有的品牌之间是从属关系，品牌之间可以分多个层级，高层级的品牌可以下辖低一层级的多个品牌。我们可以称之为品牌纵向组合。

这两种分类和组合方式，在同一家企业的品牌之间是可以同时存在的。品牌纵向组合，涵盖了所有品牌，明确各品牌的层级和从属关系，是全局性的和战略性的。我们也可以称之为品牌架构战略。而品牌横向组合，是从单个产品品类视角来看，是局部性的和战术性的。我们也可以称之为多品牌策略。

在实务中，二者可以组合运用。一般而言，当一家企业业务只覆盖一个产品品类时，可以主要采用品牌横向组合，即多品牌策略，这些品牌也可称为品牌群。当企业业务覆盖多个产品品类，有多组品牌群时，为了统领这些不太相干的品牌群，就有必要采取品牌架构战略，明确品牌之间的层级关系。

知识赋能

理解提问：请结合案例谈谈品牌组合的内涵。
复习提问：品牌组合可以分为哪两类？
课堂实训：举例讨论品牌组合中两种类型的组合运用。

（二）品牌组合的作用

1. 拓展业务边界，促进业务增长

良好的品牌组合可以容纳更多的品牌，推出更多产品和覆盖更广市场，使企业业务不断拓展边界，促进业务取得增长。这种增长不同于某个业务随经济和行业发展而随波逐流式增长，或是因为某个业务经营效率与品牌力的提升而增长，而是拓展更多业务做大蛋糕的开疆拓土式增长。

品牌组合管理，还有利于统筹企业诸多品牌，发挥协同效应和规模经济效应，在业务蛋糕做大的同时，提高经营效率，更好地促进业务增长。

例如小米品牌，除了小米和红米覆盖手机品类，还推出了小米电视、小米笔记本电脑等。小米还投资了生态链品牌超400家，很多品牌名里带有“米”字，例如米家智能家居品牌。

2. 分工明确，更好覆盖细分市场

品牌组合中的品牌分工明确，包括各自的层级、品牌定位、覆盖产品品类与范围、所属档次与价位、市场地位、目标人群等，可以更好地覆盖细分市场，让每个品牌带来的联想既有总体的联系，又有各自的独特性。

品牌组合能够避免让一个品牌承担太多的联想，造成品牌定位模糊。每个品牌分工明确，联想清晰，能够让消费者更加容易地区分和识别品牌，也能够让企业更充分地发挥各个品牌的作用，建立分工合作关系或良性竞争关系。

例如，可口可乐公司旗下品牌众多，各自覆盖一种细分品类，如可口可乐、健怡可乐、无色汽水雪碧、果味有色汽水芬达、饮用水冰露、运动饮料水动乐、浓缩

果汁美汁源等。

3. 分散品牌投资，降低经营风险

当一个企业只拥有一个或少数品牌时，一损俱损，企业经营风险很大。企业通过分散品牌投资，拥有多个品牌时，无形中分散了经营风险。

企业分散投资多个品牌，当一个品牌定位或策略出现问题，或发生品牌危机，或该品牌覆盖的细分市场增长乏力、业务衰退时，通过合理的品牌区隔，就可以避免该品牌的危机与颓势影响企业的其他品牌。

企业还可以在相同产品品类下培育多个品牌，市场定位甚至有所重叠，展开良性竞争，优胜劣汰。

例如，百胜餐饮集团在中国市场引进了肯德基、必胜客和塔可钟三个西式餐饮品牌，还并购了小肥羊、黄记煌等中式餐饮品牌。2004 年其开设了“东方既白”中式快餐品牌，但相关门店于 2022 年永久关停，也未对其他品牌造成不良影响。再如纳爱斯集团拥有雕牌清洁洗护品牌，又推出了“超能”天然洗护品牌，和立白集团推出“好爸爸”品牌相似。

4. 品牌组合配合，打击竞争对手

企业采用品牌组合形成良好配合，还可以打击竞争对手。企业通过在同个产品品类内推出不同的品牌，可以以品牌的“人海”战术取胜：以规模效应获得对渠道更强的掌控力与垄断性，在渠道终端占领货架；以丰富的品牌与产品选择，让消费者能货比多家，但选来选去都是该企业的品牌。

企业可以通过不同品牌的不同档次和价位、不同的功能与特色、不同时段的促销活动、不同场景的品牌传播，互相配合，密集覆盖该品类的各个档次、各个细分需求、各个时段与场景，挤占竞争对手的生存空间；还可以设置一些从属品牌，不负责盈利，专门为了打击竞争对手。

例如，宝洁和联合利华都是旗下洗发水和沐浴露品牌众多，密集占领货架。而手机和汽车等厂商推出新品时，往往有多种型号和配置，将价格区间拉大，也是为了密集覆盖市场。再如小米的红米品牌，性价比非常高，主打千元机低端市场，打击低端品牌和山寨机等竞争对手。而之后红米品牌独立运营，就像华为和荣耀分家一样，红米也可以做中高端手机了。

知识赋能

理解提问：请结合案例谈谈为何品牌组合能更好覆盖细分市场。
复习提问：品牌组合有哪些作用？
课堂实训：举例讨论品牌组合所起的作用与得失。

品牌视野

续集电影片名策略及其市场效应研究

文化产业在为消费者提供高品质文化产品方面发挥主体作用，电影行业在其中具有重要影响。我们以续集电影为研究情境，探讨电影制作经营方如何通过科学的电影续集片名策略，来提升观众的观影意愿和提高电影的市场表现。

通过中国市场的两个消费者实验和美国电影市场1960—2017年间共58年的电影市场票房数据，研究发现续集电影采用文字片名策略，比采用数字片名策略，会促使消费者产生更高的观影意愿，想象可达性发挥中介作用。

但是这一关系受到电影题材的调节。当不突出电影题材的时间导向时，续集电影采用文字片名策略，会促使消费者产生更高的观影意愿，更容易取得票房市场成功。但当提及电影题材的时间导向时，前瞻性题材使用文字片名能取得更积极的市场表现，而回溯性题材使用数字片名能取得更积极的市场表现。

具体来说，对美国电影市场58年的数据分析表明，前瞻性题材的电影，采用文字片名的电影中高达87%的影片成功推出了续集，而采用数字片名的电影中只有19%的影片成功推出了续集。相反，对于回溯性题材的电影，采用文字片名的电影中只有48%的影片成功推出了续集，而采用数字片名的电影中有64%的影片成功推出了续集。

这一研究结论，对于范畴更广泛的整个文化产业均具有重要的理论价值和战略意义。因为续集或续篇的产品系列形式（英文称sequel），广泛存在于文学、影视作品等文化产业之中。续集作品的命名之所以重要，是因为它高度提炼了故事题材和要表达的价值观，是文化产品的精粹所在。因此，从电影续集片名这一独特视角研究所得到的结论，适用于广泛的文化产业的品牌打造与市场营销，具有突出的理论价值和战略意义。

资料来源：王海忠，欧阳建颖，陈宣臻．续集电影的片名策略及其市场效应研究．管理科学学报，2019（11）：19－32.

请思考

1. 请找出续集电影用文字片名和用数字片名的多个例子，了解其是否成功推出续集。

2. 电影题材时间导向是前瞻性还是回溯性，对于文字和数字片名有何影响？

3. 续集电影采用母品牌＋文字或数字片名，分别属于哪种品牌命名方式？

4. 请用品牌延伸的分类、作用与原则知识，解释两种品牌命名方式的区别与成败原因。

二、品牌横向组合

在品牌横向组合中，根据在品牌群中所处档次位置、所起作用和盈利能力的不同，各个品牌扮演不同的角色。以华为手机品牌为例，品牌横向组合如图6－3所示。

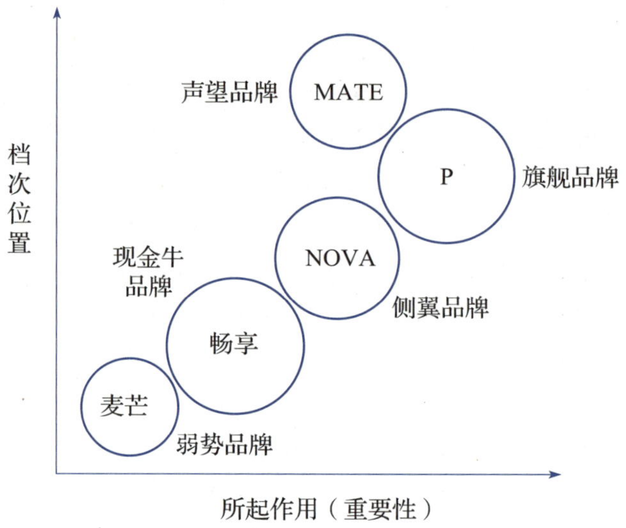

图 6-3　品牌横向组合示意（以华为手机各子品牌为例，面积大小反映了营收占比）

（一）声望品牌

声望品牌，是在企业品牌横向组合中，所处档次位置最高的品牌。声望品牌所起的作用是展示企业的先进技术研发能力，提升消费者的质量感知，通过品牌传播塑造崇高声望，让消费者仰慕。声望品牌因为档次和价位较高，面向的高端市场需求较小，所以在营收金额占比上不是很高，毛利率可能较高。企业横向品牌组合中，不一定要有声望品牌。但当品牌想拉动整体档次向上走时，可以推出声望品牌。有时候，声望品牌的价位和档次能够站稳并打开销量的话，也会成为企业的旗舰品牌，企业可以再次推出更高档次位置的新声望品牌。

例如比亚迪新推出了高端汽车品牌“仰望”，定价百万级的新能源硬派越野 U8 和纯电动性能超跑 U9，代表比亚迪的声望品牌达到了令竞争对手高山仰止的新高度。

（二）旗舰品牌

旗舰品牌，是在企业品牌横向组合中的主品牌，所起作用是占领主流市场，获取利润。企业会倾注最多品牌传播资源给旗舰品牌，旗舰品牌是品牌群中声量最大、最知名的品牌。旗舰品牌面向的主流市场需求较大，业务增长潜力较大，营收金额占比较高，是企业品牌群中的核心主打品牌。

旗舰品牌也可以不止一个，互相之间定位和档次可以错开一些，给消费者更多的选择，覆盖更广的主流市场。例如华为手机的 Mate 系列属于顶级高端商务旗舰，接近声望品牌。P 系列属于高端时尚旗舰，接近旗舰品牌。

（三）侧翼品牌

侧翼品牌，是在企业品牌横向组合中的辅助品牌，通常为旗舰品牌保驾护航。常常创造与竞争品牌更多的相似之处，从侧面打击竞争对手，以保护更重要的旗舰品牌能保持其理想的竞争地位。但侧翼品牌如果发展势头良好，也可能会成为旗舰品牌。旗舰品牌如果发展一般，也可能会下滑成为侧翼品牌。侧翼品牌对于一个企业的品牌组合来说，不是必需的。当市场需求差异化较大，快速增长的市场潜力能够容纳更多品牌，并吸引了更多竞争对手时，才需要侧翼品牌。

侧翼品牌，可以与竞争品牌价位相仿甚至更低。侧翼品牌为了掩护旗舰品牌，可以更多地牺牲利润，发动促销活动。但也要注意，侧翼品牌可能会分流走部分原本属于旗舰品牌的市场需求。

例如华为的 Nova 系列，接近于侧翼品牌。

（四）现金牛品牌

现金牛品牌，是在企业品牌横向组合中的营业额占据相当比重、占用品牌传播资源却不多的品牌。现金牛品牌，是在旗舰品牌和侧翼品牌之下，档次位置更低的品牌，但仍然吸引到一大批普通消费者，并能带来相当可观的营业额与现金流。

在声望品牌、旗舰品牌的光辉照耀下，现金牛品牌得到了母品牌的加持，又降低了门槛，让普罗大众都能消费得起。

例如华为的畅享系列，主打性价比，投入的品牌传播资源较少，但仍持续有较高销量。

（五）弱势品牌

弱势品牌是指在发展过程中遗留下来的问题品牌，或不再受消费者青睐的品牌。企业应该对此类型品牌做出精简处理，以便提高整个品牌组合的效益。

例如华为的原低端机麦芒系列，已于 2022 年从华为的品牌组合中被剔除，而改由中国电信接手并独立运营。

知识赋能

理解提问：请结合案例谈谈为何面向同一产品品类需要构建品牌横向组合。
复习提问：什么是品牌横向组合？有哪些角色？
课堂实训：举例讨论品牌横向组合中是否该新增或删减某种角色的品牌。

三、品牌纵向组合

品牌纵向组合体现了企业各品牌在品牌组合中的层级关系，由高到低构成层层的从属关系。在品牌命名的实际运用中，一个产品项目会拥有由高到低多个层级的品牌名，构成品牌名组合。不同的品牌名发挥不同的作用，同一个品牌名下覆盖有限的产品项目，具有一些共同特征。

根据所覆盖的产品项目范围由大到小，品牌纵向组合可以分为由高到低的四个层级。层级越低的品牌，覆盖的产品项目范围越小，品牌的含义越具体或越少。

（一）公司品牌

公司品牌，为品牌纵向组合中的最高层次品牌，是指代表公司整体形象的品牌。如果一家公司旗下拥有众多的子公司或事业部，此时公司品牌就是指集团公司品牌。集团公司品牌之下，可以有多个公司品牌，总体统称为公司品牌。

公司品牌，是以企业注册的名字命名，是覆盖一家企业旗下所有业务和产品的。不是所有企业都需要或是拥有公司品牌，即使是与公司名称一致。当公司名称的品牌与企业某个产品或是产品线牢牢绑定时，还称不上是公司品牌，只是产品品牌。有先见之明的企业，一般不用企业名称直接作为业务品牌，而是另起他名，组合运用。

当企业旗下拥有多个业务和很多产品线，需要协调这些业务品牌之间的关系，发挥协同效应时，就有必要建立公司品牌，来统领这些业务品牌，赋予共同的特征。公司品牌的内涵要较为抽象，不与具体业务联系，而要代表特定的价值观、个性、文化、精神价值和大致的业务范围等。

例如长城汽车集团，旗下就拥有众多汽车品牌如哈弗、魏牌、欧拉、长城皮卡、坦克、沙龙等。其最早推出并成名的皮卡系列，虽然直接使用了集团公司品牌命名，但也新增了“炮”系列和风骏两个子品牌。其他品牌则都采用了独立的业务品牌，帮助其构筑了强大的品牌矩阵，确保各业务品牌之间的区隔和独特性，又通过长城汽车的集团公司品牌形象整体进行品质担保和整体宣传，发挥协同效应。

（二）家族品牌

家族品牌，是品牌纵向组合中层级低于公司品牌一级的品牌。由于公司规模扩张或业务发展，在公司品牌下有必要增加一个品牌层次，于是诞生了家族品牌。家族品牌，覆盖一个或多个业务，统率多条产品线。

例如海尔集团，海尔本就是公司品牌，但同时还是旗下最大的一个家族品牌。海尔作为家族品牌，旗下覆盖业务广泛，包括智慧家庭（五大生活空间、七大全屋解决方案）、个人和家用产品（九条产品线），以及商用解决方案。海尔公司品牌旗下的家族品牌，还有高端品牌卡萨帝（11条产品线）、面向Z世代的年轻家电品牌Leader（八条产品线），以及收购来的GE Appliances（美国通用家电）、Fisher&Paykel、Aqua、Candy等品牌。其中海尔、卡萨帝和Leader的业务重叠较多，是海尔在品牌纵向组合基础上的横向组合，是一种多品牌策略。其他几个收购的家电品牌，则是覆盖不同国际区域市场和业务的家族品牌。而其场景品牌三翼鸟，以及其他生态品牌如卡奥斯（工业互联网平台）、盈康一生（大健康生态）等，覆盖业务与前述品牌不同，可视产品线丰富程度而归为家族品牌或独立品牌。

再如达利食品集团，达利是集团品牌，旗下已有达利园（餐包糕点、饮料、八宝粥）、好吃点（饼干）、可比克（薯片）、乐虎（功能饮料）、和其正（凉茶）、豆本豆（豆奶）、美焙辰（面包）、蓝蒂堡（曲奇）等品牌。其中达利园覆盖三条产品线，可以称为家族品牌；其他品牌只覆盖一条产品线，可以称为独立品牌。

（三）独立品牌

独立品牌，是指只覆盖一条产品线（产品品类）或业务，并采用独立品牌名的品牌。独立品牌，也可以称为单个品牌。独立品牌可以被单独使用，也可以与上一层级的品牌共同使用，在宣传和包装上共同出现。

独立品牌的上一层级可以是家族品牌，也可以是公司品牌。独立品牌可以进行产品线延伸，不断扩展产品项目。独立品牌如果跨品类或档次延伸，拥有多条产品线和业务，这时就升级成为家族品牌。如果独立品牌与公司品牌同名，可能因为其是公司的声望品牌或旗舰品牌，或是公司起家的核心产品品牌，基于消费者的认知习惯仍然保留。

例如娃哈哈集团，旗下的营养快线、AD 钙奶、爽歪歪、哈哈宝贝、非常可乐、呦呦奶茶等，都可以算是独立品牌。作为独立使用的子品牌，它们分别只覆盖一种产品品类，拥有一种或几种产品项目。在包装和宣传上，公司品牌娃哈哈绝大多数时候会同时出现，但并不显眼。其主打的饮用纯净水产品和其他一些产品，则直接使用公司品牌，辅之以通用产品名。此举让娃哈哈的品牌层级不分明。在消费者认知中，娃哈哈还是和纯净水产品绑定较深，是一个独立品牌。娃哈哈又覆盖较多产品线，实际上是家族品牌。娃哈哈还是公司名，旗下产品线众多，理应上升为公司品牌，其下多启用独立品牌，还可增设家族品牌副线。

（四）品牌修饰

品牌修饰，是指在独立品牌名下，增加或突出一些独特性，以吸引目标细分市场的差异化需求。一般做法是在独立品牌名基础上，再加品牌修饰字词。品牌修饰需要和独立品牌组合出现，一般是后缀形式。品牌修饰在内容上可以是产品特征、目标消费者特征、精神特质、场景等。

品牌修饰不是十分常见，当市场存在更多差异化需求时，才需要设立使用。品牌修饰所覆盖的一组产品项目，数量更少，具有更为明显的相似性。

品牌修饰与产品名是有区别的。品牌修饰是品牌名的有机组成部分。而产品名与品牌名是分开的，一般是通用名，不具有排他性，其他同行都可以使用。产品名表明具体的产品品类、功能、要素、包装、质量等级等。

品牌修饰与产品型号也有区别。产品型号可以分两种：一种是较为品牌化的，与独立品牌或品牌修饰一起出现。另一种是纯产品型号，企业内部用来区分产品项目。二者都是字母和数字的混合编码，前者较为简单，后者更为复杂。但一般不构成排他性，其他企业品牌也可使用。前一种产品型号还可以组合，其下可以有更细的产品型号。

品牌修饰又是与产品名和产品型号有联系的，与独立品牌配合，一起构成对产品项目的命名组合，用来丰富产品项目的含义，让消费者更好地认识产品项目，留下深刻印象。

例如小米推出的旗舰手机小米 13 系列，小米覆盖多条产品线，是其最重要的家族品牌。单独用在产品身上，也是一个独立品牌。“13”则是其较为品牌化的产品型号，其下还有 Pro、Ultra 等更细的产品型号。其他厂商手机品牌，也可以采用同样的产品型号。

再如李宁品牌旗下还有李宁跑步、李宁篮球、李宁羽毛球、中国李宁、李宁青少年等子品牌。李宁是公司品牌，上述这些品牌则是家族品牌。在李宁跑步品牌下的产品组合，又分跑鞋、运动服饰、运动装备三条产品线。跑鞋下又分专业跑鞋、休闲跑鞋和户外跑鞋三个大品类。专业跑鞋下又分竞速、弹速、保护和超轻四个小品类。竞速系列有飞电、赤兔，弹速系列有绝影，保护系列有烈骏……这些子品牌被独立运用，是独立品牌。另外还有一些在此基础上再加品牌修饰，如飞电 Challenger、飞电 Discovery、飞电 Elite、绝影 Essential 等。其再加上产品型号和产品名，就构成了具有丰富含义的产品项目命名，如“李宁飞电 3 Challenger 男子䨻丝高回弹竞速跑鞋 ARMT037-4”。

以李宁品牌跑鞋为例，品牌纵向组合如图 6 - 4 所示。

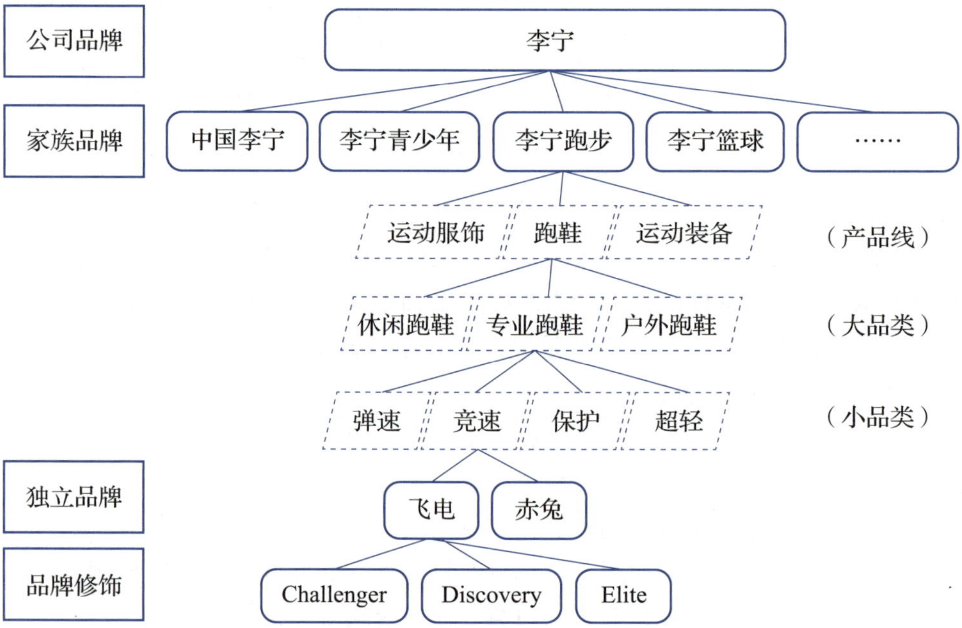

图 6 - 4　品牌纵向组合示意（以李宁品牌跑鞋为例）

> **知识赋能**
>
> 理解提问：请结合案例谈谈为何需要多层级的品牌纵向组合。
>
> 复习提问：什么是品牌纵向组合？有哪些层级？
>
> 课堂实训：举例讨论进行品牌纵向组合时该如何综合运用各种方式命名具体产品。

案例实训 6 - 3

元气森林的新品牌们

元气森林（北京）食品科技集团（简称元气森林）成立于 2016 年。除了成功推出“0 糖 0 卡 0 脂”的气泡水品类，元气森林不断尝试推出新品类和新品牌：从水赛道的外星人电解质水、有矿矿泉水、苏打气泡水，到茶赛道的元气满满乳茶、燃茶、纤茶、柠檬茶，再到奶赛道的北海牧场酸奶。

能达到气泡水高度的新品牌寥寥，外星人电解质水是其中一匹黑马。元气森林气泡水的崛起是抓住了年轻人追寻健康的机会，而户外运动风起则为外星人电解质水打开了消费场景。电解质饮料销量剧增之余，电解质知识也得以普及，更多人知道了在什么情况下应该补充电解质。电解质水进入日常场景已是趋势。

外星人电解质水种类格外丰富，一共 10 种口味，为用户带来更多样化的体验。针对不同场景，外星人电解质水将拓展出更专业的产品矩阵，包括针对中高强度运动的 PRO 款、针对日常及轻运动的 0 糖 0 卡基础款、更便携的电解质粉等。

但电解质水赛道竞争日益激烈，东鹏推出电解质饮料“东鹏补水啦”，旺旺、盼盼也分别上新了电解质水产品“小小罐军”“豹发力”，三诺集团也推出战略新品“闪光者”电解质饮料。还有日本宝矿力水特、百事旗下佳得乐、农夫山泉旗下尖叫也都属于电解质饮料。当务之急，“外星人”需要在市场被挤占前尽快与电解质水画上等号。但“外星人”首先需要解决的是“外星人”品牌符号和电解质水品类之间的关联性。

其他方面，元气森林对柠檬茶品类也格外重视。在该品类至少投入了冰茶、“啊打!”乌龙柠檬茶、超可果粒柠檬茶三个新品牌。2020 年，元气森林还推出“满分”微气泡果汁，作为第一款果汁产品。但产品并没有预想中成功，后被撤下市场。2022 年下半年，换了包装、改变配方、调整 SKU 的“满分”，又再次投入市场。

野心勃勃的元气森林，又看上了天然水的赛道，准备推出“森林的水”，还添上白桃味，号称“不去森林，也能喝到森林的水”。

练习题

1. 元气森林采取的主要是品牌延伸还是品牌组合?
2. 元气森林采取此种策略有何作用?
3. 元气森林如此多饮料品牌按照共性进行纵向组合能分几个层次?
4. 元气森林某个品类赛道中多个品牌按横向组合分别扮演什么角色?

素养园地　老字号品牌们的品牌拓展

2023 年 10 月 20 日晚，云南白药×李健“像海一样”视频号线上演唱会上线，超过 3 600 万人在线观看，微信生态内总曝光量突破 12 亿。这场演唱会，也引发了大众对云南白药口腔健康护理产品的关注，云南白药顺势推广了新产品金口健盐系清新漱口水。也正是因为添加了氯化钠，夏沫海风口味更加清爽，与演唱会的主题十分契合。

云南白药是一个老字号品牌，拥有云南白药散剂和云南白药胶囊两个国家一级中药保护品种。1992年云南白药气雾剂横空出世，使得云南白药名声继续壮大。公司丰富产品生产线，又推出了创可贴、云南白药牙膏等单品。云南白药从传统中药走向现代化大健康产品，完成从“疗伤圣药”到“止血化瘀”的概念转型。

自2010年起，云南白药不止步于“止血化瘀”的概念，而是在云南白药牙膏的基础上实施“新白药、大健康”产业战略，陆续推出养元青、采之汲、日子系列卫生巾等系列产品。

而另一家老字号医药品牌，以痔疮膏、痔疮栓等产品闻名的马应龙，在品牌延伸上“剑走偏锋”，引发不少争议。2009年，趁着国内药妆崛起的大风潮，马应龙八宝眼霜品牌问世，相关日化产品也接连出现，最不能让人接受的是居然推出了口红。

还有一家同样是做医药起家的老字号品牌江中，转型做消费品，推出了饼干，却取得了成功。因为江中牌健胃消食片，风靡市场二十多年，“养胃、健胃”是消费者对于江中的核心品牌认知。江中新推出的是能养胃的猴头菇饼干，并且是发挥原有优势，是用制药的工艺来做饼干。

而原以粽子出名的老字号食品品牌五芳斋，围绕着二十四节气去打造五芳斋产品矩阵。逐渐形成以粽子为主导，集月饼、汤圆、糕点、蛋制品、其他米制品等食品于一体的产品群。在“糯+”战略指导下，公司已完成传世臻粽高端系列、创新的FANG粽系列、新工艺的锁鲜粽系列等粽类新产品，以及月饼、青团、汤圆等节气时令食品，绿豆糕、桃酥、面包等烘焙食品，烧卖、馄饨、饭团等速冻食品，素肉、腊肠等休闲卤味食品等非粽类产品的布局。

另一家老字号餐饮企业广州酒家，1956年公私合营后成为国有企业。改革开放后为保住“食在广州第一家”的地位，广州酒家自力更生、发展壮大。1983年，焕然一新的广州酒家得到了大家一致的认可。1985年，广州酒家试水月饼市场，大受市场欢迎。1992年，广州酒家集团成立。1998年，广州酒家成立利口福食品有限公司，实现了餐饮业与食品制造业的产业互补和老字号品牌的延伸。近年来，广州酒家成功收购了茂名粮丰园公司、知名老字号广州陶陶居有限公司，控股成立广州市美时包装材料有限责任公司、广州好大配餐有限公司等。

而在服装行业，早年的国内羽绒服老字号品牌波司登，2018年推出极寒系列，价格过千，获得消费者追捧。波司登还将卫衣、针织等经典时尚单品与羽绒服相结合，将创意拼接和绗线设计结合，一度成为各大时装秀的新宠。

思考题

1. 云南白药推出了哪些新产品？分别采用了什么品牌命名方法？有何利弊？

2. 马应龙推出眼霜和口红为何不成功？江中推出饼干为何成功？符合什么原则？

3. 五芳斋为何能从粽子延伸到其他品类？这一过程中品牌定位有何变化？

4. 广州酒家和利口福、陶陶居是什么关系？是何种类型的品牌延伸或品牌组合？

5. 波司登的逆袭是一种什么类型的品牌延伸？为何能成功？

本章小结

1. 品牌内扩是企业内部的品牌资源扩张，包括品牌延伸和品牌组合。品牌延伸是用现有品牌名称推出新产品，品牌组合是多个品牌的组合运用。品牌延伸有五种品牌命名方式。品牌延伸具有积极作用和消极作用。品牌延伸必须遵循一定的原则。品牌横向延伸包括产品线延伸、跨品类延伸和跨行业延伸。品牌纵向延伸包括向上延伸和向下延伸。

2. 品牌组合可以分为品牌横向组合和品牌纵向组合，品牌组合对品牌发展具有重要作用。品牌横向组合有五种角色，包括声望品牌、旗舰品牌、侧翼品牌、现金牛品牌和弱势品牌。品牌纵向组合有四个层次，包括公司品牌、家族品牌、独立品牌和品牌修饰。

拓展思考

1. 品牌组合与品牌延伸有何不同？
2. 品牌横向延伸和品牌纵向延伸可以混合使用吗？
3. 对品牌延伸时采取哪种品牌命名方式该如何决策？
4. 对品牌纵向延伸时采取哪种品牌命名方式该如何决策？
5. 品牌横向组合中各品牌角色是否可以转换？何时该增减？
6. 公司品牌同时也用来直接命名产品会带来什么影响？
7. 品牌纵向组合中该如何综合运用各种方式命名具体产品？

实训练习

一、选一个品牌（其单独或与子品牌一起被用来命名了很多新产品），进行以下分析：

1. 搜集品牌的一些新产品事例，分析该品牌是否使用品牌延伸策略。
2. 分析该品牌各种新产品事例分别属于哪种品牌延伸类型。
3. 分析该品牌各种新产品事例分别属于哪种品牌命名方式。
4. 分析该品牌各种新产品事例是产生了积极作用还是消极作用。
5. 分析该品牌各种新产品事例是增强还是减损品牌资产。
6. 分析该品牌各种新产品事例是扩大或强化了品牌定位，还是模糊了品牌定位。
7. 请根据品牌延伸原则，为该品牌现有新产品事例提出改进建议，为后续品牌延伸方向拟订策划方案。

二、选一个品牌（其有很多相关品牌或下属品牌），进行以下分析：

1. 搜集品牌的一些新产品事例，分析该品牌是否使用品牌组合策略。

2. 该品牌和其相关各品牌各属于哪个层级？

3. 请画出该品牌和其相关品牌的层级关系图，可按产品品类或其他共同特征划分。

4. 请选择存在品牌横向组合情形的部分，具体分析其中各品牌所扮演的角色。

5. 该品牌组合发挥了哪些作用？存在哪些问题？

6. 请为该品牌现有品牌组合问题提出改进建议，为后续品牌组合发展方向进行策划。

综合案例

华住集团的品牌王国

华住集团创立于2005年，汉庭酒店是华住集团的创始品牌。华住创始人季琦先生，在连续成功创办了携程旅行网和如家快捷酒店两家上市公司之后，于2005年第三次创业，推出汉庭酒店，并曾一度以“汉庭”命名集团，后于2012年正式启用“华住”作为集团名称。华住的理想是成为中华住宿的代表并冲向世界，成为世界级的酒店集团。华住已经成为全球发展最快的酒店集团之一。美国*HOTELS*杂志公布的“2022全球酒店集团200强”，华住集团位列第六。

华住已经形成了丰富多元的品牌矩阵，拥有31个酒店品牌。除了汉庭，华住集团还自创了全季（2010）、海友（2008）、漫心（2013）、你好（2019）等品牌。华住集团还通过收购与合作获得品牌，如2017年收购桔子水晶酒店集团、2018年收购花间堂等。2020年，华住集团完成首次海外收购，收购了德国德意志酒店集团（简称DH，旗下有五个酒店品牌）。2014年，华住集团与雅高酒店集团结成长期战略联盟，共同开辟中国酒店业务（美居、宜必思尚品、宜必思、美爵、诺富特等酒店品牌）。

目前，华住集团运营的酒店品牌已经覆盖多元化市场，包括高端市场的施柏阁/施柏阁大观、宋品、禧玥、花间堂等，中高端市场的美爵、诺富特、美仑、桔子水晶、漫心、城际等，中端市场的全季、桔子、星程等，以及经济型市场的宜必思、汉庭、你好、海友等酒店品牌，并满足从商务到休闲的个性化需求。

截至2022年年末，华住集团全球范围内在营酒店达8 543家，中国的在营酒店为8 411家，占比达98.45%。中国是华住集团的主要市场。有报告显示，以酒店客房数量计，华住集团是中国第二大、全球第九大酒店集团。

2023年3月27日，华住集团发布了2022年年报，公司营业收入为138.62亿元，同比增长8.4%；归母净利润亏损18.21亿元，已连亏三年。导致2022年华住集团亏损的原因有三个，包括疫情影响、汇兑损失、豁免部分加盟费等。

即使面临亏损，华住集团的管理层仍选择扩张酒店数量。2023 年，华住集团预计新开门店约 1 400 家，关店 600～650 家，预计净增 750～800 家。

思考题

1. 按品牌纵向组合来分，“华住”属于哪个层次的品牌？
2. 为何要另起名“华住”而不是继续使用汉庭品牌？汉庭属于什么层次品牌？
3. 华住集团收购的桔子水晶酒店集团和德意志酒店集团属于什么层次品牌？
4. 华住集团的品牌延伸与品牌组合发挥了哪些作用？
5. 请为华住集团旗下的所有品牌画出品牌纵向组合架构图（按商务/休闲、档次）。

第7章

品牌外联

政策瞭望

积极推动中华文化元素融入中国品牌，深度挖掘中华老字号文化、非物质文化遗产、节庆文化精髓，彰显中国品牌文化特色。推进地域文化融入品牌建设，弘扬地域生态、自然地理、民族文化等特质。培育兼容产业特性、现代潮流和乡土特色、民族风情的优质品牌。

——《国家发展改革委等部门关于新时代推进品牌建设的指导意见》

知识思维导图

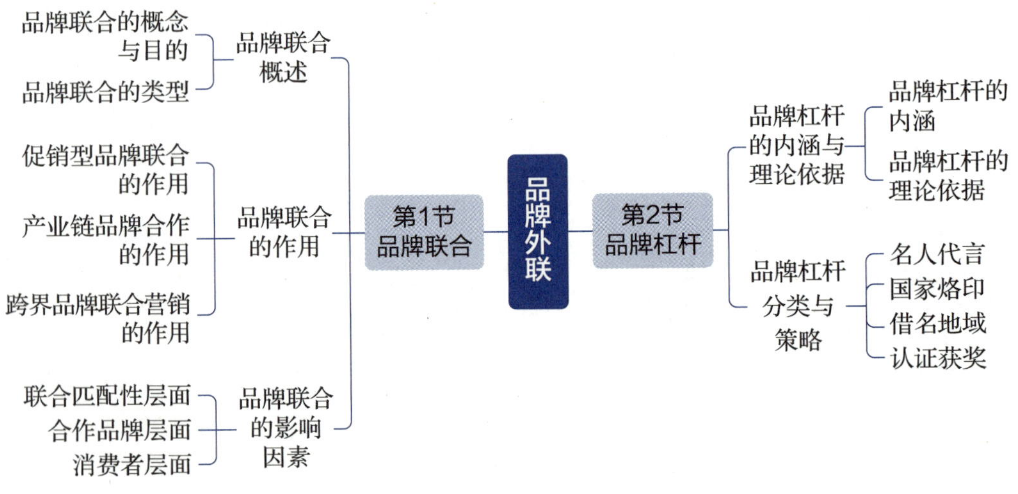

导入案例

999感冒灵“不务正业”

说到国内知名医药品牌，999感冒灵一定上榜，那句“暖暖的，很贴心”很多人都听过。近几年，999感冒灵开始“不务正业”，多次跨界搞联名，贡献了很多让人乍看好像没有逻辑，细品全是精华的东西。

比如与内衣品牌蕉内联手，用“不感冒”的双关语境为传播点，不但推出了很多有趣的文案传播内容，还上线了“我不感冒”联名套装，切实收获了一波热度。999感冒灵和蕉内推出了三部剧场小短片，通过艺术展览、老板开会、校园浪漫告白等场景上演“神反转”。其以“不感冒”为关键词，既展现出999感冒灵的不感冒、蕉内产品保暖效用，又展现出年轻人对当下一些事物的“不感冒”或者是不喜欢。

除了三部短剧，此次联名还推出了一系列“不感冒”宣传海报。海报聚焦当下年轻人可能经历过或者正在经历的职场生活、恋爱婚姻、人情社交等方方面面痛点，用年轻人喜欢的谐音梗方式，将年轻人坚定自我、特立独行的精神需求表达出来，既实现了品牌特色的传播，又与消费者达成有效的情感沟通，提升了消费者对品牌的好感度。

999感冒灵“搞事情”并非首次。其此前还与拉面说联名，推出了一款沿用了品牌经典包装盒设计的“暖心鸡汤面礼盒”。礼盒包括两款鸡汤拉面、手账本、茶包以及手机防滑贴等产品：不光将拉面包装做成感冒药的样子，就连周边物品都趣味十足，将手账本做成了吃货门诊簿、将手机防滑贴做成了通运贴、将茶包做成了冲剂。拉面说和999感冒灵联名的礼盒，以“来一剂治冷良方”为传播主题，凸显产品的暖胃、治愈的一面。

拉面和感冒灵，食品和药品的奇妙组合，这样的跨界联名让人倍感新奇有趣。拉面和感冒灵都可以对抗寒冷，二者有着相同的品牌调性。因此在冬末春初流感高发时节，拉面说和999感冒灵暖心跨界，不仅十分应景，也彰显品牌暖心的一面，从而建立起用户对品牌的好感度。

请思考

1. 999感冒灵和蕉内联名，二者有何共性？
2. 999感冒灵和拉面说联名，二者又有何共性？
3. 999感冒灵借助这些品牌联名，扩大了品牌影响力吗？
4. 999感冒灵借助这些品牌联名，强化了品牌定位吗？

一个品牌自身的资源是有限的，当品牌向外扩张时，可以联合外部的其他企业品牌的力量，这就是品牌联合。如果品牌是借助其他具有公信力的非企业品牌权威的力量，如名人、国家、地域、认证等，来撬动提升品牌资产，则可以称为品牌杠杆。

联合与借助外部的力量，来塑造与传播品牌形象，提升品牌资产，可以使品牌获得更多经营收益。因此，与第6章品牌内扩相对应，我们将上述品牌行为合并称为品牌外联。

第 1 节　品牌联合

一、品牌联合概述

（一）品牌联合的概念与目的

1. 品牌联合的概念

品牌联合的概念，起初是对捆绑销售和品牌延伸研究的拓展。学者还将合作营销、交叉促销、联合促销、品牌联盟、品牌合作等，都称为品牌联合。随着研究的深入，学者们才倾向于将品牌联盟和品牌合作称为品牌联合。

关于品牌联合的定义，不同学者意见不一。如有人认为，任何将两个品牌捆绑在一起的市场行为（比如广告、产品、产品陈列和分销等）都可称为品牌联合。[①] 有人认为，品牌联合是指两个或两个以上的独立品牌、产品或其他专有资产的短期或长期联合与组合。[②] 还有人认为，品牌联合是在维持两个或更多原有品牌特性的条件下，将这些品牌结合而创造新的产品或服务。[③] 综合上述品牌联合的定义，品牌联合就是两个或更多独立品牌之间的短期或长期的联盟与合作。

品牌联合中的独立品牌，是分属不同公司的，没有股权关系。品牌联合中如涉及一方是有流量无产品的 IP 如明星、影视作品、文娱作品等，则不算品牌联合，而是品牌杠杆和品牌 IP 营销，我们将在其他章节讨论。

2. 品牌联合的目的

对品牌联合的目的，我们先从品牌识别来看。品牌联合涉及在多种情形下（产品包装、品牌传播等），两个或更多独立品牌的品牌识别要素（品牌名称、标识等）的联合使用。品牌联合可以增加品牌识别要素的曝光度，增强品牌的辨识度。

我们再从品牌资产、品牌形象和品牌定位来看。品牌联合首先是一种借用他方品牌资产的策略。实施品牌联合是希望借助其他品牌所拥有的品牌资产，来影响消费者对本品牌或是与合作品牌联合推出的新产品的态度，进而使其增加购买意愿。其次是借此优化本品牌的品牌形象，提升本品牌的品牌资产，强化或改进品牌定位。

例如第 6 章中的“HUAWEI 问界”案例，实际上就是问界与华为的品牌联合。如果问界确实是华为主导生产的，就属于品牌延伸。而在采用“HUAWEI

---

① Grossman R P. Co-branding in advertising. Journal of Product and Brand Management，1997，6（3）：191－201.

② Rao A R，Ruekert R W. Brand alliances as signals of product quality. Sloan Management Review，1994，36（1）：87－97.

③ Leuthesser L，Kohli C，Suri R. 2＋2＝5？A framework for using co-branding to leverage a brand. Brand Management，2003，11（1）：35－47.

问界”的提法后，消费者已经误认为华为造车了，所以华为要紧急叫停此种做法。而华为与车企的合作，如果采用 HI 模式，则在车内的若干重要部件上可以出现华为标识。实际上此种做法与英特尔在电脑上贴上“Intel Inside”是相似的。一方面，这种方式增加了华为和英特尔的品牌曝光度。本来二者作为供应商，不直接与消费者接触。贴上标识，让零部件和技术外显化，增强了品牌辨识度。另一方面，华为和英特尔的合作品牌，也借二者的品牌资产，影响了消费者的态度，提升了自身的品牌资产。

（二）品牌联合的类型

品牌联合的分类方式可以有不同的标准或视角。学者们主要基于合作品牌本身和品牌之间的合作关系两个角度对品牌联合模式进行了研究。

基于合作品牌的角度，分类标准可以有合作品牌的产品类别、质量水平、品牌性质、品牌数量、品牌资产、联合目的等。由此品牌联合可以分成同类品牌联合、异类品牌联合，高质量品牌联合、低质量品牌联合、混合质量品牌联合，企业品牌与企业品牌联合、企业品牌与非营利组织联合、企业品牌与名人联合，三品牌联合、双品牌联合，高资产品牌与高资产品牌联合、高资产品牌与低资产品牌联合、低资产品牌与低资产品牌联合，向里渗透模式、向外延伸模式、向上延伸模式、超越模式等。

基于合作关系的角度，分类标准可以有合作品牌之间的作用形式、合作关系中价值创造共享的等级。由此品牌联合可以分为新产品联合、成分品牌联合、广告促销联合，接触/认知型品牌联合、价值认可型品牌联合、元素组成型品牌联合、能力互补型品牌联合。

本书则根据实践情况，将品牌联合分为以下几种典型的情形。

1. 联合促销

联合促销是指两个或两个以上的品牌联合开展促销活动。这种做法可以使合作品牌以较少的推广费用获得较大的促销效果。此种联合促销活动，以同时购买两个品牌的商品会比单独购买有更大的折扣优惠为显著标志。可以是由共同的销售渠道出面来组织这样的跨品牌联合促销活动，也可以是在一个品牌的促销活动中同时宣传了另一个品牌的商品，或在一个品牌的促销活动中满足一定条件后赠送或以很大折扣优惠销售另一个品牌的商品。

例如超市促销时，将品牌不同且品类不同的两件或两件以上的商品捆绑在一起，组成套餐优惠促销，如著名的“啤酒＋尿片”组合。再如很多电商平台大促时，会搞跨店满减活动，消费者购买不同品牌的商品，金额可以累计叠加计算折扣优惠。天猫的双 11 购物节和京东的 618 购物节即属此类，各品牌共享了促销活动的声量。但如果没有跨品牌的互动，没有购买累计叠加优惠的话，则不算是联合促销。

2. 商业联盟

商业联盟是指众多的联盟商家，同时使用一种积分系统计算积分。消费者在不同行业的联盟商家消费时能够获得同一种积分奖励，积分可以累积，消费者可凭积分在联盟商家换取礼品、兑换成现金或者服务，以及得到更多的优惠等。

商业联盟是商业发展的一种趋势。商业联盟借助市场资源进行整合，实现了行业联盟、城市联盟、商家联盟等，形成了规模优势，增加了销量，使消费者降低了购物成本。

例如各大航空公司组成的行业联盟，如星空联盟、天合联盟等。再如由信用卡公司出面组织的信用卡会员享积分和优惠的商家联盟，如招商银行的“掌上生活”、浦发银行的“小浦惠花”等。又如广东旅游年卡，一卡即可畅游省内很多热门景点。再如城市联盟，大到城市群一体化，中到城市联合营销，小到城市区域内的商家开展联合营销（既是企业品牌联合，又涉及区域品牌伞的杠杆作用，本章第 2 节“品牌杠杆”还将探讨）。

3. 产业链品牌合作

产业链品牌合作，是指两个或两个以上的有产业链关系的独立品牌开展合作。它包括产业链上下游关系的品牌进行合作，如前述“HUAWEI 问界”的案例：华为即是汽车制造商的上游供应商，提供操作软件技术和相关零部件；在整车的产品和宣传中也出现华为的品牌标识。这种合作即可视为一种产业链品牌合作。又如小米与徕卡合作。徕卡是摄像头技术品牌，是手机品牌的上游供应商。在小米机身上出现徕卡品牌标识，以及在品牌传播中出现，也是产业链品牌合作。再如瑞幸咖啡和椰树椰奶的品牌合作，二者联合推出新产品椰奶拿铁，椰奶是新产品中的一种配料，这也是产业链品牌合作。

产业链品牌合作还包括在使用场景上是互补品的品牌之间进行合作，如手机需安装 APP，出厂手机可以预装若干合作品牌的 APP。又如消费者买了汉堡还需要喝饮料，麦当劳只与可口可乐合作，而肯德基则与百事合作。此外，这种合作还有渠道品牌与代理或经销的品牌之间进行的合作，联合开展促销活动和其他市场活动等。

4. 跨界品牌联合营销

跨界品牌联合营销，是指两个或两个以上的没有产业链关系的独立品牌开展合作。独立品牌之间并没有产业链关系，也没有渠道合作关系，甚至没有使用场景互补关系，品牌是跨出了行业的边界进行联合营销。有些品牌跨界联合营销是精心策划、你情我愿的，而有的品牌跨界联合营销则是一厢情愿、拉郎配。

虽然从产品上看不出品牌之间的联系，但跨界品牌联合如果要做好的话，品牌之间仍然是要有联系的。这种联系可以是品牌所面向的目标客户群体一致，或是品牌识别上存在有意义或趣味性的联系，或是超越物质层面的某些品牌联想的一致性，或是品牌个性、文化、价值观等精神层面的一致性。

如果只是为了博取眼球、出奇制胜，或是哪个品牌热门就蹭哪个的话，那可能只是赚取了一波流量，热度来得快去得也快，并不能带来长期的品牌资产提升，甚至还可能会模糊消费者对品牌的联想，某些不良的跨界联合甚至会让消费者产生不适感而产生负面效应。

跨界品牌联合，可以是推出新产品，更多的是设计品牌活动联合传播。特别是在新媒体上，品牌可以采用拟人化手段，与其他品牌进行有益的互动，制造良性新闻事件。

知识赋能

理解提问：请结合案例谈谈品牌联合的目的。

复习提问：品牌联合可以分为哪些类型？

课堂讨论：举例讨论品牌联合不同类型之间的区别。

案例实训 7-1

花西子联名泸州老窖，桃花醉为千年爱情发声

“前世今生，缘结桃花”，浪漫生活需要仪式感，一抹轻蜜粉、一口桃花醉。在五月花开的季节，东方彩妆“花西子”品牌，携手中国最古老的四大名酒品牌之一的泸州老窖，匠心联合推出“花西子×泸州老窖·桃花醉”限量定制礼盒。

“桃花树下施粉黛”，早在千年前，桃花就被作为酿酒的原料，也在古方中被用作“桃花红肤膏”。以“东方彩妆，以花养妆”为理念的花西子彩妆，与“浓香鼻祖，酒中泰斗”泸州老窖，因桃花古法工艺一见如故，共谱桃花前缘，“5·20”为爱情发声。

据了解，这款礼盒由花西子“玉女桃花轻蜜粉”、“泸州老窖桃花醉”和花西子限量定制“花西子双面美人镜”构成。在标识设计上，花西子与泸州老窖都属于文字式，通过用墨绿色统一两方标识文字的字体色彩，其联名款看起来和谐且富有古韵。

玉女桃花轻蜜粉一直是花西子的断货之王。玉女桃花轻蜜粉传承千年古方，复刻唐太平公主“桃花红肤膏”秘方，萃取桃花精华，搭配细腻的珍珠粉，成分温和养肤。其以比空气都轻的细腻粉质，被粉丝称作“空气蜜粉”。在炎热的夏季，用玉女桃花轻蜜粉轻轻一扫，便可赶走油光，“柔焦雾面”的高级妆感可以持续一整天。

泸州老窖凭借四百年的酿造工艺，以桃花为原料古法炮制，专为女性打造出12°清甜果酒桃花醉。品桃花醉，入口清甜，回味甘醇，口中还留有淡淡的桃花清香。

在这个桃意微醺的“5·20”，送她“花西子×泸州老窖·桃花醉”限量定制礼盒。化一个微醺妆，品一口桃花醉，这大概是最美的爱情告白吧。

资料来源：东方彩妆花西子联名泸州老窖桃花醉，520为千年爱情发声.(2019-05-15). https://baijiahao.baidu.com/s?id=1633565185816585746&wfr=spider&for=pc.

练习题

1. 花西子和泸州老窖本次品牌联合，属于哪种类型？
2. 花西子和泸州老窖本次品牌联合，二者有何物质和精神的关联？

3. 花西子和泸州老窖本次品牌联合，针对哪类目标人群？品牌定位是否升级？
4. 为何说花西子和泸州老窖本次品牌联合“为千年爱情发声”？

二、品牌联合的作用

（一）促销型品牌联合的作用

在品牌联合的四种类型中，联合促销和商业联盟本质上都是促销型的品牌联合，是促销活动的集约化与规模化。其虽可以带来分担促销推广成本、扩大促销活动声量、促进销售等积极作用，但主要出于促销目的，基本上不太能带来品牌资产的增加。其负面作用是，可能会使品牌过多依赖于促销活动，反而拉低品牌的档次，损害品牌资产。

（二）产业链品牌合作的作用

产业链品牌合作是一种功能性的品牌联合。其积极作用，总体而言是更好地满足消费者的物质需求和心理需求，包括：通过产业链上下游品牌的密切合作，提高产品的品质和功能，满足消费者更高层次的物质需求；通过外显有实力的合作品牌，增加商品品质的可信度、提升商品技术含量与档次，满足消费者追求安全感的心理需求；通过合作推出更新奇的、更加个性化的产品，满足消费者求新猎奇的心理需求。

但其前提是合作品牌（主要是产业链上游或互补品的品牌）要比主品牌有更高的品牌知名度或档次，并且愿意与主品牌开展联合。这种合作也会带来一些负面作用，比如消费者对合作品牌声望和认知增加，可能会强化合作品牌的地位，使其在品牌合作中更为强势，攫取更多利润。例如华为的强势市场地位，已经逼退了广汽的合作；徕卡的强势，使得华为退出了与其的合作。

这种负面作用还包括固定捆绑合作品牌，很可能会减少消费者的选择余地、使得商品缺乏新意、降低商品个性化程度，以及错失潜在的更优质的供应商。

（三）跨界品牌联合营销的作用

跨界品牌联合营销是一种精神性的品牌联合。如果运作得当，可以发挥其积极作用，包括引发目标消费群体的关注与共鸣、提升或强化品牌定位到偏精神层面和客户视角、为客户创造更多物质与精神价值、以品牌活动制造新闻事件带来自发性传播等。

但如果在跨界品牌联合营销中不能揭示品牌之间的联系，或是联系过于生硬违和，或是联系与品牌的原有形象和定位不匹配，则也会带来负面作用，具体包括模糊品牌形象、带来无意义甚至是负面的品牌联想、带来负面的知名度等。

在产业链品牌合作和跨界品牌联合营销中，如果主品牌是去蹭某一品牌的热度，该品牌并没有意愿也不知情，则可能还存在着损害该品牌利益的风险，该品牌可能会控告主品牌。但如果主品牌策划得当，“蹭”热度的行为获得了舆论良性关注，则该品牌可以主动积极回应，反过来“蹭”回这一波流量红利，这在新媒体上的品牌互动中体现得尤为明显。

精神层面的品牌联合有很多。例如跨感官的品牌联合产品就是其中一种，它具有联合品牌两个或两个以上的不同感官属性。如百事可乐与凡士林推出品牌联合款唇膏，同时具有可乐气味和凡士林触感；可口可乐与菲诗小铺联合推出可乐气味口红；大白兔与美加净合作推出大白兔包装纸造型与奶糖气味的唇膏，与气味图书馆合作推出有大白兔奶糖气味的香水和洗护产品等。

有研究表明，消费者在拥挤时更加偏好跨感官联合产品。增加消费者的拥挤感知，可以提高对跨感官产品的评价。针对品牌联合采用快闪店模式时，选址人流密集造成拥挤感，更容易唤醒消费者的高需求。企业还可以在跨感官产品的宣传和包装上加入拥挤元素。[①]

知识赋能

理解提问：请结合案例谈谈产业链品牌合作的积极与消极作用。
复习提问：促销型品牌联合有哪些？有何积极与消极作用？
课堂讨论：举例讨论跨界品牌联合营销的积极与消极作用。

三、品牌联合的影响因素

（一）联合匹配性层面

成功的品牌联合最重要的影响因素是品牌间要存在逻辑联系上的契合，我们称之为联合匹配性。联合匹配性对联合效应的影响，主要可以分为产品匹配性和品牌匹配性两个方面。

产品匹配性是指合作品牌的产品类别匹配性。具有产品功能互补性的两个品牌联合，可使品牌联合迅速被市场接受。而产品互补性低的品牌进行联合时，消费者需要投入更高的认知努力来建立品牌联想。它主要适用于产业链品牌合作类型的品牌联合，产品互补、逻辑联系清晰是基本要求。

品牌匹配性是指合作品牌的品牌形象匹配性。其还可以分为目标消费人群的一致性、品牌定位的一致性、品牌独特联想的一致性、品牌识别要素的关联性等。

此外，对于看似不匹配的跨界品牌联合，可以通过激发消费者灵感来获得良好效果。消费者灵感激发，即某种刺激导致消费者产生一种惊奇、惊喜而又合理的良性感知。在跨界品牌联合中，具有较大差异的联合伙伴通过关联策略，形象地展示其内在抽象性逻辑关联，由此使消费者产生了合理性的感知，品牌定位从具体向抽象升级。[②]

（二）合作品牌层面

合作品牌层面对品牌联合效应的影响因素，包括合作品牌的品牌资产、消费者

---

① 郭国庆，赵怡君，张秀兰．社会拥挤对跨感官产品偏好的影响：基于品牌联合情景．管理科学，2022（5）：113－126.

② 简予繁，朱丽雅，周志民．品牌跨界联合态度的生成机制：基于消费者灵感理论视角．南开管理评论，2021（2）：25－38.

对各合作品牌的原有认知与评价（感知质量和品牌态度）。

合作品牌的品牌资产直接影响着品牌联合效应。两个高资产品牌进行联合时，消费者对品牌联合的评价更为积极。当高资产品牌与低资产品牌进行联合时，消费者对低资产合作品牌评价的改善，要高于对高资产合作品牌评价的改善。

合作品牌的感知质量，对品牌联合效应也具有显著影响。当质量的可观察性较低时，合作品牌的感知质量越高，品牌联合传递出的质量信号可信度越强，消费者对品牌联合的感知质量越高。当一个不知名品牌与高质量品牌联合后，消费者对不知名品牌的评价提升程度，远高于其与低质量品牌进行联合的情形。

（三）消费者层面

消费者层面对品牌联合效应的影响因素，包括消费者对品牌的熟悉度、卷入程度以及消费经验等。

品牌熟悉度低的合作品牌，其对品牌联合的贡献也低，但获得的品牌联合溢出效应却更高；反之亦然。与具有高知名度的国际品牌联合，更容易使品牌获得认同。

消费者卷入程度，是指消费者处理加工品牌相关信息时的努力程度。低卷入状态下，合作品牌所提供的信息，只需具有易接受性就足以影响品牌联合效应。而高卷入状态下，合作品牌所提供的信息还需要具有诊断性。低卷入程度条件下，品牌联合主要对态度的享乐维度有显著影响；高卷入程度下，则主要对实用维度的态度有显著影响。研究表明，拥有较高创新性的消费者，其享乐性体验受到跨界品牌联合的影响较强，而实用性体验受到传统品牌联合的影响则较弱。①

知识赋能

理解提问：请结合案例谈谈联合匹配性层面的影响因素。

复习提问：合作品牌层面有哪些影响因素？

课堂讨论：举例讨论消费者层面的影响因素。

案例实训 7-2

雪碧×江小白：“就要这样混”

江小白推出雪碧＋江小白联名限量礼盒，一瓶白酒柠檬风味汽水＋一瓶柠檬气泡酒。其在白酒柠檬风味汽水的包装设计上，融合了雪碧和高粱酒的元素。瓶身设计依旧保留经典的复古玻璃瓶，而外部包装也是经典的白绿配色。“白酒柠檬”这四个大字，更像是在致敬传统的高粱酒坛，又透露着浓浓的中国味。而在江小白柠檬气泡酒的设计上，除了与雪碧一同打造成CP感的黄绿条纹，同时也增添了柠檬风味口感，为消费者带来不一样的冰爽味觉体验。

雪碧×江小白的联名合作，并不是品牌突发奇想，而是众望所归。雪碧×江小

① 金怡君，钟辉，仲旦彦．品牌联合对消费者体验的影响：基于品牌契合度与品牌涉入度的作用研究．商业经济研究，2022（18）：77-80.

白是在抖音爆火的一种喝法：情人的眼泪。先往杯子里倒入江小白，再倒入适量雪碧，蒙上一张纸巾，往桌上一磕，趁着杯子里白色气泡还没消散，拿起酒杯一饮而尽。雪碧与江小白顺势延续这一波热度，推出官方CP组合，满足广大粉丝的需求，建立起互动桥梁。

雪碧×江小白还在官博发起了“就要这样混”的霸气话题，并推出系列海报，将这份柠檬和高粱酒之间的惊喜碰撞，彻底散发在年轻人的周围。这一组“就要这样混”的系列海报，走起了“不正经”的潮酷风格。其先以年轻人的口吻，使用“另类”“欧美风”“萝莉风”等热词引起年轻人的注意，再通过“不跟风”“不！可能！”的坚决态度，为年轻人代言，一举击中大批拥有独特个性的年轻人。

话题一经推出，就得到不少微博大V的转发，他们还亲自尝试这款网红产品，引发不少网友的好奇心。尤其是“白酒味雪碧”的话题，有2 000多万的阅读量、1.3万的讨论，为品牌赢得了不小的传播声量。

雪碧一直受年轻人青睐，而江小白更是定位于年轻人的酒类品牌。从目标消费群体的选择上来说，两大品牌都定位于年轻人，有着一定程度的相似性。而双方的合作，更是汽水×白酒品类的首次跨界。

两大品牌从粉丝中提取产品的灵感，并顺水推舟推出了联名款，与粉丝建立起互动的触点，用实际行动表现出品牌愿意与年轻人“混在一起”。雪碧和江小白的首次合作，除了大大提升了品牌形象的好感度，实际上也扩展了年轻消费群体白酒消费的场景，同时还为产品提供了更多的娱乐与社交价值。

资料来源：江小白×雪碧，终于官宣了！.（2023-01-08）. https://yx.jiayisiyu.com/blog/post/15554.html.

练习题

1. 江小白和雪碧的品牌联合，属于哪种类型？
2. 江小白和雪碧的品牌联合，对双方分别产生了什么影响？
3. 江小白和雪碧的品牌联合，有哪些匹配性？
4. 江小白和雪碧的品牌联合，哪方品牌资产高？哪方获益更大？
5. 消费者层面对江小白和雪碧的品牌联合有哪些影响？

第2节　品牌杠杆

一、品牌杠杆的内涵与理论依据

（一）品牌杠杆的内涵

品牌杠杆，是比喻像杠杆原理一样，品牌“四两拨千斤”，巧借外力来撬动自身品牌资产的提升。与品牌联合不同，品牌杠杆所借助的外力不是普通的企业品牌，而是比品牌自身有更大影响力与公信力的非企业的“大品牌”。如知名个人品牌、国家品牌、地域品牌、事件品牌、认证标准品牌、行业榜单评比品牌等。

品牌杠杆通过建立一个“支点”，即建立品牌与这些“大品牌”的联系，借助“大品牌”的影响力与公信力，来提升品牌资产。

品牌杠杆能发挥多大作用，首先取决于所借助的“大品牌”的分量，即“大品牌”的影响力与公信力。“大品牌”影响力越大，公信力越大，就像杠杆那端的砝码越重一样，作用就越大。但“大品牌”一旦人设崩塌，品牌也需要迅速做危机公关。

其次取决于“支点”在企业品牌与“大品牌”之间的距离远近，即品牌如何来利用品牌杠杆，这考量品牌的策划与宣传能力。最好能投入小、产出高地巧妙利用，“四两拨千斤”。或者投入一定的资源去策划建立联系和开展宣传，获得不错的宣传效果。最差的情况是投入了不菲的资源，但策划宣传不到位，效果不佳。

最后取决于“支点”是否牢固，即企业品牌与“大品牌”建立的联系是否牢固。如果这个“大品牌”与很多企业品牌合作，品牌杠杆效应很可能会被稀释。如果企业品牌与“大品牌”调性不是很契合，消费者联想不自然，联系就不牢固。如果企业品牌与“大品牌”的联系不是长期的，或是双方没有一起做宣传，联系也不牢固。

上述关系用杠杆作用来表示，如图7－1所示。

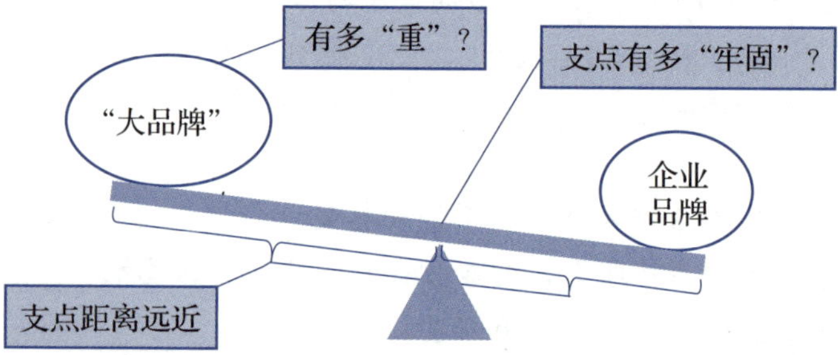

图7－1　品牌杠杆示意

（二）品牌杠杆的理论依据

关于品牌杠杆发挥作用的原理，有以下多种理论。

1. 信息源可信度理论

信息源可信度是指信息发出的源头在人们心目中所具有的专业性、客观性、可靠性。企业品牌所借助的“大品牌”具有更高的信息源可信度。二者之间建立联系的信息如能由“大品牌”亲自发出，将更加可信。

2. 情感迁移理论

情感迁移理论认为，消费者会将对外部实体的情感迁移到品牌上来。当外部实体与品牌之间联系紧密并且匹配度高时，消费者对外部实体的情感能顺利地迁移到品牌上。

3. 认知一致理论

认知一致理论认为，人的信念如果与其观点发生矛盾，就会倾向于自我调整，以恢复认知上的一致性。当品牌与外部实体相联系时，如果外部实体的形象和个性与品牌不一致，很可能会改变消费者对品牌形象和个性的认知，抬高或是拉低品牌资产。

> **知识赋能**
> 理解提问：请结合案例谈谈品牌杠杆与品牌联合的区别。
> 复习提问：品牌杠杆发挥作用有哪些理论依据?
> 课堂讨论：举例讨论品牌杠杆发挥作用的三个要点。

二、品牌杠杆分类与策略

按照借力的对象，品牌杠杆可以分为以下几种情形：名人代言、国家烙印、借名地域、认证获奖、活动赞助等。其中活动赞助已在第 5 章中介绍，这里介绍其他四种情形，并阐述相应的基本策略。

（一）名人代言

名人代言，是较为常见的品牌杠杆情形。此处要注意区分品牌识别中的品牌形象代表和企业内部代言人。知名个人代言，请的是企业外部的名人代言，是真人；品牌形象代表一般而言不是真人，是设计出来的虚拟形象。知名个人代言一般是阶段性的；品牌形象代表是长期不变的。品牌的企业家或高管或核心员工为品牌发声时，就是企业内部代言人。

品牌所请的知名个人，可以是影视娱乐明星、体育明星、文化名人、网红达人等。最多的是影视娱乐明星，因为这些明星有作品、有粉丝，舆论关注度高，流量大。但影视娱乐明星热点转换很快，容易过气；请明星代言也非常贵，找明星代言的品牌也多；明星也容易人设崩塌，带来负面影响，尤其是其不道德行为。有研究表明，虽然品牌代言人悖德丑闻与违法丑闻都会降低消费者的品牌信任，但前者较之于后者的影响更严重。① 消费者对名人有更高的道德要求，为此国家出台了相关文件，进一步规范明星广告代言活动，加大了使用明星代言的风险防控和惩戒力度。

中国的体育明星有国家形象加持，特别是形象气质佳的体育明星，成为热门的品牌代言聘请对象。但体育明星也偶有负面消息；体育明星的运动生涯较为短暂，难以维持较长时间的人气；有的体育明星为吸引人气，也频繁上综艺节目，难免会影响训练，而好成绩是体育明星的根本。

因此，请明星代言风险大、成本高。可以采取以下几种化解策略：

---

① 刘建新，李东进．品牌代言人丑闻对消费者品牌信任的影响：一个有调节的双中介模型．财经论丛，2021（10）：79－90.

第一种策略是适时更换品牌代言人，防止消费者“审美疲劳”和代言人“老化”。一个特例是娃哈哈纯净水请某明星代言了20年。而大多数品牌会经常更换代言人。

第二种策略是采用多明星代言。一家企业旗下不同品牌或品牌旗下不同产品，请不同明星代言；同一个品牌和产品系列，请多位明星代言。例如OPPO品牌请过许多明星为其代言。此举扩大了品牌和产品的传播覆盖范围，也分散了明星代言风险。

上述两种策略还是成本高昂，第三种策略则是采用企业内部代言人。特别是打造企业家个人IP，为品牌发声代言。例如较早的聚美优品的陈欧，后来格力的董明珠、小米的雷军。

第四种策略则是采用虚拟偶像、虚拟数字人来为品牌代言。尤其是品牌自有独有和原创的虚拟数字人IP，由于能够更好地与品牌契合，运营成本更低，人设不会崩塌，逐渐开始普及。有研究表明，对于活力型品牌，选用虚拟明星代言人会使消费者产生更高的购买意愿；对于保守型品牌，选用真实明星代言人会使消费者产生更高的购买意愿。① 还有研究表明，消费者拟人化感知以及代言人与消费者的类社会互动，可以增强虚拟名人的说服力。②

总体而言，无论请哪种名人代言，最为关键的还是名人与品牌要匹配。名人与品牌应具有某种共同点，共同点最好与品牌识别、品牌定位、品牌个性、品牌联想等有关。品牌所请的多位名人，最好与品牌的共同点能一致，才好产生共鸣，提升品牌资产。

案例实训7-3 代言先试用

知识赋能

理解提问：请结合案例谈谈品牌为什么要请名人代言。

复习提问：请明星代言风险大、成本高，有哪几种化解策略?

课堂讨论：请名人代言，名气重要还是品牌与名人匹配重要?

（二）国家烙印

国家烙印，也可称为“原产国效应”，是指企业品牌原产国的国家品牌形象，赋予了品牌一个刻板印象。国家品牌形象，是人们对一个国家所持有的信念的总和，包括物质的和精神的、具体的和抽象的。消费者会将品牌与其原产国的国家品牌形象绑定，先入为主，产生一个简化的刻板印象。

国家品牌也会形成品牌资产。有学者提出可分宏观、中观和微观三个层面，即

---

① 李可诣，靳菲．代言人类型与品牌形象对消费者态度的交互影响．贵州财经大学学报，2022（5）：83-91.

② 冯源，姜凌．虚拟的说服力：消费者拟人化感知对虚拟名人广告的影响机制．应用心理学，2020（4）：315-326，357.

独立的国家品牌资产、与产品/品牌关联的国家品牌资产，以及融于品牌资产中的国家品牌资产。[①] 国家品牌形象是一种长期形成的固有思维模式，是人们对外部事物的简单化处理，其改变往往落后于事实本身。某些国家还与特定的产品品类或气质联系在一起，如法国的香水与浪漫、韩国的化妆品与爱美、日本的家电与匠心、德国的汽车与高品质等。

国家烙印，从本国视角出发，可以分为“国货品牌”和“外国品牌”。曾经我国经济较为落后的时候，社会上总体看轻国货品牌而高看外国品牌。如今，随着我国经济实力大幅提升、民族自信心增强和爱国精神的弘扬，出现了“国潮”风，很多品牌从识别要素到产品都有中国元素。消费者用国货、爱国货，不仅一批老字号国货品牌复兴，也诞生了一批新国货品牌。部分国货品牌在主动或被动的宣传下，被贴上了“国货”“国潮”的国家品牌烙印，这也是一种经营策略。

也有品牌利用国人对外国国家品牌形象的刻板印象，采用外国式品牌命名。再加上产品包装与宣传，刻意营造品牌源自某国的国家品牌烙印，引导消费者认知。例如韩束、韩后等多个化妆品品牌，品牌名字与请韩国明星代言，容易让人误以为是韩国品牌。再如元气森林和名创优品，名字中都引入了日文元素，也会被误认为日本品牌。有学者指出，类似策略还有发展中国家品牌在国际市场上的外国式品牌命名、非西方的外国式品牌命名、无明确国家指向性的外国式品牌命名和全球品牌视角下的外国式品牌命名等。[②]

此外，不仅企业品牌能借力原产国的国家品牌形象，获得品牌杠杆作用，而且国家也可反其道而行之，通过企业品牌而塑造国家品牌形象。有学者进行的研究表明，从品牌联想到国家的维度显著影响品牌温暖，并通过品牌温暖的完全中介作用对购买意愿产生促进效应。[③]

还有学者研究发现，消费者自身的思维模式和竞争产品的国家烙印，也会对原产国效应产生影响。局部加工思维模式，有助于削弱新兴国家产品的负面原产国效应。而当对照产品的国家典型性高时，整体加工而非局部加工思维模式，更有助于削弱新兴国家的负面原产国效应。[④]

知识赋能

理解提问：请结合案例谈谈什么是国家品牌形象。

复习提问：什么是“原产国效应”？

课堂讨论：举例讨论中国与外国的国家品牌形象及对品牌的影响。

---

① 何佳讯，吴漪．国家品牌资产：构念架构及相关研究述评．外国经济与管理，2020（5）：3－16.

② 尚晓燕，郭晓凌．外来的和尚更会念经吗?：外国式品牌命名研究述评与展望．外国经济与管理，2017（11）：14－30.

③ 何佳讯，薛泽薇，方宝英，等．品牌与国家联结、品牌刻板印象与消费者购买意愿的研究．商业经济与管理，2022（10）：62－76.

④ 杨晨，王海忠，王静一．树木还是森林：消费者思维模式对新兴国家负面原产国效应的影响机制研究．南开管理评论，2016（2）：157－169.

（三）借名地域

品牌借名地域，可以具体分为以下几种情形：

第一种情形是指品牌名称中借用了知名的地域品牌名，或是地域的标志性景观、建筑、人物等，利用人们对地域品牌和其他要素的熟悉与固有认知，达到良好的宣传效果。例如青岛啤酒、云南白药、广西金嗓子、广州酒家、白云山药业、珠江钢琴、长白雪、鼎湖山泉、蒙牛等。又如鲜果茶饮品牌沪上阿姨，其品牌名与上海建立起联系。再如第九味老上海馄饨，也与上海建立了联系，虽然实际起家于广东珠海。

第二种情形是地域与特色产业联合形成了公用品牌、地理标志品牌，也可称区域产业品牌。企业品牌可以搭便车，借用其影响力。例如淄博烧烤、景德镇陶瓷、顺德家电、佛山陶瓷、柳州螺蛳粉、云南咖啡、英德红茶、赣南脐橙等。此种情形虽多为自然形成，但可以由地方政府或行业协会等出面注册此类集体商标，然后采取严格准入标准，授权区域内相关企业合法使用该类地域品牌商标，并组织成员企业共同开展营销推广活动。

第三种情形是指品牌的“原产地效应”。与“原产国效应”类似，品牌受到原产地品牌形象的影响。此种情形，品牌原产地是由其所属企业注册地决定的，企业名称中就含有原产地名称。例如六神、美加净等品牌是上海家化的，大白兔是上海冠生园的，这些品牌潜移默化受到大家对上海城市品牌良好印象的影响。一般而言，原产地形象较好、知名度较高，对品牌会有帮助，企业才进行关联宣传。

第四种情形是指品牌主要在某个地域经营，与该地域建立了紧密联系，成为当地的一个特色、一张名片。如长沙的茶颜悦色、北京的稻香村、广州的珠江啤酒、哈尔滨的马迭尔冷饮、苏州的采芝斋等。如果能将品牌与某种地域文化画上等号，让品牌成为所在地域的文化与品质的名片，这些品牌的影响力也可以跨越地域，满足其他地域人们的文化与物质需求。

上述四种情形，都是品牌借助地域品牌的力量。当企业品牌还比较弱小，或是地域品牌比企业品牌更为知名和强势时，企业品牌可以向地域品牌借势。但也要注意，寻找和突出企业品牌与地域品牌之间的共同点，而不是生搬硬套。此外，借势同一个地域品牌的企业品牌们，也可以借机进行品牌联合，放大共同点，形成营销推广合力。

反过来，地域品牌也可以借助企业品牌来进行塑造与推广。这同样要遵循品牌联合的原则，寻找较为抽象的共同点，来升级品牌定位，创造更光辉的品牌形象。

知识赋能

理解提问：请结合案例谈谈品牌为什么要借名地域。

复习提问：品牌借名地域有哪几种情形？

课堂讨论：举例讨论品牌借名地域的情形。

（四）认证获奖

认证与获奖，具有相似性，都是在第三方权威机构处获得一定的资质或是荣誉，它可以佐证品牌的能力，提升品牌的信誉与形象。

所谓认证，是指由认证机构证明企业的产品、管理体系、服务符合相关技术规范标准要求的评定活动。认证，可以分为产品认证、管理体系认证和服务认证。这三类认证是并列平行的，性质不同，认证结果也不同。

其中，产品认证又可分为强制性产品认证（或称安全认证）和自愿性产品认证（或称合格认证）。我国施行强制性产品认证制度（CCC），这是一种最基础的安全认证。凡列入强制性产品认证目录内的产品（2023 年修订版为 16 大类 96 种产品），必须经国家指定认证机构认证合格，取得相关证书并加施认证标志后方能销售。国际常见的安全认证还包括欧盟的 CE 认证和美国的 FCC 认证等。而对未列入强制性产品认证范围内的其他产品，可以实施自愿性产品认证，有 CQC 认证、环境标志产品认证、资源节约产品认证、绿色产品认证、低碳产品认证等。

管理体系认证包括 ISO 9001 质量管理体系认证、ISO 14001 环境管理体系认证、ISO 45001 职业健康安全管理体系认证、ISO 50001 能源管理体系认证、ISO 27001 信息安全管理体系认证、ISO 22000 食品安全管理体系认证、ISO 10012 测量管理体系认证等。

服务认证是针对服务的认证。商品售后服务评价体系认证，是服务认证涉及面最多、最广的服务认证。服务认证基于顾客感知，对提升服务质量具有积极促进作用。

企业品牌可以通过获得上述三种认证，提高产品和服务质量水平以及企业管理水平，并用于品牌宣传、产品包装等。在第三方权威认证机构公信力加持下，提升消费者对品牌的信任，塑造品牌良好形象。

获奖的范围更为广泛，包括各种权威机构所组织的榜单、评比获奖等。一是独立第三方咨询机构评定的榜单，例如国际知名的全球品牌资产平台 BrandZ 推出的全球品牌价值排行榜和中国品牌价值排行榜。二是权威媒体或平台组织的品牌计划或榜单，例如中央电视台组织的“国家品牌计划”、抖音推出的各行业品牌榜单。三是政府组织的企业评定，例如工信部和各级政府组织的“专精特新”认定计划、各级政府组织的“独角兽”和“瞪羚”认定计划以及高新技术企业认定等。四是行业协会组织的评定，例如广东省企业品牌建设促进会组织的“广东知名品牌”评比计划。五是各种品牌活动组织的评比，例如中国国际广告节组织的“长城奖”优秀品牌广告作品评比。

品牌可以积极参加各类获奖申报，力争获取各种荣誉。这些荣誉既是对品牌过去成就的肯定，也是品牌再出发可资宣传的资源。品牌可以善加利用获奖荣誉，扩大品牌影响力，塑造品牌良好形象；但也要注意实事求是，审慎考察获奖的含金量，同时提高自身实力，不能本末倒置。

知识赋能

理解提问：请结合案例谈谈认证与获奖对品牌有何好处。
复习提问：认证可以分为哪三类？获奖又可以分为哪些形式？
课堂讨论：品牌认证与获奖是否多多益善？该如何宣传利用好认证与获奖？

品牌视野

“品促会”推动广东品牌建设

2022 年 7 月 29 日，国家发展改革委、工业和信息化部、农业农村部、商务部、国务院国资委、市场监管总局和国家知识产权局等七部门联合发布《国家发展改革委等部门关于新时代推进品牌建设的指导意见》，到提出 2025 年，“培育一批品牌管理科学规范、竞争力不断提升的一流品牌企业”。

品牌强国，广东先行。为响应国家品牌强国战略，广东省致力于打造世界级品牌。广东省企业品牌建设促进会（以下简称“品促会”）成立于 2013 年，是在广东省民政厅注册、由省政府相关职能部门主管的广东品牌建设公共服务平台。

品促会启动了“广东知名品牌培育工程”，包括知名品牌影响力评价与认定、知名品牌价值升维辅导以及“粤品说”广东知名品牌全媒体势能拉升服务，旨在推动广东打造、培育一批国际领先、消费者信赖、文化鲜明的国家级乃至世界级品牌。2019 年初，品促会联合多家权威机构、行业龙头企业联合制定了《广东知名品牌评价通则》团体标准，并于同年 8 月 6 日在全国团体标准信息平台立项且获通过。

品促会评定的“广东知名品牌”，一经向社会公布，就成为广东经济的名片。广东品牌争创国际领先、消费者信赖、文化鲜明的综合性品牌评价活动，成为广东品牌经济发展的风向标。品促会严格管理和约束企业品牌规范使用“广东知名品牌”标志，组织品牌联合开展集体营销宣传活动。

品促会同时还启动了“品牌英才计划”，以“文化兴企，品牌报国”为宗旨，实行“咨询顾问＋人才培养＋平台培育”模式，为广东企业界培养领先的实用型品牌管理人才，帮助企业建立完整、系统、先进、科学的国家标准化的品牌培育体系，为广东经济高质量发展提供品牌人才支撑。

品促会后来又推出了“新品牌光计划”，从创新品牌价值体系与创新要素出发，提取产品创新、服务创新、传播创新、渠道创新、文化创新五大品牌创新基因，通过“调研—评价—培育—传播”实践路径进行品牌体系化打造，推动企业业绩增长，全方位培育新一代国际领军品牌。

品促会还组织了各类活动和榜单，如中国品牌日系列活动（广东品牌发展大会、广东品牌宣传活动、消费者信赖的广东品牌 500 强榜单等）、中国品牌人年会、品牌强国先行论坛、广东品牌全球竞争力峰会和广东品牌（各地）论坛等，以及比赛如品牌强国先行工程创新创业创造大赛（简称“三创大赛”）。

请思考

1. “广东知名品牌”申报属于认证还是获奖？
2. 品牌该如何用好“广东知名品牌”称号？
3. 品促会为企业品牌提供的服务还有哪些？
4. 品促会提供的机会包含哪些品牌杠杆和品牌联合类型？

素养园地　中国李宁掀起国潮风

2018 年，“中国李宁”以“悟道”为主题登陆纽约时装周意外走红，点燃了国内和国际市场。“中国李宁”是李宁新推出的子品牌，加上“中国”二字，并以中文做品牌标识放在最显眼的位置，采用黄红配色。一时间，曾经那个中国人的骄傲，代表全球华人的李宁又回来了。强大的文化自信和个性十足的品牌主张，立刻征服了很多年轻人。

“中国李宁”成为“国潮”的代名词，掀起了一股国潮风。故宫、敦煌焕新登场；央视一系列节目彻底带火这波风潮，如《我在故宫修文物》《中国诗词大会》《国家宝藏》《上新了故宫》；同时，《长安十二时辰》《如懿传》《庆余年》等网文 IP 影视剧迎风而起；《哪吒》《流浪地球》《姜子牙》等宣扬中国文化精神的电影也红极一时。

回顾过去，李宁是为中国赢得过 106 块金牌的体操王子，后来创立以自己名字命名的运动用品品牌。1992 年，在巴塞罗那奥运会上，李宁品牌赞助中国体育代表团的专用领奖服亮相，结束了中国运动员在奥运会上穿外国品牌运动服的历史。从那时起，红黄相间的配色成为李宁为国家队提供赞助服的主色调。如今，看着这几届奥运会成长起来的年轻人，将红黄配色与国家的荣誉和历史联系在了一起。

因此，在很多人的潜意识中，李宁曾经是中国的符号。红黄相间的体育运动服就等于中国，等于爱国的形象，也等于李宁。李宁在纽约时装周推出的带有明显中国文化特色的复古运动衫，勾起了消费者对李宁最辉煌时刻的记忆，让人不由自主地产生了民族自豪感。

曾有一段时间，在中国消费者中，好莱坞、韩潮和日风成为消费热点。但随着中国的崛起，越来越多的年轻人逐渐了解西方审美和文化之后，转过头发现其实中国的传统文化更有魅力。

伴随着中国体育和经济的发展而崛起的李宁，对于当前进入市场的年轻消费者来说，是幼年接受的关于中国发展的品牌符号。在广泛的文化认同和强烈的文化自信影响下，带着复兴传统文化的使命，类似李宁这样的新国货和国潮品牌，在中国年轻人当中必定会产生巨大的影响力。

思考题

1. “中国李宁”品牌杠杆借力的对象是谁？

2. 李宁能否代表中国？为什么？
3. 举例说明其他新国货品牌是如何代表中国的。
4. 国潮品牌能否结合地方特色？

本章小结

1. 品牌联合是企业品牌之间的合作；品牌联合的目的包括促进品牌识别、优化品牌形象、提升品牌资产和强化品牌定位。品牌联合有多种分类标准，典型的如联合促销、商业联盟、产业链品牌合作、跨界品牌联合营销。对于品牌的发展，它们各有不同的作用。品牌联合的影响因素包括联合匹配性层面、合作品牌层面和消费者层面。

2. 品牌杠杆是指企业品牌借用其他非企业的“大品牌”的影响力来提升自己的品牌资产。品牌杠杆的作用取决于三点：“大品牌”的分量、品牌如何来利用品牌杠杆、与“大品牌”建立的联系是否牢固。品牌杠杆依据的理论包括信息源可信度理论、情感迁移理论和认知一致理论。品牌杠杆按照借力的对象，可以分为名人代言、国家烙印、借名地域、认证获奖和活动赞助。

拓展思考

1. 为什么说产业链品牌合作是功能性联合而跨界品牌联合营销是精神性联合？
2. 品牌联合的影响因素按重要程度应如何排序？
3. 名人代言该如何选择才能平衡好效果、成本与风险的关系？
4. 是否任何国产品牌都能用国家品牌形象？用与不用如何抉择？
5. 借名地域的四种情形中，企业该如何选择？
6. 认证与获奖有何区别？企业该如何选择？

实训练习

一、选一个品牌（其有开展品牌联合的情况），进行以下分析：

1. 搜集该品牌的品牌联合事例。这些事例分别属于哪类品牌联合？
2. 分析该品牌的各种品牌联合事例，评估分别对该品牌产生了哪些作用。
3. 该品牌在进行品牌联合过程中还存在哪些问题？
4. 请为该品牌现有品牌联合事例提出改进建议，为后续品牌联合方向拟订策划方案。

二、选一个品牌（其有开展品牌杠杆的情况），进行以下分析：

1. 搜集该品牌的品牌杠杆事例。这些事例分别属于哪类品牌杠杆？
2. 从品牌杠杆的三个要点出发，评估该品牌各种品牌杠杆的积极作用的大小。
3. 该品牌的品牌杠杆中是否还存在消极作用？还有其他哪些问题？

4. 请为该品牌现有的品牌杠杆做法提出改进建议，为后续品牌杠杆方向拟订策划方案。

创新创业

1. 假设你们要创业开一家新奶茶店，如何设计新品牌的品牌联合方案？请调查市场上现有若干奶茶店品牌的品牌联合活动，联系本章知识分析这些活动的得与失。这对你们设计新品牌的品牌联合对象和方式有何启发？

2. 如何为上述新创品牌设计品牌杠杆方案？请调查市场上现有若干奶茶店品牌的品牌杠杆活动，联系本章知识分析这些活动的得与失。这对你们设计新品牌的品牌杠杆借力对象和方式有何启发？

3. 在上述基础上，请为新创品牌策划一份品牌联合与品牌杠杆的方案。

综合案例

喜茶的联名营销策略

联名营销，是指品牌通过与其他品牌的合作，单方或共同推出具有合作双方品牌特色的融合型产品。这一产品形态通过联名的形式，实现营销的跨界以及品牌之间的优势互补。品牌试图通过制造陌生感和新奇感等，来形成新的营销卖点，同时从中积累品牌资产。

选取喜茶自 2019 年 1 月 1 日起至 2020 年 10 月 30 日开展的联名营销活动作为研究样本，期间喜茶共开展联名营销活动 46 次。总结喜茶的联名营销呈现以下策略：

1. 多元与反向，收获多方流量

喜茶的联名营销对象涉及多个品类，除了食品、服饰和家居等常见联名和相关联名品类，还包括书画、游戏、应用等多种不常见的联名品类，从中可看出喜茶联名的多元取向。除了正向发起的联名营销，喜茶也正在反向被联名，如盒马、多芬、好利来等。喜茶正在更多消费场景中获取用户客群，并且将自己的热门饮品 IP 化。

2. 地域与限定，链接区域文化

当品牌进入新的市场，如何才能最快得到本土市场的青睐和认可？在产品中融入当地文化特色不失为一种好方法。喜茶在进入区域市场时，也结合当地特色文化开展联名营销活动。喜茶进入宁波时，与宁波老字号汤圆品牌“缸鸭狗”开展联名营销，推出“汤圆包包”等极具宁波饮食文化特色的产品。再如喜茶进入长沙市场时，选择与长沙特色臭豆腐品牌“文和友”联名，推出形似臭豆腐的“臭豆腐蛋糕”，激发长沙消费者甚至是全国消费者的好奇心。

3. 高频与深化，赋予品牌能量

喜茶高频次联名背后是想提升品牌知名度的愿望。从 2019 年开始，喜茶自身的热度退去，需要通过制造新鲜感让消费者重复购买，联名营销就是喜茶的妙招。2019 年，喜茶以平均每个月约联名 2 次的速度开展联名营销，共联名 27 次。高频度的联名让喜茶在多个领域获得曝光，也引起了消费者的好奇心。喜茶还逐渐将联名深化，研发创新融合产品。如喜茶与养乐多联名时不仅在饮品本身上创新，还通过推出专属的加大号养乐多杯来深化合作，让这次联名营销几次登上微博热搜榜。

4. 打造IP，凝练品牌理念

品牌IP化即让品牌具有人格化的特征，不少学者认为IP化是品牌的进阶。喜茶正在通过联名营销打造“喜茶”产品IP矩阵与“阿喜”品牌形象代表IP。联名营销往往将双方品牌的商标作为新产品的标识，品牌商标之间的结合与碰撞让品牌内涵加入更多的元素，品牌逐渐IP化。喜茶被盒马、好利来等品牌反向联名时，说明了喜茶“潮酷”的IP个性已经被市场认可，并已经被投入使用。

资料来源：张炙尺．喜茶联名营销策略研究．商业经济，2021（6）：73-75，77.

思考题

1. 喜茶联名营销属于品牌联合中的哪种类型？
2. 喜茶链接地域文化时除了品牌联合还实现了哪种品牌杠杆？
3. 喜茶采用联名营销有何作用？
4. 喜茶联名营销产生融合创新产品是否是必要的？

第8章

品牌公关

政策瞭望

支持民营企业更好履行社会责任。教育引导民营企业自觉担负促进共同富裕的社会责任，在企业内部积极构建和谐劳动关系，推动构建全体员工利益共同体，让企业发展成果更公平惠及全体员工。鼓励引导民营经济人士做发展的实干家和新时代的奉献者，在更高层次上实现个人价值，向全社会展现遵纪守法、遵守社会公德的良好形象，做到富而有责、富而有义、富而有爱。探索建立民营企业社会责任评价体系和激励机制，引导民营企业踊跃投身光彩事业和公益慈善事业，参与应急救灾，支持国防建设。

——《中共中央 国务院关于促进民营经济发展壮大的意见》

知识思维导图

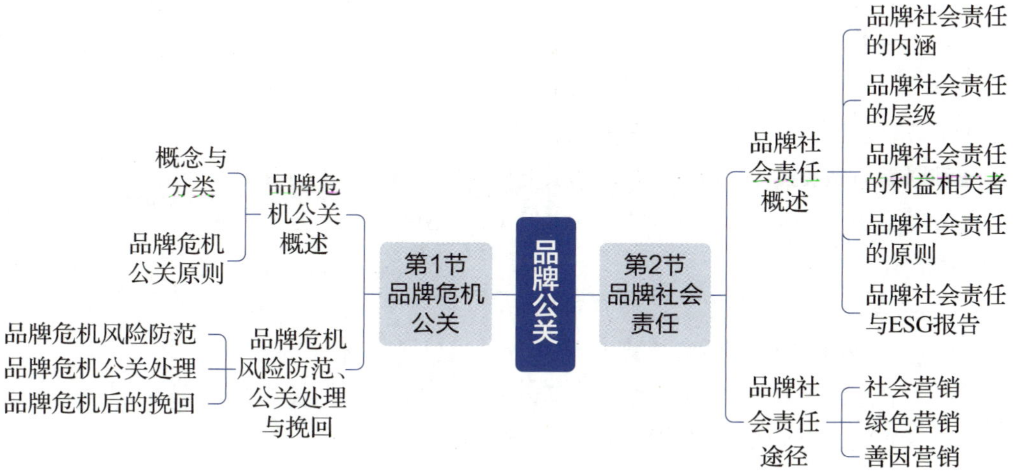

导入案例

小小冰淇淋让宝马“翻车”

在2023年第二十届上海国际汽车工业展览会上，宝马MINI展台发放免费冰淇淋内外有别被拍视频并传到网上，引发了广泛关注和热议，舆情鼎沸。宝马MINI官方连发两条致歉声明，不仅没有平息舆论，反而将其送上了热搜。

分析该事件，公众一开始愤怒的根源首先在于“尊重”。视频中，工作人员对中国人爱搭不理，对外国人谄媚微笑，明显内外有别。小小冰淇淋，价格不贵，但是侮辱性很大。一边赚中国人的钱，一边区别对待，歧视国人，就是最大的不尊重。

宝马两次致歉仍不能得到公众的理解和宽容，根源其实在于缺少“真诚”。宝马第一篇100余字的道歉博文，毫无诚意。一句“我们内部管理不细致和工作人员失职引起了大家的不愉快”，更像是“甩锅”给员工。

第一次道歉是敷衍，第二次道歉则是傲慢。“视频中‘老外’是员工，冰淇淋预留给同事”的说法，即便是实情，也无非是从“外国人专供”到“员工专供”的区别，将中国消费者置于何地？说好的“BMW家在中国”呢？常说的“顾客是上帝”呢？中国消费者没找到“家人”“上帝”的感觉，反而被一盒冰淇淋区别对待，硬生生被分出个贵贱。再者，“事件当中的两位礼仪小姐姐也是刚刚踏入社会的年轻人，可不可以请大家给她们多点宽容和空间？”是想表达什么呢？网友的眼睛是雪亮的。网曝当事女工作人员诚然不对，但“道德绑架式”的公关套路尤其显得道歉缺乏真诚。

回过头来看，冰淇淋事件，本身是一个很小的事件。只要宝马真诚道歉，并且保证后续冰淇淋发放人人有份，事情很快就会平息。然而，宝马想用一个轻飘飘的“小作文”打发大众的质疑，显然低估了大家的智商。这种涉及“内外有别”的事件，如果处理不好，对一个品牌来说就是灾难。

资料来源：透视宝马“宝马MINI冰淇淋事件”背后：请重拾尊重与真诚.(2023-04-21). https://news.sina.com.cn/o/2023-04-21/doc-imyrctkp4708733.shtml.

请思考

1. 宝马这次危机事件是品牌危机吗？
2. 宝马这次危机事件的原因只是发放冰淇淋处理不当吗？
3. MINI的危机，为何会影响宝马和Luneurs冰淇淋品牌？
4. 宝马与MINI应如何正确应对此次危机？

随着不断发展，当品牌有了一定的知名度和影响力时，品牌的言行就已受到社会关注。在“聚光灯”下，如何处理社会公共关系变得相当重要。处理得当有利于塑造良好的品牌形象并提升品牌影响力，处理不当则会带来品牌负资产，严重者危及品牌信誉。

如何防范和处理品牌危机事件？尤其是当品牌危机事件来临时，在社会媒体舆论关注的压力下，企业如何稳妥应对、化险为夷，甚至转危为机？

当一些重大和突发性社会危机事件发生时，企业需要主动承担社会责任，考虑社会广泛利益，妥善面对和利用好社会媒体舆论，展示和塑造企业品牌良好形象，提升品牌资产。上述合称为品牌公关。

第 1 节　品牌危机公关

一、品牌危机公关概述

（一）概念与分类

1. 概念与辨析

品牌危机是指各种原因导致的危机事件，被消费者或媒体质疑曝光，并被社会公众媒体舆论关注放大，从而对品牌形象、品牌资产造成重大负面影响的过程。品牌危机公关，就是品牌对品牌危机做出应对，通过媒体公关宣传做出解释和采取相应整改措施，以挽回消费者信任，化解对品牌负面影响的过程。

危机事件，是引发品牌危机的导火索，可以分为企业品牌外部原因导致的危机事件和内部原因导致的危机事件。例如品牌代言人的人设崩塌，就是外部原因导致的危机事件。再如导入案例中的宝马 MINI 的车展工作人员的“内外有别”，就是企业品牌内部原因导致的危机事件。

危机事件本身不一定酿成危机，如果及时妥善应对，事件就不至于升级酿成危机。危机事件还反映出企业品牌可能存在着问题与改进的空间，需加强平时的决策与问题管理，以防范与化解。事件能酿成危机，还和企业品牌对事件的公关处理不当有关，品牌需加强危机公关应对机制建设，以更及时稳妥应对。危机事件并不都是坏事。暴露出的问题，有则改之。诚恳的认错态度与积极的整改措施，会转危为机，挽回品牌形象。被牵连误伤或是被误会了，及时做出解释，也能赢得消费者的同情与谅解，化险为夷。

品牌危机与产品危机存在着区别与联系。二者的区别是，品牌危机是从结果出发，是一切会令品牌形象和品牌资产受损的危机事件；产品危机是从原因出发，是企业产品出了问题导致的危机。二者的联系是，产品危机很大可能会造成品牌危机，同时导致品牌危机的还可能有其他原因；品牌危机也会间接导致消费者对品牌旗下产品的品质或其他方面产生不信任或其他不良联想，而让产品销售蒙上阴影。

2. 品牌危机分类

品牌危机较为复杂，可以用不同的标准对其进行分类，同一个品牌危机可以按不同标准从多个维度来进行分类剖析。

第一，按品牌危机的性质，可以分为功能型和道德型两种。功能型品牌危机是由品牌在功能上的质量缺陷或失误导致的，道德型品牌危机是由品牌在伦理道德上的表现失分导致的。

第二，按导致品牌危机的原因，可以分为产品、品牌和人物三种。产品原因，即由品牌旗下产品的问题导致，如产品质量、产品设计、产品包装、生产环境、服务环境等。品牌原因，即由品牌传播、品牌延伸、品牌联合等事件中的问题导致。人物原因，即由与品牌有关的人员的举动导致。

第三，按导致品牌危机的原因，还可以分为内部和外部两种。内部原因，即危机源头来自品牌内部；外部原因，即危机源头来自企业外部。内部原因虽然有偶然性，但是基本上都是可以预防控制或是整改的。外部原因则还可以分为可控制的和不可控制的。如品牌代言人的“翻车”，基本上是不可控制的；消费者投诉，是可以控制的；自媒体和外部舆论媒体的曝光，则较难控制。

第四，按品牌危机发生的时间和紧急程度，可以分为急性和慢性两种。很多品牌危机表现为，突发性媒体曝光事件引起大量的舆情关注，造成重大负面影响，甚至让品牌猝死。也有一些品牌危机过程缓慢，是问题长期累积发酵产生的，多为品牌决策失误造成的，久而久之让品牌在无人关注下就悄悄退场了。

知识赋能

理解提问：请结合案例谈谈对品牌危机如何进行多维度分类。
复习提问：品牌危机与产品危机有何区别与联系？
课堂讨论：举例讨论哪些原因会导致品牌危机。

（二）品牌危机公关原则

1. 迅速反应

品牌危机公关第一要务是迅速反应。但要注意，这里强调的是反应，是表明积极与重视的态度，先不要第一时间回应。反应跟回应不一样，反应是情感，而回应是信息。所谓迅速反应，就是事情发生之后，先表明一个态度，情感先行。例如马上表态，说企业很重视，一定仔细考量，一定给消费者一个满意的答复，但具体怎么做，先按下不表。因为在还没有调查清楚品牌危机的原委真相之前，无法做出正确判断。在舆情的风口浪尖上，企业进行回应，发布具体的信息，很容易说错话，激发或推高负面舆情。

品牌危机是负面传播事件，在自媒体时代负面新闻很容易快速传播。因此，企业应该抢在时间的前头，做出快速反应。与当事人、相关自媒体、新闻媒体和公众等进行沟通，先表明态度，迅速控制事态，避免事态升级蔓延。

2. 真诚沟通

品牌危机公关第二要务是真诚沟通，与迅速反应相配合。品牌危机很大程度上是信任危机，是沟通问题。而信任的基础是真诚不撒谎，公众有时会原谅企业的错误，但决不会原谅企业说谎。因此，企业要表现出真诚的态度，不要试图去掩盖事实、否认真相。真诚是危机处理中最关键也是最有效的解决办法。

企业坦诚地公布危机事件的真实情况，不仅可以澄清事实和消除误解，还可以让公众看到企业处理危机和解决问题的诚意。遇到暂时没调查清楚的问题，企业应承诺尽快调查并及时公开信息。对于自身过失造成的责任，企业要真诚道歉，并及时采取相关补救措施，以高姿态赢得当事人及公众的谅解。对于责任不在己方的事件，企业也应对相关利益受害者表示慰问和关切，并加强与各方沟通，说明原委，获得公众理解和认同。

3. 承担责任

品牌危机公关中，品牌是否承担应有的责任，一直是舆论和公众关注的焦点。品牌如果在危机公关中推卸责任，找借口寻理由，甚至反过来责怪当事人，或是将责任推到当事的员工身上，让他们充当“替罪羊”，而不承认企业品牌自身的错误，都会被视为不负责任的表现，将激化矛盾，引发负面舆情升级。

在危机爆发后，企业应将公众和消费者的利益放在第一位，这是赢得公众认可的关键。很多时候，公众希望看到的也正是企业认错与积极改正的态度与行为。愿意承担责任的态度至关重要。无论谁是谁非，公众都会认为企业应该承担责任。即使当事人在事件中也负有一定责任，企业也不应该先追究当事人的责任。公众在意的是企业是否关注自己的感受，企业应该向当事人表示同情和安慰，并通过新闻媒体向公众致歉，重新赢得信任。

4. 统一口径

发生品牌危机时更需要品牌统一口径，对外发出一致的声音，内部则要齐心协力，不自乱阵脚。品牌应指派专门的新闻发言人或是新闻中心，负责处理与媒体间的关系，以统一口径发布信息，回答有关新闻媒体以及公众的访问；还可以通过企业建立的多种自媒体信息传播渠道，直接发布关于品牌危机处理的权威信息，让公众及时了解处理危机的进展情况以及所调查到的原因，同时也方便与公众直接对话和即时反馈，提高信息透明度，有效满足公众和媒体了解事件内情的渴望。

企业内部所有成员，从高管到员工，都要统一口径。如果企业内部当事人要发出声音，也要与企业权威自媒体渠道发布的信息相一致。其他成员最好不在自媒体上就此话题发出声音。否则，外界就会觉得企业内部沟通不好，没有一种负责任的态度，这样只会让事情越搞越糟，危机越来越严重。

5. 寻求外援

在品牌危机发生后，企业还可以寻求外援，请有影响力的第三方说话，使公众和消费者解除对企业的戒备心理，重新给予信任。首先，如果能和当事人和解最好，由当事人来发声，说明只是一场误会或是当事人自身的原因，则可以最大限度消除对品牌的负面影响。其次，获得其他消费者的支持，由其中的意见领袖代表来发声，表达对品牌的理解与信任，也较有力。再次，品牌要充分发挥新闻媒体的权威传播功能，尽量争取主要媒体的信任与支持，引导舆论并弱化负面舆论的不利影响。如果企业本身没有过错，则可以借助媒体采访，将企业真实情况通过媒体报道出去，有效引导舆论。最后，可以争取权威机构支持。如果企业能够和政府机关、行业协会等权威机构保持坦诚的合作，通过它们发布有利于企业的权威信息，就可以重新唤起消费者对企业的信任。

知识赋能

理解提问：请结合案例谈谈为何迅速反应和真诚沟通是品牌危机公关中的第一和第二要务。

复习提问：品牌危机公关有哪些原则？

课堂讨论：举例讨论品牌危机发生时可以寻求哪些外援。

品牌视野

《重生：品牌危机的应对之道》

互联网时代，有关品牌的负面信息或品牌信任危机时有发生，信息量巨大与信息传播快速的特点更加重了品牌危机管理的复杂性与难度，这使得品牌危机成为企业在艰难发展中必须时刻面对的挑战。正因如此，北京大学光华管理学院学者张红霞教授团队，萌发了将这十几年来的沉淀、思考和研究进展整理成书《重生：品牌危机的应对之道》，系统地梳理对品牌危机的理解并将相关成果分享给大家的想法。

虽然书中有很多学术研究内容，但作者仍试图以生动通俗、简洁明快的语言和方式将这些深奥（也可能有些枯燥）的理论内容传递给读者。希望这本书能有多重功能，既可以作为一本工具书，供读者查阅相关理论和文献；又可以作为品牌管理、品牌危机管理等相关课程的参考阅读书目，成为教材的补充读本；还可以作为生动有趣的日常读物，为大众提供一个理性“消遣”的选择。

该书先回顾了品牌的意义，品牌的前世今生——从品牌膜拜到价值共创，再到数字时代品牌的新使命；然后阐述品牌危机及其病毒效应，品牌危机的特征，品牌危机对企业意味着什么；对消费者又意味着什么；再分析品牌危机是“飞来横祸”还是“自取其祸”，探寻品牌危机的根源，强调品牌应谨慎自律、向光前行。

该书探讨了品牌危机发生过程中的“跌宕起伏”，包括潜伏期的“暗流涌动”、爆发期的“多方博弈”、蔓延期的“奋起自救”和解决期的“尘埃落定”。品牌是毁灭还是重生？危机企业要做出“绝地反击”，包括幡然醒悟、诚恳致歉、修炼品牌、完善制度、重塑形象、寻求外援、行业监管、配合政府和迎接监督。消费者在危机中又会有何“反应”？消费者会关心真相，会有焦虑与不满。是容忍还是拒绝？是遗忘还是唤起？该书还介绍了品牌信任重建的“阶梯式沟通模型”，包括品牌危机如何结束与结束后的反思，对救命的时间窗口的复盘，危机结束标志认定，以及惊魂未定的思考。

该书还探讨了谁是让危机品牌真正脱困的救世主，政府机构一纸令下的威慑力有多大，“替罪羊”效应能否解困，行业协会的权威性是否有说服力，借助媒体发声有益还是有害，等等。唯有企业才是自己真正的救世主。

该书最后探讨了大数据时代下企业的危机管理，介绍了大数据时代下品牌危机传播的特点、大数据时代下品牌危机中企业的抉择、利用互联网大数据预防危机和应对危机等。

资料来源：张红霞，张璇．重生：品牌危机的应对之道．广州：广东经济出版社，2023.

请思考

1. 品牌危机为何会有病毒效应？
2. 品牌危机分几个阶段？企业分别应该如何应对？
3. 品牌危机后，品牌如何挽回消费者的信任？
4. 大数据时代如何更好防范与应对品牌危机？

二、品牌危机风险防范、公关处理与挽回

（一）品牌危机风险防范

品牌危机就像人生病一样，如果能在平时做好疾病预防，就能减少生病的概率。平时做好疾病预防，所需付出的成本，远小于生病所造成的损失。疾病包括自身原因导致的“急性病”和“慢性病”，外部原因导致的“传染病”和“天灾”等。无论哪种情况，“打铁还需自身硬”，练好内功和做好准备是关键。

如果在品牌危机发生之前，就能防患于未然，消除问题隐患，则能避免发生品牌危机或减少其发生的机会。如果能提前监测到品牌危机发生的“火苗”发出预警，及时干预“灭火”，避免事态扩大，就能将负面影响和损失降到最低。如果在品牌危机发生前，就有应对危机的预案，平时有演练，则当危机发生时，就能按照预案高效应对危机，化险为夷。这就需要品牌在日常工作中分别在三个方面持续发力：

1. 问题管理持续改进

首先要尽量杜绝企业自身原因导致的品牌危机，要有问题意识，做好问题管理。发现问题、分析问题、解决问题，周而复始，持续改进优化。墨非定律告诉我们，任何可能出错的事终将出错。危机并不是凭空出现的，问题其实已经积累了很久，只是平时浑然不觉、习而不察罢了。“千里之堤，溃于蚁穴”，潜在的矛盾和问题不断滋长，日积月累，小患终成大疾。为了防范问题演化为危机，引入“问题管理”，形成“以防为主、防消结合”的管理模式，方为明智之举。从“危机管理”到“问题管理”，体现了管理水平的提升。[①]

常见的企业内部问题包括品牌问题、产品问题、企业管理问题等，后两者虽与品牌直接关系不大，但会对品牌造成影响。品牌问题包括品牌决策、品牌传播与品

① 孙继伟．问题管理：高水准的问题分析与解决．北京：企业管理出版社，2014.

牌沟通中出现的各种问题。品牌决策方面，如品牌定位、品牌延伸、品牌联合等，需要加强决策的科学性，以理论与数据指导，以实验与小范围试验验证；品牌传播方面，需要加强对传播内容的审查，避免歧义与文化冒犯；品牌沟通方面，需要对负责与消费者沟通的高管和员工做好培训与言行指导。

2. 建立风险预警机制

建立风险预警机制，能提前监测到品牌危机发生的苗头，及时发出预警信号，有利于企业迅速反应干预，及时“灭火”。品牌危机的危害，主要体现在公众舆情对品牌形象造成的负面影响。在舆论引爆后，舆论场中大规模的转发和评论必然形成一个强大的舆论场，对现实世界中的品牌形成一定程度的弱化影响。在自媒体时代，人人都可以发声，“好事不出门，坏事传千里”。

因此，一要高度警惕不满意的客户，有客户投诉就是预警信号，要及时沟通，妥善处理，避免矛盾升级；二要建立网络舆情监测机制，实时监测公众媒体和自媒体平台，对涉及品牌的负面信息要及时发现，第一时间与媒体、信息发布者等取得联系，沟通“灭火”。

3. 演练危机应对预案

平时就要制定危机应对预案，并做好演练。品牌危机，有些防不胜防，说不定什么时候就发生了。就像我们做好火灾、地震等的防灾减灾工作一样，平时就要有预案，并定期进行演练。当灾害发生时，就能镇定自若地应对，而不会惊慌失措。

企业可以预先设想内外部各种原因可能导致发生品牌危机的情形，例如产品质量投诉、高管或员工言论不当、品牌传播内容不当等内部原因，以及品牌代言人“翻车”、行业性的产品原料信誉危机（例如“3・15”晚会曝光的土坑酸菜）等外部原因。危机应对预案通常包括危机应对主体（指定的新闻发言人和危机处理小组、建立合作关系的公关公司、保持友好联系的公众媒体与意见领袖）、危机应对流程与规范等，并进行培训与演练。

知识赋能

理解提问：请结合案例谈谈为何从危机管理到问题管理是管理水平的提升。

复习提问：风险预警机制要如何预警?

课堂讨论：举例讨论有哪些品牌危机的情形和如何制定危机应对预案。

（二）品牌危机公关处理

在自媒体时代，进行品牌危机公关处理，首先是及时关注和处理“舆情”。由于移动互联网具有随时随地传播信息的便利性，所以人人都可以成为新闻的发布者，信息生产者打开手机就可以对事件进行“直播”，通过网络大量转发。发布者由于动机不容易把控，往往产生相对偏激和情绪化的言论。假如这些信息缺乏相应的控制，引起了某些社会群体的共鸣，短时间内便可形成“舆情”。但也要注意到，随着传播方式的便捷和信息量的增加，受众越来越趋向于在短时间内接受更多的信息。人们对网络信息注意力更加分散，“舆情”话题的持久性越来越差。因此，对于品牌危机公关处理来说，就需要第一时间反应。最好争取到对事件的定性和命名权，缩小事件影响范围。再者就是可以适度示弱，表现出真诚和尊重，去给舆情降温“灭火”，而不是继续输送舆情素材去“拱火”。

其次，在品牌危机事件中，企业品牌要积极打造自身的“战时”新闻中心，也要将其视作企业与社会进行沟通的良好时机。新闻中心作为信息的第一发布者，要有专门的新闻发言人或是团队，有专业公关顾问指导和在背后运作。针对企业危机事件，企业可以通过召开新闻发布会，由企业发言人深入解答和分析事件的原因、真相与处理办法，来有意识地引导主流媒体渠道进行有深度和公信力的权威分析报道，从而对舆论进行引导。同时企业要重视构筑自身的自媒体平台，加强与网民的互动，以澄清相关事实，打消公众对事件的疑虑。企业还要看到品牌危机也是“机遇”，当企业成为公众关注的焦点时，也是企业与社会进行沟通的良好时机，是将传统意义上的危机公关转化为树立企业形象的过程。如果能够以真诚的态度与公众进行主动积极的信息沟通，向公众表达出企业的价值观和责任感，让公众感受到企业处理事件的极大诚意和处理问题的严谨态度，企业面临的危机也可以转变为建立企业品牌形象的契机。

最后，品牌危机公关要善于利用意见领袖的力量。自媒体时代，微博大 V、知名人士等意见领袖的言论对于引导相关舆论方向具有重要作用。一方面，意见领袖本身具有一定的专业性和权威性，对身处网络信息的无序和泛滥之中、缺乏深入思考和理智判断能力的网民有一定的吸引力；另一方面，意见领袖一般都不是利益相关者，这种非功利性使其更能得到公众的信任。因此，网络意见领袖对公众的影响也更大，更有说服力。企业公关部门应经常与主流媒体和意见领袖进行信息的交流，与各类传播媒体、意见领袖建立紧密联系。在品牌危机公关中，企业可以与他们及时沟通，让他们多说说“公道话”。此外，在舆论引导的过程中，企业更要注重扶持或培养属于自己行业专业领域的意见领袖，鼓励更多的专家学者进入互联网，打造专业化的民意主导者，发挥他们在特定领域内信息的权威作用，用更专业化的发声、贴近人们生活的语言和逻辑引导公众理性思考问题，不被其他舆论乱象所迷惑。

知识赋能

理解提问：请结合案例谈谈进行品牌危机公关处理时为何首先关注和处理“舆情”。

复习提问：为何说品牌危机也是“机遇”？

课堂讨论：请意见领袖说“公道话”为何比品牌说话更有效?

（三）品牌危机后的挽回

危机事件过后，品牌如何才能挽回消费者，重建信任呢？多项研究对此指明了一些方向。

第一，根据不同危机类型与消费者类型进行区别对待。研究表明，首先，与品牌建立强联结的消费者，往往会在品牌危机事件后保持较高的重购行为，即使是发生道德型品牌危机。因此，品牌前期要通过建立品牌社群、提供品牌粉丝福利、宣传积极品牌文化等方式，拉近与潜在消费者的距离并维系与现实消费者的关系。这样在偶发性品牌危机事件后，也能保持一定的销量。但品牌要注意在发生道德型品牌危机时，即使是强自我品牌联结的消费者，也很有可能不会进行口碑传播，为品牌辩护。如果发生道德型品牌危机，品牌要自己进行危机公关处理，而不要轻易地发动品牌社群成员去进行危机公关，否则很有可能失去一批具有社会规范内群体属性的消费者。其次，现实消费者面对品牌危机的矛盾态度，主要来源于既定品牌认知与危机负面情绪的冲突。因此，品牌要通过合理的方式提升消费者对品牌的既定认知。例如通过向消费者赠送品牌产品小样，或提供新产品试用机会等，拉动消费者重建对品牌的质量认知；也可以通过向消费者传播品牌文化，以及进行慈善行为传递正能量，拉动消费者对品牌的文化认知，这样当危机事件发生时，消费者更可能认为是偶发事件，而不会产生强烈的负面情绪，从而保持相对较高的重购行为和进行口碑传播等。最后，本土品牌要正确认识功能型品牌危机。在发生功能型品牌危机时，强自我品牌联结的消费者对本土品牌的重购意愿和口碑传播意图要显著高于外国品牌。因此，本土品牌应该走出舒适圈，不要一味地跟风模仿外国品牌，可以大胆创新、积极创新，利用消费者的宽容心态，在创新与理性试错中提升品质与品位。①

第二，采用合适的拟人化形象进行有针对性的沟通。研究表明，在进行品牌危机修复时，一是可以充分选择并利用合适的拟人化形象有针对性地进行危机管理，以进一步引起消费者的心理共鸣，达到良好的沟通效果。例如，在准备发布会内容时，将拟人化的内容做好细分。真诚型拟人化形象重点突出品牌真诚、善意和认真改正错误的意图；而能力型拟人化形象着重突出品牌处理产品或服务问题的能力和效率。二是当品牌发生危机之后，要巧借广告形象的力量修复危机，而不是一味地道歉和赔偿，因为有时这种单方面的致歉可能会适得其反。应该区别对待品牌忠诚度不同的消费者。对于品牌忠诚度高的消费者，采取能力型拟人化的道歉方式，在产品形象、道歉语句的设计上塑造有能力、有担当的品牌形象。而对于品牌忠诚度较低的消费者，则采取真诚型拟人化的道歉方式，突出品牌诚心改过且温暖如初的品牌形象，获得更高的宽恕意愿。②

第三，从品牌危机类型到新起点思维的危机响应策略。企业应采取合理的危机响应策略，将危机的负面影响最小化。研究表明，发生不可控型危机的品牌应着重唤起消费者对品牌的情感共鸣。品牌可通过对受害者表达精神慰问、进行经济

---

① 韩召，杜刚，熊爱华．对已购品牌的危机反应：不同品牌危机类型对消费者购后行为的差异化影响研究．商业经济与管理，2022（7）：43－55.

② 曾素梅．虚拟社区情境下品牌拟人化对消费者宽恕的影响．商业经济研究，2021（19）：72－75.

补偿等举措，提升消费者的情感共鸣，求得消费者宽恕。而发生可控型危机的品牌，则可通过主动认错并纠错、履行企业社会责任等措施以取得消费者谅解，进而提升其宽恕意愿。辩解型策略适用于不可控型品牌危机，通过澄清、反驳或严正声明等方式为品牌正名，促进高新起点思维消费者对品牌的宽恕。和解型策略则对发生可控型品牌危机的企业较为适用，企业可通过赔偿、保证声明或严惩相关人员的方式，降低消费者对品牌的感知责任，进而有效削弱新起点思维对消费者宽恕的消极作用。①

知识赋能

理解提问：请结合案例谈谈如何区分道德型和功能型品牌危机。

复习提问：为何说可以用合适的拟人化沟通策略来帮助挽回品牌形象?

课堂讨论：讨论可控型和不可控型品牌危机与辩解型和和解型策略的适用性。

案例实训 8－1

海底捞的危机

海底捞成立于 1994 年，是以经营川味火锅为主的连锁品牌。2018 年 9 月 26 日，海底捞在香港上市。海底捞以其良好的餐饮环境和热情周到的一流服务赢得广大消费者的一致好评，成为国内餐饮界的服务标杆与金字塔顶端的餐饮品牌企业。

2022 年 9 月 6 日，福建莆田一女子在海底捞万达广场店就餐时“被毛肚噎死”。消息称，该女子是 00 后，在就餐过程中发生意外。门店通过现场急救和拨打 120、广播寻求医护人员的方式进行救助，不幸的是没有挽回女子的生命。

据新闻报道，此事件并非卫生安全事故，海底捞并不需要承担相应的法律责任。但作为一家上市的大型品牌连锁餐饮企业，更需要提供一种有格局、有高度、有担当、有温暖的正能量，给予不幸去世的女子的家属安抚与慰问。同时海底捞通过这次不幸意外事故，也应提高安全意识。

资料来源：福建莆田女孩海底捞吃饭被“噎死”，望海底捞危机公关有“温度”.(2022－09－09). https://baijiahao.baidu.com/s? id=1743439192269186526&wfr=spider&for=pc.

练习题

1. 此事件属于品牌危机吗？对品牌造成哪些负面影响？
2. 如果此事件属于品牌危机，海底捞该如何做好本次品牌危机公关处理？
3. 此事件后，海底捞该如何挽回消费者的信心？
4. 防微杜渐，海底捞应如何做好品牌危机预防？

① 陈斯允，卫海英，冉雅璇，等．“重振旗鼓”还是“重蹈覆辙”：新起点思维与品牌危机类型对消费者宽恕的影响．南开管理评论，2020 (4)：49－59，83.

第 2 节　品牌社会责任

一、品牌社会责任概述

（一）品牌社会责任的内涵

品牌社会责任，就是品牌要承担一定的社会责任。能承担好社会责任的品牌，也可以称为“责任品牌”。在第 1 章中我们就提及，成为品牌最重要的是“品”，包括品质、品味、品德和口碑等。其核心含义是品牌要能承担一定的责任，进而才能享有信誉。

放眼全球，一些企业的品牌建设路径正由传统的产品、客户导向，转型为履行社会责任，积极主动打造良好的品牌形象。社会责任理念成为品牌的内核，追求的是为利益相关方创造经济、社会和环境综合价值。这意味着，责任品牌突破了传统的企业品牌追求产品价值、市场价值或者股东价值的单一价值取向，而是以追求可持续发展为导向，在品牌战略规划、管理、传播、推广的全过程中，考虑各个利益相关方的期望和诉求，以及经济、社会和环境综合价值。

品牌社会责任与企业社会责任，概念相似，只是主体范围不同。对于公司品牌或是做品牌延伸的品牌来说，二者基本是一致的。对于一家有多个品牌的公司来说，品牌社会责任可以是单个品牌名义上的；如果是公司整体层面的社会责任活动，则是企业社会责任，但也会对旗下的多个品牌产生一定影响。

（二）品牌社会责任的层级

品牌社会责任可以分成不同层级，包括经济责任、法律责任、伦理责任和慈善责任。经济责任是其他责任的基础，企业要赚取利润、持续盈利。法律责任是要遵守法律，守住底线。伦理责任是有伦理、有义务做正确、正义和公平的事情。慈善责任是做社会公民，支持社会慈善事业。

品牌社会责任还可以按照应尽社会责任的必要程度，分为必尽责任、应尽责任和愿尽责任这三个层级（如图 8－1 所示）。

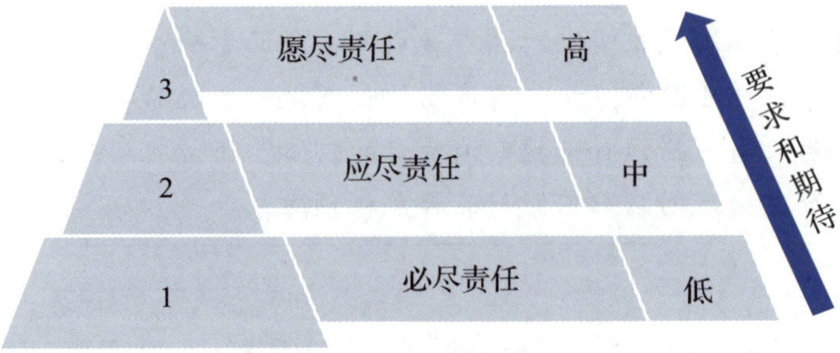

图 8－1　品牌社会责任层级

必尽责任主要是指必须履行的责任，与企业的规模和能力无关，如依法纳税、遵守产品质量强制要求、对员工负责（如按时足额发放工资、缴纳社会保险）等。

应尽责任是企业应该履行的责任，即利益相关方有着明确普遍期望的责任，主要是道德伦理责任。企业没有尽到此类责任，虽然不会遭遇法律上的追诉，但却会面临社会舆论的谴责和公众的压力。

愿尽责任是企业自愿履行的责任，指有利于社会可持续发展或履行慈善捐赠的责任。这类责任不是社会普遍期望需要履行的，更不是法律上强制要求的，因而企业即使不履行这类责任也不会遭到非议。企业应当首先履行必尽责任，再考虑应尽责任，最后考虑愿尽责任。品牌能力越大、责任越大，社会公众对其履行社会责任的层级要求和期待会更高。

（三）品牌履行社会责任的利益相关者

品牌履行社会责任，是为了平衡企业品牌与其他利益相关者的利益。利益相关者包括消费者、员工、供应商、股东、社区、公众、环境、政府、媒体等。品牌要对不同圈层的利益相关者负责，由内及外地推而广之，而不能舍近求远、本末倒置。消费者是品牌经营好自身业务的根本，所以消费者的利益是品牌应第一考虑的。员工是品牌经营的人力资本，所以员工利益理应优先得到尊重。再就是上下游的供应商与商业合作伙伴，大家在一条产业链上休戚与共，其利益也应优先考虑。上述也是在一家企业破产清算时，偿还负债的先后顺序，股东的利益将被放在最后。

品牌对消费者负责，要从全体消费者和消费者的长期利益来考虑，也有责任引导消费者的消费行为。品牌对员工负责，有利于稳定员工队伍、吸引更多优秀人才，有利于构建和谐劳动关系、促进企业可持续发展。

对于看似不那么相关的利益方履行社会责任，也有重要意义。例如，品牌对环境履行社会责任，有利于增强企业可持续发展的能力。又如，品牌对当地社区履行社会责任，有利于经营环境和绩效的改善，能够树立品牌良好的社会公民形象，提升社会认同感与支持度，获得长远利益。

知识赋能

理解提问：请结合案例谈谈什么是“责任品牌”。

复习提问：品牌社会责任按照应尽社会责任的必要程度可以分为哪些层级?

课堂讨论：品牌有哪些利益相关者? 这些利益相关者的优先顺序如何?

（四）品牌履行社会责任的原则

1. 量力而行

品牌履行社会责任要与其能力相匹配，量力而行。品牌的第一社会责任是其存续、创造商业价值。履行社会责任要力所能及，依所要承担责任的必要性的层级由低到高，而不要越级超出能力。企业的职责本分就是经营和盈利，如果在经营方面无法成为行业一流，则很难奢望可以持续有效地履行社会责任。品牌还要对不同圈层的利益相关者负责，由内及外地推而广之，而不能舍近求远。企业要清醒地认识到经营好自身业务并立于不败之地，是履行社会责任的基础。企业经营有方、品牌口碑良好，在此基础上履行企业社会责任才能行稳致远。

2. 做专业事

履行社会责任不是单纯做公益慈善和捐款捐物，而应是高度专业化的工作。捐款不如捐物，捐物不如参与，而参与不如赋能。品牌只有将其核心能力输出到履行社会责任过程中，使社会责任带着专业的光和热，才能使社会效益最大化。企业经营和社会责任之间不应各行其是，而是要建立强有力的内在联系，使企业经营赋能社会责任，使社会责任助力企业经营。在品牌履行社会责任过程中，还要想方设法创新履行社会责任的方式，更好地发挥品牌的专业力量。这样一来，履行社会责任就是水到渠成的一项事业。

例如，支付宝推出“蚂蚁森林”环保游戏，引导了大众的绿色生活和消费行为，在帮助大家方便地参与植树环保活动的同时，达到了推广支付宝平台的商业目的。“蚂蚁森林”项目因其创新形式和所做出的巨大贡献，2019 年获得了联合国最高环保荣誉“地球卫士奖”中的“激励与行动奖”。

3. 战略引领

品牌履行社会责任要由内外两种战略思维引领：第一，对内要围绕品牌的核心使命去设计、架构和执行社会责任，应始终围绕核心使命去解决某一方面的社会问题，聚焦品牌专业能力，凸显品牌独特定位，将履行社会责任提升到长期战略层面，并持之以恒地做好。

第二，对外则要对接全球、国家、社区和行业的社会问题，顺势而为。例如联合国《2030 年可持续发展议程》共有 17 项分目标，如减贫、减排等，企业品牌如能对接其中一个或若干目标去努力，使企业履行的社会责任同全球最重要的未来发展方向紧密联系在一起，则不仅可以使宏观的可持续发展目标落地，而且可以使微观的企业社会责任得以放大。

另外，品牌履行社会责任，还要将社会责任融入党和国家的重大战略，与地方经济和社会发展的主要方向保持一致。例如京东服务于国家乡村振兴战略，以供应链、物流、技术、金融、服务五大核心能力赋能“奔富助长计划”；为进一步巩固助农成果接力乡村振兴，京东生鲜将“京心助农”项目升级为长期战略。

知识赋能

理解提问：请结合案例谈谈为何品牌履行社会责任是高度专业化的工作。

复习提问：品牌履行社会责任由哪两种战略思维引领？

课堂讨论：品牌履行社会责任为何要量力而行？

（五）品牌社会责任和 ESG 报告

品牌履行社会责任的正能量，需要更多地进行宣传、推广和传播，使更多的企业、品牌、消费者、上下游伙伴、社会公众、政府等利益相关者了解和参与。除了上市公司，目前对企业社会责任的披露没有硬性要求。近年来，众多企业品牌定期发布企业社会责任（CSR）报告，而上市公司则开始发布环境、社会和公司治理（ESG）报告。ESG 报告关注三个因素：环境因素涉及公司作为影响自然环境的管理者的表现；社会因素涉及公司如何处理与员工、供应商、客户和经营所在社区的关系；公司治理涉及公司领导层、高管薪酬、审计、内部控制和股东权利等。

CSR 报告和 ESG 报告有着诸多不同。首先，视角不同。CSR 报告强调多利益相关方视角，关注的群体比较宽泛。ESG 报告主要从资本市场投资者角度出发，聚焦企业社会绩效与股东回报的关系。其次，应用不同。CSR 报告应用场景比较宽泛，可能出现在企业的品牌营销、社区沟通、员工管理等领域。ESG 报告应用场景聚焦在资本市场。再次，内容不同。和 CSR 报告相比，ESG 报告不仅关心企业运营带来的环境和社会影响，还关心企业如何从治理结构上确保各项行动的落实。最后，主体不同。ESG 报告更注重回应资本市场和监管者的关切，而 CSR 报告则注重对更多利益相关方关切的回应。ESG 报告还会以上市公司作为报告主体，许多上市公司已经形成每年发布 ESG 报告的惯例。虽然 ESG 报告或 CSR 报告的强制性，总体趋势上越来越强，但是 ESG 报告具有更高、更普遍的强制性。

当然，履行社会责任不是自说自话，而是要用数据说话，用故事打动人，并经得起检验和考验。企业要忠实记录履行社会责任的点点滴滴，并尽可能地用数据来测算和呈现社会责任活动及其产生的各方面影响。在企业社会责任披露方面，既不应毫无根据地夸大企业的付出和贡献，也不应低估企业产生的间接影响。

上市公司发布 ESG 报告不应是负担和应付，而应将 ESG 内化为企业发展的核心战略指引。发布 ESG 报告，也为企业提供了品牌塑造的新风口、新路径，甚至重构了上市企业品牌价值成长逻辑。ESG 报告，是上市公司传递品牌价值、体现品牌价值的集大成者。很大程度上，ESG 评价高，就意味着上市公司的品牌价值高。投资者可以借此进行更加安全、更有获得感的投资决策。企业也可以通过 ESG 报告，塑造和提升品牌价值，获取资本市场估值溢价，以及实现长远的可持续发展。

知识赋能

理解提问：请结合案例谈谈如何区分 CSR 报告和 ESG 报告。
复习提问：ESG 报告关注哪三个方面？
课堂讨论：企业为何要发布 CSR 报告或 ESG 报告？

二、品牌履行社会责任的途径

品牌履行社会责任，可以通过不同途径来实现，下面从三个主流的学术研究范畴来分述。

（一）社会营销

社会营销，又称“社会责任营销”，是在企业应负有一定的社会责任理念基础上，要求企业做营销决策时不仅应考虑消费者需要和公司目标，还应考虑消费者和社会的长远利益。社会营销不仅从企业端考虑如何实现消费者、企业和社会的共同利益最大化，还考虑如何引导和改变消费者的认知与行为来助力这个过程。社会营销是通过商业营销手段，来实现品牌承担社会责任途径的统称。

社会营销也是营销认识的飞跃、营销理念的升华。在传统市场营销理念中，消费者购买商品或服务，是因为其带来短期的直接利益。在社会营销理念下，企业同时还要满足消费者长期的间接利益和社会整体利益。当上述利益产生矛盾时，双方还要以大局为重，即社会整体利益优先、长期利益次之、短期利益最后。基于此原则，企业和社会需要教育和引导消费者，激发消费者的环境保护意识，鼓励消费者做出有利于社会整体利益和长期利益的行为，放弃一部分短期利益，同时企业也放弃部分短期利益，从而与消费者一起承担社会责任。例如“光盘行动”以来，餐厅提供半份菜、打包服务等，配合消费者减少餐饮浪费，节约社会资源。

与社会营销相似的概念还有社会企业。社会营销与社会企业既有区别又有联系。社会企业，是以社会价值为导向的商业组织。但社会企业强调利润不分红，股东不追求经济回报，用利润进行企业可持续经营，实现企业社会目标。社会企业是自负盈亏的，是要通过商业模式运作来实现社会价值。也有观点认为，充分实现自身企业社会责任的工商企业也可以称为社会企业。还有学者认为，社会企业的实践形态，应该是工商企业下设基金会，由基金会开展社会责任活动，出资的企业成为社会企业。社会营销则没有否认股东要获得合理经济回报的商业目标，只是要平衡消费者利益和社会利益。社会企业可以通过社会营销，来实现教育和引导消费者的目的。我国已开展社会企业的全国与地方的认定工作，并执行一定的扶持政策。

社会营销与慈善营销不同。慈善营销是指通过开展慈善活动而进行的营销。它和社会营销的共同点是，二者都是为造福社会，解决社会问题。二者的区别是，慈善营销的范畴更窄，仅限于慈善捐赠、公益赞助等形式，并不将影响、改变受众行为作为主要目的；而社会营销的范畴广得多，指企业要调动一切手段来帮助解决社会问题，平衡消费者利益、企业目标和社会利益，同时还负有教育和引导消费者的职责，与其一起承担社会责任。

社会营销与非营利组织营销也存在着不同。非营利组织营销是非营利组织如政府机构、医院、学校等，为了实现组织的目标、影响受众的认知与行为而开展的营销活动。其与商业营销的区别，主要在于是否以营利为目的。而社会营销是营利组织开展的，以实现商业利益与社会利益双赢为目的。

还要注意区分社会化营销与社会营销的不同。社会化营销，也称社交媒体营销，主要指的是使用抖音、微博、微信等社交媒体平台进行营销。虽然社会营销也会使用这些渠道，但二者的目的存在本质上的不同。

知识赋能

理解提问：请结合案例谈谈社会营销理念和市场营销理念的区别。
复习提问：社会企业和社会营销有何区别与联系？
课堂讨论：社会营销与慈善营销、非营利组织营销有何不同？

（二）绿色营销

绿色营销，又称环保营销、低碳营销、生态营销等，主要是指在企业营销决策中，将企业自身利益、消费者利益和环境保护利益三者统一起来，以此为中心对产品和服务进行构思、设计、制造和销售，并教育和引导消费者的绿色消费理念与行为。绿色营销，还可以细分为绿色生产与回收、绿色包装、绿色流通等。绿色营销是从企业和品牌视角来策划决策与行动。相对应的概念还有绿色消费，是从消费者视角来考虑。企业施行绿色营销的重要职责，就是要教育和引导消费者产生绿色消费行为。

绿色消费是消费者在满足自身需要和保护环境之间达到平衡，实现人与自然的共同利益最大化。绿色消费可进一步细分：绿色购买行为，指对客观上具有或主观上声称具有环保特征产品的购买，如购买带环保标志商品、节水节电认证商品、绿色食品等；绿色使用行为，指不涉及产品购买和处置的消费者环保行为，如节水、节电、少开车、减少打印、使用环保袋、光盘行动、不使用一次性用品等；绿色处置行为，指对物品的妥善处置和回收再利用，如包装回收、垃圾分类、衣物书籍回收捐赠、闲置商品再利用等。

绿色营销管理遵循“5R”原则：研究（research），就是把环保纳入企业的营销决策中来，重视相关研究与策划；减消（reduce），通过采用新技术、新工艺、新材料，减少或消除有害废弃物排放；再开发（rediscover），积极进行开发创新，变普通产品为绿色产品，积极创造绿色品牌；循环（recycle），对废旧产品进行回收处理，循环利用；保护（reserve），积极参与环境整治活动，培养员工环保意识，树立企业绿色形象。

绿色标志是指依据有关绿色产品认证标准规定，由政府部门或权威认证机构确认并颁发的一种标志。企业产品被确认为绿色产品，贴上绿色标志后，会提高受众对绿色产品的认知，实现品牌杠杆效应。其他相关的标志还有节能环保标志、绿色食品标志、循环回收标志等。

施行绿色营销的品牌，可称为“绿色品牌”。相关研究较多，对企业实践可以有所启发。例如有研究确证，绿色品牌真实性感知对消费者购买意愿存在影响。在绿色化妆品情境下，诚信、绿色属性和质量承诺三个维度有直接作用。这提示品牌传播中要确保真实性，绿色属性和质量承诺不过度。①

通过绿色形象定位将品牌独特的环保价值和绿色主张传递给消费者，是塑造绿色品牌的基础。有研究表明，绿色功能属性定位更易激发能力感知，绿色情感价值定位更易激发温暖感知。能力感知与温暖感知，在品牌绿色形象定位对绿色品牌依恋和品牌态度的影响中起共同中介作用，并受到品牌自我一致性的调节。这提示绿色品牌可以从绿色功能属性和绿色情感价值两个方面来塑造绿色品牌形象。②

知识赋能

理解提问：请结合案例谈谈绿色营销和绿色消费二者的联系及各自的内容。

复习提问：绿色营销管理的“5R”原则是哪些？

课堂讨论：绿色标志是如何对塑造绿色品牌形象起作用的？

（三）善因营销

善因营销（也称公益事业营销），是指企业品牌在销售产品的同时支持公益事业机构（非营利组织）的营销活动。消费者在购买产品的同时捐款或捐物给公益事业机构，因一举两得而感到满足。善因营销是企业品牌履行社会责任的重要一环，同时实现产品促销与社会获益这两大目标。例如某品牌矿泉水公司公开承诺“每卖出1瓶矿泉水就向希望工程捐献1分钱”，再如某知名服装品牌鼓励消费者回收旧衣服可以获得购买新衣服的消费券。

公益事业机构在善因营销中扮演了重要角色，代替企业品牌和消费者，直接履行社会责任。企业品牌则通过善因营销名下的商业活动获利，并转移支付一定比例金额给公益事业机构。如支付宝“蚂蚁森林”就是这种模式，其所支持在荒漠地区种树的公益事业机构包括中华环境保护基金会、阿拉善 SEE 生态协会等。与一系列成熟公益组织的合作，确保了“蚂蚁森林”项目的科学性与专业性，还累计创造了数百万人次的种植、养护、巡护等绿色就业岗位。该项目在切实创造生态价值的同时，还产生了经济价值，如种植梭梭树三年后，即可接种“沙漠人参”肉苁蓉，产生经济效益。

企业进行善因营销，最好要与自身的专业能力相结合，选择与企业相关的社会议题，这样消费者更容易把自己参与的社会贡献，与品牌及产品进行关联，实现品牌传播。例如前述的服装企业回收二手服装、“蚂蚁森林”通过移动支付等换积分来种树，都是结合较为紧密的例子。

---

① 陈伟军，孙习祥．绿色品牌真实性感知对消费者购买意愿的影响：以绿色化妆品为例．消费经济，2017（2）：79－84.

② 龚思羽，盛光华，岳蓓蓓．品牌绿色形象定位对消费者品牌态度的影响机理：基于能力感知与温暖感知的中介作用．管理评论，2022（8）：157－167.

善因营销不同于企业直接进行慈善捐赠，而是将捐赠行为与消费者购买绑定，让消费者参与到捐赠的社会责任行为中来，让消费者有参与感。而直接慈善捐助，缺乏发动消费者这一环节，也未体现品牌的专业能力，履行社会责任的水平是较低的。

善因营销也不是公开募捐，因为是企业品牌在做商业活动时主动把一部分钱捐赠出来做公益，消费者是实实在在购买了产品或服务，并非捐赠行为。但企业最好与有公开募捐资格的、较为规范的慈善机构合作，因为其更公开，更容易受到监管。

有研究指出，可以用归因理论、刺激—机体—反应（SOR）理论、自我信号理论、平衡理论等解释善因营销对消费者态度的影响；并提出影响因素包括企业自身原有的形象和声誉、慈善事件的重要性与紧急性以及地理距离远近、企业与慈善事件契合度（包括口号契合、任务契合、目标契合、促销契合、地理位置契合）、产品的特点（享乐型产品、高捐赠水平、低价格差）、消费者特征（消费者与善因营销活动的关系、消费者参与善因营销活动的需要及动机、消费者的个人特质）。[①] 还有研究指出，最核心的影响因素是善款去向、感知匹配度以及受助对象。[②]

知识赋能

理解提问：请结合案例谈谈什么是善因营销。
复习提问：为何说善因营销不是善因捐赠，也不是公开募捐?
课堂讨论：为何善因营销要与企业品牌的专业能力相结合?

案例实训 8－2

鸿星尔克引爆“野性消费”

鸿星尔克是本土运动服饰品牌，没想到因为自己的公益热心造就一个神话。“野性消费”这一新词，在鸿星尔克身上被创造出来。本来这段时间鸿星尔克已经回归平淡，开始认认真真地做自己的产品，但是近期又重新登上热搜。

此次鸿星尔克再次登上热搜还是因为捐款。在前段时间的一次公益活动中，鸿星尔克表示将向福建省残疾人福利基金会捐赠 1 亿元的款物。这已经不是鸿星尔克第一次捐款了，之所以还会出现这么大的轰动，是因为大家觉得它的一年的利润又将全部奉献出去，这是一种无私的表现。

鸿星尔克曾因捐款一夜爆红，主要缘于其自身还在苦苦挣扎之中，却向河南灾区捐资 5 000 万元。其实 5 000 万元对大企业来说并不算多，但是看到鸿星尔克所处的境况，人们不免心酸。鸿星尔克 2020 年亏损了 2.2 亿元，2021 年由于财务问题，股票停止交易。在负债累累的情况下，鸿星尔克还能够将不多的资产拿出来从事公益事业，这怎么能让我们不感动呢?

---

① 骆紫薇，吕林祥．善因营销对消费者态度的影响及其理论解释．心理科学进展，2019（4）：737－747.

② 毕楠，银成钺，康茜．中国情境下影响消费者感知成功善因营销的多案例研究．管理学报，2016（3）：347－358.

因为大家都觉得鸿星尔克心怀民族大义，所以自发购买该企业产品。短短几天时间，鸿星尔克的销售量就破亿，迎来“野性消费”。鸿星尔克直播间，也发出要消费者理性消费的倡议，而该品牌从此被视为国货之光。

鸿星尔克还向山西、吉林和福建等地累计捐赠价值3 000万元的物资用来支援救灾和抗疫。鸿星尔克之所以能够绝境逢生，就是因为心中有国家。心存国家的企业必定会被民众关注，也必定会得到大力支持。鸿星尔克不仅从低谷中走了出来，还创造了令业界艳羡的神话。

虽然有很多人质疑鸿星尔克就是抓住了人们的爱国热情，但是想要走这个模式，离不开实实在在往外掏钱。鸿星尔克实属不易。

我们会发现给河南捐款超过5 000万元的企业不止鸿星尔克一家，为什么民众就只买鸿星尔克的账？就是因为鸿星尔克的企业背景和那些企业是不同的，鸿星尔克的捐款就像是竭尽全力、倾其所有。所以民众会为它的境遇鸣不平，最终的结果就是消费者凭借“野性消费”成功拯救了鸿星尔克。

资料来源：又捐了一亿上热搜！野性消费一年后，鸿星尔克都干了什么?.（2022-08-04）. https://baijiahao.baidu.com/s?id=1740228314011822604&wfr=spider&for=pc.

练习题

1. 鸿星尔克为何要进行公益事业捐赠？这种行为是否恰当？
2. 鸿星尔克有故意传播此事件吗？网民情绪为何会被引爆？
3. 鸿星尔克履行的是哪种层级的社会责任？它是否是社会企业？
4. 对鸿星尔克履行社会责任有何改进建议？对其他品牌有何启发？

素养园地　拥抱ESG，探寻可持续发展新路径

作为一种关注环境、社会和公司治理绩效而非财务绩效的投资理念和企业评价标准，近年ESG在中国市场显现出巨大的发展潜力，已经成为衡量企业高质量、可持续发展前景的新标尺。

同时，ESG的核心理念与国家发展战略高度契合。随着我国宣布将力争于2030年前实现碳达峰、2060年前实现碳中和，作为市场经济的主要参与者之一，企业需要采取实际行动向绿色、低碳商业模式转型。而ESG是企业转型的重要参照，使得企业的相关表现可量化、可比较并可持续改善。

2004年，联合国全球契约组织首次正式提出ESG的概念。2006年，由联合国成立的责任投资原则组织（UNPRI）发布了“责任投资原则”（PRI），该原则致力于推动各大投资机构在决策过程中纳入ESG原则，通过PRI的签署方提升可持续投资水平。

2015年，为了促进可持续发展愿景达成，联合国制定了目标蓝图《2030年可持续发展议程》。其17项可持续发展目标，涵盖了可持续发展的三个层面——经济、社会发展和环境，具体分为：消除贫困；零饥饿；身体健康和福祉；优质教

育；性别平等；清洁水和卫生设施；负担得起的清洁能源；体面劳动和经济增长；产业、创新和基础设施；减少不平等；可持续城市和社区；可持续的消费和生产；气候行动；海洋资源；陆地生态；和平、正义和强有力的机构；伙伴关系。

可持续发展目标的内核与ESG发展高度一致，企业的ESG发展往往追寻可持续发展目标的17个小目标，以此检验企业ESG路径是否正确，校验企业是否取得ESG实质性进展。随着可持续发展理念在国内国际不断发展，尤其是气候变化《巴黎协定》的达成以及我国“双碳”目标的确定，ESG的被接纳度和重要性日益体现。

然而目前全球面临着严峻的气候危机、经济疲软、地缘冲突等因素的持续影响。联合国政府间气候变化专门委员会（IPCC）警告，如果全球不采取更强有力的政策，到2035年，世界气温可能会超过升温1.5℃的临界点。

很多企业主动拥抱ESG，探寻可持续发展新路径。例如2022年7月，唯品会发布了首份ESG报告。报告显示，唯品会通过开展温室气体核算工作，识别排放源与减排重点领域，采取针对性措施减少碳排放量；专注于打造对环境友好的工作场所，建设以绿色为基调的供应链。

再如2022年6月，蚂蚁集团启动了ESG可持续发展战略，包括数字普惠、科技创新、绿色低碳和开放生态，之后发布了首份ESG报告。蚂蚁集团案例还入围了“2023福布斯中国ESG创新企业评选”，创新举措包括“数字木兰”系列计划，即帮助女性数字岗位就业创业。而蚂蚁集团更为大家所熟知的是通过“蚂蚁森林”，带动社会公众显著减少碳足迹并参与生态修复。蚂蚁集团不断发现生活中的低碳行为和低碳场景，携手众多品牌及行业伙伴提供低碳产品和服务，探索更广泛的绿色行为参与激励方式。“蚂蚁森林”创新上线“神奇海洋”，将减塑类低碳行为绿色能量引导到海洋保护场景。

思考题

1. ESG与联合国《2023年可持续发展议程》的17项可持续发展目标有何区别与联系？与我国“双碳”目标有何关系？

2. 企业和品牌有必要主动拥抱ESG吗？探寻可持续发展路径只是为了社会吗？

3. 唯品会采取的举措是否关注了ESG的全部？是否还可以带动消费者行动？

4. 蚂蚁集团的战略和举措回应了哪些联合国可持续发展目标？影响了哪些利益相关者？

本章小结

1. 品牌危机公关就是品牌应对危机事件进行公关处理。导致品牌危机的原因很多，不全是产品危机因素。品牌危机有多种分类方式，有利于多角度分析。品牌危机公关有五个原则：迅速反应、真诚沟通、承担责任、统一口径、寻求外援。品牌危机不仅需要事中的公关处理，更需要加强事前的品牌危机风险防范和事后的挽回。

2. 品牌社会责任就是品牌要承担一定的社会责任。品牌社会责任层级可以分为必尽责任、应尽责任和愿尽责任。品牌社会责任的利益相关者，由内而外包括消费者、员工、供应商、股东、社区、公众、环境、政府、媒体等。品牌社会责任的原则包括量力而行、做专业事和战略引领。品牌可以通过发布CSR报告与ESG报告，来与外部沟通。品牌社会责任的实现途径包括社会营销、绿色营销和善因营销。

拓展思考

1. 为什么说品牌危机事件只是导火索？品牌危机事件是否有好处？
2. 导致品牌危机的原因有哪些？都是突然爆发的吗？
3. 为什么品牌危机的事先风险防范是最重要的？
4. 品牌履行一定的社会责任和成为品牌有何关系？
5. 品牌社会责任的三个原则在突发社会危机面前是否仍有效？
6. 是否只有大企业品牌才有必要发布CSR报告和ESG报告？

实训练习

一、选一个品牌（其有发生和处理品牌危机的情况），进行以下分析：

1. 搜集品牌危机事件案例素材，分析属于哪个层级的社会责任。
2. 该品牌的品牌危机事件及处理对品牌产生了哪些作用？
3. 该品牌的品牌危机事件及处理是否符合品牌危机公关的原则？
4. 该品牌在品牌危机事件前后是如何进行事先防范和事后挽回的？

二、选一个品牌（其有履行社会责任的情况），进行以下分析：

1. 搜集品牌履行社会责任的事例，分析这些事例分别属于哪类品牌杠杆。
2. 该品牌的品牌社会责任行动对品牌产生了哪些作用？
3. 该品牌的品牌社会责任行动是否符合品牌社会责任的原则？
4. 该品牌的品牌社会责任行动属于实现品牌社会责任的哪种途径范畴？
5. 该品牌的品牌社会责任行动还存在哪些问题？如何改进？

综合案例

张小泉的刀又断了

2022年以来一段时间，张小泉遭遇“翻车”。张小泉先是因它的菜刀“不能拍蒜”引发争议，后又因网传视频中“张小泉总经理称中国人切菜方法不对”而饱受网友质疑。之后，“张小泉的刀又断了”登上微博热搜，网友发文称，“张小泉斩骨刀使用时断裂，刀差一点飞出去”。

客观地说，消费者用菜刀拍蒜时菜刀断裂，到底是产品质量问题，还是由产品特质决定的，其实是可以讨论的。比如，有专业人士表示，硬度较高材质的刀具比较脆，横拍时刀具不能变形就会发生断裂。比如，知名品牌双立人和苏泊尔也曾表示“不建议拍蒜”。

但是，纵观此事件的发酵过程，张小泉方面的处置方式可能比菜刀拍蒜断裂带来的观感更为糟糕。比如，面对消费者“刀还不能拍蒜了？”的质疑，张小泉客服方面直接回应“不能哦”。这看似卖萌，实则高冷。对消费者而言，在没有其他解释的情况下，这样的回应无疑是背离生活常识的，除了增加消费者的不满，起不到一丝释疑的作用。此后，张小泉总经理“你学了几十年的切菜是错的”“所有的米其林厨师都不是这样切的”等论断，激怒了更多网友。

无论是客服直接表示“菜刀不能拍蒜”，还是张小泉总经理“中国人切菜方式不对”的言论，都难免给人一种高高在上的、意图“教育”消费者的傲慢印象。这可能才是舆论最为反感的。到底何谓正确的切菜方式，并没有一个绝对的标准答案，更多只是生活习惯的差异。只要是方便的，对消费者来说就是“对”的。中国人用菜刀拍蒜，是一种再普通不过的习惯，如果一款菜刀产品，完全忽视这种习惯，很难说真正尊重了消费者。作为生产企业，可以尝试启蒙消费者，但硬是要把产品的问题完全推给消费者，还指责消费者用刀方法不对，就本末倒置了。消费者购买产品是用来满足自己需求的，而不是寻求被教育的。

或许不宜把菜刀拍蒜断裂完全归咎为产品质量问题。但是，既然这种产品不适合拍蒜，至少要提前明确告知消费者。而张小泉客服发布的刀具使用前、使用中、使用后提示中，均没有“不建议刀具横拍食物”的提醒。

在后续回应中，张小泉表示，张小泉的常规刀具一般是可以拍蒜的，但一些硬度较高或有专门用途的刀具则有断刀的风险。这样的提醒，如果事先向消费者说明，恐怕不至于闹出这么大的风波。

作为拥有近400年历史的老字号，张小泉走到今天并不容易。但从其应对这次风波来看，张小泉要真正配得上“宝刀未老”四个字，恐怕还有不小的距离。最重要的一点是少些傲慢与偏见，学会真正尊重消费者。

思考题

1. 张小泉的品牌危机是产品危机吗？
2. 张小泉的品牌危机可以分为哪些类型？
3. 张小泉的品牌危机公关举措违背了哪些原则？
4. 张小泉该如何正确应对消费者投诉？如何避免此类事件再次发生？

第 9 章

品牌战略

政策瞭望

鼓励企业实施品牌国际化战略，拓展国际市场。引导企业构建研发、采购、生产、品牌建设推广、售后服务一体化体系，开展商标海外布局。鼓励品牌企业与国际品牌企业合作，提高品牌国际化运营能力。引导行业龙头企业带动中小企业联合开展海外品牌建设推广，合作共建展销中心、营销渠道、服务网络、研发体系和公共海外仓。支持企业参加海外品牌展示和推广活动。

——《国家发展改革委等部门关于新时代推进品牌建设的指导意见》

知识思维导图

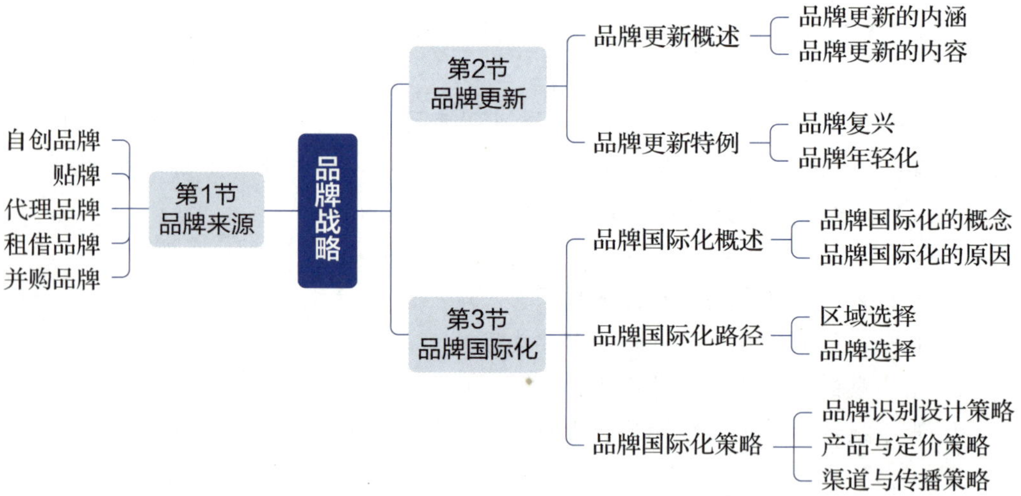

导入案例

亚洲汽水的回归

亚洲汽水是广东老字号品牌，旗下最著名的就是“亚洲沙示”（Asia Sarsa）汽水。沙示是以植物 Sarsaparilla（墨西哥菝葜）为主要原料，因此得名。最初，“沙示”是墨西哥当地用于消热解暑的一种自然草本汁，深褐色，味甜，不含咖啡因，色泽近似可乐，但口味截然不同。

亚洲汽水厂建立于1946年，生产的第一款汽水就是“沙示”。在将沙示从墨西哥引进到广州之后，亚洲汽水厂对沙示进行了本土化改造，将沙示成分中的植物提取物换成了气味相似却更香、功效更好、岭南人都十分熟悉的植物——梅叶冬青。主要功能还是消暑解渴、发散风热、祛除感冒。

据资料显示，到1949年，沙示的销量已经超过500万瓶，风靡广东省和港澳地区，凭借独特的口感和功效，成为很多广东人的童年回忆。

20世纪90年代，外资饮料开始进入中国市场，很多汽水厂都选择与外资合资办厂。1993年，亚洲汽水厂与百事进行合资。在这波合资浪潮中，不少国产汽水都出现了停产的局面，比如崂山可乐在1997年停产、武汉二厂汽水在2000年停产，沙示、北冰洋等也一度被雪藏，当时的八大汽水厂几乎全军覆没。

直到2002年，亚洲汽水品牌才艰难回归市场，由1993年成立的广州市亚洲饮料有限公司运营，2009年又被广州市香雪制药股份有限公司（简称“香雪制药”）收购。香雪制药成立“香雪亚洲”来运营。“香雪亚洲”沿用历史配方，在2011年以“终于稳返哩种味道（终于找回这种味道）”的口号复兴亚洲沙示，唤醒了广东人对于沙示这一经典、独特口味饮料的回忆。

2021年12月，香雪制药出于聚焦主业与规避风险的考虑，将“香雪亚洲”股权转让给广州鹰金钱食品集团有限公司，该公司是广州轻工集团旗下公司。广州轻工集团持有着“亚洲”系列商标的所有权，之前“香雪亚洲”只是通过授权许可使用的方式获得了“亚洲”系列商标在中国的使用权，至2028年底到期。

如今随着年轻人成为消费主力军，抓住这部分消费群体或许能够帮助沙示更好地打开市场。为此，沙示选择了更年轻化的包装和营销，把沙示打造成新的“国潮网红”产品。例如亚洲汽水复兴后，推出了金典沙示，直面口味问题走“自黑”风，针对自己的独特风味推出“金典沙示，唔系红花油”的特别包装。其还跟随近年“0糖0卡0脂”的健康趋势，将白砂糖替换成赤藓糖醇，推出了更高颜值的白色“沙示比亚”。所推出的亚洲复古果味汽水系列，采用融合广州文化元素复古风格玻璃瓶包装，四款产品分别命名为“菠有萝味”“橙宝有橙”“柚有柠味”“荔有枝味”。

另外，沙示也在积极拥抱线上开启数字化转型，除了开设天猫旗舰店，还在微博上进行话题营销，不断加强与消费者的互动，同时还能进一步宣传产品。现在，除了广东地区，沙示已经进入北京、上海、四川等地市场，逐渐打破地域限制。

请思考

1. 香雪制药是如何获得“亚洲”和“沙示”品牌的？为何要转让“香雪亚洲”？
2. 亚洲汽水品牌为何需要复兴？为何能被复兴？
3. 亚洲汽水为何要选择更年轻化的包装和营销，打造“国潮网红”产品？
4. “亚洲沙示”风味独特，如何才能推向全国和世界？

前述各章阐述了品牌管理方面的策略，从创建品牌打基础，到品牌发展壮大。但品牌管理的基础型战略决策还没有涉及，如：品牌从哪里来？除了自创还有其他途径吗？经营一段时间后，品牌是否会老化而需要更新？品牌能走出国门发展吗？这些都是品牌的重大决策，统称为品牌战略。

第1节　品牌来源

一家企业要推出产品和服务，除通用产品名外，必定要有牌子，才好被消费者辨识区分。牌子在有了一定名气之后也只是名牌，要有了“品”之后才能成为品牌。这个过程是艰难而漫长的，要付出的努力和代价很大。品牌的建立不是一朝一夕之事，但因遭遇各种危机而被质疑，倾覆倒下却很快。

因此，首先要问：一家企业是否需要一个品牌？企业如果想要长久经营，或是要开辟一个新的业务，肯定需要一个品牌。接下来要问：如何才能拥有一个品牌？除了原创还有其他途径吗？原创品牌长远来看有好处，但是慢且不一定能成功。其他途径包括作为生产厂家可以贴牌代工、作为渠道型企业可以代理品牌、作为综合型企业可以租借品牌；如果是更有实力的企业，可以并购其他企业的现成品牌。

一、自创品牌

如果一家企业想要从头开始自创一个品牌，就要考虑是创建一个全新的独立品牌，还是半独立的子品牌。可以遵循品牌延伸和品牌组合的原则，结合产品组合的规划来统一布局决策。进行品牌定位策划时要创新，还要为品牌延伸留有余地；进行品牌识别设计时，要遵循相关原则，最好借用消费者现有的认知，并与品牌定位紧密联系。

原先中国企业做代工、贴牌生产较多，没有自己的品牌。现在越来越多的企业有了品牌意识，2B领域也认品牌。面向消费者，生产技术和能力可以品牌化，零部件和原料也可以品牌化。企业与下游品牌企业可以进行品牌联合，甚至自己在消费品端推出自主品牌。而下游原有做代理和经销商的无牌渠道企业，一方面对渠道可品牌化，另一方面也可以向上游发展，推出自有品牌的产品。

有研究表明，企业创建自主品牌受到企业核心能力和企业资源的影响。其中，核心能力包括自主创新能力和营销能力，资源包括有形资产、人力资本和社会资本。在自主品牌孕育阶段，企业资源是影响创建自主品牌的关键因素。[①] 还有研究揭示，在从代工到创建自主品牌的战略跨越中，如果中国企业采取一开始就以自有

---

① 王朝辉，陈洁光，黄霆，等．企业创建自主品牌关键影响因素动态演化的实地研究：基于广州12家企业个案现场访谈数据的质性分析．管理世界，2013（6）：111-127.

品牌参与全球市场竞争的方式，会遇到自身能力限制与跨国公司或全球购买者遏制的双重阻碍。该研究提出，从贴牌生产（OEM）到贴牌设计生产（ODM），再到自主品牌生产（OBM）应该是渐进式的。OBM 还可以再分成渐进式的三个阶段：DOBM（国内）、ROBM（区域）和 GOBM（全球）。创建自主品牌与承接代工可以并行不悖。①

例如奥马电器是国内最大的冰箱 ODM 出口厂家，合作的客户包括伊莱克斯、惠而浦、海信、TCL 等，2006 年后在国内推出自有冰箱品牌"奥马"。

二、贴牌

OEM 和 ODM 是企业作为生产厂家负责生产或设计，产品上贴合作企业客户的品牌，由合作企业买断产品并销售。这种形式无论在国内市场还是出口市场都十分常见，也是产业链各环节专业化和规模化的分工合作模式。

从严格意义上来说，负责生产的企业并没有拥有终端品牌（代工厂本身也是品牌），但通过合作方式获得了订单，间接因为终端品牌的力量实现了产品销售，代工厂品牌仍然发挥了作用。生产企业可以面向很多相似的企业客户，进而通过规模效应获得成本优势，通过研发带来技术优势，而占据价值链重要一环，成为品牌背后的"隐形"巨人。

而拥有终端品牌的下游企业，可以专心负责产品销售和品牌运营，有的还可能要负责产品研发与设计，并指导生产企业生产。这些企业，把生产制造环节外包出去，一方面可以避免生产制造方面的重资产投入，另一方面可以让生产制造供应链具有一定的弹性。

例如手机品牌小米由富士康、英华达、闻泰等代工生产，华为手机生产部分曾交由富士康、比亚迪、伟创力等。

三、代理品牌

品牌还可以通过代理获得，主要是指销售渠道企业通过代理合作方式获得产品品牌。这种方式对于销售渠道企业而言门槛较低，一般无须投入产品研发和设计，还可以同时代理多个品牌，获得一定的规模优势。这种代理关系一般会限定时间，或限定在某些区域、行业领域内等，或限定是独家代理、多家代理、开放授权，有时也会限定代理商同个品类只代理某个品牌等。这种情况在工业品领域十分常见，在消费品的批发经销体系中也普遍存在。

企业通过代理品牌，能够获得知名品牌影响力的加持，促进销售并获得收益，

---

① 张京红，王生辉．从代工到创建自主品牌：基于全球价值链理论的阶段性发展模型．经济管理，2010（4）：84－91.

也间接拥有了品牌。只是这种关系不太稳定和长久，品牌代理商一方面要努力做大做强渠道品牌，另一方面也可以尝试创建自有品牌，并找上游供应商来贴牌生产。

四、租借品牌

租借品牌的情况较为特殊，是指双方签订合作协议，品牌方将品牌（商标）使用权让渡于合作方，由合作方负责生产和销售的一切事宜，品牌方获得一定收益。双方约定合作期限，并未转让品牌的所有权，所以称为租借。其与品牌转让不同，也与品牌授权不同。品牌授权的对象可以有很多个，而租借品牌只将品牌租借给一个合作对象。

租借品牌还可能会涉及产品品类、包装形式、区域等，双方需要具体约定。租借品牌的企业，可以马上拥有一个品牌，并且是排他性的。但因为是租借关系，如果品牌在合作方手中做起来了，品牌方很可能会终止租借关系或是提高租借收益要求。

例如1997年广药集团将“王老吉”品牌租借给鸿道，由鸿道旗下加多宝代为销售经营。双方合作限定于红罐包装，而绿盒装王老吉由广药自行销售。加多宝将王老吉品牌的名气做了起来，但双方的品牌租借后来也诉诸法庭，最终闹得不欢而散，两败俱伤。

五、并购品牌

并购品牌，是指具有一定实力的企业直接并购其他企业的品牌，从而获得该品牌的所有权。并购品牌，要看该品牌与企业是否“匹配”，看产品业务是否同品类，是否能帮助开拓新市场，对现有品牌组合是否是有益补充，是否能和现有品牌共享资源，包括研发设计能力、生产供应链、销售渠道和传播资源等。如果一个弱势品牌收购一个强势品牌，对弱势品牌本身会有一个较大的提升作用，例如吉利收购沃尔沃。

并购品牌，还应该掌握好时机，在该品牌经营遇到困境时“趁虚而入”。如果对方也有转让的意愿，那么双方可能“一拍即合”。

例如前述奥马电器，2015年后经营逐渐陷入困境，2021年就由TCL通过司法拍卖、二级市场增持等成为公司新的控股股东而接管，融入TCL集团旗下的品牌组合。

知识赋能

理解提问：请谈谈贴牌和代理品牌各有哪些利弊。

复习提问：品牌除了原创，还有哪些来源？

课堂讨论：为何要租借品牌或是并购品牌？

案例实训9-1

华为取得"问界"汽车商标

2023年6月6日，华为技术有限公司成功受让获得"问界"商标，类别包括第12类运输工具等。国家知识产权局商标局信息显示，此次转让给华为商标的企业为北京永安世达科贸有限公司，其于2021年2月4日申请了"问界"的第12类运输工具和第9类科学仪器商标。

华为与赛力斯的合作，证明了"智选"模式可以跑通。在2023年4月中国电动汽车百人会论坛上，余承东在解释"HUAWEI问界"宣传方式时表示，"目前（问界）由赛力斯生产，马上奇瑞、北汽和江淮也会加入，如果每家车企都采用不同的品牌，我们营销、服务、零售会很复杂，所以希望采用共同的元素和品牌。"

此前大众的观念里，"问界"是华为和赛力斯的合资品牌，奇瑞、江淮、北汽新能源等车企与华为合作车型肯定不愿框在这一定位之中，但重新打造品牌、渠道等耗时耗力耗钱。因此，华为希望通过以回收"问界"商标，打造汽车生态的方式，推进一系列合作的实现。华为想要实现高端技术的落地，就必须有高端的终端品牌支撑。而愿意和华为合作的品牌，本身又没有足够的品牌打造能力，那华为必然也要把这块任务接过来。

根据余承东的设想，在产品价格和定位上，华为与各车企基于"智选"模式下开发的产品会有所区分，每个车厂做的产品不重叠。他希望，组合后的"问界"生态，能够拥有完整的产品系列，把车企的产能资源充分利用起来，同时不造成重复浪费。"在真正帮助车企成功的同时，也实现华为的商业变现。"未来无论哪家车厂生产的车，本质都是一样的，由华为提供核心技术，华为提供质量把控，华为提供销售，华为提供营销。

因此，尽管不能明晃晃使用"华为"助力，但商标转让还是必要的。而拥有"问界"商标后的华为，依然不造车，但"代工"意味更加强烈了。此次余承东在2023中国汽车重庆论坛上也重新解释了"华为不造车"的含义：不单独造车，而是和车企联合造车。

从工商信息看，并未发现北京永安世达科贸与华为、赛力斯的关联。不过，北京永安世达科贸与华为相关企业曾有过多次往来。公开信息显示，北京永安世达科贸曾向华为技术有限公司转让商标48个，向荣耀终端有限公司转让商标11个，向华为终端有限公司转让商标3个。这在一定程度上说明，从一开始华为就掌握着"问界"商标的主动权。

至于"问界"的另一个英文名字商标"AITO"，则掌握在赛力斯手中。2021年3月底，"AITO"品牌正式发布9个月前，正德电子申请了"AITO"商标，包括第12类运输工具和第7与第9类。同年8月，正德电子将第12类商标转让给重庆潜康。重庆潜康为重庆小康控股有限公司的孙公司，由重庆小康实业有限公司

100%控股，实际控制人为赛力斯集团董事长张兴海。至此，赛力斯成为 AITO 商标的持有者。

练习题

1. 华为是通过何种方式取得“问界”品牌的？
2. “问界”与“AITO”现在是何关系？在与更多汽车品牌合作后又是何种关系？
3. 华为与其他汽车生产厂家是否构成贴牌关系？
4. 未来华为品牌标识是否会出现在其合作的汽车产品上？

第 2 节 品牌更新

品牌更新，也称品牌焕新、品牌创新、品牌升级、品牌激活，是指当面临老化时，品牌采取重大更新行动。更新包括调整品牌定位、改变品牌识别，以及其他品牌策略。

我们还将专门介绍品牌更新的两种特别情形：一种是品牌复兴，是指一些曾经知名后来没落的老品牌的复兴。另一种是品牌年轻化，是指品牌专门迎合年轻群体做出一些调整改变。

一、品牌更新概述

（一）品牌更新的内涵

品牌更新，就是品牌针对老化所采取的重大更新决策与行动。品牌老化，是品牌生命周期的表现之一。品牌老化，包括品牌资产和品牌绩效的增长放缓、停滞或下滑。品牌老化的原因有内部的和外部的，内部的包括品牌缺乏新意、品牌定位过时等，外部的包括消费者变化、环境变化等。

品牌更新，需要做出重大更新决策。最为重大的是调整品牌定位，最为明显的是改变品牌识别要素，最为瞩目的是新产品、新活动、新代言人。品牌更新决策与行动得当，可延长品牌生命，让品牌重新“翻红”、焕发活力，甚至再上一个台阶；而一旦决策与行动不当，则品牌可能会面临更大的失败，加快下滑；如果因循守旧、无所作为，则品牌会继续没落。

品牌更新的核心目标是克服品牌老化，让市场对品牌产生更为新颖、更具时代感的印象，从而提升品牌市场业绩和无形资产。此举延长了品牌生命周期，让品牌重新焕发活力。如果能经常做出正确的品牌更新决策与行动，就能让品牌历久弥新，打造“百年品牌”，摆脱旗下单个产品有限的产品生命周期的束缚。

一般来说，重大的品牌更新，包括调整品牌定位、改变核心品牌识别要素（例如品牌名称、品牌标识、品牌口号）、发布重要的新产品等；一般的品牌更新，包括调整品牌识别要素（例如调整品牌标识）、更换产品包装、推出新颖的品牌传播活动、起用新品牌代言人等。

知识赋能

理解提问：请结合案例谈谈为何要进行品牌更新。
复习提问：品牌更新与品牌老化有何联系?
课堂讨论：举例讨论是否老字号品牌就不需要时代感。

（二）品牌更新的内容

品牌更新的内容，主要包括调整品牌定位、改变品牌识别要素、发布新产品、推出新传播活动、更换代言人等。上述决策与行动，有时同步进行相互配合，有时单独进行。

1. 调整品牌定位

品牌定位是一个品牌的内在根基，重大的品牌更新都会涉及品牌定位的调整。品牌定位调整策略，具体可参考本书第2章第3节的内容，包括全新品牌定位、扩大品牌定位、缩小品牌定位和坚持品牌定位。

除了上述按调整范围大小划分的调整策略，品牌更新还可以有其他方面的品牌定位调整。例如以档次定位，进行品牌纵向延伸，推出子品牌提升档次，也可以称为品牌升级。如中国男士服装品牌利郎的轻时尚“LESS IS MORE”子品牌，推出一系列“简约不简单”的极致单品爆款，并提出“利郎简约男装”的新品牌定位。

品牌更新还可以调整品牌定位的方式和内容，例如中国皮鞋品牌奥康，率先提出了“运动皮鞋”的独特品类定位，并提出主打功能利益定位的“更舒适的男士皮鞋”的品牌口号。

2. 改变品牌识别要素

品牌识别要素是品牌的外显符号，重大的品牌更新往往会以改变品牌识别要素作为象征来引领。品牌识别要素最重要的是品牌名称和品牌标识，其他包括品牌口号、品牌形象代表、品牌特色包装和品牌特征音乐，详细介绍见第3章。

品牌名称是最重要的品牌识别要素，轻易不会改变，一旦改变就是最为重大的品牌更新。例如“联想”品牌早年以“Legend”为品牌对应的英文名字，后为更好地适应国际化战略的需要，改名为“Lenovo”。再如“天猫”，是2012年由“淘宝商城”改名而来。

品牌标识的改变可大可小，比品牌名称的改变频率会更高。例如“Lenovo”原先是斜体，2015年改为正体。再如小米的标识，2021年四角由直角改为圆角。

品牌口号的改变，相比品牌标识的改变，更为直接易懂。例如京东，2023年就把APP打开页面上的品牌口号由2020年发布的“不负每一份热爱”改回了原先的“多快好省”。

品牌形象代表也可以推陈出新，改变幅度可大可小、周期可长可短。例如京东

Joy狗的形象历经多次变化。

品牌特色包装的改变也可以带来话题和创造更多客户价值。例如雪碧践行环保理念，放弃了辨识程度很高的绿色瓶身包装，而改为更为环保的透明瓶身包装。

品牌特征音乐，可以配合其他品牌识别要素的变化而变化。例如雪碧2020年将品牌口号从“透心凉，心飞扬”升级为“透心凉，渴释放”。为了宣传全新的品牌口号，雪碧邀请多位艺人共同演绎解渴单曲《渴不停》。再如花西子邀请人气歌手演唱品牌同名歌曲《花西子》，用“东方之音”演绎了东方彩妆故事。

3. 发布新产品

发布新产品是品牌更新中最为瞩目的行动之一，品牌靠发布新产品试图唤起消费者和社会媒体的关注，重塑品牌形象，将新产品成功推向市场。新产品与原品类的关系可以是品类内延伸、产品线延伸或跨行业延伸，而在产品档次上，可以是向上延伸或向下延伸。新产品品牌命名可以采用品牌延伸中的多种品牌命名策略；也可以采用独立新品牌名与原有品牌构成品牌组合；还可以借此机会，调整优化企业的品牌组合架构，理顺各品牌间的横向关系和纵向关系。

发布新产品，很可能涉及品牌定位的调整和升级；还可能会结合品牌渠道的调整改变。发布新产品，可以结合采用声势浩大的品牌传播活动；可以结合品牌识别要素的改变，如推出新的品牌口号；还可以结合启用新的品牌代言人。

产品的生命周期与品牌相比更为短暂，并且不可逆转。为了使得品牌长盛不衰，企业需要经常更新品牌旗下的产品组合，推出新产品，淘汰已经落伍的老产品。例如手机行业、汽车行业各主流品牌，主打的旗舰机型、车型，都会在一年左右的时间周期里更换，使消费者保持对品牌的新鲜感，也提升产品竞争力。

4. 推出新传播活动

推出新传播活动，是品牌运营管理的常态。企业为配合品牌更新，更强调较为重大和新颖的品牌传播活动。例如配合品牌定位升级、品牌识别要素改变、发布新产品等所做的品牌宣传活动。上述活动，都是以新品牌传播活动为载体来传递信息和扩大影响力的，所以新传播活动是不可或缺的。

新传播活动，常以品牌方主导的品牌活动形式呈现。如新闻发布会、新产品发布会、经销商大会、客户招待活动，以及品牌举办的慈善或环保活动、讲座或论坛、艺术或娱乐活动、体育活动等。

例如《南方都市报》在2022年7月29日举办了一场《南方都市报》25周年品牌升级发布会，正式发布全新品牌口号“智媒领跑者，价值传承者”。《南方都市报》之前的品牌口号，已从“办中国最好的报纸”升级为“做中国一流智库媒体”，此次为引领智媒转型的又一次品牌更新。

5. 更换品牌代言人

起用新品牌代言人，尤其是当红“热点”明星名人，可以“蹭流量”，获得消费者和社会媒体关注。同时这也是品牌出于更新品牌形象的考虑，使品牌保持与“潮流”同步，获得“时代感”。更换品牌代言人还可以降低品牌代言风险，防范品牌代言人过气或人设崩塌。

起用新品牌代言人，还可以配合其他品牌更新决策的行动，如配合品牌定位调整、品牌识别要素改变、发布新产品等。例如“去渍霸”更名“好爸爸”时，就起用了新代言人。小米手机发布小米 13 Ultra 新款手机时，就起用了当红明星为代言人，还推出了三款限量定制色星空蓝、银杏黄和赤霞橙，分别请了不同的明星来代言。

知识赋能

理解提问：请结合案例谈谈如何调整品牌定位。
复习提问：品牌更新有哪些内容？
课堂讨论：品牌为何要推出新品牌传播活动？

二、品牌更新特例

（一）品牌复兴

品牌复兴，是指一些曾经知名后来没落的老品牌的复兴。这些“老品牌”，包括有较长历史的，也包括改革开放之初曾兴起过的品牌。它们在历史上曾经辉煌过，但现在已经没落，在市场上很久没有发出声音。

品牌复兴是品牌更新的特例。品牌更新的范畴更广，更具普遍性，品牌复兴的范畴更为特定。品牌更新更强调为了让品牌保持一种鲜活的生命状态而实施的具有战略意义的品牌决策与行动。品牌复兴更多是指老品牌被重新启用，获得消费者和社会媒体关注的过程。

例如 2010 年上海家化重新挖掘复活了 100 多年前创立并驰名的“双妹”品牌，将其重新打造成以上海名媛文化为特征的时尚美妆品牌，就是较为典型的老品牌的复兴。再如上海家化旗下的“美加净”也经历过波折。创立于 1962 年的“美加净”在 1990 年达到巅峰，被誉为行业第一品牌，但之后“外嫁”，与外资品牌庄臣合资，却遭到雪藏，经营跌至谷底。1994 年美加净被上海家化高价买回，又被重新推出，也是较为典型的老品牌的复兴。而同是上海家化旗下的“六神”和“佰草集”，则分别创立于 1990 年和 1998 年，品牌一直在经营中并未停顿过，有常规的品牌更新，但并不属于品牌复兴。

（二）品牌年轻化

品牌年轻化，是品牌专门迎合年轻人群体做出一些调整改变。总的来说，不是所有品牌都需要年轻化，只有目标群体是年轻人的品牌，才需要进行年轻化。如果目标群体不是年轻人，品牌强行年轻化反而会丢失原有用户，得不偿失。例如李宁曾犯过这样的错误，推出新口号“90 后李宁——让改变发生”。李宁的强行年轻化既没有讨好真正的 90 后年轻人，也丢失了原有的目标人群 70 后、80 后等。而其子品牌“中国李宁”则正好切中了年轻人的爱国与追求颜值的心理，引领了国潮风，顺势实现了品牌年轻化。原李宁品牌则与这个子品牌保持了一定的距离，这样也没放弃原有的目标群体。

品牌年轻化，还因为以Z世代为主的年轻群体，他们钟爱使用社会化媒体并发出声音，所以他们的消费观和消费行为舆论声浪更大，在一定程度上引领了社会消费潮流。因此，一个品牌的年轻化，也是为了适应当下已经改变的消费主体环境，从而获得更多的品牌曝光，以及得到社会媒体舆论关注。

实现品牌年轻化，不是简单地设计年轻化的包装、使用看似年轻人喜欢的文案和海报风格、邀请年轻偶像代言等，通过这些形式上的年轻化就能轻易实现的，而是要多留意关注年轻群体的社会行为、对社会现象的看法，挖掘其消费行为背后的本质，然后找到其中跟自己品牌契合度较高的价值理念进行结合，例如爱国、颜值、环保、真实、自信、独立等，从品牌价值观到品牌与消费者的每个触点，都进行统一的年轻化设计，再考虑混合采用“酷感、真实性、独特性、认同感和幸福感”的品牌年轻化策略①，才能成为年轻人认可并消费的品牌。

知识赋能

理解提问：请结合案例谈谈品牌复兴和品牌更新的区别。

复习提问：品牌复兴、品牌年轻化与品牌更新有何区别与联系？

课堂讨论：为什么不是所有品牌都需要年轻化？

品牌视野

《品牌年轻化》

当年轻人成为消费主流时，很多品牌意识到，只有实现“年轻化”，才能抓住年轻用户，成功营销。无论是国外的可口可乐、红牛、Supreme，还是中国的故宫文创、李宁、百雀羚、海尔，都是通过品牌年轻化捕获了年轻用户，实现了品牌价值的再次增长。

通过研究全球众多品牌年轻化案例，来自荷兰的两位营销专家贡献了这本书——《品牌年轻化》。作者之一乔瑞·范·登·伯格，资深营销专家、市场研究公司InSites Consulting创始人、比利时弗拉瑞克商学院营销学教授，曾任可口可乐、达能、喜力、匡威、雀巢和联合利华等大公司的营销顾问，拥有30余年的营销经验。另一位作者马蒂亚斯·波赫尔，曾任数字传媒巨头电通安吉斯（瑞典）CEO、世界十大传媒集团之一维亚康姆北欧市场负责人。

书中对年轻人市场的消费心理和消费行为提出了深刻见解。他们认为，一味使用“年轻元素”的营销行为并不能吸引年轻人，他们总结出CRUSH品牌年轻化模型：酷感（coolness）、真实性（realness）、独特性（uniqueness）、认同感（self-identification）和幸福感（happiness）。CRUSH品牌年轻化模型，是建立在对青少

① 乔瑞·范·登·伯格，马蒂亚斯·波赫尔．品牌年轻化．北京：中信出版社，2019.

年日常行为的研究和咨询基础上，该研究持续了九年，研究对象包括4～18岁的Z世代和19～35岁的Y世代。几个全球性的定量研究调查和许多客户的项目及研讨会，证实了该研究的成果。

如果用CRUSH品牌年轻化模型的这五大逻辑来指导优化品牌表现力，使产品、推广、互动和渠道等组合策略落地，品牌就能在年轻消费者的满意度、消费者内部的口碑传播（谈论你的品牌）以及消费者购物倾向等方面得到提升。

本书还用精彩案例阐述了对年轻化品牌的理解，这些案例包括索尼游戏机PlayStation、红牛、小辣椒快餐连锁、苹果、保乐力加、乔氏商店等。作者还采访了乐高、保乐力加、埃斯普利特、BBC（英国广播公司）、可口可乐、美国箱包Eastpak、喜力和万事达等全球知名品牌的市场总监，以此来验证CRUSH模式。他们的品牌年轻化营销逻辑，帮助可口可乐、喜力、联合利华等众多传统品牌，实现品牌形象年轻化和品牌资产再提升。

资料来源：乔瑞·范·登·伯格，马蒂亚斯·波赫尔．品牌年轻化．北京：中信出版社，2019.

请思考

1. 品牌为什么需要年轻化？
2. 为什么说一味使用“年轻元素”的营销行为并不能吸引年轻人？
3. 为什么光是“酷感”还不足以打动年轻人？
4. 如何理解CRUSH品牌年轻化模型的五个元素？

第3节 品牌国际化

一、品牌国际化概述

（一）品牌国际化的概念

品牌国际化，即品牌旗下产品在国际上进行销售，品牌成为国际品牌，获得一定的国际影响力。品牌国际化，包括两种形式：第一种是品牌旗下产品仅在国内生产并出口销售，第二种是品牌旗下产品在其他国家设点生产并在国际上销售。

本书所讨论的品牌国际化，主要是指站在中国视角，中国本土品牌迈向国际市场。尽管品牌国际化，也应该包括其他国家品牌的国际化和其他国家品牌进入中国市场，但本书主要讨论中国品牌的国际化。

品牌国际化有两种品牌经营战略，一种是品牌全球化战略，另一种是品牌本土化战略。品牌全球化是品牌在全球不同市场都采用统一的品牌策略与营销策略，例如统一的品牌识别、品牌定位、品牌传播以及统一的产品、定价等。品牌本土化，则是品牌在全球不同市场采取本土化的品牌策略与营销策略，并不统一。例如有适应当地文化的品牌翻译名称、品牌口号、产品和定价等。如美国的肯德基和麦当劳进入中国市场，前者就执行了较为明显的本土化战略，新增了不少适合中国人的餐食，而后者就执行了较为明显的全球化战略。

（二）品牌国际化的原因

品牌国际化的原因很多，可以总结为以下几点：

第一，扩大市场规模，充分利用规模效应。中国市场规模虽然很大，但仍然有限。尤其是中国既有消费购买力不足的问题，也有消费升级低端商品滞销的问题。而国际市场规模更大，异质性更大。既有消费购买力强的欧、美、日、中东市场，也有消费需求增长快的非洲、东南亚市场等。企业可以借此扩大市场规模，充分利用和提升产能，发挥生产规模效应。例如很多中国家电品牌拓展国际市场，在海外市场站稳了脚跟。近年来，中国汽车品牌也走出国门，出口量大幅攀升。2023 年第一季度中国出口汽车 107 万辆，首次超越日本成为世界第一大汽车出口国。

第二，靠近市场，降低成本，配合东道国政策。为了靠近国际消费市场，或是作为供应商靠近下游客户厂商，有些中国品牌到外国设厂。此举也是为了降低成本，包括关税成本、运输成本等。还有些品牌是去生产成本更低的国家设厂，如越南等。此举还很可能是为了配合东道国政策，因为投资设厂更有利于带来就业，带动当地经济社会发展。例如中国汽车玻璃巨头福耀玻璃，就去美国建厂。再如河钢集团 2016 年收购了塞尔维亚的斯梅代雷沃钢铁厂，并让其起死回生。

第三，面向全球竞争，提升品牌形象，整合国际资源。随着全球化和自由贸易的推进、国际品牌大量进入中国市场、中国品牌借电商等渠道出海更加便利、中欧班列等交通基础设施的改善、消费者国际视野的提升，中国品牌面临着全球竞争的局面。品牌主动国际化，可以直面全球竞争，提升品牌竞争力，同时也借此提升品牌形象，整合国际资源，让品牌对接全球化的市场与资源。例如大疆在美国硅谷设立研发中心，利用美国的人才资源。再如蜜雪冰城进入东南亚、日本和澳大利亚等市场。

二、品牌国际化路径

品牌国际化该如何实现？下面从区域选择的视角和品牌选择的视角进行分述。

（一）区域选择

区域选择，是指品牌国际化时该选择从什么区域入手，总体可以分为以下几种模式：

1. 先易后难模式

先易后难模式，是指品牌国际化时所选择的区域是先易后难：先进入不发达国家市场，然后进入中等收入国家市场，最后才进入发达国家市场。先易后难模式，降低了进入国际市场的门槛，并可逐步积累经验与品牌影响力。但不足是，在不发达国家市场建立的品牌形象和影响力，很可能无法扩散到中等收入国家和发达国家。

2. 先难后易模式

先难后易模式的选择区域顺序与先易后难模式相反，先进入发达国家市场，再进入中等收入国家和不发达国家市场。这种模式进入门槛较高，发达国家市场竞争激烈、消费者品牌意识强，外来新品牌难以获得信任。但优点也很明显，如果能在发达国家市场建立起品牌形象，就能成为国际品牌，之后再转向其他国家市场，品牌影响力可以扩散转移。

3. 中间路线模式

中间路线模式，就是取前两种模式的优点，同时又避开其缺点。中间路线模式的第一步是先进入中等收入国家市场，积累经验，建立品牌形象；第二步，向发达国家扩散品牌影响力；第三步，向其他不发达国家扩散品牌影响力。这样可以降低品牌国际化的风险和难度，缩短品牌扩大影响力、成为国际品牌的时间。

（二）品牌选择

品牌国际化升级的传统路径是“贴牌生产（OEM）—贴牌设计生产（ODM）—自主品牌（OBM）—国际品牌（IBM）”。相关内容还可参见前文“品牌来源”。

中国品牌在国际化过程中，除此之外，还有一些较为特殊的品牌选择路径。

1. 品牌并购

品牌国际化中的品牌并购，较为特殊，本意是帮助中国品牌国际化，但比较多的品牌并购，更像是资本运作。最为重要的国外品牌和其商标的所有权，往往并未购得。并且中国企业买下的国际品牌，往往保持独立运营，既没有利用到国内的产能，更没能帮助自主品牌出海。品牌间的协同效应很少。例如TCL并购德国施耐德品牌时，只能无偿使用该品牌和其专利两年；TCL后在并购汤姆逊和阿尔卡特时，也不理想。联想并购IBM的PC业务时，也只能使用IBM品牌五年。吉利并购沃尔沃时虽号称收购了全部知识产权，但其对吉利并不开放。沃尔沃保持独立运营，更多的是吉利帮助沃尔沃开拓中国市场，而非沃尔沃帮助吉利品牌国际化。很多国际品牌乐意被中国品牌并购，也更多的是为经营中国市场，如安踏获得的斐乐也只是其中国市场的商标经营权。

总体而言，要通过并购国际品牌来“借船出海”，帮助本土品牌国际化，是舍本逐末。国际品牌较难融入中国品牌的品牌组合架构体系中，更难以实现品牌间的协同效应。中国品牌还是要靠自身的实力，一步一个脚印地打造自己的国际品牌。

2. 品牌合营

品牌国际化中的品牌合营，也较为特殊。常见的形式是合资经营，即中国企业与当地企业合资组建公司，共同来推广或生产中国品牌旗下的产品，或是采用当地企业的渠道品牌来推广产品。例如华为在国际化过程中，通过合资化敌为友，来实现自主品牌的国际化。如2003年与美国3Com公司设立合资公司；2004年又先后与西门子合作成立合资公司；2007年与赛门铁克合作成立合资公司等。

品牌国际化中的品牌合营，更应看重的是对方的国际销售渠道资源，帮助推广中国自主品牌。如果是看重对方的品牌，并沿用对方的品牌，则更应关注与中国品牌是否能协同联动，帮助中国品牌国际化。否则仍会是竹篮打水一场空，像品牌并购一样，不能帮助自主品牌国际化。

知识赋能

理解提问：请结合案例谈谈品牌国际化的原因。
复习提问：品牌国际化的区域选择路径有哪些?
课堂讨论：品牌国际化的最优品牌选择路径是什么?

三、品牌国际化策略

品牌国际化的实施，应该注意在品牌识别设计、产品与定价、渠道与传播等方面，采取适应国际化的策略。

（一）品牌识别设计策略

品牌要适应国际化，品牌识别要素的国际化与本土化很重要。品牌识别要素是品牌资产的锚定物，并会让消费者产生各种品牌联想。因此，品牌识别要素的设计，要适应国际化要求。如在品牌取名上，国际市场上英语被广泛使用，品牌名称要有恰当的英文名称。

品牌的英文名称和标识，要简洁、好记、好念，最好还要寓意良好，与品牌形象贴合。例如三星手机在国际市场上最为成功的是Galaxy系列，其英文意为“银河”，寓意高端，取名较为成功。苹果公司的手机品牌是iPhone，简洁又锁定了品类，i还代表了信息时代和互联网时代等，十分成功。

中国手机品牌出海所采用的英文名称则各有优劣，例如OPPO和vivo，国内与国际市场同名，都是用英文，虽没有具体寓意，但简洁、好记、好念。荣耀品牌，英文名HONOR，是由中文直译对应的英文单词，寓意较好且好记，但国际市场商标注册较有难度。而华为和小米，在国际市场上采用了拼音HUAWEI和Xiaomi，较为复杂，不太好念。幸亏二者的品牌标识，一个是图像式，一个是字母缩写式，还是较为适应国际市场。

品牌的英文名称和标识，还要避免引起不良的联想。例如茶颜悦色的英文名称翻译为“SexyTea”，就被认为不雅。

品牌国际化的品牌名称和标识，还要取得国际商标注册许可。例如联想公司，为了适应国际化，不得不将Legend的品牌名称改为了Lenovo。海信的英文名称是“Hisense”，在欧洲市场被竞争对手抢注了相似度极高的“HiSense”，而不得不采用“Hsense”的品牌名。

英文品牌名称的大小写格式也很重要，应确保在所有的地方都使用相同的大小写格式。大小写格式，应该与品牌形象相匹配。如果品牌形象是休闲和放松的，可以使用全小写、斜体或大小写混合形式。如果是专业和正式的，应该使用全大写或首字母大写、正体的形式。例如荣耀为进军国际市场，就将标识由全小写的 honor 改为了全大写的 HONOR。

英文字体也很重要，现在最常用的字体是 Helvetica，但缺点是没有情绪导向，如果目标消费者有比较明确的气质时，找到有同样气质的字体是更优选择。

（二）产品与定价策略

品牌国际化时，对旗下的产品与定价，最好根据东道国的实际情况进行调整。可以适当采取在品牌全球化与品牌本土化之间的中间路线，即基本保留原有的产品，推出一些符合东道国当地特色的新产品或做出一些产品调整，定价则反映品牌形象所符合的档次。

例如在产品上，蜜雪冰城进入越南市场后，根据越南人爱吃甜这一特性，全面调高越南地区奶茶的糖度，取消原先在国内时较为普遍的三分糖和无糖。再如喜茶国际化第一站是新加坡，也结合新加坡当地人的口味习惯，推出了部分新品，如榴莲冰淇淋和咸蛋黄冰淇淋等；在店面设计风格上，也增添了一些当地元素，如新加坡克拉码头门店，就以灯塔为设计元素，契合新加坡港口城市和店面所处地标的特色。

定价方面也需要因地制宜。如果需要打造品牌形象，有必要维持相对较高的价格。如果要走量，迅速打开市场，有必要走高性价比路线。例如 OPPO 在法国发布新旗舰机型 OPPO Find X，定价 999 欧元，按当时汇率折合人民币约为 7 500 元，比国内定价高了 1 000 多元。因为 OPPO 主要目的是打造高端的品牌形象，不为走量。而联想的电脑产品出口美国市场，产品定价却比国内还低，主要是其在国内所面临的竞争压力不大，而在美国品牌力不够，想要走量。

再如比亚迪电动汽车，在欧洲、巴西等市场的定价比国内贵一倍多，比传统豪华汽车品牌都贵，市场也能接受。原因是多方面的：一是出口海外的成本与关税较高；二是比亚迪的核心技术领先，有品牌溢价的底气；三是海外市场对新能源车比较认同，消费购买力较强，竞争没有那么激烈。

（三）渠道与传播策略

品牌国际化时，重点还要利用或是搭建好当地的销售渠道和供应链。除了走传统的出口经销商 2B 模式，以及跨境电商 2C 模式，还可尝试线下渠道。根据东道国实际情况，可以选择进入传统的大卖场、商超零售渠道，也可以自己设立专卖店或采用加盟店的形式。供应链方面，为降低成本与控制风险，也需要发展当地的供应链体系。品牌国际化时的传播策略，也需要适应当地情况，面向当地消费者开展营销传播。

例如，根据统计，2022 年第三季度 OPPO 在印度尼西亚手机市场获得销售冠军，在越南手机市场获得亚军。除了强大的产品力和有竞争力的定价，其渠道与传播策略的本土化也功不可没。OPPO 在印度尼西亚市场主要以零售渠道和大卖场为主，而在越南则以四大 KA（大客户渠道）为主。在营销传播上，其邀请当地流量明星为产品造势，充分利用明星效应，提升品牌形象和知名度；还通过广告微电影、社交媒体矩阵账号运营、品牌挑战赛等方式进行传播推广。而在欧洲市场，OPPO 采取公开渠道和运营商渠道相结合的方式，同时，凭借零售和运营商自己的线上业务，OPPO 也顺带拓展了线上业务。

在品牌国际化传播方面，品牌还可以借助品牌活动、参加展会、赞助体育赛事与慈善事业等形式进行传播推广。例如中国李宁通过参加纽约时装周、巴黎时装周等展会，登上国际舞台。OPPO 在巴黎卢浮宫举办新产品发布会，从中国迈向全球。安踏连续赞助奥运会，赞助多个国家的国家队，助力其全球化。

知识赋能

理解提问：请结合案例谈谈品牌国际化中的品牌识别设计如何适应国际化要求。

复习提问：品牌国际化中的产品和定价策略应该注意什么？

课堂讨论：品牌国际化中的渠道和传播策略有哪些选择？

案例实训 9-2

安克创新的品牌国际化

近年来，在多个“中国品牌海外知名度”调研榜单中，安克创新旗下品牌 Anker 在全球范围的消费者认知度，与联想、华为、海尔、小米、大疆齐名，成为全球品牌。Anker 是安克创新旗下的数码充电品牌，安克创新还打造了智能家居品牌 eufy、无线耳机品牌 Soundcore、智能投影仪品牌 NEBULA、智能办公设备品牌 AnkerWork 和 3D 打印设备 AnkerMake。与大部分跨境电商企业相比，安克创新拥有自主品牌，并在欧美消费者市场享有很高声誉。同时，深耕海外市场多年，也让安克创新拥有全球渠道运营能力。

安克创新生而全球化，2011 年就在亚马逊平台创立 Anker 品牌，深耕全球最大的电商平台之一亚马逊这一市场多年。安克创新在全球八大主力市场均开设了站点，并在美国、日本、西欧、中东等地设立了办事处，销售覆盖全球主流线上市场。根据不同国家和地区、不同销售渠道的具体特点，安克创新分别组建了专业化的营销队伍与渠道管理团队。同时，在产品定位、产品定价、推广以及售后服务方面，安克创新根据本地市场、本土渠道的特点进行优化，能够更好地满足不同地区消费者的差异化需求，提高用户口碑。

最初的安克创新和大多数跨境电商创业者一样，做的是“渠道品牌”，即先在亚马逊上挑选出快速增长的品类，利用国内的生产供应链优势，代工生产优质产品，再贴上“Anker”的品牌标识放到亚马逊上销售。依靠这种销售方式，安克创新的月销售额很快就突破了 100 万美元。但是安克创新创始人阳萌认为，真正要做好品牌，最重要的就是自己做研发、做用户真正需要的产品。于是，安克创新在成立的第二年便拥有了自己的研发机构。企业每年投入大量资金进行新技术、新产品、新项目的研发。发展至今，安克创新希望成为各个目标细分行业里的领导品牌，通过不断对产品研发创新，提升品牌溢价，践行品牌本土化的国际化战略，让品牌出海世界各地。

但要注意的是，现在海外市场中的消费者变了，即使产品在功能、技术上非常领先，但对出海的品牌来说，最关键的因素已经转向——“你能否满足国外消费者未被满足的需求”。比如拖地机，那种洗拖一体机在国内可能卖得不错，但是在国外，尤其欧美家庭，产品可能会因为全屋地毯的本土特色，而无法落地。为了深入洞察用户体验并反馈于创新研发，安克创新构建了一个相当规模的消费者认知国际化团队，去洞察发现品类领域内消费者未被满足或者没有表达出来的产品需求痛点。而做好产品之后，安克创新把营销聚焦到独特卖点做全域营销，包括全场景演绎、全域“种草”、私域突破，围绕整个营销链条进行产品概念输出，让消费者在不同的场景下，都会选择安克创新的产品。

练习题

1. 安克创新的品牌国际化路径是如何选择的？
2. 安克创新旗下各品牌的命名方式是否适应国际化要求？
3. 安克创新的产品和定价策略有何特点？
4. 安克创新的渠道和传播策略有何特点？

素养园地　六神品牌年轻化

六神品牌诞生于 1990 年，是上海家化旗下品牌。六神首创在传统花露水中添加冰片、薄荷脑、珍珠粉、金银花等有清热解毒、消肿止痛功效的中草药，赋予了花露水除香味之外的祛痱止痒等功能。六神花露水就此诞生，迅速获得了广大消费者的喜爱，更是成为人们度夏的常备品。六神品牌坚持立足于中医中草药文化，积极发展中医中草药的现代化演绎及应用，并进行品类延伸，推出包括沐浴露、香皂、洗手液、粉系列、宝宝系列、随身系列、洗发露系列等在内的各类个人护理产品。花露水也在六神经典绿玻璃瓶花露水外，进行功能细化和衍生，产品包装也增加了更为便捷的喷雾瓶、随身瓶。现如今，六神的品牌口号是“尽享健康生活的快乐和美好”，希望六神成为每一位消费者居家必备的个人护理产品。

作为国民品牌，在大部分人眼里，六神早就被贴上了“传统”的标签，年轻消费者最直接的反应就是“这是我妈妈用的产品”。而如今新生代消费者已成为消费主力军，六神深刻意识到，想要跟随时代脚步，让经典不被时间淘汰，就要做出更大的改变。为此，六神在 2017 年推出了年轻化战略，做出了许多大胆的尝试。年轻化战略的第一步，就是签下年轻的品牌代言人，并于 2019 年推出了“六神这夏起风了”一系列主题营销活动。

在跨界品牌联合上，六神也是创造了一波又一波热点话题。2018年，六神花露水与锐澳联名的六神花露水风味鸡尾酒成为那年夏天当红的“网绿”CP。2019年，六神联合沪上知名龙虾店沪小胖，推出花露水风味小龙虾，让夏日常备“网绿”与“网红”巧妙结合，引爆了网络流量。2020年，正值品牌创立30周年，六神联名肯德基K COFFEE推出了“咖啡味”花露水，联名安踏推出限量版运动礼盒。多维度融合到年轻人的生活场景中，制造难以忘怀的体验，产生与品牌的共鸣，让六神在2020年夏天又火了。

在营销传播上，六神和消费者积极互动。六神内部有第三方舆情监测系统，专门搜索与六神有关的原生内容，只要内容出来后能得到其他网友的响应和跟进，六神就会跟进传播。如网上流传的“六神花露水与大牌香水味道相似”话题、“六神引爆美国市场”趣闻等都来自网友自发原生内容，六神做的就是放大传播效应。

品牌年轻化除了传播上更贴近年轻人，产品的年轻化也尤为重要。近年来，六神推出了一系列针对年轻人需求开发的新产品，如六神夏日随身系列。针对18～30岁的城市女性消费者，包装小巧玲珑，大小适合放入女孩子的包包；同时带有夏季时尚设计元素，如阳光、沙滩、贝壳、人字拖等。

六神品牌虽然开启了年轻化战略，但始终坚守两个核心资产：“夏天”和“中草药”。从2012年《花露水前世今生》视频上线至今，六神品牌的年轻化营销主打“夏天”元素。怎样让传统中草药元素在年轻人心中更加时尚化，是六神接下来在品牌塑造上很重要的一步棋。

思考题

1. 六神实施品牌年轻化战略带来了品牌定位的调整吗？
2. 六神的品牌年轻化还涉及哪些品牌策略？
3. 六神进行的品牌更新还有哪些内容？
4. 六神坚守中医中草药文化又是如何年轻化的？又该如何时尚化？

本章小结

1. 品牌来源除了自创，还有贴牌、代理品牌、租借品牌和并购品牌这四种方式。这四种方式各有优势，但也都有局限性。长期战略考虑首选培育发展自创品牌。

2. 品牌为避免老化需要更新，品牌更新包括调整品牌定位、改变品牌识别要素、发布新产品、推出新传播活动、更换品牌代言人等内容，上述决策与行动需协调一致。品牌更新的特例包括品牌复兴和品牌年轻化。品牌复兴是没落的老品牌重新启用或焕发新生；品牌年轻化是为迎合年轻人而进行的品牌改变。

3. 为了扩大市场、靠近市场和提升形象，品牌需要进行国际化经营。品牌国际化的区域选择路径有先易后难、先难后易、中间路线；品牌选择路径有OEM、ODM、OBM，以及较为特殊的品牌并购与品牌合营。品牌国际化策略，要在品牌识别设计、产品与定价、渠道与传播等方面，采取适应国际化的举措。

拓展思考

1. 品牌定位是不是品牌战略？
2. 全产业链品牌有何优点与缺点？
3. 为何说自创品牌外的其他品牌来源方式都有较大局限性？
4. 品牌更新是否一定会涉及品牌定位和品牌识别要素的改变？
5. 是否所有品牌都需要国际化？
6. 品牌国际化的区域选择路径在电商时代会有何改变？
7. 品牌国际化的品牌识别设计应如何适应国际化？

实训练习

一、选一家企业（其有多个品牌），进行以下分析：

1. 搜集该企业各品牌来源的素材，分析品牌来源分别属于哪种方式。
2. 如果该企业有自创品牌，分析企业原处于产业链哪一段。该品牌是否覆盖全产业链？
3. 如果该企业有其他方式的品牌来源，分析有何优点，有何局限性。
4. 如果该企业有多个品牌，品牌之间是否有协同效应？

二、选一个品牌（其有品牌更新的情形），进行以下分析：

1. 搜集该品牌的品牌更新案例素材，分析其属于品牌更新、品牌复兴还是品牌年轻化。
2. 该品牌的品牌更新涉及哪些内容？
3. 该品牌的品牌更新各内容之间是否协调一致？
4. 该品牌的品牌更新是否成功？还可以如何改进？

三、选一个品牌（其有品牌国际化的情形），进行以下分析：

1. 搜集该品牌的品牌国际化案例素材，分析品牌为何要国际化。
2. 该品牌的国际化在区域选择上采取了什么路径？
3. 该品牌的国际化在品牌选择上采取了什么路径？
4. 该品牌的国际化在品牌识别设计上是否适应国际化？还可以如何改进？
5. 该品牌的国际化在产品与定价上是否适应国际化？还可以如何改进？
6. 该品牌的国际化在渠道与传播上是否适应国际化？还可以如何改进？

创新创业

1. 假设你们要创业开一家奶茶店（或是其他业态的企业），如何解决品牌来源？是自创品牌还是采取其他途径？自创品牌和其他途径各有何利弊？

2. 上述新创企业是否要考虑国际化战略？如何在品牌设计阶段就做好国际化的准备？国际化的产品、渠道、定价、传播等策略如何考虑？

3. 上述新创企业是否可复兴某些已没落的老字号品牌或物质与文化遗产？是否要实施年轻化战略？

▶▶ 综合案例 ◀◀

奥康的品牌战略

1988年，王振滔创立了奥康的前身永嘉奥林鞋厂。鞋厂之所以叫奥林，是希望将奥运精神融入制鞋业，用质量赢得消费者信任。成立鞋厂后，王振滔严抓产品质量，并喊出“真皮皮鞋”的口号，后成为“中国真皮领先鞋王”。1998年，奥康请韩磊任形象代言人，“穿奥康，走四方”的品牌宣言让其大热。

2003年奥康走向国际化，正式和意大利鞋业品牌GEOX进行合作，负责GEOX部分国际产品的生产，以及GEOX品牌在中国的生产和运营。奥康与GEOX合作，是企业国际化的新尝试，奥康之前在国外尝试开设了几家专卖店，但都失败了。奥康可以通过GEOX全球销售网络让自己的产品进入国际市场，也为自己品牌的国际化奠定基础。通过与大牌公司合作，奥康开始由纯粹的OEM向ODM升级转型。为了早日站上时尚的风口浪尖，奥康在意大利米兰成立研发中心，每年派设计师到全球各地观摩学习。

2008年，奥康国际化更进一步，与意大利知名鞋类品牌VALLEVERDE达成协议，收购后者为期10年的全球品牌经营权。奥康取得全球独家品牌经营权和生产权，即后者全球品牌营销、产品制造全部由奥康负责运作；VALLEVERDE则变身为“研发部”，提供产品研发资源及技术和法律方面的支持。

2012年，奥康登陆A股，成为“中国男鞋第一股”。不过上市即巅峰，奥康净利润连续下滑。背后是男鞋市场竞争日趋激烈，男士皮鞋受到运动鞋严重挑战。奥康从商务男鞋，调整至偏向休闲时尚以及运动鞋方面。早在2001年，奥康就推出旗下休闲鞋品牌“康龙”，邀请我国香港著名影视明星做形象大使；后来还推出“红火鸟”品牌，主打潮鞋，推出“美丽佳人”品牌，主打高端时尚女鞋。2015年奥康国际还成为斯凯奇运动鞋的中国总经销商，2017年又成为另一国际运动品牌的代理人，但业绩都不理想。

与此同时，男鞋市场还存在着“痛点”。随着男士消费场景的不断渗透及其审美需求的不断拓宽，舒适且能适应多种正式场合与休闲场景的皮鞋需求逐渐凸显。

2021年8月，奥康在33周年之际进行了品牌升级，提出“做更舒适的男士皮鞋”，并发布了“微空调”“云朵”“呼吸”“万步”四大系列，意在解决传统皮鞋舒适度差、应用场景狭窄的问题。

而在2023年品牌战略发布会上，奥康现场发布“奥康首创运动皮鞋”，推出突破商务场景的全新皮鞋系列。奥康将皮鞋与运动鞋结合，成功开创出运动皮鞋新品类。该品类打破工作和生活的场景限制，兼具功能性和美观性，平衡商务与休闲，获得了行业和消费者广泛认可：先后斩获有全球“鞋履奥斯卡”之称的FNAA年度大奖、“中国舒适男鞋奖”和“亚洲更舒适男鞋奖”等。

随着Z世代成为消费市场的主力军，奥康通过渠道和传播的品牌升级，以全新品牌形象吸引年轻消费群体。线下店铺规划围绕年轻群体聚集的城市核心商圈，从传统门店升级为潮流时尚的黑晶旗舰店，全方位优化服务，打造“男士购鞋天堂”。奥康优选Z世代品牌代言人，打造年轻化、时尚化的品牌标签。奥康还举办各种品牌主题活动。例如2023年5月6日，奥康（首创）运动皮鞋三城联跑激情开跑，联动抖音变装超跑挑战赛，掀起上海、杭州、长沙三城打卡热潮，吸引近3 000名青年跑者围绕上海世博文化公园、杭州西湖和长沙橘子洲，开启5公里舒适畅跑。这次活动旨在传递奥康首创运动皮鞋“更舒适”的品牌价值，呼吁当代年轻人在工作与生活中找到平衡，与Z世代构建情感链接。

思考题

1. 奥康、康龙、GEOX、VALLEVERDE、斯凯奇等，品牌来源分别是什么方式？

2. 奥康国际化分别尝试了哪些路径？奥康的英文品牌名称设计是否可改进？

3. 从“中国真皮领先鞋王”“穿奥康，走四方”“做更舒适的男士皮鞋”到“奥康首创运动皮鞋”，奥康的品牌定位方式和内容有何变化？

4. 从2021年开始的奥康品牌升级，是一般的品牌更新还是品牌年轻化？能否用CRUSH模型的五大逻辑来评价与改进策划？

// 第3篇 //

品牌IP化

第 10 章

品牌 IP 化基础

政策瞭望

鼓励企业推进产品设计、文化创意、技术创新与品牌建设融合发展，建设品牌专业化服务平台，提升品牌营销服务、广告服务等策划设计水平。实施商标品牌战略，加强商标品牌指导站建设，培育知名商标品牌。引导企业诚实经营，信守承诺，积极履行社会责任，塑造良好品牌形象。支持企业强化商标品牌资产管理，提升品牌核心价值和品牌竞争力。

——《国家发展改革委等部门关于新时代推进品牌建设的指导意见》

知识思维导图

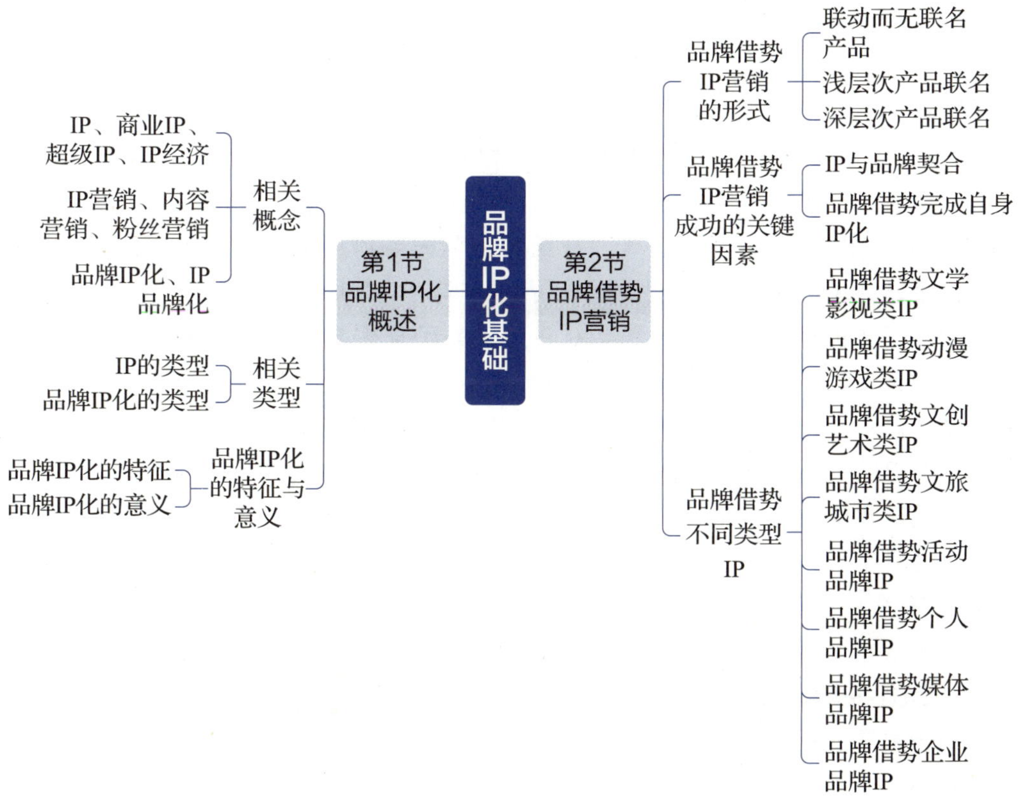

导入案例

美团的耳朵

美团一不小心，正借助一对明黄色的长耳朵，累积出文化价值和情感力量，向品牌IP化发展。

具体过程是这样的：早在2016年，美团就开发了一个“袋鼠耳朵”造型，作为自家外卖员的头盔装饰。耳朵不长，看起来有些累赘，尤其是那个袋鼠脑袋增加了认知的复杂度，估计这是其一直不温不火的原因。后来美团对其进行设计改良，到了2020年，“袋鼠耳朵”明显更醒目、更可爱了，尤其是去掉袋鼠脑袋后，人与“耳朵”更加融合了。这一改良让很多人误以为是兔子的耳朵，以至于美团要专门辟谣，说是袋鼠耳朵不是兔子耳朵。

这款“袋鼠耳朵”真正火爆，是从2020年2月一条被抓拍的视频开始的。这条视频被戏称为“麦当劳调戏美团”。一位正在等红绿灯的麦当劳小哥显然是被美团小哥脑袋上的长耳朵吸引，他慢慢地靠近，趁其不备捏了两下，立刻溜走。这条视频在网络上迅速传开，点击量很快窜至千万，一举登上热搜榜，网民纷纷表示想捏、想揪、想薅。还有好事者画成了漫画形象，因用了红黄两色搭配，被戏称为“番茄炒蛋CP”。

美团显然意识到这当中的话题价值，开始主动在微博上“记仇”和撩拨麦当劳。起初对方没有反应，到了4月，麦当劳在新品5G炸鸡上市时，主动邀请美团和饿了么一起去B站直播，美团的“长耳朵”在三大外卖天团中，显得非常醒目出挑，进一步将热点推高。5月，麦当劳正式和美团官宣“CP”。

2020年7月17日骑手节，“袋鼠耳朵”出现了加强版，如鲜花盛开，美团自嘲这是“人间向日葵”。其他外卖也加入了头盔战争，各方在头盔上展开了丰富的想象力，从齐天大圣翎子、皇帝帽到脏辫，使得微博话题“外卖小哥皮肤大战”累积出2.9亿的声量。

美团甚至开始销售耳朵的周边产品，小漫画也开始推出。2020年7月底，美团APP上线美团礼品店，开始出售“袋鼠耳朵”的系列周边产品，从头盔到发箍都有。海报设计风格简约高端上档次，俨然潮牌符号，“重新定义了耳朵”。产品被网民抢购，毕竟价格很便宜，只需要6.9元。美团自嘲自己为“袋鼠耳朵加工厂”。这使美团第一次有了和“鹅厂”差不多的代称，美团因此不断推进人情化、IP化品牌的塑造。一系列行动和事件，使得大众对美团耳朵的热情日益高涨，相关话题不断登上微博热搜，在抖音、快手等短视频平台刷屏，单话题阅读量高达3.3亿，逐步向全民乐趣演绎。

这是一个用户自发参与感极强、极接地气、极通人性、极富娱乐化的案例，也具备了IP化、粉丝化的一切特征：形象符号、用户创造内容、周边衍生。这个案例成本极低，美团只是改良了一下自家外卖员的头盔，就借助外卖小哥巨大的生活流量，加上一两条偶发的有趣视频，自然而然获得了巨大的成效。

资料来源：一个“四两拨千斤”的品牌IP化案例，简单到大多数企业都想不到.(2020-08-18). https://www.woshipm.com/marketing/4140843.html.

请思考

1. 美团的“袋鼠耳朵”是一个 IP 吗？为什么？
2. 美团的“袋鼠耳朵”带来了话题流量和粉丝，对品牌有何影响？
3. 美团销售“袋鼠耳朵”的周边产品和推出小漫画，此举说明品牌有何变化？

第 1 节　品牌 IP 化概述

一、相关概念

（一）IP、商业 IP、超级 IP、IP 经济

IP（Intellectual Property）本义为知识财产，后特指知识（财产）所有权，简称知识产权，也就是人们对自己的智力劳动成果依法享有的支配和不受侵害的权利。知识产权包括著作权、专利权、商标权等。

而从 2015 年在中国火热起来的网络用语“IP”，则已经在此基础上特化，是指能自带流量和商业价值的跨媒介“内容”产品。“内容”产品的媒介形式，可以是文学作品、影视剧、游戏等“大作品”，也可以是在短视频平台、微博和小红书等发布的“小作品”，还可以是任何获得流量并能变现的事物。“IP”的特征包括：其一，无形性，是智力劳动成果；其二，存在感，能自带流量；其三，有价值，能商业变现；其四，跨媒介，能跨媒介迁移。

“商业 IP”，则是经品牌化运营之后的“IP”。“商业 IP”能更好地放大“IP”的商业价值，迁移推出更多媒介形式的“内容”产品；能做品牌延伸，推出其他的有形产品（俗称周边产品）；能做 IP 授权，通过让其他商业组织有偿使用“商业 IP”的符号而获利；还能通过 IP 与品牌联名（其实质是品牌杠杆），让其他品牌分享 IP 的影响力。

品牌化后的“商业 IP”，也具有了品牌识别要素，需要得到知识产权保护，才能更好地发挥商业价值。但“商业 IP”并非知识产权本身，更多的是一个文化与经济概念：文化是因其有吸引力与流量，经济是因其有商业变现价值。

“超级 IP”，则是特指“大火特火”并能持久的大 IP。很多 IP 一时间“火”了，但很快沉寂下去。要持续输出“爆款”，才能长期保持存在感和热度，这是很不容易的。“超级 IP”一般具有以下特征：内容传递的价值观是积极的；价值观与受众能产生共鸣；持续输出优质内容；内容创作者本身具有独特、旺盛和持久的生命力。

“IP 经济”，最初指的是从热门文学作品中挖掘出具有巨大粉丝量的“IP”，将文学作品改编成为影视作品，从而获取票房收入，形式相对单一。随着社会经济发展，更多变现形式出现了，比如改编成漫画、游戏，推出周边产品等，商业价值开发链条逐渐形成，“IP 经济”模式初见雏形。

现如今，“IP经济”已经日趋成熟，构建出了包含多元化“IP”内容形态和商业变现路径的IP经济全产业链生态。“IP”内容形态，已经从文学作品拓展到更为广泛的具有商业价值潜力的各种类型的无形资产。

（二）IP营销、内容营销、粉丝营销

IP营销可以分为两种类型：其一是IP本身的营销，通过营销传播扩大其影响力，提升其商业价值，甚至品牌化运营，成为“商业IP”。其二是其他方借助IP来营销。其他方可以是有产品的企业品牌，它们通过与IP联名等方式来借势，达到商业目的；其他方也可以是其他IP，它们通过IP间的联动来营销传播，扩大影响力，提升商业价值。

内容营销是企业品牌通过创建和分享消费者感兴趣的、有价值的内容来吸引客户，以达成与客户的传播沟通，提高客户对品牌的认同感，以提升品牌资产和促成交易。内容形式包括文字、图片、视频、音频等，传播渠道可以是微博、抖音、微信等新媒体平台上的品牌自媒体账号，传播形式可以是激发受众广泛参与的内容创意传播活动。

粉丝营销则是借用明星粉丝的概念，品牌也可以有粉丝，或称从品牌忠诚升级到品牌热爱的品牌拥护者、追随者。粉丝营销，就是品牌通过培养粉丝，并通过粉丝来营销，以达到提升品牌资产和促进销售的目的。

粉丝营销是一种培养热情追随者（粉丝）的策略，通过培养和增加对产品、服务和品牌有强烈依恋感的“粉丝”来扩大中长期销量。如果将其与传统的主要营销方式进行比较，就可以看出不同之处。过去，提高知名度和获取新客户的主要途径是大众媒体等。但有了粉丝营销，可以通过粉丝的口碑和信息传播来提高知名度和获取客户。

上述三个概念，相辅相成，有一定的联系。IP营销涉及内容营销与粉丝营销，因为IP一定有优质内容，IP一定有粉丝。所以说，IP营销包含了内容营销与粉丝营销。而内容营销与粉丝营销又可以说存在因果关系，优质内容是因，拥有粉丝是果。

（三）品牌IP化、IP品牌化

品牌IP化就是让品牌也像IP一样，能够自带流量和获得粉丝，并提升其商业价值。商业价值提升的表现形式包括获得舆论关注、获得粉丝并被其积极传播、品牌延伸更容易成功、品牌授权合作等。

品牌IP化的出现，是社会进步的体现，是时代发展的需要。随着商业竞争的加剧和商品功能同质化，人们已不仅仅满足于物质层面需要被满足，精神需求变得愈发重要。一方面，品牌的发展有助于创造差异化，避免同质化。另一方面，品牌也需要创造额外价值，主要是精神价值，来满足消费者的精神需求。品牌IP化应运而生。

品牌IP化是品牌管理的高级阶段，是在前述品牌经营管理策略基础上的升华。品牌IP化强化了品牌自身的价值。更加关注品牌的美学价值、情感价值、文化价值、

个人价值、身份价值、关系价值等精神价值，而淡化了品牌依附于具体产品的功能价值、使用价值等物质价值。

IP 品牌化是 IP 进行品牌化运营，成为商业 IP。品牌 IP 化与 IP 品牌化有三点不同。首先，是起点不同。IP 品牌化是将 IP 打造成为品牌，进行商业化运营，成为商业 IP；品牌 IP 化是将品牌打造成为 IP，能够自带流量，提升其商业价值。其次，二者的产品不同。IP 除了原创内容产品，其他产品有待开发；品牌旗下则已经有了商品，可以进行品牌延伸推出新产品，还可以衍生出内容产品。最后，二者的补缺不同。品牌缺的是流量，品牌 IP 化就是要创造自带流量，降低流量成本，扩大流量，带来粉丝和更多商业价值；IP 缺的是商业价值，IP 品牌化，就是要通过品牌化运营，来扩大商业价值。

知识赋能

理解提问：请结合案例谈谈如何理解 IP。
复习提问：IP 营销与内容营销及粉丝营销有何联系?
课堂讨论：品牌为何需要 IP 化?

二、相关类型

（一）IP 的类型

IP 的类型，按 IP 的来源与应用领域划分，包括文学 IP、影视 IP、游戏 IP、动漫 IP、文创 IP、艺术 IP、活动 IP、城市 IP、文旅 IP、个人 IP、媒体 IP、品牌 IP 等。

各种类型的 IP 都是以“内容创作”为核心，通过商业开发和品牌化运营而实现更大的商业价值。各种 IP 类型可以互相输出输入或是跨界联合、融会贯通，其前景是广阔的，可以促进更多产业融合发展，为传统产业注入活力，为品牌升级拓展空间。

1. 文学 IP

文学 IP 是最常见和最早的 IP 形式，也是其他很多形式 IP“优质内容”的源泉，是文字型“内容”。文学 IP 的商业开发，是以各种文学作品中的原创故事、人物、场景等为元素，进行影视、游戏、动漫等的改编与衍生品开发。

文学作品改编为影视作品是最为常见的。有古代的文学作品，例如热映的电视剧《梦华录》，就改编自关汉卿的元杂剧《赵盼儿风月救风尘》。也有现代的文学作品，例如刘慈欣的《流浪地球》和《三体》，分别被改编为电影和电视剧。再如畅销小说、网络文学，有些被改编为电视剧和电影，有些被改编为动漫和游戏。

2. 影视 IP

影视 IP 是产生社会舆论影响力和商业价值最大的 IP 形式，是视频型“内容”。内容可以源于文学 IP、动漫 IP，或是真实事件改编，或是老影视 IP 翻拍，或是电视剧衍生出电影或反之，或是原创。

由文学 IP 衍生出影视 IP 是最为常见的，由动漫 IP 衍生出影视 IP 也不少，例如动画片《熊出没》系列火了之后，出品方又创作推出了很多部相关主题电影。真实事件改编，如2023年年中上映的《八角笼中》。老影视IP翻拍，如《亮剑》作为影视IP，又被多次翻拍成电视剧和网络大电影；2023年端午期间热映的《消失的她》，改编自苏联的小众悬疑电影《为单身汉设下的陷阱》。原创，如《唐人街探案》系列等。

影视IP常见的商业价值开发途径，包括衍生开发推出游戏、动漫等更多文化产品，周边产品，以及商业授权。还可以将影视中出现的一些虚构的商业IP进行变现，来扩大商业价值。例如美国电影《阿甘正传》中虚构了一家捕虾公司“Bubba Gump”，1996年拍摄该电影的派拉蒙影业就授权经营者开发了同名的连锁虾餐厅。

3. 游戏IP

游戏IP是受众非常广泛、影响非常持久的IP形式，是少有的可以玩的参与型“内容”。内容可以是文学、影视、动漫等的改编，或是其他途径，或是原创。

例如网易的一款经典游戏《梦幻西游》经久不衰，借用了西游这个文学IP。再如《王者荣耀》这款游戏，里面的人物就借用了历史上和文学作品中的很多人物IP。而米哈游推出的风靡全球的游戏《原神》，基本上是原创的。

游戏IP的商业价值开发，也可以改编成其他文化产品形式或开发衍生品。例如《超级马力欧兄弟大电影》，是根据任天堂的游戏《超级马力欧兄弟》改编的。

4. 动漫IP

动漫是动画和漫画的合称，因为漫画改编为动画或动画改编为漫画是常态化操作。动漫不仅有面向儿童、青少年的，也有面向成年人的。动漫IP，结合播放动漫的网站和APP，影响力也非常大，能吸引很多粉丝。

动漫IP的内容有原创，也有文学IP、游戏IP改编等。动漫IP的商业开发有其他形式文化产品如影视、游戏等的改编开发，衍生品开发，以及商业授权等，甚至开发主题公园、主题餐厅等。例如最著名的迪士尼主题乐园，就是基于迪士尼的众多动漫IP如米老鼠和唐老鸭等来开发的，甚至还能推出新的无内容作品的IP如玲娜贝儿。而国内的动画片《喜羊羊与灰太狼》火了之后，国内市场出现了大量的使用其形象的商品，也从侧面说明其商业开发潜力。

5. 文创IP

文创IP，主要指的是各种博物馆等文化主体、非遗传承人等手工艺人，对相关文化元素进行挖掘开发，以及通过与其他品牌或IP进行联名等商业活动，创造出的IP形式。最为知名的是故宫文创，将若干故宫文物与人物元素进行挖掘开发，打造成一系列的独立IP，整体构成了“故宫文创”这一大IP，或称商业IP。众多商业品牌，与故宫文创开展联名，更是帮助其拓展了知名度与商业价值。

文创IP的源头是其所依托的文化母体。文创IP的商业开发，除了通过上述途径，还可以开发成其他IP形式，例如艺术IP、活动IP等。如故宫博物院和其他单位合作，制作了文艺节目《上新了故宫》。

6. 艺术 IP

艺术 IP，主要指各种艺术形式作品经过创作与传播后，作品名称和其艺术风格或元素成为 IP。艺术 IP 的源头是艺术作品本身，例如绘画、音乐、舞蹈、话剧、雕塑、书法、艺术装置、大型演出等。艺术 IP 的商业开发，包括由艺术 IP 开发为其他艺术作品和 IP 形式、艺术作品的风格或元素的衍生品开发、艺术 IP 的授权开发、艺术 IP 与其他品牌的联名等。

例如以传世名画《千里江山图》为灵感的舞蹈诗剧《只此青绿》，成为 2022 年央视春晚上最亮眼的节目之一。再如 LV 品牌与日本艺术家草间弥生的波点艺术进行的联合活动，将世界各地的多家门店装扮成波点风格，推出一系列波点风格联名产品。

7. 活动 IP

活动 IP，主要指策划原创各种主题活动，包括节日、赛事、会展、娱乐节目等，成功后可以进行商业运营的 IP 形式。活动 IP 一般都是重复进行的活动，而非一次性的活动，也称为活动品牌。活动 IP 的商业开发，除了获得商业品牌赞助，还可以开发其他 IP 形式的内容产品和衍生产品。

例如湖南卫视从韩国引入《爸爸去哪儿》综艺节目版权，在 IP 商业开发上做了不少尝试，开发了电影、跑酷手游、亲子图书以及动画片等。

8. 城市 IP

城市 IP，主要指城市或其他等级的地域品牌，以各种形式创造内容与传播，聚集人气和提高知名度与美誉度，助力区域高质量发展，打造区域品牌。城市 IP，也包括城市中的地标、景点、社区、商店、餐厅、美食等的网红 IP 化改造。

例如长沙打造网红城市，拥有众多网红地标和美食，如超级文和友、茶颜悦色等，策划过“长沙专设粉红斑马线”等新媒体传播活动。

9. 文旅 IP

文旅 IP，是指在旅游景点和旅游活动中挖掘和融入文化创意元素，使其 IP 化。文旅 IP 可以是景点式的，类似城市 IP；可以是活动式的，类似活动 IP；还可以融合相关文创 IP 的开发。上述 IP 形式的混合，可以使其成为超级 IP。

例如乌镇作为江南古镇中的后起之秀，不断挖掘打造新 IP，这些新的文化元素丰富着乌镇文化，让乌镇走出了文旅融合 IP 化的新路。这些 IP 使乌镇打破传统的旅游模式，越来越多人因为乌镇文化、乌镇传统民俗、乌镇戏剧节、乌镇国际当代艺术邀请展、茅盾故居、木心故乡、世界互联网大会永久会址、乌村夏令营等，而关注和喜欢上乌镇。

10. 个人 IP

个人 IP 有两类：一类是传统的明星和名人，进行商业代言与其他 IP 开发；另一类是指普通人通过各种内容创作形式带来人气（称为网红、播主、博主、UP 主等），并在此基础上进行商业变现，常见创作形式包括短视频、写作、直播、课程等。商业变现，主要通过直播带货和内容付费等方式，也有很多通过公司化与专业化的运作方式来实现。例如抖音平台上从罗永浩个人 IP 转为“交个朋友直播间”的公司 IP，由俞敏洪个人 IP 创建的“东方甄选直播间”等。

11. 媒体IP

媒体IP也有两类：一类是自媒体IP，即个人或企业通过微信公众号、今日头条、百度百家号、知乎等，以文章或泛新闻的创作方式，吸引人气，并在此基础上实现商业变现；另一类是传统媒体机构，开发出新媒体形式IP，聚拢人气并实现商业变现。

第一类十分常见，但不同于个人IP，媒体IP用的账号名称不是个人名称。第二类，如传统纸媒《南方都市报》，就打造了一系列新媒体IP，如新闻IP“南都即时”、视频APP“N视频”、财经媒体“湾财社”、条漫IP“粤爱”、榜单IP“广州城市治理榜”等，吸引了人气。

12. 品牌IP

品牌IP是IP化的品牌，是指品牌也具有了网红性质和社交属性，自带流量和拥有粉丝，可以轻松与其他品牌或IP进行联名与互动，创造热点事件或是“蹭上”社会热点时事，与粉丝互动，还可实现品牌延伸，推出品类跨度大的新产品。

打造品牌IP需要打造品牌“人设”，包括品牌人格化与品牌文化塑造；品牌IP的运营，需要搭建品牌社群，运用粉丝营销。实现品牌IP的商业价值最大化，还要做好品牌IP的商业授权，以及做好知识产权保护等。

知识赋能

理解提问：请结合案例谈谈IP和品牌的区别与联系。
复习提问：IP按来源与应用领域可以分为哪些类型？
课堂讨论：不同类型IP之间是否可以融合？

（二）品牌IP化的类型

根据IP化的程度与IP的来源，品牌IP化可以分为两类：品牌借势IP和品牌自主IP化。前者是品牌借助其他IP来借势营销，提升品牌的知名度和影响力。后者是从品牌身上自主挖掘塑造IP，通过自身IP来赋能品牌IP化，获得像超级IP一样的势能。

前者是品牌IP化的捷径，但只是浅层次的品牌IP化，是品牌借助外力，属于一种品牌杠杆策略。后者是品牌IP化的正途，是深层次的品牌IP化，有助于品牌的影响力实现跃迁，成为真正的强势品牌。这两类品牌IP化如图10－1所示。

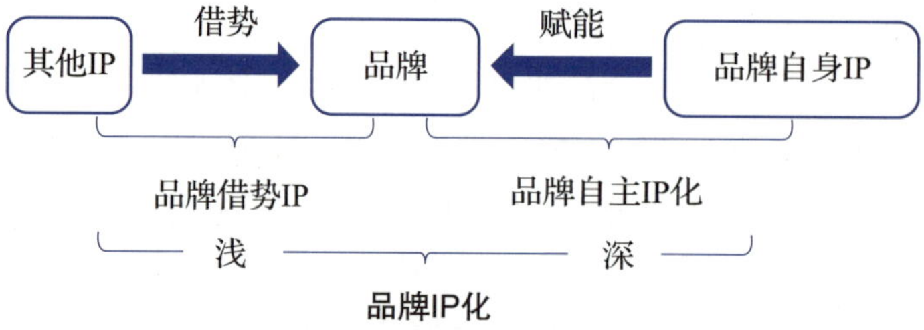

图10－1 品牌IP化类型示意

1. 品牌借势 IP

品牌借势 IP，即品牌通过与其他 IP 的联名与互动，实现品牌杠杆效应，搭上 IP 的热度与特质，帮助提升品牌的知名度与影响力、塑造品牌形象，间接实现品牌 IP 化。

但借势 IP，就像租借品牌一样，这种关系并不牢固，是临时性的。借势获得的 IP 的特质，未必能迁移到品牌身上，也可能与品牌所希望塑造的品牌形象不一致。在借势 IP 营销的短暂热闹之后，品牌挖掘培育出自主 IP，或是扩大自主 IP 的影响力，才是更为长远的考量。

2. 品牌自主 IP 化

品牌自主 IP 化，即品牌从自身挖掘元素，来培育打造成为 IP，并通过运营这些 IP 来给品牌赋能，实现品牌 IP 化，直至成为超级 IP。

品牌自主 IP 化可以挖掘培育的品牌自身的 IP，包括爆款的产品、独特的品牌文化、特色的品牌活动、有个性的企业家、拟人化的品牌形象代表（动物或卡通人物形象、虚拟人等）、有热度的品牌新媒体账号、有温度的品牌社区等。

品牌自主 IP 化通过这些与品牌关联紧密的 IP 来塑造品牌形象，让品牌能承载更多的精神价值，创造流量和吸引粉丝，从而让品牌实现升华，达到品牌的高级形态。

知识赋能

理解提问：请结合案例谈谈如何理解品牌借势 IP 和品牌自主 IP 化。
复习提问：品牌借势 IP 和品牌自主 IP 化有何不同?
课堂讨论：如何实现从品牌借势 IP 向品牌自主 IP 化的跃迁?

三、品牌 IP 化的特征与意义

（一）品牌 IP 化的特征

与普通品牌相比，IP 化了的品牌到达了更高的品牌境界。普通品牌还需要花钱去打广告、买流量，还很可能需要搞降价促销，消费者被吸引来即使消费了也很容易流失。而 IP 化了的品牌则不同，不需要打广告，还拥有以下这些让普通品牌羡慕不已的特征：

1. 拥有人格魅力

IP 化了的品牌，会拥有人格魅力。品牌会表现得像人一样，具有鲜明的个性，拥有拟人化的形象外表，能与粉丝互动。品牌还有自己的价值观，肩负某种使命，倡导某种理念，传播正能量。品牌还能带来丰富的品牌体验，让人沉浸其中并联想到品牌，构成品牌人格魅力。

例如休闲食品品牌三只松鼠，从品牌名到品牌标识，打造了三个松鼠形象作为品牌形象代表，并在此基础上进行一系列拟人化操作，将品牌人格化。

2. 独具文化韵味

IP 化了的品牌，会独具文化韵味。品牌自身基因中就带有某种文化，品牌的识别要素、爆款产品、特色环境、品牌活动等都独具文化韵味。或是品牌创建与经营过程中有引人入胜的故事，形成了文化；或是品牌顺应了某种文化潮流；或是品牌与各种文化 IP 建立了联系。

例如酒鬼酒品牌就与湘西、文学建立了紧密联系，创办了文化内刊《湘泉之友》。众多作家、艺术家与酒鬼酒结缘，如湘西籍艺术大师黄永玉，就为其设计了特色包装。另外，品牌还与《收获》杂志达成战略合作。

3. 优质原创内容

IP 化了的品牌，就像优质 IP 一样，也会持续创作输出优质原创内容，制造和“蹭”上热点话题，以优质内容和热点话题吸引粉丝成为品牌的“自带流量”，使其主动分享传播，放大品牌声浪。优质内容包括品牌旗下新媒体账号 IP 发布的文字、短视频、图文、直播等，还包括品牌制作的微电影、品牌与粉丝互动的内容、品牌发动粉丝参与共创的内容，以及粉丝自行发布的与品牌有关的优质内容等。品牌持续拥有热点话题，又引爆分享传播成为“社交货币”。

例如美妆品牌完美日记的走红，就是因为不少用户在小红书上发布品牌的试色和“种草”内容，引发全平台的热度和讨论。完美日记顺势确定了用优质内容引流的打法，将小红书作为重点渠道运营，通过大量关键意见领袖和关键意见消费者的笔记分享，快速打造爆款而走红。

4. 有粉丝与社区

品牌 IP 化最重要的一个标志，就是 IP 化的品牌会像明星一样，拥有粉丝。一般性品牌，消费者对品牌的忠诚度不高，更谈不上热爱品牌、追捧品牌。而 IP 化的品牌，增强了品牌的魅力，又通过持续内容输出吸引关注与互动，让消费者转变成为粉丝。而粉丝们在一起，还形成了围绕品牌的社群，更加增强了粉丝对品牌的归属感与参与感，他们会更积极地参与互动，传播和维护品牌。

例如魅族是国内手机品牌中最早发起粉丝阵地、兴趣社区、粉丝线下活动的。而新能源汽车品牌蔚来也是粉丝文化的高手，拥有一大批热爱品牌的粉丝，打造了聚拢粉丝的社区。

知识赋能

理解提问：请结合案例谈谈为何 IP 化的品牌会比一般性品牌多出这些优秀特征。

复习提问：品牌 IP 化后会具有哪些特征？与内容营销及粉丝营销有何联系？

课堂讨论：品牌为何需要 IP 化？

（二）品牌 IP 化的意义

品牌 IP 化，是品牌管理的高级阶段，是社会进步的体现，也是时代发展的需要。近年来，随着物质生活的极大丰富和商品经济的异常发达，商品过剩时代已经到来。许多已经创建和发展多年的成功品牌，遇到了发展的瓶颈，获客成本越来越高，留客又留不住。而一批在数字经济和体验经济时代诞生的新消费品牌，从诞生之初就采用全新的打法。它们异军突起的背后逻辑，正是品牌 IP 化。

品牌 IP 化，大幅提升了品牌的能量，让 IP 化了的品牌对普通品牌构成碾压式的降维打击。品牌 IP 化，帮助品牌实现影响力跃迁，成为真正的强势品牌。这也符合深化供给侧结构性改革、推动我国经济高质量发展的需要，真正创造和发挥了品牌的价值，牢固建立起品牌与消费者的信任与紧密关系，降低了双方的成本。

品牌 IP 化的意义重大，可以从五个方面来看，包括创造精神价值、升级品牌定位、强化品牌识别、丰富品牌体验和创新品牌传播等。

1. 创造精神价值

品牌 IP 化，可以帮助品牌为客户创造额外的精神价值，而淡化品牌依附于具体产品的功能价值、使用价值等物质价值。

品牌 IP 化，可以创造的精神价值包括美学价值、情感价值、文化价值、个人价值、身份价值、关系价值等，可以更好地满足客户的精神需求。在为客户创造更多价值、提升品牌吸引力和竞争力的同时，也更好地实现了品牌差异化。

品牌 IP 化后，品牌创造的精神价值还可以与附属于品牌的具体产品的物质价值互相呼应与验证，并让消费者更好地将物质需求与精神需求联结起来。

2. 升级品牌定位

品牌 IP 化，可以帮助品牌升级品牌定位，从较为狭窄的、基于物质价值层面和公司视角的品牌定位方式，升级为较为宽广的、基于精神价值层面和客户视角的品牌定位方式。

品牌 IP 化助力品牌定位升级，使品牌可以更好地反映目标客户需求的特质，更好地满足客户精神需求，更好地与客户建立紧密的联系。品牌可以更容易地进行品牌延伸，覆盖更多产品品类，更容易地向上提升品牌档次，更容易地与竞争对手区隔开来。

3. 强化品牌识别

品牌 IP 化，可以帮助品牌强化品牌识别，从较为抽象的、不容易记忆的、冷冰冰的品牌识别方式，强化为较为生动的、容易识别记忆的、亲切有温度的品牌识别方式。

品牌 IP 化强化品牌识别，重点在于生动的品牌名称、形象的品牌标识、拟人化的品牌形象代表、有话题的品牌特色设计和品牌特征音乐。这样消费者更容易记忆与产生品牌联想，能够更好地将丰富的品牌体验联结到品牌身上。

4. 丰富品牌体验

品牌 IP 化，可以帮助丰富品牌体验（从视觉感官体验，到覆盖多感官的体验；从单一的感官体验，到情感体验、思考体验、行动体验和关系体验），同时提升品牌体验的质量水平，让客户沉浸其中，获得深刻印象。

品牌体验的提供方式，更多是通过品牌识别设计、品牌传播、品牌活动、品牌空间等形式来实现。即使是品牌旗下的产品，也更多是通过产品的子品牌命名、特色设计、产品发布会、产品开发故事等品牌信息，来让消费者产生独特的体验。

5. 创新品牌传播

品牌 IP 化，可以帮助品牌创新品牌传播方式和内容，从传统的打广告、买流量、花钱多成效少的方式，转变为以内容创作为核心、吸引粉丝自动分享传播、花钱少成效好的方式。

品牌 IP 化助力品牌传播方式创新升级，可以大大提升传播的效率，促进消费者转变为粉丝，用品牌社区将公域流量转为私域流量。品牌传播内容也随之创新，更加突出传播品牌“优质内容”，更加注重创造和传递品牌的精神价值，更少做生硬的产品介绍，而是更多挖掘产品物质价值与品牌精神价值的共鸣之处。

知识赋能

理解提问：请结合案例谈谈为何说品牌 IP 化意义重大。
复习提问：品牌 IP 化有哪些意义？
课堂讨论：品牌 IP 化如何提升品牌能量？

案例实训 10－1

三只松鼠的品牌 IP 化

“三只松鼠”于 2012 年成立，迅速从线上零售崛起。其品牌名称和创造的“小酷”“小贱”“小美”三个卡通松鼠形象深入人心，大大提高了品牌的亲和力，很快拥有了一大批粉丝。品牌被赋予人格化属性，消费者购物时面对的是萌萌的松鼠，获得了产品之外的情感满足。

三只松鼠深知，品牌形象要深入人心，除了本身的特质，还要不断刷存在感。影视植入给三只松鼠带来巨大的品牌曝光，也让其销量飞速增长。如据网友统计，《欢乐颂》中邱莹莹在 15 集中吃了三只松鼠食品。2014 年，三只松鼠又成立子公司松鼠萌工场动漫文化，2017 年成立关联公司松鼠娱乐，真正开启了品牌 IP 化之路。

三只松鼠先后推出以松鼠小贱为主角的系列动画《贱萌三国》和《奋斗吧　松鼠小贱》，小贱活泼可爱的形象更加深入人心。其与功夫动漫联合制作的 3D 动画《三只松鼠之中国行》和《三只松鼠之松鼠小镇》，持续输出内容，不断赋予品牌新的生命力。动画之外，三只松鼠还开发了手游《坚果大战》。

在同名动画推出的同时，三只松鼠的壁纸、表情包陆续投放市场。当品牌 IP 形象树立起来之后，围绕 IP 进行的衍生也让品牌形象更加立体。三只松鼠售卖的产品不再局限于坚果零食，还有很多周边和联名产品。周边产品如抱枕、眼罩、公仔、玩偶、零食罐、笔袋、笔记本、手机支架、挂钩、指甲钳等。与企业品牌联名的产品如心相印纸巾、佳洁士牙膏、立顿茶包、九阳豆浆机等。其还和钟薛高、蒙牛、顾家家居、哈弗、奇瑞等品牌进行联合，甚至与很多 IP，如故宫、《摩尔庄园》、《变形金刚》、《大鱼海棠》等联名。

IP 内容的触达，不断强化用户心智，进一步凸显三只松鼠的品牌文化价值。与此同时，三只松鼠通过社交媒体与消费者积极互动，进一步拉近品牌和消费者的距离，实现品牌 IP 从平面到立体、从虚拟到现实的跨越。

2016 年年底，三只松鼠在芜湖开设首家线下“投食店”。“投食店”不是单纯的实体零售或体验店，而是注重体验与互动，增强客户黏性。整个店面营造出一种森林的感觉，“松树”林立，小美、小酷、小贱三只松鼠的玩偶随处可见。灯光被做成了树叶的形状，座椅就是树墩，买零食就像在森林里摘果子。收银台叫打赏处，标签价格叫投食价，三只松鼠巧妙地把 IP 融合到了店铺的每一个角落。除了“投食店”，松鼠小镇——一个融合森林元素和三只松鼠 IP，集产业、文化、旅游、商业于一体的松鼠王国，也已经于 2020 年 11 月正式开镇。

练习题

1. 三只松鼠的品牌名称是否是品牌 IP 化的关键？
2. 三只松鼠的品牌 IP 化属于哪种类型？延伸出哪些 IP 形式？
3. 三只松鼠是否具有品牌 IP 化的特征？
4. 三只松鼠的品牌 IP 化有哪些意义？

第 2 节　品牌借势 IP 营销

品牌借势 IP 营销，是品牌借助其他 IP 的力量，来宣传提升自己品牌的影响力，属于品牌杠杆策略。被借势的 IP 对象，不是企业品牌，原先没有产品，只有内容作品。被借势的 IP，其影响力和受大众喜爱的程度，一般要大于品牌本身。品牌借势 IP 营销，所采取的形式一般可以包括联合互动传播但不产生联名产品、产生联名产品但仅限包装改变等浅层合作、联名产品有功能改变等深层合作。

品牌借势 IP 营销，所借势的 IP 类型，如前所述，可以有很多类型。特此介绍不同类型的品牌 IP 借势营销情形与案例，总结不同的做法，提炼成功的本质。

一、品牌借势 IP 营销的形式

（一）联动而无联名产品

此种形式是品牌和 IP 进行互动传播，但并没有产生产品。此种形式可以是品牌借助网络社交媒体，借助 IP 掀起传播热浪；可以是品牌组织或参与活动，与 IP 产生联结；可以是品牌通过线下线上店铺的媒介资源，利用 IP 来进行宣传；还可以是 IP 的内容作品中有意或无意地植入了品牌元素，品牌借此进行宣传。

例如肯德基于 2022 年儿童节前后，在线下门店推出买肯德基套餐送《精灵宝可梦》主题的玩具（主要是可达鸭），顿时激起了互联网上的一波话题热潮，微博上相关话题阅读量上千万。一些微博大 V 发视频晒“奖品”的同时，还感慨“一鸭难求”。

（二）浅层次产品联名

此种形式是品牌和 IP 联合，推出浅层次的联名产品，主要形式为定制品牌旗下产品，包装上出现 IP 的相关元素，但产品本质如功能等未发生改变。因为产品包装是最为醒目的非媒体传播工具，也是增加品牌旗下产品趣味性、艺术性、情绪性吸引力的捷径，再加上包装改变从设计到生产都较为容易，成本增加不多，对规模要求不太高，所以也是门槛较低的产品联名方式。这种形式有时还会与线上线下店铺活动的宣传与互动相配合。

例如肯德基旗下的 K COFFEE，和多个 IP 联名。如与熊本熊 IP 联名，咖啡杯采用熊本熊的形象和标志性黑色，再配上文字“活出幸福的熊样”。再如 K COFFEE 和酷狗音乐 IP 合作，打造全国主题店，消费者在享用咖啡美食的同时，还可以在店内的酷狗超级 K 歌机上唱歌。活动期间肯德基还邀请新锐乐队在广州、北京两地的肯德基店铺举办线下快闪活动，引发互联网热议。

（三）深层次产品联名

此种形式是品牌与 IP 联合，推出深层次的联名产品：可以是双方共同打造一款新品，实现你中有我、我中有你；也可以是双方各打造一款或多款产品，拥有对方的一些元素特征。此种形式更深入产品的本质，涉及对彼此品牌与 IP 特质元素的挖掘与开发，并寻找二者的共同点，产生呼应与融入。工艺与流程上涉及研发、设计、配方、制作等，较为复杂，单独开发与生产联名产品的成本较高。但深入骨髓的联名与呼应，可能引发消费者更强的情感共鸣与深刻的品牌记忆。此种形式也会同时配合互联网上的宣发和线上线下的活动，引发粉丝的传播热潮。

例如敦煌博物馆文创 IP，与多个品牌推出联名产品。如 2020 年年初，李宁联合敦煌博物馆推出“敦煌·拓”系列，借助敦煌艺术挖掘中国文化。同年 8 月，李宁更是为庆祝品牌成立三十周年在敦煌雅丹魔鬼城举办名为“三十而立·丝路探行”的主题派对。该系列的服装设计都从敦煌元素中获得灵感，通过丝绸之路商队、敦煌壁画、传统纹饰和传统色彩等敦煌元素，打造国潮新潮流。

知识赋能

理解提问：请结合案例谈谈品牌为何要借势没有产品的 IP。

复习提问：品牌借势 IP 营销有哪些形式？

课堂讨论：品牌借势 IP 有无联名产品有何影响？

二、品牌借势 IP 营销成功的关键因素

品牌借势 IP 营销，作为品牌杠杆策略，能否成功的关键点之一是品牌与 IP 是否契合。即所创造的新内容（含爆款产品）带来的品牌联想，是否与二者的品牌要

素和价值都有关，联想的逻辑是否顺畅自然，并且新内容是否是吸引人的、积极正向的、有创意和趣味的。成功的关键点之二是品牌向 IP 借势，是否有助于品牌自身 IP 化，是否有品牌自身的要素在此过程中 IP 化了，或是品牌借势 IP 营销过程中的新内容或是联名产品是否成为新的 IP。

（一）IP 与品牌契合

品牌借势 IP，不能只看 IP 的知名度，还要看与品牌是否契合，要努力寻找和创造二者的联结点。品牌借势 IP，会产生一定的新内容，如新产品、新海报、新媒体宣发，以及大众自发互动所产生的内容等。这些新内容要吸引人，积极正向，有创意和趣味。

这些内容通过传播，会让大众在品牌与该 IP 联合这件事的基础之上进一步产生品牌联想。这些品牌联想，要与品牌及 IP 这二者的品牌要素联系在一起，如品牌及 IP 的名称；要能够联系到品牌所创造的核心价值，如文化价值；联系到品牌的逻辑还要顺畅自然。

例如六神品牌与 TOKIDOKI 独角兽 IP 联名，挖掘并抓住“守护神”这一联结点：基于 TOKIDOKI 独角兽“守护神兽”的概念，用神兽形象，顺畅联系到六神品牌名称；再用“守护”概念产生共鸣，用共同“守护你的夏天”，联系和强化了六神品牌的核心价值，还有采用小瓶装设计，方便携带，强调随时守护；“守护神兽”清新可爱的图案与文案的审美情趣也让人眼前一亮。

（二）品牌借势完成自身 IP 化

品牌向 IP 借势，不能只图热闹一阵子，事后还是老样子，而是要借势推出品牌自身的 IP，让品牌的能量升级，帮助品牌自身 IP 化：要挖掘品牌自身可 IP 化的要素，进行策划包装，再去和 IP 联合，带火品牌 IP，或者是在品牌借势 IP 过程中，诞生新的联名产品或新的内容，成为新的 IP。

无论品牌 IP，还是新的联名 IP，都要有趣味性和话题感，能自带流量，还要持续打造和运营这些品牌自身的或合作产生的 IP，保持热度，助力品牌 IP 化。

例如喜茶首次与影视 IP 合作，选择了 2022 年热映的《梦华录》。该剧的故事背景正与中华茶文化有关，女主角赵盼儿有着茶铺娘子的身份设定。剧中还原了当时饮茶、斗茶等情景，让中国传统茶文化进入大众视野。喜茶本身就致力于推动茶文化的年轻化，弘扬中国茶文化，双方十分契合。双方产生的联名产品，两款风靡全网的创意特调“梦华茶喜·点茶”“紫苏·粉桃饮”，分别呼应《梦华录》中出现的“茶百戏”和“紫苏饮子”，成为合作产生的新的品牌 IP。

而针对《梦华录》剧中古时文人墨客的品茶、会友、赏曲、焚香、啸乐这些传统茶文化，喜茶也同步将其搬进了现实门店及快闪互动中，进一步增强了喜茶门店的“潮流”文化地标的标签，使其成为网红打卡胜地，进一步助力喜茶品牌自身 IP 化。

知识赋能

理解提问：请结合案例谈谈为何品牌要与 IP 契合。
复习提问：品牌借势 IP 营销有哪些成功的关键？
课堂讨论：品牌借势 IP 营销能否帮助品牌自身 IP 化？

三、品牌借势不同类型 IP

（一）品牌借势文学影视类 IP

文学改编为影视作品十分常见，品牌借势影视作品较多，常见形态是品牌植入影视作品。但如前述喜茶与《梦华录》的联名，则将剧中的古代茶文化场景和茶饮在现代场景中还原，难得地“穿越古今”且十分契合。双方深度合作推出联名产品，帮助喜茶自身品牌 IP 化，是较为成功的案例。这比流于表面的品牌植入要影响更为深远，效果更佳。

品牌借势文学 IP，可以与文学 IP 联名，推出联名产品等；也可以考虑在品牌取名和策划品牌故事时，采用一些文学 IP 中相契合的元素，以增加品牌的吸引力。例如高粱酒品牌“粱大侠”，取名时就与武侠文学契合，后来还与阿里文学旗下经典武侠小说进行联名合作，推出了一系列侠气十足的“金句瓶”。

品牌借势文学 IP，还可以借助文学 IP 赋予的灵感元素，提炼设计新产品，以及策划举办相关品牌活动。例如从 2021 春夏系列起，利郎 LESS IS MORE 开始牵手《三体》文学 IP，推出“三体”系列服饰，还举办“维度之外”的新媒体数字艺术展，将人们脑海中对于“三体”的想象变为现实。

（二）品牌借势动漫游戏类 IP

动漫与游戏常互相改编。品牌借势动漫与游戏 IP，对于二次元文化盛行和人人玩手游的 Z 世代来说，是较为有效的。主要形式是把动漫角色形象印在品牌产品包装上，或是做成玩具或其他小礼品，与品牌产品一起出售或赠送。但品牌还是应该多寻找挖掘品牌与 IP 的联结点，让品牌与 IP 产生联名产品，帮助品牌自身 IP 化。

例如奥特曼 IP 与众品牌的合作。一加手机 9R 系列新品上市时，直接签约迪迦奥特曼作为品牌大使；全棉时代推出奥特曼联名款的生活护理产品，线下设置奥特曼主题门店；农夫山泉旗下功能饮料品牌尖叫，联合奥特曼 IP 推出限定款联名产品及其他周边产品。

又如美妆护肤品牌海蓝之谜（LA MER），携手《英雄联盟》游戏 IP。此次联名将海蓝之谜的明星单品“海蓝之谜修护精萃水”，与英雄联盟经典英雄“唤潮鲛姬・娜美”之间的共同点海洋元素进行了全新诠释。品牌深挖二者契合点，使游戏故事与品牌故事深度联结，使产品背后的丰富含义自然而生动地呈现出来。

（三）品牌借势文创艺术类 IP

文创和艺术 IP 常常联系在一起。文创和艺术有丰富的作品形态、文化内涵和审美价值，与较高的文化品位和生活品质联系在一起，又与独特的亚文化社群联系在一起，还能引领潮流时尚，拥有粉丝，自带流量。文创艺术IP，就是将文创艺术作品及其元素IP化。品牌借势文创艺术类IP，要挖掘提炼文创艺术作品中辨识度较高的、较有话题感的、有趣味性的、有审美价值的元素，将原本庞大而纷繁复杂的、较有距离感的文创艺术元素，有机地融入产品中，让文创和艺术走入寻常生活中。

品牌借势文创艺术类IP，可以通过设计开发新的联名产品、举办相关宣传活动等，迁移丰富品牌的文化内涵与审美价值，提升品牌所代表的品位与品质水平，与独特目标人群建立情感联结。

例如很多品牌与故宫博物院、三星堆博物馆等文创IP联名。如红旗与故宫合作，利用红旗与故宫"红"的共同色彩记忆点，推出"万紫千红——中国古代花木题材文物特展"。如为迎接2022年冬奥会，安踏与故宫联手打造安踏×冬奥特许商品故宫特别版，不仅设计有一枚古代滑冰者的吊饰，鞋侧还有冰嬉幡旗勾边，灵感来源于故宫博物院文物《冰嬉图》，细节满满地展现了中国冰上运动的悠久历史，囊括宫廷、运动和潮流元素。再如剑南春、长安汽车等与三星堆博物馆进行品牌合作。

（四）品牌借势文旅城市类IP

文旅类IP就是文化赋能旅游实现了IP化，包括文旅城市、文旅乡村镇、文旅景点景区等，和城市IP有紧密联系，所以放在一起。文旅城市类IP，还可以衍生出活动IP。品牌借势文旅城市类IP，可以是旅游相关品牌或文旅城市本土品牌，成为代表当地文化的IP。例如网红城市长沙拥有文和友、茶颜悦色等代表性品牌IP，相互成就。杭州评选出的当地文旅IP中，就包括万事利丝绸品牌、王星记扇子品牌等，在丝绸方面还有"杭州全球旗袍日"这样的衍生活动IP。

品牌借势文旅城市类IP，还可以是其他品牌寻找到与文旅城市IP的功能价值特点、文化个性相契合的点，双方联手产生共鸣。例如在秦皇岛的阿那亚文旅小镇，照明品牌柏曼携手"阿那亚戏剧节"打造独特光影艺术，传递"自由、自然、自在"的品牌精神。柏曼还在"候鸟300"行为艺术聚集地，以"昆虫友好"系列灯具守护沉浸在艺术海洋的自然营地。在"13+1所戏剧房子"中，柏曼灯光为每种生活理解展现不同的光影效果。

（五）品牌借势活动品牌IP

活动品牌IP，就是IP化了的活动品牌。活动品牌能够在时间和空间上聚拢人气。品牌借势活动品牌IP，不能仅关注获得一时的人气，而是要将短暂的流量转化为粉丝，转化为品牌资产；同时还要注意挖掘自身与活动品牌IP的共同点，通过共同点来达到产生共鸣、强化品牌记忆点的目的。活动品牌IP，一般具有较高知名度和公信力，可以发挥品牌杠杆作用，为品牌背书，提高品牌的知名度和可信度。

品牌借势活动品牌IP，最常见的是冠名赞助活动，或作为活动的指定合作品牌等。品牌也可以与活动品牌 IP 深度合作，定制开发活动，衍生出品牌自主活动 IP。例如百岁山品牌与众多体育赛事合作，除了国内知名马拉松赛事，近年来还先后携手澳大利亚网球公开赛、中国网球公开赛、尤文图斯足球俱乐部等高端 IP，“贵族水”“健康水”“运动水”的标签得到了消费者的广泛认可。

再如各种音乐节 IP 非常火，部分品牌以联名方式与音乐节 IP 联动，获得冠名权。如 2023 年的林肯×迷笛音乐节、江小白 yolo 青年文化节等。再如无锡荡口民谣音乐节由服装品牌红豆男装赞助，海潮宇宙音乐节则由家居品牌九牧卫浴赞助。还有些品牌开始尝试自主打造音乐节 IP，助力品牌 IP 化，如元气森林音乐节、蜜雪冰城冰淇淋音乐节、长沙汤达人元气音乐节、隅田川潮咖音乐节等。

（六）品牌借势个人品牌 IP

品牌和个人 IP 联名，不仅有常见的品牌代言人的方式，还可以将个人 IP 嵌入品牌做成子品牌，开发新的产品系列，例如运动品牌和明星运动员合作，推出以这些明星运动员名字命名的子品牌系列等。

品牌借势个人 IP，个人 IP 还可以是设计大师、工匠大师、艺术家等，他们参与设计创作新产品，在品牌产品基础上带上个人 IP 的风格与品质。例如小罐茶请到八位中国非遗制茶大师，作为小罐茶的“产品经理”。小罐茶还邀请神原秀夫、苹果体验店设计师 Tim Kobe 等国际知名设计师来进行包装设计。

（七）品牌借势媒体品牌 IP

媒体品牌 IP 具有其特殊性，媒体品牌本身就拥有强大的宣传渠道资源。此外，不是所有媒体都是媒体品牌 IP，而是特指 IP 化的媒体品牌。媒体品牌 IP 本身就拥有一定数量的粉丝，具有对粉丝群体的持续影响力，并且具有一定的气场和话题热度。媒体品牌 IP 被人格化，具有人格魅力和拟人化形象这样的特质。

以新闻软文的形式植入品牌，以媒体品牌的权威性和公信力来为品牌背书，是一种常见的品牌借势媒体品牌 IP 的方式。还有一种方式，就是品牌与媒体品牌 IP 进行更深层次的合作，开展一些主题活动，来实现品牌的商业目的。品牌在此过程中，借助媒体品牌 IP 的能量，提升了品牌的公信力和影响力。

例如酸奶品牌安慕希和新华网在五四青年节活动期间推出的“寻找新青年冒险家”计划的系列活动。再如安慕希酸奶大胆创新，推出了地域水果口味，如丹东草莓、攀枝花芒果、徐闻菠萝、新疆哈密瓜，挖掘中国地域优质食材，宣传中国味道，并携手新华网和京东，以产品为内核，品牌、平台、主流媒体三方联动，借势中央一号文件发布以及“中国农民丰收节”，共同打造系列纪录片，将“有内容”的区域限定产品带到消费者视野中。

（八）品牌借势企业品牌 IP

品牌向其他企业品牌 IP 借势，某种程度上可以说是品牌联合策略，但二者又有所不同。被借势的一方是已经 IP 化了的品牌，双方从品牌能量来说不是平等的，被借势的企业品牌 IP 的能量要大于主动去借势的品牌，如被借势的品牌 IP 的话题热度、知名度、美誉度、质量和价位档次、目标人群等都高于对方。因为双方是不平等的，所以又可以说，这仍是一种品牌杠杆策略。此种由下向上“高攀”的合作，比较难促成；即使促成，双方目标人群不一致，也难取得协同效应。

例如喜茶与芬迪品牌的联名，喜茶的芬迪周边产品遭到了哄抢，但是除了包装的“芬迪黄”，喜茶的这款茶饮的品质、口味和定价，并不能反映出喜茶与芬迪的联结点和让人产生高品质联想。对芬迪来说，与喜茶联名拉低了其档次；而对喜茶来说，喜茶也未借此机会提升自己的档次。

知识赋能

理解提问：请结合案例谈谈品牌借势文创艺术类 IP 有何好处。

复习提问：有哪些类型的 IP 供品牌借势？

课堂讨论：借势动漫游戏类 IP 适合哪类品牌？

品牌视野

《超级 IP：互联网新物种方法论》

《人类简史》中提出了一个观点，认为智人之所以能击败尼安德特人征服世界，是因为有虚构与独特的语言，从而能建立连接，聚集众人之力。今天，我们进入移动互联时代，连接的重要性依然不言而喻。移动互联构建了这个加速度时代，信息过剩而注意力必定稀缺，从而造就 IP 化表达，并使 IP 成为新的连接符号和话语体系。超级 IP 具备独特的内容能力、自带话题的势能价值、持续的人格化演绎、新技术的整合善用和更有效率的流量变现能力等特征。

随机消费的时代，每个天生带感的内容都意味着一次付费按钮的触发。流量正在迭代为场景，正被人格逆袭。内容是购物依据，人格信用是入口，场景是即时性流量。小红书的心得分享越细致，越接近微信长文案，就越能聚合信任的长尾。真实的达人持续生产内容，流量效率来自好口碑，人是渠道。新物种天生带感，自带势能，最重要的是以人的连接为中心，而不是简单地以信息推送为中心。

给超级 IP 下个定义，超级 IP 就是有内容力和自流量的魅力人格。超级 IP 有如下关键词：内容、原创、人格、流量、商业化。具体表现为，能主动发酵、属于原创但可衍生和再创作的内容，足够差异化的人格，可期待的订阅机制，离交易很近、有变现能力的流量，以信用值为代表的社交货币，崛起于特定平台而超越单一平台。背后逻辑是，差异化的人格持续生产有价值的内容，吸引足够的拥护者裂变转发与分享，运用低成本甚至负成本的势能连接跨平台全渠道分发，并且富有效率地变现。

新网红作为超级 IP 的重要表征，对互联网商业提出了诸多挑战。这些挑战包括网红力才是明星定价的核心标准，明星代言经济向明星 IP 经济进化，新网红可以不是明星但明星必须是新网红；以人格化表达为核心的类网红模式成为企业品牌公关的新技能，社交网络运营人格 ID 的职能重要性日益凸显；任何企业都必须有完整的独特内容生产能力，品牌故事的讲述可以是纪录片，可以是多条持续的短视频，但必须是持续运营的承接体系；企业、品牌、个人正在加速进入 IP 化生存时代，学会 IP 化生存的重点在于系统形成 IP 运营的能力和体系架构。

超级 IP 是生长在互联网时代的新物种。超级 IP 是全新的互联网打法，是聚焦于内容与人格，更快破局和单点突破的方法论。超级 IP 更是这个时代的新场景，运营 IP 就是运营势能，有势能就有连接。

资料来源：吴声．超级 IP：互联网新物种方法论．北京：中信出版社，2016.

请思考

1. 什么是超级 IP？与品牌 IP 化有何关系？
2. 为什么说 IP 能帮助建立连接？
3. 如何理解内容与负成本的势能连接？
4. 品牌公关为什么要采用人格化表达的类网红模式？

素养园地　百雀羚品牌的借势 IP 营销

百雀羚品牌创立于 1931 年，是被复兴的护肤品老字号品牌。百雀羚进行了自身 IP 化的各种努力，挖掘自身 IP，创作优质内容，讲好品牌故事。比如，长图品牌广告《一九三一》《三生三世三生花》《羚妃传》等。视频有引起广大女性共鸣的《韩梅梅快跑》、展现一百年前上海原貌的《一条拍了百年的 Vlog》，以及穿越剧《帧颜传》等。

近年来，百雀羚更是在借势 IP 营销的道路上走得很欢，与各种 IP 进行合作联名。如百雀羚推出“认真，让东方更美”的口号，与东方文化的代表合作。2017 年，百雀羚携手故宫文化珠宝首席设计顾问钟华，共同定制“燕来百宝奁”“东方簪”等限量礼盒，还特邀明星作为百雀羚首席品鉴官品鉴东方美。2018 年其又定制推出“雀鸟缠枝美什件”彩妆礼盒，产品包括借鉴铜镜设计的亮彩悦容霜、借鉴宫灯外形设计的百雀羚唇膏、借鉴宫柱造型的双头极细眉笔。钟华的设计与百雀羚坚持的东方天然护肤理念，推动“东方之美”引领时尚化、高端化、国际化的国货新风尚不谋而合。

2019 年，百雀羚又与敦煌博物馆合作，将敦煌壁画与彩妆结合，推出百雀羚悦色岩彩十二色眼影盘。每个盘都有不同的特色，融合了敦煌壁画的色彩，异常美丽。其让传统文化以特有的方式回归大众，使消费者更深层次地了解了敦煌文化，加深了对传统文化的认同。

2020 年，百雀羚发布了短视频广告剧《帧颜传》。与此同时，重磅新品百雀羚帧颜霜礼盒也正式上线。由顶级流量明星担任品牌代言人，自然也赋予了百雀羚更年轻、更具实力的品牌标签。

2020 年，百雀羚还携手电竞选秀节目《荣耀美少女》，这是国内首档女性成长综艺电竞赛。《荣耀美少女》所代表的年轻女性群体，注重品质、热爱时尚，同时也极具自信，敢于面对挑战，更敢于突破自己。这与百雀羚“不断突破自己”的品牌精神又是相互契合的。

除了利用赛事制造话题和进行线上热点传播，百雀羚还特别选用《王者荣耀》高人气皮肤之一——貂蝉“仲夏夜之梦”打造一款梦幻护肤礼盒。礼盒选品也极为贴心，其中包含抚纹精华液和银钻面膜。

另外，百雀羚还与迪士尼、阿童木等联名过，推出儿童护理产品系列。

百雀羚也成为被其他品牌联名的 IP。喜茶与百雀羚推出了一系列的联名款产品，以“致敬经典”为合作主题。这场跨界合作，遍布线上线下，设计了“阿喜”“阿雀”两个虚拟角色，同时在文案中也出现了喜茶“打开市场的经典产品”芝士茶、百雀羚的“奇迹水”等产品。

思考题

1. 百雀羚品牌弘扬了哪些中华传统文化？
2. 百雀羚品牌借势 IP 营销过程中是否成功让品牌自身 IP 化？
3. 百雀羚品牌借势 IP 营销主要采用什么形式？
4. 百雀羚品牌借势 IP 营销是否抓住了成功的关键因素？
5. 百雀羚品牌借势了哪些 IP 类型？

本章小结

1. 理解品牌 IP 化，首先要理解一系列概念的内涵。品牌 IP 化，就是让品牌像 IP 一样，能够自带流量和获得粉丝。常见的 IP 类型有 12 种，包括 IP 化了的品牌。品牌 IP 化有两种类型，包括品牌借势 IP 和品牌自主 IP 化。判断品牌是否 IP 化的四个特征是：拥有人格魅力、独具文化韵味、优质原创内容、有粉丝与社区。品牌 IP 化意义在于创造精神价值、升级品牌定位、强化品牌识别、丰富品牌体验、创新品牌传播。

2. 品牌借势 IP 营销有三种形式：有联动而无联名产品、浅层次联名产品、深层次联名产品。品牌借势 IP 营销成功的两大关键是：IP 与品牌契合、品牌借势完成自身 IP 化。品牌借势不同类型 IP，做法各异，但本质相通。

拓展思考

1. 品牌为何要进行 IP 化？
2. 为什么品牌不能光借势 IP，更要挖掘自身元素 IP 化？
3. 如何区分 IP 化的品牌与没 IP 化的品牌？
4. 品牌借势 IP 营销是有联名产品好还是没有好？
5. 品牌借势 IP 营销成功的关键与品牌联合和品牌杠杆原理有何相通之处？

6. 品牌借势不同类型的IP该如何选择？

7. 品牌借势IP营销中该如何带动自身IP化？

▶▶ 实训练习 ◀◀

一、选一个品牌，进行以下分析：

1. 搜集该品牌IP化活动的案例素材。

2. 该品牌各项IP化活动，分别是哪种品牌IP化类型？

3. 该品牌是否已IP化？请解释说明判断依据。

4. 分析判断该品牌IP化的成功与不足，并提出改进建议。

二、选一个品牌，进行以下分析：

1. 搜集该品牌IP化活动的案例素材。

2. 该品牌的IP化活动是否借势其他IP？分别借势了哪些IP类型？

3. 该品牌各项IP化活动分别属于哪种形式？请解释说明判断产品联名是深层次还是浅层次的依据。

4. 分析判断该品牌借势IP营销的成功与不足，并请提出改进建议。

5. 该品牌有哪些自身元素可以IP化？请提出策划建议。

▶▶ 综合案例 ◀◀

酒鬼酒的品牌IP化

酒鬼酒的酒瓶是一个独特的麻袋装，包装上面有一幅酒鬼的国画。这幅画和麻袋装，都是艺术大师黄永玉先生的作品。黄永玉先生和酒鬼酒结缘，是因为家乡湘西。黄老先生的表叔沈从文先生在《边城》中这样形容湘西：“凡有桃花处必有人家，凡有人家处必可沽酒。”文学里的湘西与酒，伴生而来。出身湘西的酒鬼酒，自有文化沉淀在其基因里。

2022年8月27日，“文学无界——酒鬼酒×《收获》杂志战略合作签约仪式”在酒鬼酒厂举行。酒鬼酒与文坛有着深厚的渊源，20世纪90年代，酒鬼酒创办文化内刊《湘泉之友》，1 300多位作者在该报发表过文章。艾青、陈忠实、韩美林、苏童、王蒙等百余名知名作家、艺术家曾先后到访酒鬼酒。此次合作，设立“酒鬼酒·无界文学奖”暨“酒鬼酒·无界漫游计划”，打通文学和其他艺术门类的边界，不做文体限制，面向影视、音乐、绘画、舞蹈、戏剧等各个行业领域开放。

酒鬼酒还与《中国国家地理》开展战略合作，开启了“人文+地理”的品牌探索之旅，同时也将“中国文化酒”的内涵进一步深化，跨界合作、酒旅融合，将酒鬼酒品牌推向新的高度。2020年，酒鬼酒与《中国国家地理》发起了“馥约湘西·重走大师路”采风活动，结集出版了《重走大师路——沈从文笔下湘西的百年变迁》。

酒鬼酒还与世界遗产探索互动综艺节目《万里走单骑》展开跨界合作。著名文化网红、故宫学院院长单霁翔带领其他明星，踏上探索世界文化遗产地的旅程。酒鬼酒以共融共创的形式与节目进行合作，在白酒行业首度实现内容深度植入、深入预埋，品牌深度参与内容共生共创。节目以动人心弦的故事，活化文物古迹的独特风貌，以新的理念解读遗产里的中国，获得了社会的热烈反响。

酒鬼酒创新研发“酒鬼酒×万里走单骑”世界遗产联名酒，第一季发布的两款产品已经成为网络热销的爆款文创产品，第二季接力研发 12 款世界遗产地专属产品。同时，故宫博物院原院长单霁翔个人 IP 与酒鬼酒品牌也建立起了深度连接。依托内容深度植入与品牌二次传播效应，单霁翔的专业学者形象提升了品牌文化深度，也让酒鬼酒文化大使的形象获得了观众的认可。

酒鬼酒还携手湖南卫视，打造中国首档原创婚礼节目《中国婚礼》。作为节目官方指定用酒，酒鬼酒大单品“红坛酒鬼”中国红的福袋造型，与整个节目气质相交相融。在《中国婚礼》第一季热播后，“有喜事，喝红坛酒鬼”的品牌认知，便在“醉乡婚礼上的拦门酒有多拦”等社交属性满满的话题，以及 520“JIU 要爱到底”活动中，逐渐强化。而酒鬼酒与《中国婚礼》第二季更是“强绑定”，价值输出已然顺势升级为“中国婚礼，喝红坛酒鬼”。

在“520 网络情人节”当天，酒鬼酒联合湖南卫视、湖南红网特别企划的“红坛 JIU 爱长久”城市告白活动在网红地长沙浪漫上演：晚 20 时，长沙人气最旺的“网红十字路口”黄兴路与解放西路交会处，裸眼 3D 大屏飞出湖南卫视《中国婚礼》的喜鹊，随后一瓶福袋造型的巨大“红坛酒鬼”从屏幕中飞出，“福袋”酒瓶中，不断倾倒出的礼物塞满了屏幕。与此同时，长沙市热门商圈 100 余块户外大屏同步换上喜庆“红妆”，为浪漫长沙更增一抹喜庆。

思考题

1. 酒鬼酒品牌实现 IP 化了吗？
2. 酒鬼酒品牌借势了哪些类型的 IP？
3. 酒鬼酒品牌在品牌借势 IP 营销过程中有无进行自身 IP 化？
4. 酒鬼酒为何选择在长沙和“520 网络情人节”策划告白活动？

第 11 章

品牌 IP 打造

政策瞭望

坚持依法治国和以德治国相结合，把社会主义核心价值观融入法治建设、融入社会发展、融入日常生活。

——《高举中国特色社会主义伟大旗帜 为全面建设社会主义现代化国家而团结奋斗——在中国共产党第二十次全国代表大会上的报告》

知识思维导图

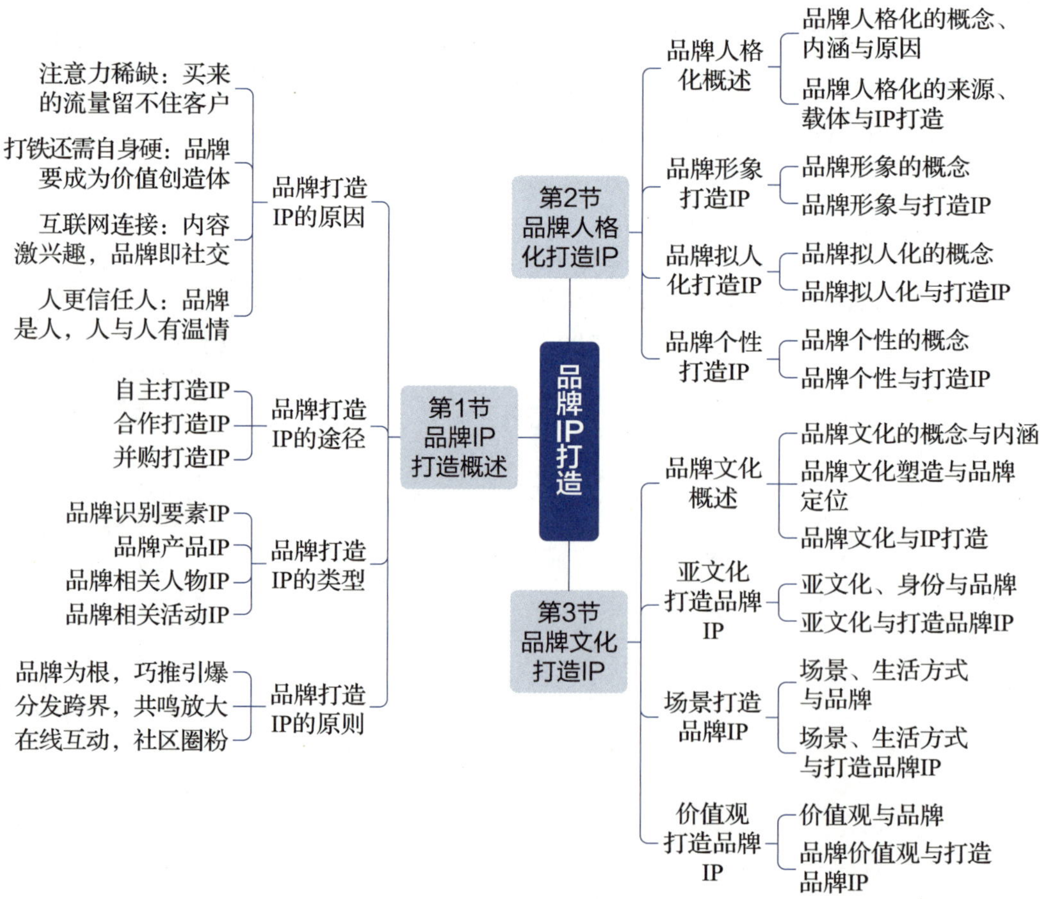

导入案例

花西子的品牌 IP 化

国货美妆品牌花西子，2017 年 3 月 8 日诞生于杭州。花西子品牌取名时就带着浓郁的中国文化气息。花西子中的“花”，是指“以花养妆”；“西子”借指西湖，亦指西施，“西子”二字，取自苏东坡诗句“欲把西湖比西子，淡妆浓抹总相宜”。花西子品牌希望中国女性无论淡妆还是浓抹，一如西子般美丽动人。花西子英文名为“Florasis”，是“Flora”＋“Sis”，意为“花神”，借喻使用了花西子产品的女性，和民间传说的荷花花神西施一样美丽动人。

花西子秉持“东方彩妆，以花养妆”的理念，不只是国货美妆品牌，更是“东方美学”与传统文化的传播者。例如在产品打造中，采用古代的美容配方，雕花口红复刻“花露胭脂”古方，眉笔复刻“螺子黛”眉料。再如花西子多个礼盒产品，都取材于中国自然风光和非物质文化遗产：2019 年以西湖十景为灵感推出“西湖印记”礼盒，2020 年以苗族银饰为灵感推出“苗族印象”礼盒。

花西子在推出“西湖印记”系列时，选择了刚刚饰演白娘子的明星进行宣传；在推出“苗族印象”系列时，同时推出《苗族印象》纪录片，不仅赢得了央视的宣传，还开拓了海外市场。花西子还联合著名音乐人共同创作了《花西子》的品牌主题曲。这让品牌故事更加丰富，也给了用户更多品牌联想点，撬动颜值党、古风党等消费能力强的用户群体。

借助这些自然和文化的魅力，花西子产品和品牌得到了更广泛的传播。反过来，花西子以产品为基础，通过营销推广展现杭州之美、非遗之美，赋传统以时尚，又何尝不是对东方美的传承和弘扬呢?

花西子的产品有社交属性。口红上雕刻的杭州西湖美景，眼影盘上雕刻的百鸟朝凤的东方故事，让很多网友忍不住将购买的产品发到社交平台展示。花西子不仅为用户提供了可以“晒”的产品，还为用户提供了可以交流的平台，引导用户拍摄并上传仿妆视频。

花西子还主动在微博创建热门话题，鼓舞粉丝的创作分享热情，进一步拉近了品牌与粉丝的距离。此外，花西子也会频繁抽奖，馈赠粉丝。品牌与明星、头部 KOL 的内容共创过程，产生了协同效应。明星粉丝也会关注品牌，“真爱粉”“死忠粉”等核心粉丝圈层还会积极参与到品牌的内容营销中，成为品牌传播的重要节点。

2021 年，花西子发布品牌虚拟形象——“花西子”。她是花西子在百年品牌愿景下推出的一个关键性人物，也是花西子品牌人格化道路上的一个重要里程碑。

请思考

1. 花西子品牌是否已 IP 化? 为什么要 IP 化?
2. 花西子品牌采用了什么途径来 IP 化?
3. 花西子品牌有哪些 IP 化了的品牌自身元素?

4. 花西子品牌是如何通过人格化打造 IP 的？
5. 花西子品牌是如何通过文化打造 IP 的？

第 10 章铺垫了品牌 IP 化的概念与背景，介绍了品牌 IP 化最常见的做法，就是借势 IP 营销。但这不是品牌 IP 化的全部，只是初级阶段的品牌 IP 化。真正重要的是将品牌自身的元素打造成品牌 IP，赋能品牌，让品牌自身真正 IP 化，成为强势能品牌。

本章介绍如何打造品牌 IP，先阐述为什么要打造品牌 IP，再归类品牌打造 IP 的途径、类型和原则。打造品牌 IP 的方法，包括品牌人格化和塑造品牌文化。

第 1 节　品牌 IP 打造概述

一、品牌打造 IP 的原因

第 10 章概述了品牌 IP 化的原因。从外部环境变化来看，即竞争激烈和产品同质化，以及人们物质需求容易被满足而精神需求更加重要。从企业内部应对来看，即品牌创造差异化以避免同质化、品牌创造额外精神价值满足精神需求。下面进一步梳理打造品牌自身的 IP，而不要停留在只是做品牌借势 IP 营销的原因。

（一）注意力稀缺：买来的流量留不住客户

在信息爆炸的时代，海量的信息涌来，人们的注意力变得稀缺。人们对送上门的垃圾信息大多无视或拒绝，因此广告与推销已经失效，品牌需要去“买流量”。而买来的流量往往是留不住客户的，流量也正在变得越来越贵。

“买流量”，例如找流量明星代言、找当红播主带货、赞助综艺节目等，以及各种生硬的借势 IP 营销，已经变相地成为一种渠道。这大大增加了中间商费用不说，短时间曝光也很难使品牌有机会充分展现自身的价值，也就无法让消费者成为品牌的忠实用户。

更何况，“买流量”变得越来越内卷，渠道是稀缺的，IP 是稀缺的，大家都去借渠道和 IP，只会让“买流量”的费用越来越高。而众多品牌共享同一个渠道和 IP，也很难体现单个品牌自身的独特性。

在这一过程中，品牌与消费者缺乏互动，没有共情，更没有建立密切的联系，消费者无法转变为客户，当然谈不上成为品牌粉丝。

（二）打铁还需自身硬：品牌要成为价值创造体

品牌需要自问自答的是，消费者买单是因为所借势 IP 的影响力与信用背书、借势搞活动时产品的临时超大折扣优惠、产品的独特功能，还是品牌自身呢？

品牌借势 IP 营销的常见误区是，狐假虎威惯了，以为自己也是老虎了。实际上，消费者是冲着 IP 的光芒来的，合作品牌“蹭”了流量，但自身如果没有可 IP 化的亮点，与所借势 IP 没能产生“化学反应”的话，也不会取得好的效果。

例如 LV 在上海与三个咖啡馆品牌搞“限时书店”活动，580 元买两本书，可得一个 LV 的帆布包，却被网友说成是“买帆布包送书”，至于书的内容、品牌，很少有人关注。

其实品牌可以成为价值创造体，额外创造很多精神价值，超越产品、无须促销和借势其他 IP。前提是品牌要挖掘自身元素，打造自身的 IP，来创造和承载价值。

（三）互联网连接：内容激兴趣，品牌即社交

互联网时代信息平权，每个品牌和个体都能发出声音，都能被看到和分享转发放大。谁能创造更多的个体之间的连接，谁就具有更大的势能。而连接的纽带，就是信息，特别是有“话题感”的信息，因为它会激发更多的连接。

优质内容就是这样的信息，它激发了消费者的阅读或观看兴趣，抓住了人们的注意力，并创造了“话题”，激发了人们的转发行为，一传十、十传百，创造了更多人与人之间的连接，信息实现了零成本甚至是负成本的传播效果。这样，通过品牌 IP 创造的或是与之相联系的优质内容，就实现了品牌的传播。

品牌还在这一过程中成为社交货币：它是人与人连接的社交“话题”，是社交中的身份标志，是社交中共同的情感纽带，是社交中的文化符号。

例如三顿半咖啡，创造了冷萃即溶咖啡的新品类产品概念 IP、便携式小杯子的品牌特色包装 IP，以及回收小杯子的“返航计划”品牌活动 IP，激发了消费者的兴趣，通过消费者的主动“晒”创造内容，尤其是优质内容，通过用户的线下见面创造社交机会，不断传播发酵，进而让品牌成为社交货币。

（四）人更信任人：品牌是人，人与人有温情

人是社会性动物，更喜欢与人打交道，更容易信任人。一般的品牌只让人联想到其产品，想到其产品的使用价值。消费者感受不到品牌的温度，对品牌也没有感情，人与品牌之间就是简单的人与物的关系。而人与物的关系是冷冰冰的，多数时候就是“用完即弃”。

如果品牌不仅代表着商品，还能像“人”一样或是让人联想到“人”，就会有人与人之间的温情。如果品牌有着拟人化的外观，有着人一样的思想和文化，能像“人”一样说话交流，人们与品牌就更容易建立起情感连接和紧密联系，产生个性与文化共鸣。人们甚至会爱上品牌，爱屋及乌，购买品牌旗下的商品。

如果品牌是通过与其相关联的“人”，如品牌的经营管理者、品牌形象代表、品牌的代言人、品牌的员工客服等，来与消费者沟通互动，也可以同样达到情感与信任迁移的效果。

知识赋能

理解提问：为什么说买来的流量留不住客户？
复习提问：品牌为什么要打造自身的 IP？
课堂讨论：举例讨论“品牌即社交”有无品类和档次限制。

二、品牌打造 IP 的途径

（一）自主打造 IP

品牌打造 IP，最重要的方式是自主打造 IP。其又可以分为“推陈出新”和“无中生有”：一方面，可以挖掘现有元素，重新加以包装改造，打造成为品牌 IP；另一方面，也可以创意策划新形态、新内容的品牌 IP，但也要注意紧密联系品牌识别要素、品牌定位基础上的品牌价值等。上述策略，可以是在品牌诞生之初就策划好，或是在品牌更新时策划推出。

例如元气森林品牌取名时，就具有 IP 的潜质。“元气”既是二次元文化的用语，也是中国文化中的正能量用语。“森林”意味着品牌可以衍生覆盖很多产品；森林还能让人联想到清新健康的大自然，联想到环保和健康的生活理念。所以元气森林品牌本身蕴含着丰富的亚文化、价值观和个性特质，加以诠释打造，就是好的品牌 IP。

（二）合作打造 IP

品牌打造 IP，还可以通过 IP 借势营销、品牌联合等合作来打造 IP。主要形式是合作产生的联名品牌识别要素、联名产品，或是联名活动、联名技术、联名环境空间等。品牌通过这种方式，借助外力，一方面制造话题得到关注以产生流量，另一方面通过双方联结点的“共鸣”强化标签，从而达到打造 IP 的效果。注意合作打造 IP，还要与原有品牌一脉相承，例如联名产品还是要以原有形式为主，再添加一些对方的元素进行创新。这些联名 IP，最好是能可持续的，而不是一闪即逝的。

例如导入案例中花西子的主题曲，就是合作产生品牌特征音乐这一品牌识别要素。花西子借势知名音乐人 IP，与其合作创作的歌曲，紧密围绕品牌，用歌曲艺术形式来诠释品牌，讲述品牌故事。中国风歌曲与花西子弘扬宣传的中国传统文化产生了“共鸣”，强化了花西子这一标签，并且歌曲与品牌同名，可作为品牌特征音乐持续使用。

（三）并购打造 IP

品牌打造 IP，还可以通过外部并购获得 IP，并通过与品牌联结运用，将其打造成自主 IP。并购的 IP，可以是商标、动漫形象、歌曲版权、设计专利、新产品专利等。这种并购获得的 IP，最好是一次性买断所有权，或者获得独家授权，或者至少在某领域排他性授权使用，以避免后患。

例如百事公司旗下的七喜，所采用的品牌形象代表 Fido Dido，就是获得了授权使用。该形象诞生于 1985 年纽约的街头艺术中，由艺术家 Sue Rose 与 Joanna Ferrone 设计。Fido Dido 是有 8 缕直立头发的小人，穿着宽松 T 恤，简直就是街头年轻人的缩影。1987 年，Fido Dido 被授权给百事，20 世纪 90 年代初期成为七喜的品牌形象代表。为了迎合七喜中的元素“七”，百事将他的头发从 8 缕变为 7 缕，还创作了七喜 Fido Dido 在餐巾上诞生的品牌故事广告片。

知识赋能

理解提问：请结合元气森林案例谈谈如何自主打造 IP。
复习提问：品牌合作打造 IP 有哪些形式？
课堂讨论：品牌并购打造 IP 为何要买断所有权或获得独家授权？

三、品牌打造 IP 的类型

（一）品牌识别要素 IP

品牌打造 IP，首选的是打造品牌识别要素 IP。因为品牌首先要被识别，与品牌有关的一切联想，都要通过品牌识别要素被联系到品牌身上，所以，如果品牌识别要素本身被 IP 化了，品牌就会变得更容易被识别、被传播。

品牌可以打造的品牌识别要素 IP，包括品牌名称、品牌标识、品牌口号、品牌特征音乐等，而品牌形象代表与品牌特色包装，可以归为其他类型的品牌 IP。

例如苹果、小米、元气森林、三只松鼠、认养一头牛这样的品牌名称，就具有打造品牌 IP 的潜力。因为这些词语都很通俗，但用来命名品牌旗下的产品时却很“有趣”。这些品牌名称背后都有“故事”，听品牌演绎其品牌故事，则又让人觉得这些品牌名称很贴切，含义丰富，传递了品牌的理念等。所以好的品牌名称要有故事、有个性、有文化，最好还要有人格，品牌名称可以被当作一个人的名字，如江小白、王老吉等。

品牌标识可以与品牌名称统一，用文字形式表征；也可以与品牌形象代表统一，用图像方式来演绎，如苹果、沪上阿姨、大白兔等。品牌标识 IP 化，可以是简洁的符号，如李宁；可以是趣味和可爱的形象，如京东的 Joy 狗、美团的袋鼠（第 10 章导入案例中就提到了美团提炼了袋鼠的标志性长耳朵来 IP 化）。品牌还可以利用品牌标识，结合时事热点以及与其他品牌或 IP 联名的机会进行演绎，增加趣味性和新鲜感，创造话题，吸引流量与粉丝。

品牌口号和品牌特征音乐也可以 IP 化。例如雪碧推出新的品牌口号“透心凉，渴释放”，并推出了相应的品牌音乐歌曲《渴不停》《无渴不爽》。

（二）品牌产品 IP

品牌打造 IP，要实现商业价值最大化，非常有必要打造产品 IP，包括品牌特色包装、爆款产品、产品核心元素、关键技术等。

要注意品牌产品 IP 所传递出的物质价值、功能特色、设计理念、审美品位、产品品质等，要与品牌定位、品牌形象、品牌文化相一致，要与品牌所创造的精神价值相呼应，实现“表里如一”。

例如王老吉的红色易拉罐包装，就是品牌特色包装。因为红色与中国传统文化的“吉”有着紧密联系，红罐成为“吉”文化的代表。王老吉还推出定制罐，如百家姓罐，大大增加了红罐的情感和文化价值，把品牌特色包装打造成大家喜闻乐见的IP。

爆款产品本身成为品牌旗下的大IP之后，如果产品名称是独特的、有趣味的和有话题感的，也可以单独成为品牌IP。品牌甚至可以用这些产品名称和其产品核心元素，与其他IP或品牌联名合作，制造话题获得传播。

例如喜茶的爆款产品芝芝桃桃，就与多芬联名沐浴露，与和路雪联名冰淇淋等；另一款爆款多肉葡萄，与阿迪达斯合作推出专属球鞋色“多肉葡萄紫”。

（三）品牌相关人物IP

品牌打造IP，非常需要将品牌人格化。打造品牌相关人物IP，可以赋予品牌独特的人格魅力，拉近品牌与消费者的距离，让消费者因喜欢相关人物IP而喜欢上品牌，成为粉丝。

品牌相关人物，常见的是请品牌形象代言人。但之前已经解释过这种方式存在不少问题，因此可以采取多种策略。其中挖掘打造品牌内部的相关人物IP，是最稳妥的。这包括真人，如品牌的创始人、企业家、企业高管、企业明星员工等；还可以包括非真人的品牌形象代表，如卡通形象、虚拟人等，并通过多种手段让其“活”起来，发挥更多传播与互动作用。

例如蜜雪冰城的雪王已经IP化，甚至还衍生出雪后。除用数字媒体传播外，真人扮演的人偶在线下也制造了很多话题，塑造了鲜活形象，成功为品牌吸粉和带来流量。喜茶的标识“阿喜”，也开始有更多的诠释。喜茶还推出了“阿喜真传”系列视频进行演绎，博得粉丝关注传播，使阿喜也成为品牌IP。

同样是茶饮品牌，有品牌形象代表IP潜质的，还有茶颜悦色和沪上阿姨，二者品牌标识里都有女性形象，但运营包装打造IP程度还不够。再如动物形象拟人化有成为品牌IP潜质的，如京东的Joy狗、天猫的黑猫、瑞幸咖啡的鹿、美团的袋鼠等，都可以更进一步拟人化，运营打造品牌IP，给品牌增添活力。

（四）品牌相关活动IP

品牌打造IP，还可以将品牌相关活动IP化。品牌相关活动，就是由品牌策划主办，或是由品牌参与的，与品牌密切相关的主题活动。活动主题鲜明、体验感丰富、话题感十足、社交属性强烈，较为容易吸引消费者。IP化的活动，如果能有效地绑定品牌，塑造丰富和深刻的品牌体验，就会成为品牌IP，也可以赋能品牌IP化。

品牌活动尽量要由品牌策划主办，根据品牌量身定制，牢牢贴上品牌标签。而常见的赞助其他知名活动如综艺活动，虽然知名度和传播范围很大，但与品牌联系不紧密，投入大、产出小，是偷懒的做法，我们并不推荐。这类活动如果要做，也要寻求深度合作，寻找好品牌与活动的契合点。

例如蜜雪冰城主办了“蜜雪冰城冰淇淋音乐节”，这与蜜雪冰城甜蜜蜜的品牌特征音乐、雪王版卖汤圆的改编歌曲等音乐营销一脉相承。音乐和音乐节又是作为品牌目标的年轻群体最喜爱的娱乐和社交活动，而且“蜜雪冰城冰淇淋音乐节”邀请了众多知名歌手助阵，单日门票的定价为 199 元，比一般音乐节门票价格更为低廉。这种坚持低价策略的做法符合蜜雪冰城品牌低价亲民的定位，高人气的艺人阵容和极具竞争力的价格则更能吸引年轻消费者的关注。音乐节可以持续举办下去，还可以与其他 IP 广泛合作，并考虑品牌延伸和衍生周边产品，这样音乐节本身也 IP 化了。

知识赋能

理解提问：请结合案例谈谈如何打造品牌识别要素 IP。
复习提问：品牌打造 IP 有哪些类型？
课堂讨论：如何衡量产品、人物和活动是否是品牌 IP？

四、品牌打造 IP 的原则

（一）品牌为根，巧推引爆

品牌打造 IP，要以品牌为根基，服务于打造品牌。因为品牌 IP 往往并不是品牌本身，而是能联系到品牌的 IP。品牌 IP 的类型如前所述有很多，除了品牌名称和标识，都不是品牌本身。打造品牌 IP 是手段，最终目标是做大做强品牌。因此，品牌 IP 不能只看吸引流量多寡，还要看是否紧密联系到品牌，是否帮助品牌传播并强化了品牌标签，是否有助于品牌提升势能与圈粉。

例如前述案例中喜茶与《梦华录》合作的两款联名产品“梦华茶喜・点茶”“紫苏・粉桃饮”就成了爆款 IP。产品名称中前者出现了“喜”，联系到喜茶的品牌名称，又谐音了《梦华录》中的“茶百戏”的“戏”；后者对应了喜茶的两款爆款产品“多肉葡萄”的紫色，以及“芝芝桃桃”的粉色和桃汁元素。这些内容与品牌建立了文字和感官层面的联系，有可取之处。但细究下去，喜茶的中国传统茶文化传承者的形象并不突出，喜茶的定位是“灵感之茶”，喜茶的品牌名称是情感定位，喜茶的标识“阿喜”看不出中国文化的影子。喜茶与中国文化的联系，可以说既不突出也不够特色。相比之下，另一个茶饮品牌茶颜悦色的中国文化标签更为突出。因此，这次合作可以说只是蹭了一波流量，对于喜茶来说，变得更像一个普通的“国潮”品牌，品牌形象变得更为模糊了。

在“品牌为根”基础上，品牌打造 IP，还需要以巧劲推动舆情发酵，引爆流量。广告传播低效且成本高，打造 IP 本来就是要抛弃这种做法，力争做到零成本传播。品牌打造 IP，需要由品牌制造话题，创造初始的优质内容，如就一个品牌活动文案，在微博上发起一个话题，通过口碑传播和引导用户创造内容，不断滚动发酵，放大传播效应。要制造这种多米诺骨牌效应，品牌就需要打出第一张牌，然后找人帮忙来推牌，例如找原始积累的粉丝、隔空喊话名人、找一些KOC或KOL合作等。

（二）分发跨界，共鸣放大

品牌打造IP，在挖掘出有潜力的品牌IP并初步引爆流量后，热度很容易消退。只火一下子的是普通IP，能持续火的才是超级IP。我们要打造的是品牌超级IP。这就面临两个问题，一是能否保持热度，二是能否扩大影响。

为此，首先需要做的是将品牌IP的优质内容输出，再创作出不同形式的作品。例如先将单独的文字或形象做成有故事的图片，然后做成多图片的条漫，再做成动画视频；从印在产品上，到推出更多周边产品，到落地为线下的人偶，再到员工和客服的形象角色扮演等。

其次需要跨界，去和不同领域的IP或品牌合作。不同领域的跨界合作，既能产生不可思议的新颖创意，让人有新鲜感，又能作为社交话题，吸引自发传播流量。这就需要找到合作双方的共同之处，通过引导让大众好奇并主动发现这些共同之处。这样就能产生"共鸣"，放大传播效应，让大众能产生更为深刻的思考与认知。

例如第10章导入案例中的美团长耳朵IP，就做了分发与跨界，实现了共鸣，放大了传播效应：从漫画到条漫，从快递员头盔的形象演绎到周边产品，从被麦当劳"调戏"到主动在微博上隔空喊话麦当劳，再到顺应民意两家跨界合作官宣"CP"。如果能主动引导大众发现两家的共同点就更好了。如麦当劳的标识也很像两只长耳朵；美团送外卖像袋鼠一样快，麦当劳也做外卖而且其快餐也是主打快。美团还和友商发起了"头盔大战"，成为社交话题，如微博话题"外卖小哥皮肤大战"累积了2.9亿的声量。

（三）在线互动，社区圈粉

打造品牌超级IP，要保持在线互动的状态。即要将品牌IP当作一个人，并且是一个随时进行在线互动的人，是保持"时代感"的弄潮儿。具体做法是，品牌IP可以通过各种平台的自媒体账号，通过文字、图片和视频等方式，发出自己的声音。适合如此操作的品牌IP最佳选择是品牌形象代表，如果品牌名称看上去像一个人也可以，二者能合一最好。如花西子的品牌名称和虚拟人形象、三只松鼠的品牌名称和其三个性格各异的松鼠卡通形象就基本是合一的；而肯德基和山德士上校、京东和Joy狗等，基本上是分离的。

不能把品牌IP的自媒体账号仅仅当作发布品牌IP信息、品牌信息和产品信息的渠道，而是要把品牌IP当作一个有思想、有看法、有个性的人，去和粉丝、网友保持在线互动：可以结合时事热点，用品牌特征和热点与粉丝建立联结，去制造话题与网友互动；也可以隔空喊话其他热点IP，回复网友留言，评价他人的观点等。

如麦当劳微博账号，创建微博话题“深夜开麦”。每晚发起具体话题，如：“你们因为啥关注麦当劳微博?”“文学题：你爱麦当劳到啥程度?”“情景题：和朋友们吃麦当劳，还剩最后一块麦乐鸡，你会____。”此外，其还经常转发网友的趣味微博，创造新的互动；又或者跟随网络热门玩一些奇怪又有趣的梗。像麦当劳一样，持续更新发博，还在评论区与网友友好互动，做真实的人，也就给品牌创造了持续的热度。

品牌还要通过自媒体或其他线上线下交流方式，用实力圈粉，建起品牌社区，将公域流量引入品牌私域，通过品牌社区内的互动传播，特别是粉丝间围绕品牌的价值共创，让粉丝获得更多的价值，主动传播和参与共创，增强对品牌的认同感，成为铁粉。

知识赋能

理解提问：请结合案例谈谈为何要“品牌为根”。
复习提问：品牌打造 IP 有哪些原则?
课堂讨论：品牌为何要分发跨界和与网友进行在线互动?

品牌视野

《品牌人格：从一见倾心到极致信仰》

企业如人，品牌就是企业的人格。管理学领域以及现实经济环境对企业在经济活动中的第三重人格也就是“心理人”人格认识不足。企业的第一重人格，是“经济人”，即驱动企业谋求利益、寻求利润最大化的天性。企业的第二重人格，是“社会人”，即企业期望与各种利益相关者建立良好的关系，展现出利他的愿望。第三重人格，是“心理人”，即观察理解和组织自我，践行让自己成为自己而非他人的事。

具备健全心理人素养的企业，既会关心如何赚钱，也会关心如何与利益相关者互动。但它实现经济人和社会人人格的目标，是从属于实现心理人人格的大目标的。心理人人格，统领着经济人、社会人人格。心理人层面的企业，努力找到自我，做有异于其他企业的自己。为此，它管理着自己的思维、性格与言行模式中所有帮助自己表达个性的元素；它实现自己的终极目标并非只为小我，而是以小我的力量实现社会资源的优化，乃至贡献于宏观经济生态的整体良性发展——所有这些，都是实现品牌人格的过程。而品牌管理的终极目标，如果用极简的话来描述，可以说是“塑造健全的企业心理人人格”。

正因为企业的心理人人格，所以我们可以解释：为什么面对相似的环境，有些企业一贯保守而有些则一贯激进，有些总是偏于理想主义而有些却坚持现实主义。当掌握着相似资源时，有些企业决意投入新行业，有些则投入新的区域市场；有些选择结盟，而有些继续独善其身……由人主导的企业也像人一样，会张扬、会隐忍，会偏执、会释怀，会幼稚、会成熟，会癫狂、会理智……并非一两个高层决策者的个人因素那么简单，这些特性是作为集体的企业集中表现出的思维、性格和言行模式。

品牌如人，理解了心理人概念的品牌管理者，应从宏观上给品牌做一次系统的体检，用科学的新型品牌管理法，创造让人从一见倾心到极致信仰的品牌，实现企业健康而持久的繁荣。

审视了各种量化评估方法后，作者提出了量化评估的 10 项评估指标，包括传播对的信息、清晰度、相关性、差异性、识别度、质感、系统性、延展度、稳定性和贡献度。作者还提出了既可以用于品牌年度健康状况的体检，又可以作为日常决策的参考准绳的品牌健康指标。它包括四大板块、25 项指标：愿景和使命、强度、优化度、差异性、贡献度、真实性、延展度、清晰度、机制系统性、组织行为模式、先进性、无瑕度、稳定性、生命力、人员、资源、规模和成长、具象表达、体验、认知度、美誉度、理解度、活跃度、兴趣、忠诚度。

作者还在品牌人格概念框架下，重新审视品牌架构，这其实是实现品牌人格的重点工程。

资料来源：史芸赫．品牌人格：从一见倾心到极致信仰．北京：机械工业出版社，2019.

请思考

1. 选择你熟悉的一个品牌，列出它主要的几个心理人、经济人和社会人行为。
2. 选择你熟悉的一个品牌，尝试用 10 项评估指标来对其进行评估。
3. 选择你熟悉的一个品牌，尝试用 25 项品牌健康指标来对其进行体检。

第 2 节　品牌人格化打造 IP

一、品牌人格化概述

（一）品牌人格化的概念、内涵与原因

品牌人格化，就是把品牌当成一个人来看待。这一方面是从消费者视角把品牌想象成一个人；另一方面是从品牌视角，即品牌通过一定的运作手段，让自己表现得像一个人。品牌原本只是一个代表商品的符号，是无生命和抽象的。通过企业品牌人格化的操作，品牌在消费者心目中就会变得具象，拥有属于自己的形象、言行举止和个性特质。

品牌人格化的内涵，既包括独特的外观形象，又包括拟人化的言行举止，还有对个性特质的赋魂。品牌人格化不仅需要形神兼备，还需要差异化，无论形还是神，都要表现得像一个真正的完整和独特的人；品牌人格化不仅要塑造静态的形象，还要使品牌能说话和行动，能互动交流。

随着商品同质化和市场竞争的加剧，品牌需要通过人格化来制造差异化，为消费者创造更多的精神价值。品牌人格化，能够让消费者更容易与品牌建立类似人与人之间的关系，增加品牌黏性，让消费者成为客户，甚至成为粉丝。

（二）品牌人格化的来源、载体与 IP 打造

品牌人格化的来源，包括品牌的企业家/员工/形象代言人、品牌名称和标识等识别要素、品牌旗下的特色商品、品牌传播活动等。消费者能够将代表品牌的真人的人格特质迁移到品牌上，或是对与品牌有关的物品或事件产生对品牌的拟人化联想。

品牌人格化的载体，可以是拟人化的品牌标识、品牌形象代表、品牌新媒体账号、品牌客服账号等。它们或具有人的形象，或能与大众互动交流。尤其是采用虚拟人或数字化身的形式，以 AI 语言模型赋魂，甚至可以达到以假乱真的效果。

在品牌 IP 的类型中，品牌名称 IP 和品牌形象代表 IP，最容易进行品牌人格化。人格化的品牌 IP，如果能够同时在新媒体账号上发声和分发内容，则最容易与消费者产生互动，赋予品牌人格魅力，吸引粉丝。

知识赋能

理解提问：请结合案例谈谈品牌为什么要人格化。
复习提问：品牌人格化有哪些内涵？
课堂讨论：品牌人格化的来源与载体有什么区别与联系？

二、品牌形象打造 IP

（一）品牌形象的概念

品牌形象是消费者对品牌的总体感知和看法，也可以理解为人们对品牌联想的总和。对于品牌形象的组成，不同学者有不同的诠释。有的认为其可以分为产品、企业、人性化和符号四个维度。[①] 有的认为其可以分为品牌认知、产品属性、品牌联想、品牌价值、品牌忠诚五个组成部分。[②] 有的认为其可以分为品牌表现、品牌个性和公司形象三个维度。[③] 还有的认为其可以分为功能性因子和非功能性因子两个维度。[④]

总体上看，品牌形象是一个较为笼统的概念，是消费者对品牌的总体印象。这里借用品牌形象的概念，聚焦于品牌的外在形象，将品牌形象定义为消费者对品牌外在形象的认知。我们这里重点讨论品牌如何设计外在形象，以更好地促进品牌人格化。而动态的品牌言行举止和内在的品牌个性，是品牌人格化的更高级阶段，在后文阐述。

（二）品牌形象与打造 IP

品牌的外在形象与打造 IP 有较为紧密的联系。打造品牌 IP，就需要设计作为

---

① 范秀成，陈洁．品牌形象综合测评模型及其应用．南开学报，2002（3）：65－71.

② 罗子明．品牌形象的构成及其测量．北京工商大学学报（社会科学版），2001（4）：19－22.

③ 关辉，董大海．中国本土品牌形象对感知质量—顾客满意—品牌忠诚影响机制的实证研究：基于消费者视角．管理学报，2008（4）：583－590.

④ 蒋廉雄，卢泰宏．形象创造价值吗?：服务品牌形象对顾客价值—满意—忠诚关系的影响．管理世界，2006（4）：106－114，129.

品牌人格化载体的外在形象。载体也即品牌IP，包括拟人化的品牌标识、品牌形象代表、品牌新媒体账号、品牌客服账号等，这些都需要设计平面图片形式的静态外观形象。

品牌外在形象的相关的问题包括：形象如何与品牌名称建立联系？形象是人物形象还是其他拟人化形象如动物等？形象是可爱型还是力量型？形象是2D平面型还是3D立体型？形象是男性还是女性？形象是一个、两个、三个还是更多？形象是否好变身或变装？形象要做什么动作、表情？形象要拿与品牌有关的什么道具？形象是否还要设计视觉之外的其他感官体验？形象的色彩如何？形象是线条型还是色块型？形象是抽象型还是具象型？形象是否带边框、带的边框什么形状？等等。

其他相关问题还包括：品牌IP如何命名？名称是否与品牌名称建立紧密联系？品牌IP的命名与图像是否已注册？等等。

例如三只松鼠品牌就设计了三只松鼠的品牌形象代表，形象紧密联系品牌名称。三只松鼠形象各异，名称代表了各自不同的个性。旺旺则创造了一个表情夸张、顽皮可爱的小娃娃形象，作为品牌形象代表。在各种茶饮品牌中，蜜雪冰城设计了名为“雪王”的品牌形象代表，名称和形象联系到品牌名称，手上还拿着冰淇淋。喜茶的品牌标识，用了简笔侧影像，提示喝茶的动作，但看不出表情。沪上阿姨用了圆形外框，穿旗袍、手上拿着杯子和吸管的女性形象容易让人联想到老上海滩摩登女郎的时髦。茶颜悦色用了六角形外框和窗棂，容易让人联想到中国传统园林建筑的窗户风格；古装美女拿着团扇，也容易使人联想到中国传统文化；图片中带品牌名称，品牌名称中笔画多用树叶形状。

有学者专门研究了动物形象品牌标识的使用问题：通过对12个国家BrandZ品牌排行榜中的二手数据编码的研究，发现注重个体主义的国家更多采用能力型动物标识，而注重集体主义的国家温暖型动物标识的应用更普遍；采用眼动追踪技术，发现自我建构和动物标识类型对品牌视觉偏好具有交互效应；通过实验法发现动物标识与自我建构交互影响消费者的品牌偏好，互依型自我建构的消费者偏好温暖型动物标识，而独立型自我建构的消费者青睐能力型动物标识。归属需求和独特性需求分别为上述交互效应的中间路径。①

企业还需关注品牌形象与产品知识、产品类型等变量的交互匹配。有学者研究发现，对科技含量较低的产品而言，与可爱型虚拟代言人相比，专业型虚拟代言人能够使消费者产生更好的品牌态度。对科技含量较高的产品而言，当消费者产品知识比较丰富时，与专业型虚拟代言人相比，可爱型虚拟代言人能够使消费者产生更好的品牌态度；当消费者产品知识比较匮乏时，与可爱型虚拟代言人相比，专业型虚拟代言人能够使消费者产生更好的品牌态度。②

---

① 郭晓凌，刘浩，张逸聪．“狮兔赛跑”？动物品牌标识类型的消费者偏好研究：来自眼动和实验的证据．(2022-06-17)．南开管理评论．https://kns.cnki.net/kcms/detail/12.1288.f.20220614.1413.002.html.

② 张宁，余利琴，郑付成．虚拟代言人特征对品牌态度的影响研究：产品知识的调节作用．珞珈管理评论，2018（2）：91-101.

更有学者研究了品牌虚拟代言人形象特征对不同年龄和性别的消费者的影响。研究发现，虚拟代言人的特征（可爱度、专业性和相关性）对品牌资产有显著正向影响；消费者年龄在相关性影响中具有调节作用；消费者性别对其他关系不具有调节作用。①

知识赋能

理解提问：请结合案例谈谈品牌何时该采用可爱型的虚拟代言人或品牌标识。

复习提问：品牌形象设计要考虑哪些问题？

课堂讨论：请讨论所举案例中的拟人化品牌标识形象设计都有何不足。

三、品牌拟人化打造 IP

（一）品牌拟人化的概念

拟人化是指为非人类的物体加以人类的特性，并使其被感知为人。拟人化所起作用是将物体与人类特征进行对比，发现其中的共性特征。品牌拟人化，是将品牌赋予人类的特性，并使其被感知为人。

本书中的品牌拟人化，特指品牌表现出人一样的言行举止，即在平面图片形象基础上“活起来”，能够发出声音和做出行动。有研究还将品牌拟人化分为拟人印象和社会交互两大层面②，其中拟人印象还主要停留在静态形象层面。本书重点关注社会交互层面。

品牌拟人化是帮助品牌 IP 人格化的进一步延展。品牌人格载体只停留在平面图片形象上是远远不够的，还需要以更生动的形式，发出声音，做出行动。

特别是拟人化的品牌标识，需要“活起来”，与现实世界产生联结。品牌形象代表，也不能仅停留在静态形象层面，而是要让其“动起来”。形式可以是海报、条漫、文字、视频等，内容可以是发布信息、表达观点、发起话题等，行动可以是说话、回复评论、隔空喊话、更多表情和肢体动作（图片或视频呈现）等，发布媒介可以是品牌的各种新媒体账号等。

（二）品牌拟人化与打造 IP

品牌拟人化，重点是拟人化沟通，这是品牌打造 IP 的重要方式。需要关注的问题很多，如：拟人化沟通以什么口吻，是像三只松鼠那样“仆人式”的还是“伙伴式”的？拟人化沟通发布什么信息内容，都是品牌的信息行不行？品牌在拟人化沟通中表现出什么价值观，与消费者是否一致？

这些问题，都有前人的研究进行了探索。例如，关于品牌拟人化扮演什么角色的问题，有研究把拟人化角色分为“仆人式”和“伙伴式”，再加入个体主观地位

---

① 张宁，李观飞，余利琴，等．品牌虚拟代言人的特征对品牌资产的影响研究：消费者年龄和性别的调节作用．品牌，2017（2）：21－31.

② 汪涛，谢志鹏，周玲，等．品牌＝人?：品牌拟人化的扎根研究．营销科学学报，2014（1）：1－20.

对这两种拟人化角色的品牌购买意愿的影响。研究发现，主观地位较低的个体对仆人式品牌的购买意愿显著高于伙伴式品牌；而主观地位较高的个体对两类拟人化品牌的购买意愿没有显著差异。有分析显示，主观地位较低的个体感知到仆人式品牌比伙伴式品牌提供的地位感更加显著，从而对其的购买意愿更高；而主观地位较高的个体不会感知到两类拟人化品牌提供的地位感存在差异，对二者的购买意愿也没有显著差异。而且这一机制不受产品类型影响，即无论是对于享乐品还是对于实用品都一样。①

又如有研究探讨了品牌拟人化沟通中的信息设计。拟人化沟通中的与品牌不相关的信息，缓解了消费者接触品牌时的戒备心理，提供了更高的感知自由，减少了消费者对品牌的心理抗拒，最终促使消费者品牌态度的提升。②

再如有研究关注了品牌拟人化与品牌价值观的交互效应，从品牌价值观一致性的视角探讨品牌拟人化对促进消费者价值共创意愿的作用机制。研究表明，当消费者的价值观与他所感知的品牌价值观一致时，品牌拟人化比非拟人化更能有效促进消费者的价值共创意愿；但当二者不一致时，品牌拟人化与否对促进消费者价值共创意愿没有显著差异。③

知识赋能

理解提问：品牌拟人化沟通该采用“仆人式”还是“伙伴式”？
复习提问：品牌拟人化沟通设计要考虑哪些问题?
课堂讨论：品牌拟人化沟通中品牌相关信息如何占比才能保证沟通的效率?

四、品牌个性打造 IP

（一）品牌个性的概念

品牌个性，是消费者感知的品牌体现出来的个性特质。这是品牌人格化的更高阶段，是指品牌有人一样的外形、人一样的言行举止之后，还应有人一样的个性。品牌个性，也称品牌特质或性格，是指品牌较为稳定的风格特征。

关于品牌个性的测量，在著名的心理学“大五”人格理论模型（包括外倾性、情绪稳定性、开放性、随和性和尽责性）基础上，珍妮弗·阿克（Jenniffer Aaker）于 1997 年首次系统发展了基于美国的品牌个性维度（分为真诚、激情、胜任、教养和坚固）及量表。中国学者 2003 年开发了本土化的品牌个性维度及量表，从中国传统文化角度命名为“仁、智、勇、乐、雅”这五个维度（具体特

---

① 周懿瑾，毛诗漫，陈晓燕．地位补偿：“仆人式”品牌拟人对购买意愿的影响．外国经济与管理，2020（2）：43－58.

② 汪涛，谢志鹏，崔楠．和品牌聊聊天：拟人化沟通对消费者品牌态度影响．心理学报，2014（7）：987－999.

③ 朱良杰，何佳讯，黄海洋．品牌拟人化促进消费者价值共创意愿的机制研究．管理学报，2018（8）：1196－1204.

征词汇见表 11－1）。[①]

表 11－1　品牌个性维度特征词汇

维度	特征词汇
仁	平和的、环保的、和谐的、仁慈的、家庭的、温馨的、经济的、正直的、有义气的、忠诚的、务实的、勤奋的
智	专业的、权威的、可信赖的、专家的、领导者、沉稳的、成熟的、负责任的、严谨的、创新的、有文化的
勇	勇敢的、威严的、果断的、动感的、奔放的、强壮的、新颖的、粗犷的
乐	欢乐的、吉祥的、乐观的、自信的、积极的、酷的、时尚的
雅	高雅的、浪漫的、有品位的、体面的、气派的、有魅力的、美丽的

对于不同的情景，品牌个性的测量还需再调整开发专门的量表。在此基础上，有学者开发了表征性别气质的量表，测评品牌表现得更像女性还是男性。[②] 还有学者进一步延伸开发了表征品牌自信的量表，指出品牌自信可以分为品牌能力自信、品牌品质自信、品牌形象自信、品牌行为自信以及品牌思想自信五个维度。[③]

（二）品牌个性与打造 IP

塑造品牌个性在打造人格化的品牌 IP 过程中十分关键。品牌个性是给品牌赋魂，让品牌像人一样拥有精神世界。在真实世界中，每个人都有个性，每个人都是独一无二的。塑造品牌个性，就是要让品牌像人一样真正做到独一无二。

互联网时代，每个个人 IP 都需要打造“人设”，还要“画像”。就像演戏，为了演员演好角色，还要为角色写一份人物小传。打造人格化的品牌 IP，也需要如此操作，而品牌个性就是其中的关键。

企业应该塑造什么样的品牌个性？一是要考虑品牌需要具有哪些品牌个性。一方面可以参考品牌的目标消费者是什么样的人，具有什么样的个性特征，或者是目标消费者希望通过品牌能追求或表达什么样的个性，如自信等。另一方面可以审视品牌身上具有哪些品牌个性潜质。其可以是通过品牌旗下产品特征产生怎样的个性联想，如可靠等；可以是品牌创办过程中的故事让人产生的个性联想，如传统等；还可以是创办品牌的企业家个人的个性特质。二是拾遗补缺，对品牌拥有潜质但现在挖掘包装不够的个性特质进行加强拾遗，对品牌想拥有但现在欠缺的个性特质进行塑造补缺。

关于品牌个性的影响和品牌个性该如何塑造，有研究表明，鲜明的品牌个性和

---

① 黄胜兵，卢泰宏．品牌个性维度的本土化研究．南开管理评论，2003（1）：4－9.

② 张辉，黎映彤．城市型旅游目的地品牌性别气质：量表开发与实证检验．旅游学刊，2020（1）：109－120.

③ 熊艳，郭锐，张煜．品牌似人视角下品牌自信的结构与测量．中国地质大学学报（社会科学版），2019（3）：150－161.

向年轻人市场延伸的举措，能够起到提升品牌形象和扩大品牌知名度的作用，从而使品牌重新获得品牌资产，让已老化的品牌得以年轻化。①

关于品牌拟人化所表现出的性别，以及与消费者性别一致性的影响，有研究表明，对于男性消费者而言，相对于能力型品牌，热情型品牌与男性高能力、低热情的刻板印象不一致，导致男性消费者对男性拟人化形象的社会认同降低，品牌拟人化形象与消费者性别一致性对社会认同和品牌态度的积极效应消失；而对于女性消费者，与传统刻板印象相反的高能力、低热情的女性拟人化形象并未对她们的社会认同及品牌态度产生负面影响。②

关于企业广告诉求和品牌个性的交互影响，有研究表明，对于功能性和体验性品牌个性，广告诉求超出消费者品牌个性感知越多，购买意愿越低。对于象征性品牌个性，当消费者“圆熟”个性感知低于广告诉求时，广告诉求超出消费者感知越多，购买意愿越高。③

还有研究将音乐情感特征与品牌个性的一致性纳入品牌体验的研究之中。研究表明，音乐情感体验与品牌个性的一致性程度越高，对品牌体验的正向影响越大；相对于功能性品牌，这种正向影响对于代表性品牌来说更加显著。④

知识赋能

理解提问：请结合案例举出一些品牌个性特征词汇，可以将其归于哪个维度？

复习提问：品牌应该塑造什么样的品牌个性？

课堂讨论：如何利用品牌个性的影响塑造品牌IP？

案例实训 11-1

雕牌的雕兄IP人格化

雕牌是浙江纳爱斯集团旗下的日化产品品牌。作为一个传统老品牌，雕牌面临企业和品牌形象老化的威胁。如何让年轻人关注甚至是喜爱这个老品牌？雕牌通过社交媒体打造了“雕兄”的IP形象，让品牌变得年轻有活力，助力品牌与产品突围，成为新一代消费者的选择。

2016年国际劳动妇女节前夕，雕牌推出原创IP形象“雕兄”。雕牌在北京、上海、广州等城市的38列地铁上投放了80幅主题为“雕牌新家观”的海报。与此同

① 陈振东．基于CBBE视角的品牌年轻化研究：以品牌个性和品牌忠诚为视角．管理学报，2009（7）：972-977.

② 杨慧，王舒婷．品牌拟人形象性别一致性和品牌态度关系研究：品牌热情与能力类型的调节作用．商业经济与管理，2020（2）：56-68.

③ 王霞，邹德强，赵平．广告诉求与品牌个性感知差异对消费者购买意愿的影响研究．管理学报，2012（4）：555-561.

④ 侯建荣，刘益，郑嘉昊．音乐情感特征与品牌个性的一致性对品牌体验的影响研究．中国管理科学，2016（S1）：852-859.

时，雕牌还在上海《新民晚报》的 38 个版面刊登“雕牌新家观”的内容。顺势建立的官微账号“雕牌雕兄说”，刚一问世便与各大蓝 V 频繁互动，并联合派发粉丝福利；接着，雕兄自持话题叫板十多位蓝 V。逗趣、机智、耍贱、卖萌，这只自带表情包和神回复能力的“雕兄”，顿时引发热议。仅用七天时间，“萌贱暖”的雕兄便一跃成为金 V 网红，为后续活动引爆做足铺垫。

3 月 8 日当天，“雕牌雕兄说”发布由明星夫妻李小鹏、李安琪加盟的《雕兄大电影：雕牌新家观》短视频博文，并引出热议话题。当日刷屏之后，雕兄一鼓作气，预埋热词，网罗各路“大咖”持续造势。知名段子手纷纷发布原创诙谐博文为雕兄站台，引发新一轮涟漪式传播。随后，众多知名艺人和综艺大咖，也“倾情”发博为雕兄“代言”。

雕兄，渗透出的个性是什么？可爱、呆萌贱，一脸人畜无害的形象，这些都完全符合了当代年轻人的喜好。而自建 IP 的关键，也正是在于人格化。为了充分地放飞自我，这只雕几乎每天都在用生命演绎着逗趣的表情包，表达着一个接一个具有雕兄风格的处世观，并潜移默化地成功融入网友的日常聊天中。雕牌特地为雕兄这一 IP 形象研发了人工智能平台——雕牌雕兄说，让雕兄在与用户互动时集聊天、斗图、唱歌于一身。雕兄贱萌而幽默的性格圈粉无数，时不时给人惊喜的小机灵也十分讨喜，和他聊过的人都纷纷开始截图晒朋友圈。

作为有几十年积淀的日化品牌，雕牌显然希望在年轻一代的生活中担当更具意义的角色。IP 化的背后，其实是雕牌将维系现代家庭幸福的新家观从直观的倡导，引向了生活互动层面。IP 雕兄就像是品牌自造的代言人，以年轻人喜欢的方式与他们沟通，从而传达出品牌的理念与社会正能量。从前面提及的雕兄极具创意、幽默又正能量爆棚的短视频和借势 2016 年妇女节推出的“雕牌新家观”刷爆朋友圈这一现象中，我们便可窥知一二。

此外，以雕兄为媒，线上线下推出“幸福账单，为你买单”的节日活动，把对女性的关爱从观念倡导，到趣味互动，再到销售终端，一一打通。除此之外，品牌还与央视《幸福账单》节目合作，推出“赢央视幸福账单，为你买单”活动。在双方销售联动的同时，也不忘生动而正能量地传播雕牌“有情有家有雕牌”的品牌主张。

相比声势浩大的品牌营销，雕牌旗下的新生代产品——除菌洗衣液，一样赢得了消费者口碑。记者走访了沃尔玛、家乐福以及大润发等大型超市，发现主打除菌的雕牌在立白等众多品牌的激烈竞争中杀出了重围。

练习题

1. 雕牌推出的雕兄 IP 的来源与载体是什么？
2. 雕兄 IP 的品牌形象为何要设计成男性？
3. 雕兄 IP 的品牌拟人化沟通中的角色、形式、媒介、内容分别是什么？
4. 如何形容雕兄 IP 的品牌个性？为何要这样塑造？

第3节　品牌文化打造IP

一、品牌文化概述

（一）品牌文化的概念与内涵

1. 品牌文化的概念

文化是一个组织或群体的成员间所共同拥有的信念、价值观、仪式、规范和传统的集合。文化既可以是抽象的精神概念，又可以是承载文化精神的符号、人物、物体、活动和建筑等。

品牌文化是品牌和消费者之间共同拥有的，与此品牌相关的独特信念、价值观、仪式、规范和传统的集合。品牌文化是基于品牌对消费者的影响与聚合而产生的亚文化现象。品牌文化不仅是品牌所创造的，还是消费者所感知、认同并参与共创的。没有品牌与消费者的双向传播互动，以及消费者之间关于品牌的传播互动，就没有品牌文化。

2. 品牌文化的内涵

品牌文化的内涵包括精神层面的和物质层面的，精神层面是内在基础，物质层面是文化精神的外在表现形式。

精神层面包括品牌信念和价值观，以及与品牌相关的仪式、规范和传统。品牌信念和价值观较为抽象。品牌信念是品牌的思想精华，是品牌秉持的思想观念、理想信念；品牌价值观是品牌做事方式中所体现的价值判断准则。与品牌相关的仪式、规范和传统，更为具体。仪式是综合的象征行为，品牌要有“仪式感”，包括将品牌与使用场景及寓意捆绑的仪式、产品使用过程的仪式、品牌活动的仪式等；规范和传统，是品牌忠实目标用户群体（或称“铁粉”），围绕品牌所表现出的因群体内身份认同而遵守的行为规范和传统做法。

物质层面包括符号、人物、物体、活动和建筑等。品牌符号，即各种品牌识别要素，如品牌名称、品牌标识、品牌口号、品牌特色包装、品牌形象代表、品牌特征音乐等。品牌人物如品牌的代言人，包括内部代言人如企业家，外部代言人如代言的明星等，也可以是品牌的优秀员工、标杆用户等。品牌物体包括品牌旗下的产品、品牌的宣传材料、品牌的周边产品、对品牌来说有纪念意义的物品等。品牌活动，在品牌传播相关内容中已有介绍。品牌建筑，是有品牌特色的传递品牌文化内涵的建筑物，如品牌店铺、品牌办公楼和厂房、品牌博物馆、品牌粉丝俱乐部等。

（二）品牌文化塑造与品牌定位

品牌文化塑造是品牌管理的高级阶段，与品牌定位方式有关。品牌定位方式可以分为从企业视角和从客户视角两个维度，而大多数品牌的定位方式还停留在企业视角。如果能从客户视角进行品牌定位，特别是身份与亚文化定位、场景与生活方式定位、个性与价值观定位，就是更为高级的品牌定位方式。

一方面，品牌可以通过这些方式来塑造品牌文化，丰富品牌文化内涵，通过传播互动，与消费者建立联结，培育品牌忠诚客户。另一方面，品牌可以更好地进行品牌定位。品牌通过更为抽象的品牌定位内容，可以进行品牌延伸，覆盖更多品类，也更容易做好品牌联合，而这样同时又能更好地覆盖同一目标人群，并在此过程中与客户产生更为强烈的共鸣，进一步强化品牌定位。

（三）品牌文化与 IP 打造

塑造品牌文化是打造品牌 IP 的关键途径，与品牌人格化这一途径相比，更为高级。因为品牌人格化主要是实现品牌似人，让品牌具有像人一样的形象、拟人化的沟通方式以及一定的个性，让品牌成为“鲜活的人”，赢得消费者的喜欢和信任，主要提供的是感官体验和情感体验。而品牌文化则主要是让品牌能提供更多的精神价值，让品牌成为一种亚文化的符号、一种场景的象征、一种价值观的代表，使品牌与消费者产生思想共鸣、一致的行动和身份认同，由品牌额外提供思考体验、行动体验和关系体验。

人格化的品牌 IP，还只是“形似”，而要做到“神似”，还要给品牌 IP“赋魂”。打造超级 IP，内容不能只停留于肤浅的表层，而是要有思想深度，能引起消费者的共鸣和高度认同，这就是文化。因此，打造品牌 IP 的高级阶段，就是要塑造独特的品牌文化。

通过塑造品牌文化打造品牌 IP，也是在以品牌文化的方式来做品牌定位。围绕品牌文化与品牌定位的一体化，强化和传播品牌定位，可以指导其他品牌策略和营销策略的执行。

通过塑造品牌文化打造品牌 IP，可以根据品牌定位方式分为亚文化打造品牌 IP、场景打造品牌 IP 和价值观打造品牌 IP。

文化还可以分为本土文化和外国文化。在市场全球化的背景下，品牌使用外国文化元素开展营销活动变得日益普遍。有研究以外国品牌使用中国文化元素为切入点，探索品牌文化使用对消费者品牌反应的影响，建构了“品牌文化使用行为的特征—文化使用激发的情感—消费者反应”模型。①

> **知识赋能**
>
> 理解提问：如何理解塑造品牌文化是品牌管理的高级阶段和打造品牌 IP 的关键途径?
>
> 复习提问：品牌文化有哪些内涵?
>
> 课堂讨论：品牌人格化和品牌文化对打造品牌 IP 的作用有何不同?

---

① 张逸聪，郭晓凌，徐震南．如何使用文化资源中的“他山之玉”?：消费者对品牌文化使用反应的扎根研究．(2023-07-11)．外国经济与管理．https://doi.org/10.16538/j.cnki.fem.20230605.301.

二、亚文化打造品牌 IP

（一）亚文化、身份与品牌

亚文化，又称小文化、次文化、集体文化等，是主文化的分支，是一种局部的文化现象，是某一文化群体成员所集体拥有的独特信念、价值观、仪式、规范和传统的集合。品牌亚文化，是品牌与某种现存的亚文化建立了紧密联系，或是在品牌倡导下形成了某种亚文化，使品牌成为某种亚文化群体的一种身份象征和社交货币。

身份，是与亚文化紧密联系的概念，可以分为社会身份和文化身份。某个人或群体试图追寻和确证自己的身份的行为，称为身份认同。品牌也可以与某种身份建立紧密联系。消费者则通过消费品牌来获得某种身份认同。

品牌亚文化和身份的形成源头可以是民族、地域、语言、宗教、职业、性别、年龄、兴趣爱好、艺术形式与风格等。例如酒鬼酒就因沈从文的文学作品等，而与湘西地域文化、与文学艺术形式等建立了紧密联系，继而延伸到世界文化遗产和更多艺术形式。酒鬼酒还借《中国婚礼》节目，成功地与中华文化中的“婚礼”这一仪式和传统建立起联系，并凭借中国红与福袋的品牌特色包装以及“中国婚礼，喝红坛酒鬼”的品牌口号，而成为婚礼的新消费符号。

（二）亚文化与打造品牌 IP

通过塑造品牌亚文化来打造品牌 IP，就是让品牌 IP 成为一种亚文化的符号。关键是要找准亚文化，并努力使品牌与亚文化建立起联系。

例如以动画、漫画、游戏、网文为代表的二次元文化是一种亚文化，主要存在于年轻人群体中。从小众到破圈，二次元文化凭借着越来越大的影响力成为一股流行风潮，也成为众多品牌打造品牌 IP 的发力点。例如潮玩店第一品牌泡泡玛特，2016 年获得第一个独家经营的 IP “Molly”，并以福袋即盲盒的形式发售，发展至今运营包括自有 IP 在内的近百个 IP：除了线下门店，还有主题展会、比赛、课程等，还将推出线下乐园。其他较为典型的潮玩品牌如名创优品推出的 TOP TOYS、晨光文具推出的九木杂物社等。有研究总结了二次元文化 IP 培育设计，指出需建立主题、进行精准定位，以及注重内容、情感与价值观。二次元文化 IP 需要跨界衍生和多元融合。①

再如以中国传统文化、东方美学等亚文化，与 Z 世代身份相结合，所诞生的国潮文化品牌。如以中国节气命名的品牌“谷雨”“二十四节气”等；如王老吉以品牌名称、品牌特色包装和品牌口号“健康过年，喝红罐王老吉”绑定春节，2022 年春节时推出姓氏罐，2023 年春节时又推出了“六吉罐”，罐身印上吉祥话，联动

---

① 胡舒晗，胡书灵．浅析二次元文化视角下品牌 IP 设计与跨界融合．艺术工作，2020（1）：90－94.

春节氛围；如花西子以品牌名称、品牌形象代表、产品特色设计与命名等，与东方美学建立了紧密联系。有研究指出，Z 世代对国潮商品的选择即是对文化价值和文化意义的选择，其实质则是身份识别与社会认同的实现过程。研究发现，无论是从文化符号、文化身份和文化价值的角度来看，还是从 Z 世代群体对国潮品牌认知、情感倾向和行为偏好的综合测量来看，Z 世代群体都表现出了对国潮品牌和国潮文化的认同。①

知识赋能

理解提问：请举例说明对品牌亚文化和身份的理解。
复习提问：品牌亚文化和身份形成的源头有哪些？
课堂讨论：打造品牌 IP 为何要与亚文化和身份建立联系？

三、场景打造品牌 IP

（一）场景、生活方式与品牌

场景在这里特指消费场景，是指消费者最需要某种商品或服务的时刻与空间，是品牌精细化还原并深刻洞察消费者需求，从消费者视角对消费者体验感同身受，进而发现未被满足的消费者需求，从而更好地满足消费者的本质需求和更高、更复杂精神需求的关键契机。场景常与文化有关，在场景中多是融入了文化仪式、规范和传统。场景还与具体的物质层面文化元素有关，如活动。品牌可以通过文化场景进行品牌定位，通过与某种场景建立联系，让品牌成为一种场景的象征，从而塑造一种能直接驱动消费的品牌文化。

生活方式，与场景紧密联系，是一个更大的概念。生活方式不仅是一种生活消费习惯，更是文化信念和价值观的反映。品牌可以顺应或倡导某种生活方式，通过生活方式定位，与某种生活方式建立紧密联系，与消费者建立紧密联系，产生情感共鸣。

与文化有关的场景和生活方式，可以与饮食文化或习惯、文化习俗有关，还可以是新的潮流文化下的生活方式。前者如鼎湖山泉品牌，提出的品牌口号是“广东人冲茶，用鼎湖山泉”，瞄准了冲茶这个场景，抓住了广东人喝靓茶讲究用好水的饮食文化或习惯。后者如宠物文化、瑜伽文化、户外文化、健康环保生活方式、极简主义与禅意生活、收藏、小众运动等。例如国内新锐宠物生活方式品牌“未卡（VETRESKA）”；又如蕉下品牌引领的防晒衣、始祖鸟品牌引领的冲锋衣，代表了流行的户外文化；再如倡导健康环保理念，提出“植物内衣”品类的有棵树品牌，以“植物内衣更健康”为品牌口号，向消费者传递健康生活方式的品牌理念。

---

① 张海燕，鲁超楠．Z 世代国潮品牌消费的文化认同研究．文化产业研究，2022（1）：62－75.

（二）场景、生活方式与打造品牌 IP

通过切入场景和生活方式来打造品牌 IP，就是通过与品牌有关的物质层面包括符号、人物、物体、活动和建筑等，来与场景和生活方式建立联系，打造品牌 IP。将场景和生活方式背后的生活理念和文化元素，有形地展示出来，让品牌 IP 成为场景和生活方式的象征。这就需要品牌深入消费者生活场景，深刻洞察消费者需求，抓住新生活方式的潮流苗头。

我们来看蕉下品牌的案例。蕉下开创了“防晒衣”这一新品类，将其打造成为爆款产品形式的品牌 IP，并通过此产品和其他一系列产品，倡导一种“轻户外”的生活方式，让蕉下品牌整体成为超级品牌 IP。蕉下这一品牌名称，本就让人与“防晒”有天然的联想。蕉下之前是靠防晒更专业和更轻巧精致的防晒伞品类而走红，爆款单品包括双层小黑伞、胶囊系列伞等。

2022 年，蕉下扩展品牌定位至户外文化的生活方式，首次提出轻量化户外生活方式的品牌理念。轻量化户外，主要指 2020 年以来，以露营、滑雪、飞盘、攀岩等运动新趋势为主的邻近城市和易上手的运动。基于这一概念，2023 年，蕉下开启品牌升级之路，推出轻量化户外产品树。所有产品围绕着“轻和防护”这个目标做足了功夫：一物多用、轻巧便携、人性化设计、跨场景使用。蕉下传递的品牌理念就是倡导一种轻松的户外生活方式，希望能够让在钢筋水泥的丛林中生活的人们躲开城市的喧嚣、卸下职场的烦恼，以轻盈的姿态拥抱轻松的户外生活。

知识赋能

理解提问：如何让品牌 IP 成为场景和生活方式的象征？

复习提问：场景和生活方式可以与哪些文化有关？

课堂讨论：请以蕉下为例，讨论品牌为何要倡导轻松的户外生活方式。

四、价值观打造品牌 IP

（一）价值观与品牌

价值观是人们心目中区分好坏、明辨是非、判断价值的原则和标准，是人们的行动指引，使得人的行为带有稳定的倾向性。价值观建立在需求基础之上，一旦确定又反过来影响和调节人进一步的需求活动。价值观是决定一个人态度及行为的基础，是动机和行为模式的统帅。价值观一旦形成就不会轻易改变。价值观还会受制于人生观和世界观，三者通常合称“三观”。

品牌价值观，是更高阶的品牌人格化，使品牌不仅有似人的外形、拟人化的沟通方式和鲜明的个性，还有思想灵魂。品牌表现出一套价值观体系，把人类价值观作为品牌概念的表征，指导品牌的一切行为表现，从而使得品牌拥有文化象征意义。品牌可以通过价值观进行定位，让自己成为一种价值观的代表，使品牌升级成为 IP，进而展现出独特的品牌价值观魅力，影响和吸引一批与其价值观相一致的目标消费人群，与品牌产生共情，成为品牌的忠诚用户。

国内学者在施瓦茨（Schwartz）和伯恩克（Boehnke）的人类通用价值观框架基础上，进行了中国以及中国企业的品牌价值观感知对比分析。该框架的11项价值观动机类型又可分为四个高阶维度，即自我提升（权力、成就、享乐主义）、乐于改变（刺激、自我导向）、自我超越（仁慈、社会关注、关注自然）和保守（传统、顺从、安全）。从对中国企业品牌价值观的感知来看，自我超越和保守维度被提及最多，符合中国传统文化价值取向，与中国国家品牌的研究一致。但自我提升和乐于改变维度也紧随其后，表明与国家品牌不同，企业品牌定位和塑造存在更大自由度。另外，国际化品牌与非国际化品牌存在明显差异。①

有研究总结，伴随着中国市场进入品牌经济时代，消费者内在需求转向价值观表达，品牌对于价值观的定位成为消费者关注的重点。品牌价值观的自我超越及保守维度，对提高品牌忠诚有重要影响，通过共情起部分中介作用；品牌价值观的自我提升维度不能引起消费者的共情。②

品牌价值观一致性基于"自我一致性"理论提出。有研究探讨了品牌价值观一致性对顾客自我-品牌联结和口碑的影响。研究结果表明，品牌价值观一致性对顾客品牌情感融入影响显著，品牌情感融入体现了品牌价值观一致性对顾客自我-品牌联结和口碑的影响效应；进一步研究表明，品牌价值观一致性影响效应主要体现在自我超越这一维度的一致性上。③

关于品牌价值观的一致性，除了消费者与品牌价值观匹配的一致性，还要考虑员工与品牌价值观匹配的一致性。因为员工与消费者的接触过程决定了品牌价值观的真实表现，所以二者需要协调统一。为此，有研究提出了兼顾二者的衡量指标，即"品牌价值观在企业内外部的吸引力匹配"。④

（二）品牌价值观与打造品牌IP

品牌价值观打造品牌IP，是指品牌要通过为品牌IP赋予思想灵魂，传递一套价值观体系，从而使得品牌成为一种价值观的代表，品牌升级成为传递价值观的超级IP。

通过品牌价值观打造品牌IP，可以让品牌IP塑造再上一个台阶，上升到最高的精神境界。前述的品牌人格化，是较为浅层的，对标满足消费者的感官体验和情感体验需求。品牌与亚文化和场景相结合，是再上一个台阶，与一定的文化群体建立联系，对标消费者的关联体验和行动体验需求。而品牌与价值观挂钩，是上到最高台阶，品牌成为一个有思想的人、一个文化布道者。其以产品为载体，传播价值

---

① 何佳讯，吴漪．品牌价值观：中国国家品牌与企业品牌的联系及战略含义．华东师范大学学报（哲学社会科学版），2015（5）：150－166，223－224.

② 陈为年，史驰宇．品牌价值观与共情对品牌忠诚的影响．华东经济管理，2023（4）：120－128.

③ 王琳琳，何佳讯，黄海洋．品牌价值观一致性如何影响在线顾客态度?：基于顾客品牌情感融入的中介效应．商业经济与管理，2017（4）：57－69.

④ 刘家凤．品牌价值观一致性：研究视角、衡量指标及结果变量．西南民族大学学报（人文社会科学版），2011（5）：171－175.

观，与消费者、员工产生价值观一致的“灵魂伴侣”般的思想共振，引发最为深刻的思考体验，从而或强化消费者已有的价值观，或引导消费者接受品牌倡导的价值观，成为品牌的忠实客户和“信徒”。

以伊利推出的植物奶品牌“植选”为例，从品类定位到生活方式定位再到价值观定位，实现了品牌从普通产品品牌到生活方式品牌再到价值观品牌和超级 IP 的升级过程。

植选品牌诞生于 2017 年，一开始就抢占“植物奶”品类概念，品牌名称就有“植物营养精选”之含义；2018 年开始倡导以高品质植物营养引领乐活生活方式，传播“自然纯粹”的品牌理念；2019 年则将植物营养释义为一种时尚先锋生活；2020 年进一步提出品牌口号“拒绝，只为更好的选择”，将“自然纯粹”的品牌理念诠释为一种价值取舍，与消费者产生思想共振。

在这一过程中，关键一步是植选将植物营养联系推广到素食文化和极简主义。素食文化被宣传为更健康、更环保、更人道主义的选择，与植选“自然纯粹”的品牌理念相呼应，也符合“断舍离”的极简主义生活方式。另外，对比传统饮食文化，素食文化是相对小众和先锋的，需要改变价值观。植选顺势将之升级，将品牌理念演绎为一种价值观：“拒绝，只为更好的选择”。

各个品牌 IP 都要围绕品牌理念和品牌价值观来设计和传播，如植选推出自有 IP 形象——自然乐活的“植仔”，进行品牌人格化，让品牌名称和品牌形象代表成为 IP。植选品牌极简设计风格的特色包装，采用“白色＋绿色”素色搭配，象征着纯粹和自然，成为色彩 IP。玫瑰燕麦植物奶、燕麦露、植物酸奶等新产品，都成为爆款产品 IP。其品牌代言人也与植选品牌价值观相契合。上述 IP 构成了品牌 IP 矩阵，呼应“自然纯粹”的品牌理念，传递“拒绝，只为更好的选择”的品牌价值观，助力品牌成为超级 IP。

知识赋能

理解提问：为何要强调员工行为与品牌的价值观相一致？
复习提问：品牌价值观可以分为哪些维度？
课堂讨论：请以植选为例，讨论品牌为何要传播这样的品牌理念和价值观。

案例实训 11－2

陶陶居：传播广府文化

“陶陶居”这一广府饮食文化老字号品牌，已然成为网红潮店，展现出勃勃生机，并跨区域输出广府饮食文化。2021 年 11 月 1 日，有着超过 140 年历史的中华老字号陶陶居位于三里屯太古里西区的北京首店正式开业。这是陶陶居先后在厦门、深圳、上海落子后，首次进入华北市场。北京陶陶居首店开业就处于排队状态，单日最高排队达到 2 884 桌。

陶陶居始创于光绪六年（1880 年），总店在广州第十浦路，是目前广东饮食界历史最悠久的老字号。2015 年经品牌授权，陶陶居开始开设分店进行扩张，在广州正佳广场开设了第一家分店。2016 年，其又在广州丽影广场开设第二家分店，并随后以广州为根基，向全国扩张。

陶陶居有何魅力呢？环境方面，陶陶居既有现代气息又有浓浓的西关味，呈现出新古典主义之美。康有为题字的金字招牌、复古清雅的装潢色调、地面铺就经典花式的瓷砖，琉璃玻璃、鸟笼、光影和新式屏风等西关大屋广府建筑文化元素纵横，踏入其中吃早茶的氛围感油然而生。从装修到摆盘、菜品都充满了精致感，满足了年轻人拍照分享和味蕾的需求。

出品方面，陶陶居坚持不用“中央厨房”模式，坚持做慢餐，所有茶点都是现场手工制作。无论是在北京还是上海开店，陶陶居 90%的员工是从广州派遣的。陶陶居专门重金从香港聘请厨师长，以保证出品的高水准；在出品研发和创新方面，做到了每两个月左右推出一批新菜。

文化方面，对年轻消费者而言，陶陶居是他们接触到的能还原广府文化、体味广州风味的老字号茶楼。陶陶居以其悠久的历史，代表着“一盅两件”的早茶文化，体现了广州市民的一种生活方式。陶陶居还恢复“听曲品茗”的茶楼传统，打造“非遗技艺”体验课堂，让广大消费者在陶陶居别具岭南特色的粤剧、讲古、曲艺等精彩表演中享受广府美食，弘扬广府文化。陶陶居做到了整体文化的输出，粤语文化、粤菜文化、茶点文化，甚至是广州人的生活方式，融合为一个整体。陶陶居去上海等外地拓店也不会将其文化与当地文化融合，而是坚持广府文化不变。这反而让外地市民另眼相看，都想去陶陶居体验独特的广府文化。

服务方面，倡导粤式服务，即一种更体贴、细致、善解人意的服务方式。当顾客需要服务员出现的时候，服务员就出现在旁边，不需要的时候就不去打扰。

陶陶居打文化牌，还与文化 IP 合作。如陶陶居与颐和园联名，推出“颐和一盒”月饼礼盒。外盒设计灵感来源于颐和园中百鸟朝凤粤绣屏风；内盒设计取材于颐和园六大景点，与六种祥瑞之鸟契合，表达了美好祝福。该礼盒用消费品将传统文化呈现在大众面前，被评为年度天猫热度最高文创 IP 合作产品。又如陶陶居和若来（Rolife，中国新文创品牌，国潮盲盒新势力）联名推出中秋限量盲盒月饼，外包装主画面是广式骑楼，打开可以看到内藏一个若来 Nanci 中秋盲盒。此外，陶陶居还与安慕希等品牌 IP 联名，如推出有型茶楼快闪店，以“有型”贯穿主题，表现传统文化与现代的碰撞与融合。

练习题

1. 陶陶居有哪些精神和物质上的品牌文化内涵？
2. 陶陶居代表哪种亚文化？来源是什么？为何能打动外地消费者？
3. 陶陶居代表着一种生活方式吗？背后有何生活理念和文化元素？
4. 陶陶居有何价值观？与消费者和员工的思想共振有何表现？

素养园地

大白兔的品牌IP化

诞生于1959年的大白兔奶糖，曾经作为上海制造的代表，是“国民奶糖”。除了品牌名称和标识，大白兔奶糖的味道、气味、包装和色彩，都成为品牌的象征。近年来，大白兔品牌年轻化，走出了品牌IP化的新路，出新品、跨界、联名、活动、新媒体发声、品牌博物馆，不断推陈出新，保持了品牌的热度。

2021年6月24日，“一大文创”联合大白兔的红色文创首发仪式，在中共一大会址报告厅拉开帷幕，为庆祝中国共产党成立100周年献礼。据悉，联名款红色文创奶糖礼盒，以“一大”标志性树德里石库门为原型，开启了一场红色文化与经典国货的时代碰撞，多角度展现属于上海这座城市的深厚红色文化底蕴。奶糖礼盒内含21颗奶糖，寓意着1921—2021年这段峥嵘岁月；净含量100克，则是献礼建党100周年；特别定制款的糖纸，将大白兔经典IP形象与石库门相结合，寓意“不忘初心”。

大白兔跨界联名是从2018年开始的，当时59岁的大白兔和56岁的美加净联合推出了大白兔奶糖味润唇膏。此后，“越活越年轻”的大白兔开始在跨界的路子上越走越远，至今已与几十个国内外知名品牌联名，时常登上网络热搜榜。如与气味图书馆、喜茶、光明等国内品牌联名，与歌帝梵、SK-II等国际品牌联名。

大白兔还组织和参与了许多活动。如大白兔60周年庆，推出三个60周年快闪店。一个联名店卖奶茶，另一个联名店卖周边产品，第三个联名店主要用于拍照，形成全方位的营销声势。

在服装品牌乐町（LEDIN）举行的“be ANOTHER 无乐不作”时装秀中，大白兔携手乐町推出联名潮款，通过模特走秀向大众展现出来。

农历兔年除夕夜当晚，在黄浦江畔，随着一场名为“快乐无界大白兔”的兔年主题快闪活动开启，东方明珠广播电视塔用大白兔的经典红、白、蓝三色点亮了整座城市。元宵节时，在大白兔与上海申园联合主办的“大白兔·申宵之夜”活动中，一只通体发光的大白兔河灯，矗立在映云霞湖面上，与月亮相映成趣，成为当年上海农历新年期间的新网红。

大白兔还开设了线下的品牌博物馆。走进位于上海奉贤的九棵树未来艺术中心。200余平方米的空间内，由3D打印的流线型雕塑，模拟着牛奶的流动感，在空中自由舞动。展厅内，一件件经典的大白兔“老物件”，在红、白、蓝品牌经典三色的映衬下，让参观者仿若置身于大白兔的历史革新与变迁中。

大白兔还开设了官方的微博品牌号，名称是“大白兔快乐分享”，发布有趣的内容、与用户互动，还会做一些主题活动。除此之外，大白兔还会找一些与自己匹配的传统品牌或者新消费品牌联动，助力彼此粉丝的增长。在每个节日节点，也会以回馈的方式做节日营销。通过这些方式，大白兔找到基础种子用户，再在平台上发展用户。当有了用户之后，大白兔建立多个铁粉群，有的做电商引流，有的做博文互动以及品牌UGC内容分享，把粉丝调动起来，帮助大白兔在微博上面制造话题、声量，完成蓄水到用水的过程。

思考题

1. 大白兔品牌打造了哪些类型的品牌 IP？
2. 大白兔通过哪些途径打造品牌 IP？
3. 大白兔符合品牌打造 IP 的哪些原则？
4. 大白兔和“一大文创”有哪些可以共鸣的共同之处？

本章小结

1. 品牌 IP 打造的原因包括四点：“注意力稀缺：买来的流量留不住客户”“打铁还需自身硬：品牌要成为价值创造体”“互联网连接：内容激兴趣，品牌即社交”“人更信任人：品牌是人，人与人有温情”。品牌打造 IP 的途径包括自主、合作和并购。品牌打造 IP 的类型包括品牌识别要素 IP、品牌产品 IP、品牌相关人物 IP 和品牌活动 IP。品牌打造 IP 的原则：品牌为根，巧推引爆；分发跨界，共鸣放大；在线互动，社区圈粉。

2. 品牌人格化有助于打造品牌 IP。品牌人格化是把品牌当成一个人来看待，包括外观形象、言行举止和个性特质。通过设计品牌静态外观形象打造 IP、通过品牌拟人化沟通打造 IP、通过塑造品牌个性打造 IP，都需精心决策。

3. 品牌文化是与品牌相关的独特信念、价值观、仪式、规范和传统的集合，品牌文化还通过物质层面来表现。通过塑造品牌文化打造品牌 IP，比品牌人格化更为高级，可以分为亚文化打造品牌 IP、场景打造品牌 IP 和价值观打造品牌 IP。

拓展思考

1. 是否所有品牌都需要打造自身 IP？
2. 为何品牌打造 IP 首选打造品牌识别要素 IP？
3. 品牌静态形象如何设计，使其与品牌建立联系？
4. 品牌拟人化沟通有哪些媒介形式、内容与行动？
5. 品牌该如何决策塑造什么样的品牌个性？
6. 如何找到合适的场景和生活方式来打造品牌 IP？
7. 如何提炼与消费者、员工共振的品牌价值观？

实训练习

一、选择一个熟悉的知名品牌，进行以下分析：

1. 其是否已打造了品牌自身 IP？获得的途径是什么？属于什么类型？
2. 搜集品牌打造 IP 的素材，分析其是否符合品牌打造 IP 的原则。
3. 品牌做了哪些努力实现人格化？还可以如何改进？

4. 品牌做了哪些努力来塑造品牌文化？还可以如何改进？

二、选一个品牌（其有品牌人格化的情形），进行以下分析：

1. 搜集该品牌的品牌人格化素材，分析其是否成功。

2. 该品牌的品牌IP静态形象涉及哪些决策？如何改进？

3. 该品牌的品牌拟人化沟通涉及哪些媒介形式、内容和行动？如何改进？

4. 该品牌在个性塑造方面有哪些鲜明的品牌个性？为何要如此塑造？如何改进？

5. 为该品牌找一个对标的品牌，为其进行品牌人格化策划。

三、选一个品牌（其有塑造品牌文化的情形），进行以下分析：

1. 搜集该品牌的品牌文化塑造素材，分析其是否成功。

2. 该品牌是否联系到亚文化和身份？是如何联系在一起的？如何改进？

3. 该品牌是否联系到场景和生活方式？为何要联系在一起？如何改进？

4. 该品牌是否传递了某种价值观？为何会与消费者及员工共振？如何改进？

5. 为该品牌找一个对标的品牌，为其进行塑造品牌文化的策划。

综合案例

柠开真我，出涩盖不住

维他柠檬茶在2023年春天到来之时，正式开启了“柠开真我，出涩盖不住”大型品牌营销项目，趁着年轻人在美好春天里于户外开玩各种潮流运动的热潮，与年轻消费群体展开全新的对话与交流。活动宣传广告在全国进行了大范围投放，将品牌理念融入目标消费者的生活之中，鼓励广大年轻人珍惜美好春景，在繁重的工作与学业之余，还要及时放松身心，大步走进春天放肆开玩。

维他柠檬茶与在腾讯视频播出的青春励志情感热剧《爱情而已》进行了深度合作，通过与剧中的佐餐和户外开玩场景绑定，深化场景建立，渗透消费者心智。

维他柠檬茶还与社交“种草”平台小红书进行深度合作，联合春日IP“走进22度的风里”深度共创。维他柠檬茶在小红书站内发起了相关话题专栏，收录各类用户与潮流生活类博主关于2023年春天的心得与分享、行动与态度，在为年轻圈层用户搭建专属在线互动交流平台的同时，也号召年轻人积极参与“走进22度的风里”维他柠檬茶主题活动，赢取维他柠檬茶春日开玩奖品。

要收获年轻圈层人群的认可和喜爱，与他们有相同或相似的价值观和理念是核心。维他柠檬茶联手国内新锐潮酷插画艺术家佐拉推出两条全新品牌宣传片，精准洞察年轻人在当下的心声与诉求，通过“工作不断开会、学习不停开考，不如想办法让自己开心”的潜在表达，传递出更符合年轻人“真我”的声音，用社交化的品牌视频来深化传播品牌理念，推动“柠开真我，出涩盖不住”开盖有奖活动。

维他柠檬茶与小红书平台上五位新世代潮流运动类博主合作打造共创视频，实现品牌“种草”，分别展示在徒步、露营、滑板、飞盘、“轰趴”等各项潮流运动中，带来“不一样的‘出涩’春天”。同时，维他柠檬茶还计划4月份在小红书、抖音等社交、短视频平台聚集一大波潮流生活类KOL共创春季开玩热潮，继续与年轻人同频共振。

分析维他柠檬茶这次“柠开真我，出涩盖不住”营销活动，不难看出，其抓住了一个核心要点，即围绕年轻消费者的兴趣偏好、迎合年轻人当下的潮流。维他柠檬茶借助当前广受年轻消费者喜爱的多种潮流运动，通过多种沟通形式深度对话年轻消费者圈层，与年轻人“玩在一起”，以更好地获取他们的好感度。

据了解，维他柠檬茶这次“柠开真我，出涩盖不住”营销活动目前才刚刚开始，还有很多新的营销动作尚未开展。4月份，维他柠檬茶将与城市露营咖啡店Morning Lab进行深度的跨界合作，这次合作包括长达一个月的上海外滩主题门店装修、联名产品共创及太阳岛品牌“Big Day”等多项内容，打造茶饮跨界合作的“天花板”。

总结维他柠檬茶这次活动，核心亮点可以归纳为两个词，即共创、共情：一方面将需求理解、品牌传播这些原本由品牌主导的过程开放给消费者，邀请消费者与品牌一起去共创，共同参与品牌养成变强的过程；另一方面不去刻意勾画完美世界里的理想场景，而是把与消费者生活息息相关的场景描绘出来，在情感上与消费者实现共鸣。

资料来源：潮流运动“柠开”真我，维他柠檬茶如何走入“Z世代”的心？.(2023-04-04). https://www.tjkx.com/news/show/1089797.

思考题

1. 维他柠檬茶与哪些亚文化和身份进行了绑定？
2. 维他柠檬茶联系了哪些场景和生活方式？
3. 维他柠檬茶传递了什么样的价值观？

第12章 品牌IP运营

政策瞭望

加强品牌保护。统筹推进商标、字号、专利、著作权等保护工作，加强驰名商标保护，严厉打击商标侵权等违法行为。完善跨部门、跨区域知识产权执法协作机制，加强知识产权信息公共服务资源供给，推进商标、地理标志等知识产权数据共享，依法依规加强知识产权领域信用体系建设。

——《国家发展改革委等部门关于新时代推进品牌建设的指导意见》

知识思维导图

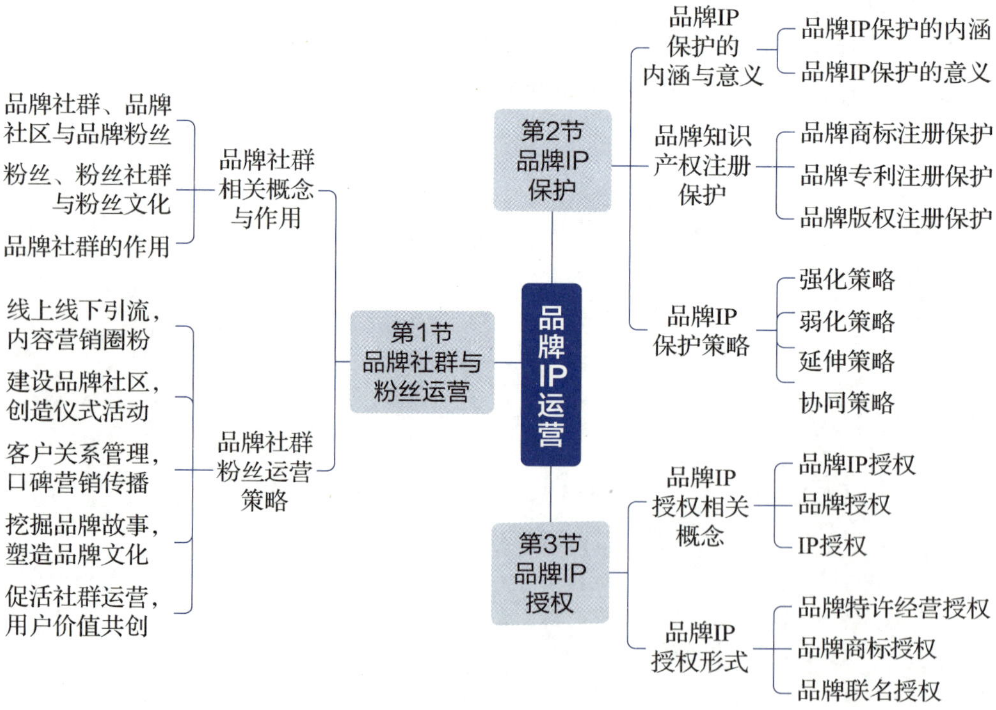

导入案例

可口可乐粉丝节

2022年12月30日18点，可口可乐联动TME腾讯音乐娱乐特别打造的“可口可乐粉丝节·新年欢聚夜”火爆开场。这是一场持续6小时的新年音乐直播狂欢。在甜蜜、快乐、畅爽三大主题篇章的串联下，可口可乐用这场新年音乐直播晚会的主题“欢聚”，强调可口可乐产品在社交场景中的情感价值，与广大粉丝建立联结。

“新年欢聚夜”只是“可口可乐粉丝节”的收官之战，这场粉丝节已经持续5个月时间。2022年8月，第一届“可口可乐粉丝节”正式启动，可口可乐发起“金盖”营销。活动不再是传统的线下“揭盖有奖，再来一瓶”，而是打通与可口可乐线上小程序“可口可乐吧”的沟通链路。消费者通过揭金盖扫码，跳转到“可口可乐吧”，就可以赢“快乐瓶”积分，用积分兑换吃喝玩乐等多重权益。这有助于可口可乐将粉丝高效聚拢到品牌的私域流量阵地，从而更好地进行粉丝运营。“可口可乐吧”小程序，致力于打造一个与粉丝玩在一起的“社区”。最后，当消费者来到线下KA渠道兑换消费时，可口可乐也为KA带来流量回馈及消费引导。

“可口可乐粉丝节”还致力于打造“快乐星期六”概念，以周为单位，每周开启一个“劲爆的小话题”来固定吸引粉丝们的参与，希望形成一种习惯性的互动；把每周六设置为分发巨额好礼的会员日，固定10点开启秒杀活动，还有会员日加码礼券、上新礼券等，吸引粉丝们每周前往小程序瓜分大奖好礼。

在推出粉丝节之外，为圈粉Z世代消费者，“可口可乐吧”还在首页位置链接了“元宇宙宠粉街区”。这是腾讯旗下虚拟社交平台TMELAND助力可口可乐打造的元宇宙项目，打破粉丝节的虚实界限，将与消费者的联结延伸到线上虚拟空间。

“元宇宙宠粉街区”为消费者提供了一系列沉浸式互动体验，粉丝可以选择个性化的Avatar形象与其他粉丝在虚拟空间碰杯、进行社交；还可以玩“偷喝可乐”“猜歌”等小游戏。也可以找到自己喜欢的明星代言人合影。“街区”中同样设有福利，获得“快乐瓶”积分回到小程序还可兑换好礼。此举进一步提升了小程序的打开率，延长了消费者在小程序中的逗留时间。

临近年底，“可口可乐粉丝节”对粉丝回馈加码升级，小程序只需要注册获得1个积分，即可参与抽奖，100%赢得新年好礼。开奖时间为12月30日24点，“新年欢聚夜”结束之际，可口可乐为粉丝们送上新年好礼，延续“新年欢聚夜”的快乐，提升传播长尾效应。

可口可乐用这场从2022年夏末持续到年底的首届“可口可乐粉丝节”，建立了品牌与粉丝间的全新沟通机制。小程序“可口可乐吧”的引入，实现了线下到线上的数字化联动；借鉴明星粉丝运营机制，建立产品与明星、音乐等元素的关联，使粉丝加强了对品牌的年轻化认知，实现了从明星粉丝到品牌粉丝的转化。“可口可乐粉丝节”今后会成为可口可乐与年轻粉丝对话的长效IP。

请思考

1. “可口可乐粉丝节”是一种什么类型的品牌IP？
2. 粉丝和普通消费者有何区别？
3. “可口可乐吧”和“元宇宙宠粉街区”起到什么作用？
4. “快乐星期六”起到什么作用？

品牌IP打造是设定了品牌IP的“人设”，而要达到品牌IP化的良好效果，还需要长期运营。其中品牌IP化的重要衡量标准是拥有的粉丝数量，因此品牌如何圈粉是重中之重。通过运营品牌社区、推动建立品牌社群，做好粉丝运营是王道。

品牌要行稳致远，还需要做好品牌知识产权注册与保护。品牌IP化后，还可以进行品牌IP授权，包括特许经营授权、商标授权和联名授权，以拓展商业利益和扩大影响力。

第1节　品牌社群与粉丝运营

一、品牌社群相关概念与作用

（一）品牌社群、品牌社区与品牌粉丝

社群，是社会群体的简称，是因一定社会关系而把人联结聚合在一起组成的群体。社会关系联结点可以是共同的需求、兴趣爱好、文化精神和情感等；成员有较为一致的行为规范、持续的互动关系；成员间分工协作，具有一致行动的能力。

品牌社群则是以品牌为纽带建立的社群。品牌社群的社会关系联结点，可以是品牌背后所隐含的需求、兴趣爱好、文化精神和情感等；品牌社群的成员对品牌有着较高的认同，并经常围绕品牌开展互动；品牌社群是消费者社群的升级，是消费者因信任与喜爱品牌而建立了情感联系，品牌与消费者不再是一次性的消费关系，而是变成长期的“熟人关系”，消费者彼此之间也因品牌而成为“志同道合”的朋友；品牌社群可以由品牌主动发起，也可以由消费者自发发起；品牌社群的共同特征包括共同的意识、共同的仪式和传统、责任感和品牌崇拜。

品牌社区是品牌社群开展互动活动的地方，可以是在线社区，也可以是线下社区或活动。品牌社区可以由品牌主动发起建立，也可以由消费者发起；建立品牌社区，是为了方便品牌与消费者互动，以及消费者之间互动；品牌社区起到聚合消费者和方便互动的媒介平台作用，可以增强品牌对消费者的黏性；品牌社区是品牌将公域流量引流到私域流量池，将消费者转变为粉丝的地方；品牌社区和社群，也都可以成为一种品牌IP。

品牌粉丝是对品牌高度认同并追随的消费者，通过参与品牌的各种活动获取意义；他们像追星一样追品牌，对品牌产生了一定的热爱、迷恋甚至崇拜心态。品牌

拥有品牌粉丝，是品牌IP化的重要标志。品牌粉丝的行为表现，包括超常消费行为、参与品牌社群活动和参与品牌价值创造活动。品牌粉丝形成的原因，包括产品导向动因（如产品的功能价值和娱乐价值）、关系导向动因（如粉丝间人际交往和粉丝与品牌间交往）、自我导向动因（如消费者自我概念和能力成就）。品牌粉丝形成的结果，包括品牌忠诚行为和品牌崇拜行为。①

例如导入案例中“可口可乐吧”小程序和“元宇宙宠粉街区”就是品牌社区，消费者注册后，被聚合在一起，就构成了品牌社群；消费者对品牌更加热爱、频繁消费、积极互动、经常转发分享、观看新年音乐直播晚会，就成为品牌粉丝；而可口可乐品牌也实现了年轻化与IP化。“可口可乐粉丝节”就是一种品牌社群活动，是与消费者互动，吸引消费者进入品牌社区，并转变为粉丝的行动，其本身也成为一种品牌IP。

知识赋能

理解提问：请结合案例谈谈品牌社群和品牌社区的区别与联系。
复习提问：品牌粉丝有哪些行为表现？其形成原因是什么？结果如何？
课堂讨论：品牌社群是由品牌发起好还是消费者发起好？

（二）粉丝、粉丝社群与粉丝文化

下面围绕品牌粉丝，进一步展开对粉丝、粉丝社群与粉丝文化这几个相关概念的讨论。②

粉丝，是指对某个对象（如明星、品牌等）表现出超常的兴趣和热情，在经济、时间和情感三方面超常投入，对所热爱的对象形成个人化的意义和信念。品牌粉丝，与普通消费者和忠诚消费者有着显著差异。普通消费者简单消费产品获取功能利益，忠诚消费者有品牌认同、重复购买和口碑传播等态度和行为，而品牌粉丝对品牌产生了情感和信念层面的非理性忠诚并对其产生文化意义感。

粉丝社群，是指具有一定组织形式的粉丝群体。它以粉丝围绕某一对象所形成的一系列社会关系为基础，也被称为粉丝俱乐部、粉丝团、某粉等。以品牌为对象的就是品牌粉丝社群，以在线方式互动的就是在线品牌粉丝社群。粉丝社群发展到高级阶段后，普遍呈现出类宗教特征。这使得消费者与品牌的关系从品牌依恋、品牌至爱发展到品牌崇拜。

粉丝文化，是指粉丝群体所表现出的一般性的价值观、行为方式以及由此产生的文化现象。它以粉丝个体的超常消费行为为基础，以粉丝社群为载体，是一种亚文化。粉丝文化特征包括粉丝的深度参与、崇拜性和社交性。

粉丝文化与粉丝社群，一起成为评估品牌拥有粉丝强弱程度的重要标准。研究

---

① 靳代平，王新新，姚鹏．品牌粉丝因何而狂热?：基于内部人视角的扎根研究．管理世界，2016（9）：102-119.

② 刘伟，王新新．粉丝作为超常消费者的消费行为、社群文化与心理特征研究前沿探析．外国经济与管理，2011（7）：41-48，65.

表明，只有当产品和品牌持续地使消费者产生唤起感、兴奋感、认同感和归属感，并深刻地影响他们的价值观和生活方式时，普通消费者才能转变为粉丝。

例如中国智能手机的开创者之一魅族，也是中国手机圈中最早运营粉丝、经营粉丝文化的品牌之一。从创立伊始就以在线社区魅族论坛作为品牌社区，迅速集聚了大量发烧友，成为品牌与消费者互动的主要渠道。不少发烧友深度参与品牌共创，成为"魅友"；还在线下自发组织活动，成立"魅友家"，并在当地形成独特的粉丝文化。魅族还建设"魅友博物馆"，设立"魅友名人堂"，致敬杰出魅友；设立"时光廊"，以年为单位，记录和整理魅友大事件与每个值得留念的热爱瞬间，让粉丝文化得到了沉淀和有形展示。

知识赋能

理解提问：请结合案例谈谈粉丝社群与粉丝文化有何区别与联系。

复习提问：品牌粉丝与普通消费者、忠诚消费者有何区别?

课堂讨论：消费者如何才能转变为粉丝?

（三）品牌社群的作用

对品牌社群所起的作用，可以从两个视角来看，即对成员（从消费者到粉丝）的作用和对品牌的作用。

1. 对成员的作用

（1）获得品牌宠粉福利和社群福利。

加入品牌社群，成员可以获得品牌宠粉福利。品牌为了吸引消费者、增加消费者登陆或参加品牌社区的频度，会提供不少福利。品牌粉丝可以享受到会员价、消费积分、抽奖和其他促销优惠。此外，社群福利还包括成员聚合起来的购买博弈能力，即以团购形式获得更多福利；社群成员间互动交流，还可以增加商品和价格信息的透明度，减少买错买贵的概率。

有研究表明，虚拟品牌社群的财务价值、社交价值、信息价值和娱乐价值能提升社群成员的社群忠诚度。①

（2）品牌社群成员交流提供信息价值。

社群成员在品牌社区互动交流，可以实现很大的信息价值。社群信息交流发生在成员之间，信息更为中立客观。询问者可以获得其他成员的回答，便捷获取真实信息；回答者免费热心回答看似是利他主义行为，但也能带来受到尊重和自我价值实现的成就感。

有研究表明，在线品牌社群的产品互动信息和人际互动信息，对潜在顾客的购买意愿产生正向的影响。活跃顾客间频繁的产品信息互动、人际信息互动、情感交流，

---

① 金立印．虚拟品牌社群的价值维度对成员社群意识、忠诚度及行为倾向的影响．管理科学，2007（2）：36－45.

可以有效降低潜在顾客购买该品牌旗下产品的风险感知，提高其购买意愿。[①]

（3）品牌社群给成员带来归属感。

人有“爱与归属的需要”，品牌社群给成员带来身份认同和归属感。品牌社群成员消费同一品牌，遇到一起会有亲切感。品牌社群成员之间友好互动，因品牌而遇见，如果拥有共同的兴趣爱好、生活方式、价值观，会产生共鸣；成员还会参加品牌组织或自发组织的各种主题活动，这进一步加深了彼此之间的关系，增强了身份认同，归属感也随之产生和强化。

（4）品牌社群提高成员社会地位。

当品牌与某种社会身份建立联结时，加入品牌社群无形中就意味着获得了这种社会身份地位。品牌社群成员资格以及资格的级别，就成为一种社会身份的外显形式。

（5）品牌社群赋予成员鲜明个性。

当品牌成功塑造了鲜明个性时，品牌社群成员无形中也被赋予了此种鲜明个性。消费者加入此品牌社群，对品牌的个性一定是认同的、喜欢的或者是向往的。消费者与品牌产生了个性的共鸣。消费者用品牌来表达自己的个性，作为自己个性的外显符号。

知识赋能

理解提问：请结合案例谈谈品牌社群满足了成员哪些需要。

复习提问：品牌社群对成员来说有哪些作用？

课堂讨论：在品牌社群中，品牌应该扮演什么角色？

2. 对品牌的作用

（1）品牌社群精准锁定目标人群。

品牌要在茫茫人海中锁定目标人群不易，要留住目标人群也不容易。而品牌社群可以从公域流量中收集聚拢起目标人群，并让群体成员因共同的兴趣爱好、价值观、品牌社群福利而留下来，之后再进行品牌传播和互动，通过品牌社区就可以了，不用广撒网。这种方式更为精准高效。

（2）品牌社群帮助收集消费者反馈意见。

以往消费者要向品牌反馈意见，渠道不畅，影响也不大。而通过品牌社群，消费者可以轻松向品牌反馈意见，在品牌社群私域中公开信息，品牌也会更加重视；同时，品牌也可以更为方便地进行市场调查，收集消费者的反馈，以改进营销策略和科学决策。

（3）品牌社群帮助传播品牌正面形象。

在品牌社群中，也有品牌粉丝自发地为品牌宣传，分享个人消费经历和经验。这种第三方的更为公正和真实的消费体验，可以帮助传播品牌正面形象，让更多消费者接触使用品牌旗下产品，甚至主动帮助宣传品牌。

---

① 赵建彬．在线品牌社群互动信息对潜水顾客购买意愿的影响．中国流通经济，2018（6）：71－82.

知识赋能

理解提问：请结合案例谈谈品牌社群为何能提高品牌传播效率。

复习提问：品牌社群对品牌来说有哪些作用?

课堂讨论：品牌社群对于品牌IP化有何帮助?

二、品牌社群粉丝运营策略

（一）线上线下引流，内容营销圈粉

要创建品牌社群，首先需要引流，通过线上和线下的传播手段，从公域流量获客，再引导到品牌社区私域流量池。这一过程还是与目标消费者的双向奔赴，可以让普通消费者升级为品牌粉丝。

品牌社区有线上和线下私域，引流可以是从线上公域到线上或线下私域，也可以是从线下公域到线上或线下私域，还可以是从线下私域到线上私域或是反之。例如导入案例中“可口可乐粉丝节”活动，就是从线下销售渠道引流到线上品牌社区，待兑换积分时又重新引流返回线下渠道。

再如化妆品国货品牌“林清轩”疫情期间意外走红，就是靠原先线下的约1 600名导购全员转战线上，获客引流到线上的品牌社群通道如品牌公众号。消费者关注公众号后，就会被推送私域添加入口从而进入社群。

品牌在线上品牌社群的交流中，还需注意品牌人格化。如林清轩围绕山茶花这一品牌要素，打造出了“轩轩”这一品牌IP人物形象。这是一个耳边别着山茶花的女生，定位为美肤达人、福利官，有爱心、爱分享。

品牌引流，还需要开展内容营销，通过优质内容+新媒体矩阵，来吸引消费者关注品牌的自媒体，再进入品牌社群，从而圈住流量使消费者成为品牌粉丝。品牌可以通过与优质IP联合、发起或参与热点话题等，与时代同步，让消费者有亲切感，获得社交话题价值。形式包括文字、图片、视频等，内容需要有趣或有用，品牌融入要自然。

例如，小米微博紧跟热点，在《来自星星的你》热播时用推出有啤酒、炸鸡图案的手机壳等方式实现“蹭热点”。不同品牌自媒体发挥的作用也可不同，如组合可以是“微博拉新、论坛沉淀、微信建群、抖音变现”。

知识赋能

理解提问：请结合案例谈谈品牌为何要在线下和线上私域间引流。

复习提问：品牌开展内容营销的形式和目的是什么?

课堂讨论：内容营销是在流量公域还是私域进行?

（二）建设品牌社区，创造仪式活动

要圈住粉丝，建设品牌社区这类私域互动空间必不可少。品牌社区可以是品牌建设的线上社区如APP、小程序、微信群、论坛等，可以是线下的空间如品牌空

间、品牌活动等，也可以是品牌粉丝主动发起的品牌社区如自发形成的、线上的、分地区分行业的品牌粉丝微信群，还可以是线下的品牌粉丝的聚会活动、某粉丝提供的聚会场所等。

品牌文化形成的重要形式是创造品牌仪式活动。品牌仪式活动是一系列围绕品牌活动的正式的、具有可重复模式、表达价值和意义的活动。品牌仪式的意义包括自我概念、自我展示、自我参与和自我更新。①

品牌仪式活动为品牌粉丝提供像参加明星见面会一样的追星体验，让品牌粉丝为品牌投入更多的时间和精力，为品牌粉丝创造一种与品牌、与同道中人在一起的强烈的社会群体归属感。

品牌仪式活动可以是线下的，如蔚来每年举行的“NIO Day”粉丝大会、魅族的魅友大会等；也可以是线上的，如导入案例中可口可乐组织的“新年欢聚夜”音乐会、平安公司组织的“温暖相健、万物平安”李健音乐会等。即使是线上的品牌仪式活动，消费者仅是通过屏幕见到，也能激活自身的仪式感知，增加对品牌的信任。但这仅对于共享型关系的品牌粉丝有效，品牌仪式能通过增强心流体验进而增加其信任；对于交易型关系的普通消费者来说，品牌仪式活动可能是无效的。②

品牌仪式活动赋予某些日子以仪式感。仪式感就是使某一天与其他日子不同、使某一时刻与其他时刻不同。品牌专属的品牌活动和品牌仪式，是重要的品牌 IP 和品牌资产，对于丰富品牌内涵、塑造品牌文化、团结品牌粉丝具有重要作用。

除了品牌专属活动和大活动，品牌还可以推出更为频繁的小活动，如月活动、周活动甚至日活动。品牌还可以抓住其他文化节事活动，借势开展品牌传播活动，如中国传统节日、节气、重大体育赛事、重大新闻事件等。

知识赋能

理解提问：请结合案例谈谈品牌为何要创造仪式活动。

复习提问：什么是品牌仪式活动?

课堂讨论：有哪些品牌仪式活动已经 IP 化?

（三）客户关系管理，口碑营销传播

品牌社群粉丝运营，可以借鉴客户关系管理（CRM）的概念，吸引和留住老客户，考虑客户的全生命周期价值最大化，提高客户获得的让渡价值。如何提高客户让渡价值，可以从提高总利益和降低总成本两方面入手。总利益包括财务利益、社交利益、服务利益和形象利益，总成本包括财务成本、时间成本、约束成本和精神成本。要真正尊重老客户，而不是盲目烧钱补贴拉新，要有心理上和规则上的双重重视。

---

① 冉雅璇，卫海英．品牌仪式如何形成?：基于扎根理论的探索性研究．经济管理，2017（12）：108－121.

② 卫海英，熊继伟，毛立静．品牌仪式的“见”之效应：品牌仪式如何影响消费者信任．商业经济与管理，2020（12）：50－60.

如何让普通客户转变为忠诚客户？品牌一方面需要让客户获得超出预期的体验和收益，另一方面需要了解客户并保持长期关系。品牌要让忠诚客户升级为品牌粉丝，还需要增加品牌的文化意义，促进客户参与品牌共创，成为品牌的“外部员工”，并增强客户之间互帮互助的“友情”，让客户对品牌产生更多的信任和情感，特别是提高品牌对于客户的意义。

借鉴客户关系管理思想，品牌还应该挑选目标消费者进入品牌社群。品牌与客户是双向筛选，品牌与客户应该是“两情相悦”，品牌社群内的客户应“志同道合”，品牌和品牌社群代表了一种社会身份、一种生活方式和一种价值观。

品牌对进群的客户还应该进行分类管理和区别对待。对于人数可能仅占20%但能创造80%社群价值的KOC进行重点扶持，使其成为“外部员工”，帮助这一批KOC塑造个人IP，成为品牌IP矩阵和品牌资产的一部分。这样，在客户关系管理基础上，就能通过老客户进行口碑营销传播，以老带新。

例如蔚来高度重视老客户，对第一批用户终身“免费换电”，让他们在任何时候都可以自豪地讲这个故事。在2018年上市敲钟仪式上，李斌并未亲自敲钟，而是邀请了12位蔚来的用户来完成这个仪式。每一位蔚来用户都拥有一个专属服务群，售前嘘寒问暖，售后一呼百应。再比如特斯拉大幅降价之时，蔚来坚决不降价，李斌称降价是对老用户的伤害。

由此带来的口碑营销传播效果惊人，2020年蔚来整体转介绍率达到48%，高峰期蔚来转介绍率更是超过69%，而传统车企转介绍率不足5%。同样的例子还有地产界的阿那亚与麓湖，老业主转介绍率高达90%以上。

知识赋能

理解提问：请结合案例谈谈为什么要对品牌社群客户进行分类管理和区别对待。
复习提问：如何让普通客户转变为品牌粉丝？
课堂讨论：品牌是否应该筛选进群的客户？

（四）挖掘品牌故事，塑造品牌文化

品牌社群粉丝运营，要增加品牌文化意义价值，就需要挖掘品牌故事，塑造品牌文化。品牌故事的来源可以是品牌创建历程中的创始人初心故事、重大事件、员工事迹等；还可以是品牌粉丝与品牌结缘的故事，这类故事更为真实，更为感人，也更能引起消费者的共鸣。在品牌故事中，可以提炼出品牌的初心，如坚守的品牌价值观、品牌信念、品牌使命与愿景，可以积蓄起丰富的情感，可以联结起其他文化元素。这些都会与消费者产生情感共鸣，激发其产生独特的品牌联想，赋予品牌以意义。

例如在“魅友大会2022”上，魅族分享了19个魅友的故事，它们来自魅族社区举办的征集活动，从数千份投稿中选出。再如，2022年蔚来“NIO Day”的活动主题是“Feel the Light”，用三个用户故事作为故事主线，分别为《盲人影院》《父亲的流水席》《麦草猫》，来表达“每一个认真生活的人都是平凡世界里的光”这一主题思想。

与品牌故事相配合，品牌还可以建设品牌博物馆，将品牌故事进行沉淀和有形展示。品牌博物馆可以是线下空间，也可以是线上空间。企业可以收集品牌发展历程中有意义的物品，作为“品牌文物”，通过回顾和展示历史，更好地塑造品牌文化。例如可口可乐设有博物馆，青岛啤酒也设有博物馆，魅族还特别设立了魅友博物馆。

与品牌故事相配合，品牌还可以运营品牌内部刊物，收集外部客户和内部员工的品牌故事进行刊登，并进行传播，塑造品牌文化。例如万科运营有《万科周刊》《邻居》《VEO》几本内刊，发挥不同作用。品牌内刊还可以与其他外部主体联办，塑造独特品牌文化。例如酒鬼酒与湖南省作协前主席孙健忠等联办文化内刊《湘泉之友》，出刊十余年间，促成了文坛群英荟萃于刊物的盛事，还曾多次举办全国知名作家笔会。

知识赋能

理解提问：请结合案例谈谈品牌故事为何要讲述品牌粉丝的故事。

复习提问：品牌故事的来源有哪些？

课堂讨论：请结合案例讨论：是否有必要建设品牌博物馆和品牌内刊？

（五）促活社群运营，用户价值共创

品牌社群粉丝运营，还需要促进客户在社区中的活跃度，调动用户与品牌价值共创的行为。社群运营促活，常见做法包括抢红包、做任务发福利、参与话题互动等。例如林清轩的品牌社群日常运营包括发送新闻简报、签到提醒、发布优惠产品信息、发送产品知识、直播福利预告等。

品牌还可以经常发布促活的互动话题，如根据不同节日引出互动话题、用每天不同的新闻来引发话题等，促进客户活跃。例如由麦当劳官微创建的微博话题“深夜开麦”，每晚发起话题与粉丝互动，还经常转发网友的趣味微博创造新的互动，成功留住粉丝。

价值共创是指企业通过与利益相关者的互动，整合多方资源从而共同创造消费体验的过程。用户价值共创，就是用户作为利益相关者，参与品牌价值共创活动：可以是在品牌社群中的“互帮互助”；还可以是深度参与品牌决策，例如产品研发、品牌社区管理政策制定等。

例如魅族推出“魅族 19 主理人计划”，让魅友成为产品主理人，展示自己的创意，收获众多手机设计方案。该计划在网上得到诸多魅友和数码大 V 的肯定。

研究表明，顾客并非天然具有价值共创意愿，顾客与企业整体的“面”互动能提升顾客品牌体验，但不能对顾客价值共创意愿产生直接影响；顾客与企业员工的“点”互动、顾客与顾客的“交集”互动，才能对顾客品牌体验和价值共创意愿产生直接影响。[①]

---

① 牛振邦，白长虹，张辉，等．浅层互动能否激发顾客价值共创意愿：基于品牌体验和价值主张契合的混合效应模型．科学学与科学技术管理，2015（11）：112－123.

还有研究将虚拟品牌社区中的顾客价值共创互动行为分为求助、人际互动、反馈和倡导。顾客价值包括实用价值、娱乐价值和社会价值。求助和反馈既是价值共同创造行为也是价值共同破坏行为。求助正向影响实用价值，负向影响社会价值；而反馈正向影响社会价值，负向影响娱乐价值。人际互动和倡导则是完全价值共创行为。人际互动显著正向影响娱乐价值和社会价值；倡导对三类顾客价值都有正向影响。①

知识赋能

理解提问：为何求助和反馈既是价值共同创造行为也是价值共同破坏行为？

复习提问：品牌社群运营促活可以有哪些做法？

课堂讨论：为何"面"互动不能而"点"互动和"交集"互动能提升顾客价值共创意愿？

案例实训12-1

蔚来的品牌社群

蔚来创始人李斌认为，蔚来是用户养成型企业，蔚来的核心价值是"用户体验"；蔚来另一位创始人秦力洪也说，蔚来与其说是一个车企，不如说更像是一个志同道合者的社区或者俱乐部，车主把买辆车当作会员费，用一辆车来丰富和提升自己的生活方式和审美标准反过来会定义人群。

两位蔚来汽车创始人，亲自下场跟用户在各种线上社区和线下场景直接互动。一年50多周，至少有40周，李斌和秦力洪的周末是在全国各地和用户一起过的，一起聊天、出游、试驾，和他们交朋友。

李斌希望蔚来可以"全员客服"，所有员工都在APP上跟用户互动。蔚来以小团队形式创造"人设号"，如用户大当家、购车百晓生、服务小飞侠等，与用户互动，每个"人设号"后面有2～3个员工，有针对性地回复和解决用户各种各样的问题。另外，蔚来在用户融入方面设置了独有的职位——"Fellow"，这个职位的工作职责就是在用户留下信息、意向购买、购买、交付、售后整个过程中全程"陪伴"且指引。

蔚来的用户还成为蔚来的"志愿者"，包括交付志愿者、车展志愿者、用户顾问团等。如车主宋远龙，是蔚来无锡站分站长，在蔚来APP里拥有3 800多名粉丝，还有四个金标认证：2020年度EP会员、2019—2021年三年的车主志愿者。宋远龙组织参与过51场蔚来活动，包括车展志愿者、NIO Day接驳志愿者等。

蔚来的APP将所有的车主联结在一起，除了进行品牌反馈，还让用户与用户进行连接，从线上到线下，形成新社群，形成新归属。蔚来希望用户在这里能够自

① 卜庆娟，金永生，李朝辉．互动一定创造价值吗？：顾客价值共创互动行为对顾客价值的影响．外国经济与管理，2016（9）：21-37，50.

己互动，找到所属社群，并最终成为朋友。例如“戈蓝派”是蔚来一个露营社群，组织者阿健已经组织了阳澄岛、黄山、长兴岛、周庄等多次露营活动。

仪式成为品牌将意义带入用户生活的工具。蔚来每年的 NIO Day 就是这样一个仪式，是蔚来用户自己的节日。蔚来用户深度参与 NIO Day 的各个环节（选择城市、流程、演奏、场地布置等）。再比如月活动、周活动的仪式等。

仪式还需要场所，NIO House 蔚来中心是蔚来用户分享欢乐、共同成长的生活方式社区。NIO House 不仅给用户提供不同的体验空间，还是建立新的连接、形成用户之间的身份和价值认同的场所。

2018 年，蔚来 EP Club——NIO 最高端的用户俱乐部，也浮出水面。2020 年 10 月，蔚来还推出了用户信托认证行业社群，这是由蔚来用户自发组织的全国性行业社群。

作为一个“用户企业”，蔚来构建了一套刺激用户活跃度的积分流动机制，让积分成为各种关系的连接器和润滑剂。

除积分外，蔚来 APP 中还拥有一套更强社交属性的社群融合系统“蔚来值”。它同样属于用户积分体系，只不过积分可以消费，而蔚来值记录的是用户对社区的贡献和自我成长。其作用主要包括社区的地位和大事件投票加成，获得热门活动参与资格。

练习题

1. 蔚来有哪些形式的品牌社区？
2. 蔚来的 APP 积分和“蔚来值”分别起什么作用？
3. 蔚来的品牌仪式活动有何意义？
4. 蔚来的用户价值共创行为有哪些？

第 2 节　品牌 IP 保护

品牌创建后，品牌识别要素成为识别品牌的抓手，品牌 IP 化过程中还会形成一批品牌 IP，这些都是品牌资产中极为重要的其他专有资产。为了避免其他竞争者仿冒品牌“搭便车”等，品牌需要运用法律武器和商业谋略，来保护对这些专有资产的所有权，为此需要对这些品牌识别要素和品牌 IP 进行注册保护。这些都属于品牌的知识产权保护，是品牌 IP 化运营的一部分。品牌的知识产权包括商标、专利和版权等。

一、品牌 IP 保护的内涵与意义

（一）品牌 IP 保护的内涵

品牌 IP 保护，即品牌知识产权保护，可以分为狭义的和广义的。狭义的品牌

IP 保护，就是对品牌的知识产权进行注册保护与诉讼维权行为，知识产权包括商标、专利、版权以及其他知识产权如域名权、商业秘密等。广义的品牌 IP 保护，还包括品牌知识产权的保护策略，以及对品牌 IP 化过程中形成的品牌 IP 进行保护。手段除了运用法律武器，还包括商业谋略决策与运营。

品牌 IP 保护的直接目的，是保护品牌知识产权的所有权和其他衍生权利不被侵权；间接目的包括扩大品牌其他专有资产池、促进品牌资产保值增值、保障品牌识别的有效性、防止竞争对手的出现与做大做强、有利于进行品牌授权拓展商业利益等。

（二）品牌 IP 保护的意义

品牌 IP 保护的意义重大，可以分为保护品牌识别要素、品牌 IP 和品牌粉丝 IP。

保护品牌识别要素的意义首先在于，品牌识别要素是无形的品牌资产的有形载体，最容易被竞争对手模仿和盗用。保护好品牌识别要素，就能发挥品牌识别的有效性，保持品牌的独特性，让品牌资产保值增值；进而还能强化品牌市场地位，防止竞争对手的出现与做大做强。保护品牌识别要素的意义还在于，在过程中挖掘和培育更好、更丰富和协调一致的品牌识别要素，进行保护和利用，扩大品牌其他专有资产池。

保护品牌 IP 是更高层级的品牌 IP 保护，其意义在于筑牢品牌 IP 的法律基石和商业壁垒、沉淀品牌 IP 的形式与内容，为品牌 IP 的传播、品牌延伸、品牌合作、品牌授权等打下基础。

保护品牌粉丝 IP 是对品牌资产概念的外延，体现了对品牌粉丝文化运营的重视。品牌粉丝 IP 能产生独特的品牌联想，拥有一定的知名度和忠诚度，还拥有粉丝，是品牌资产难能可贵的一部分。对品牌粉丝 IP 的保护，不需要通过法律武器，可以通过品牌传播进行背书，由品牌社群运营规则来认证保护，例如蔚来的社群对品牌粉丝进行身份标签认证。

知识赋能

理解提问：如何理解品牌 IP 保护的内涵?
复习提问：品牌 IP 保护有何直接和间接的目的?
课堂讨论：三种不同内容的品牌 IP 保护意义有何不同?

二、品牌知识产权注册保护

狭义的品牌 IP 保护，就是品牌知识产权注册保护与诉讼维权行为。按知识产权属性，主要分为品牌商标、品牌专利和品牌版权的注册保护。

（一）品牌商标注册保护

品牌可以申请注册商标来对品牌识别要素进行法律保护。我国《商标法》第四条规定，自然人、法人或者其他组织在生产经营活动中，对其商品或者服务需要取得商标专用权的，应当向商标局申请商标注册。不以使用为目的的恶意商标注册申请，应当予以驳回。

品牌务必要在品牌识别要素投入使用之前，就先申请注册商标。对品牌识别要素进行注册后，企业才能获得受法律保护的专有商标权。企业如果有计划进入其他国家市场，要未雨绸缪，在广泛使用品牌识别要素前就要确认其是否适合国际市场，或为国际市场另行设计品牌识别要素，尽早布局注册相应国家的国际商标。注册产生商标权的形式为中国和世界上大多数国家所使用，也有少数国家采用使用产生的形式。

商标申请费用并不高，可以自行申请办理，也可委托代理机构办理。我国商标权分为45大类商品或服务领域，所申请商标需指定所覆盖的类别领域，每一类都需单独申请。商标注册申请的流程包括商标查重、提交商标申请和形式审查、实质审查、公告程序、通过注册出证，全程约需一年时间。

对于可以进行商标注册的品牌识别要素内容，《商标法》第八条规定，任何能够将自然人、法人或者其他组织的商品与他人的商品区别开的标志，包括文字、图形、字母、数字、三维标志、颜色组合和声音等，以及上述要素的组合，均可以作为商标申请注册。这意味着品牌名称、品牌标识、品牌口号、品牌特征音乐都可以进行注册，品牌专属的品牌形象代表作为平面图形或是三维标志也可以注册。

商标注册进入实质审查阶段，还会审查商标的显著性、是否与他人在先权利冲突、商标是否复制或模仿他人的驰名商标，以及审查地理标志是否会误导公众。为避免被驳回，企业在注册商标前需对同类或者类似产品已注册或者正在审查的商标进行全面检索，避免因重复近似而不能注册。为避免商标被同行或他人恶意抢注，在申请注册商标前企业需注意保密。企业还需注意避免没有显著性、夸张性宣传、有不良影响等问题。企业应将文字、图形、声音商标等分开注册，以提高核准率并获得最大保护范围。

商标注册成功后，有效期为十年，到期可续展注册。但拿到商标注册证才是品牌识别要素合法性诞生的第一步。一个注册商标在其有效期内连续三年没被实际使用，就会面临被撤销的风险。《商标法》第四十九条第二款规定，注册商标没有正当理由连续三年不使用的，任何单位或者个人均可以向商标局申请撤销该注册商标。为此，企业要提交商标使用的证据，包括将商标用于指定品类的商品包装上、商品交易文书上、广告宣传中以及其他商业活动中，以识别商品来源的行为。

商标还要防范“通用名称化”的风险，即在商标实际使用过程中，其显著特征逐渐被削弱，丧失区分商品或服务来源的功能，商标含义指向了商品本身，退化为商品通用名称而失去专有权。这就是提醒品牌，需要注意在实际使用中区分品牌识别要素与商品通用名称。例如深圳市朗科科技股份有限公司的“朗科优盘”或“优盘”文字后面并没有其他连用的商品名称，广告宣传中也有“优盘，新一代存储盘”的表述，将“优盘”作为商品名称使用，最终法院认定“优盘”商标已退化为其核定使用的计算机存储器的通用名称。

知识赋能

理解提问：如何理解商标“通用名称化”的风险？
复习提问：有哪些品牌识别要素可以注册商标？
课堂讨论：如何化解注册防御性商标但又不实际使用而被“撤销”的难题？

（二）品牌专利注册保护

与品牌有关的专利，可以申请注册保护。商标是作为品牌识别要素而不是产品本身用于识别产品或服务的来源。与商标不同，专利与产品或产品背后的技术有关。专利可以分为发明专利、实用新型专利和外观设计专利。发明专利主要是产品背后的新技术方法；实用新型专利是产品的形状、构造或者其结合的新方案；外观设计专利是对产品的形状、图案、色彩或者其结合的新设计。

品牌识别要素中的品牌特色包装，可以申请外观设计专利进行保护。它可以是产品外包装设计，如饮料的容器设计、运动鞋的鞋盒设计等；还可以是产品本身的形状、图案等，如箱包的形状和图案设计、运动鞋的款式设计等。例如钟薛高雪糕独特的回纹瓦片形状设计，就申请了外观设计专利保护。

品牌还可以对构成品牌独特体验、品牌独特联想的产品形状、构造等，申请实用新型专利进行保护。例如钟薛高就在申请了外观设计专利的基础上，为生产独特形状雪糕而专门设计的雪糕制作模具也申请了实用新型专利。

对品牌旗下产品的品质与特色背后的技术方法与装备，品牌还可以申请发明专利进行保护。例如钟薛高就为“雪糕生产用气泡消除装置”“雪糕生产用垂直插棒机”等与钟薛高雪糕优质品质有关的技术装备革新申请了发明专利。

这三类申请注册的专利，都保证了品牌所宣传的品牌品质和特色的独特性与说服力，对于形成品牌资产是有力的法律支撑。这些专利，可以直接用于品牌宣传，用于背书、佐证。在品牌宣传中，品牌要突出这些专利所保障的产品品质和特色与品牌定位、品牌理念、品牌价值观相一致之处，将物质联结升华到精神层面，以有助于品牌 IP 化。

专利申请还要与商标申请相结合，构成品牌的知识产权矩阵。例如，品牌既可以为品牌旗下产品背后的核心技术和零部件申请发明专利，又可以为核心技术起名称注册商标。在汽车领域，奇瑞推出了“鲲鹏动力”“火星架构”“雄狮科技”“银河生态”四大核心技术，来支撑整车品牌。格力一直宣称“掌握核心科技”，一定有专利支撑，但却没有推出更好辨识的核心技术的相应名称并注册商标来助力宣传，是一大缺憾。

专利申请，还可以与品牌活动注册商标相结合。品牌将品牌活动 IP 化，可以注册品牌活动名称、标识、口号等要素进行商标保护。在品牌活动中，企业常会推出品牌旗下的新产品、新技术，背后都应有专利支撑。品牌活动商标与产品专利，应相互配合、呼应，产生共鸣。

具体而言，如何选择这三种专利进行申请？三者之间的区别包括：第一，发明专利可以保护的主体比实用新型专利多，实用新型专利只保护结构方面，不能保护方法、材料等。第二，外观设计专利与实用新型专利都涉及产品形状。实用新型专利是技术方案，形状是从产品技术和功能角度考虑；外观设计专利是设计方案，形状是从产品美感角度考虑。第三，申请审查不同。申请发明专利或者实用新型专利，提交的材料比外观设计专利多得多。发明专利需要经过实质审查，较为严格；实用新型专利及外观设计专利仅进行形式审查。第四，审查周期不同。发明专利审查周期较长；实用新型专利及外观设计专利审查时间较短。第五，稳定性不同。发明专利比较稳定，不容易失效；实用新型专利及外观设计专利很容易被宣告无效。第六，保护期限和年费不同。发明专利保护期限 20 年，年费第 1～3 年为 900 元；实用新型专利保障期限为 10 年，外观设计专利保护期限则是 15 年，二者年费第 1～3 年为 600 元；年费都是每隔几年递增一次。

知识赋能

理解提问：品牌特色包装应该申请实用新型专利还是外观设计专利？

复习提问：品牌可以申请哪三种专利？三者之间有何区别？

课堂讨论：为何品牌要为核心技术申请专利，同时还要为其起名并注册商标？

（三）品牌版权注册保护

版权，也称著作权，是指文学、艺术和科学作品的作者及其他著作权人依据著作权法对其作品所享有的各项权利的总称。著作权包括人身权利和财产权利。人身权利包括发表权、署名权、修改权、保护作品完整权等。财产权利包括复制权、发行权、出租权、展览权、表演权、放映权、广播权、信息网络传播权、摄制权、改编权、翻译权、汇编权等。

我国《著作权法》第三条规定：“本法所称的作品，是指文学、艺术和科学领域内具有独创性并能以一定形式表现的智力成果，包括：（一）文字作品；（二）口述作品；（三）音乐、戏剧、曲艺、舞蹈、杂技艺术作品；（四）美术、建筑作品；（五）摄影作品；（六）视听作品；（七）工程设计图、产品设计图、地图、示意图等图形作品和模型作品；（八）计算机软件；（九）符合作品特征的其他智力成果。”

品牌也可以有作品，如品牌传播过程中的文章、图片、视频、音频等，以及计算机软件如网站、APP、小程序等。品牌还可能会引用或借鉴他人的作品，这也会涉及版权问题。

在我国，作品完成就自动取得版权，受到著作权法保护，不是必须登记。但进行版权注册登记，可以更好地保护版权。

互联网时代，作品更容易在互联网上快速传播，也更容易在互联网上被抄袭。其中的版权侵权现象很严重，版权纠纷成为互联网法院受理的互联网领域的主要纠纷类型。因此，品牌应加以重视，既要加强对自身作品的版权保护，还要注意合规合法，避免侵犯他人版权。

区块链技术的出现，为版权保护提供了强大的技术支撑，尤其是在互联网版权登记和确权方面有显著优势，各大自媒体内容平台也运用了区块链技术加强版权保护，还有很多第三方的数字作品区块链版权平台。因为我国对于著作权纠纷遵循“谁主张、谁举证”原则，作者承担举证义务，需要自证作品著作权和侵权行为，而区块链技术可以实现作品上链即存证和侵权取证。有些平台还具备版权交易、版权授权、版权衍生等数字版权运营服务。

例如抖音推出“抖几句”短视频剧本原创交易平台，用户只需将视频剧本上传，自动录入区块链版权登记系统，即可进行全网版权保护，可追溯查证他人盗用原创视频的剧本和创意以及再创作。

再如在微信公众号文章中使用明星图片，造成侵权遭到起诉十分普遍，要注意避免，或是取得授权。[①] 在公众号所发的文章作品要做著作权声明，包括“版权所有，转载请注明出处”“未经许可谢绝转载”“禁止转载”等几种情况。当遭遇侵权时，作者可微信投诉要求删除，严重者发律师函警告直至发起诉讼。为避免侵权抄袭，作者还可以给作品加水印、把文字转为图片等。

知识赋能

理解提问：如何理解互联网和区块链技术对版权保护的影响？

复习提问：品牌哪些作品形式需要进行版权保护以及如何避免侵犯他人版权？

课堂讨论：品牌如何平衡自媒体作品传播收益与被侵权或侵权的风险？

三、品牌 IP 保护策略

（一）强化策略

强化策略，就是加强对品牌 IP 的保护，主要措施是对品牌识别要素进行商标注册的强化和积极发起诉讼维权。除注册主干商标外，品牌可以对文字相近的品牌名称、图案相似的品牌标识等也进行商标注册保护。此类商标，也被称为防御商标、联合商标等。除了在品牌旗下原产品类别下，品牌也可在其他相近产品类别下进行注册。此举是为了避免其他企业或个人，捷足先登注册相近商标，鱼目混珠或囤积居奇；还可以起到帮助拓展品牌联想、联结应用场景等作用。

例如，2020 年，腾讯状告老干妈拖欠巨额广告费，后查明实为有人冒充老干妈公司人员进行合同诈骗。这也牵扯出了老干妈的商标史。除了对核心商标“老干妈”进行了全类别注册，老干妈公司还注册了“陶华碧”“老于妈”“老千妈”“干妈”“老干爹”等至少 192 个防御商标。但这还是阻止不了有人注册了“老阿妈”“老妈妈”等相似商标。

---

① 被明星告了？公众号文章里的明星肖像权侵权纠纷．(2019-02-26)．https://www.jianshu.com/p/4b45c75cbe76.

再如 2021 年王老吉的关联公司在一天内就申请注册了 100 个“姓氏＋老吉”的商标（32 类，非包含凉茶商品的 30 类），并将这些姓氏印到了罐装凉茶产品上，一度推出“姓氏罐”获得消费者追捧。王老吉及其关联公司还申请了“王老吉 1828”“王老吉大健康”“新婚大吉”“新年大吉”“升职大吉”“生日大吉”“高考大吉”“开工大吉”“中秋大吉”“端午大吉”等商标，其欲拓展品牌联想、联结众多应用场景之心十分明显。而围绕高考这一场景，王老吉还继续密集布局商标注册。2022 年 5 月 18 日，王老吉申请了 26 个与高考相关的商标，包括“语文大吉”“数学大吉”“英语大吉”等学科罐商标，还有“高三班吉”“超吉发挥”“万试大吉”“科科加吉”等。

知识赋能

理解提问：老干妈为何要注册 192 个防御商标？
复习提问：什么是强化策略？为何要采取强化策略？
课堂讨论：如何强化保护老干妈肖像标识？王老吉这么多商标如何运用？

（二）弱化策略

品牌 IP 保护有强化策略，还有看似不合理的弱化策略：就是对品牌 IP 被侵权的行为放任不管，或是有选择性地维权，或是与侵权或被侵权对象主动和解，或是主动退让。此种弱化策略，主要目的是打击竞争对手、扩大市场份额、培养消费者使用习惯、促进产品与品牌的传播等。企业也不是一直放任不管，而是当目的基本达到时可以收网。弱化策略还可以是集中在重点市场进行维权，例如在客户数量较少、使用份额较大的大客户市场等。弱化策略主要是针对知识产权中的版权中的软件著作权，而非其他知识产权。

最为明显的例子是微软旗下的 Windows 和 Office 软件在中国市场的知识产权保护策略，对于个人消费者使用盗版软件并不追究，而对企业用户则进行维权。此种策略，严重打压了国产操作系统。

但在办公软件领域，由于中国还有金山 WPS 的存在，Office 365 软件无法一家独大。2020 年其还更名为 Microsoft 365，企图用母品牌名和更多软件产品形成合集，以及改成订阅付费模式，来争夺市场。

也有品牌被动采取弱化策略。由于司法维权时间漫长、取证困难，需要花费大量时间、精力和成本，而侵权赔偿金额又不高，因此品牌可以对一般性的被侵权行为放任不管，而对产生重大商业利益的被侵权行为进行重点关注。例如美国乔丹诉中国乔丹侵权案，诉讼时间长达八年，最终美国乔丹胜诉也才获得赔偿 35 万元。

企业还可以不采取法律途径，而是通过协商和解、谈判交易知识产权等方式，来快速解决问题。例如唯冠诉苹果使用 iPad 商标侵权之争，经历两年多时间终于庭外和解，苹果公司付出 6 000 万美元收购 iPad 商标。

为避免麻烦，主动退让，尽早另行申请注册商标等，更换品牌识别要素，也是一种策略。例如喜茶，原品牌名叫“皇茶”，但由于企业发展太快、商标保护意识不强，并没有提前注册“皇茶”商标，后多次注册也以失败告终。而随着知名度越来越高，企业面临很多仿冒店出现却无法维权的局面，最终不得不花费巨资购得“喜茶”商标，进行改名。

知识赋能

理解提问：如何理解品牌 IP 保护要采取弱化策略？

复习提问：品牌 IP 保护采取弱化策略有哪些情形？

课堂讨论：其他奶茶品牌是否该强化品牌 IP 保护？

（三）延伸策略

延伸策略，主要是指品牌将原品牌识别要素如品牌名称和标识，延伸注册更多产品类别下的商标进行保护和运用。此举一方面是防御性保护商标，避免被其他行业竞争者“搭便车”，另一方面也为品牌延伸推出新产品扩展到其他品类而做准备。这是品牌 IP 化的重要一环。在延伸注册时，品牌可以对品牌名称和标识进行一定的改变，增减一些元素；还可以为品牌组合拓展进行准备，提早谋划布局注册多个系列的商标。有些企业跨行业“撞车”使用同一品牌名称，是历史原因造成的。若双方行业跨度较大或是集中在某地域经营使用，对双方影响不大。

例如王老吉商标，已覆盖了大部分的商品和服务品类。近年来，王老吉及其关联公司为品牌延伸，推出了“刺柠吉”子品牌，与原品牌共享“吉”字元素，也注册了覆盖多个产品类别的商标；近期还申请了“DR. JI 吉博士”“DR. JI 吉老师”“DR. JI”等商标，覆盖啤酒饮料、方便食品等多个类别。而可口可乐注册了“可NIU 了”商标，以便与蒙牛进行合作。

再如茅台本是酒类品牌，延伸推出茅台冰淇淋的同时，申请了第 30 类商品下的中英文混合的商标“茅台冰淇淋 MOUTAI ICE CREAM”。近期，茅台集团还申请注册了“茅香辣”“茅小椒”等第 30 类方便食品下的商标，以及“茅小凌”“MAOXIAOLING”商标，涵盖服装鞋帽、啤酒饮料、皮革皮具等七个类别，可见其欲拓展更多品类的雄心。

被其他企业“搭便车”运用到其他产品类别的案例，如饮用水品牌“怡宝”，2020 年就诉一家同名的化妆品公司（原上海怡宝化妆品集团有限公司）违法使用“怡宝”和“C′estbon”商标。法院鉴于饮用水和化妆品均属于日常消费品，渠道与受众重合，涉案商标为驰名商标，公众看到化妆品行业出现该商标很容易产生联想，误认为与原告有关，故判被告严重侵权。

跨行业“撞车”双方影响不大的案例，如“晨光”品牌，就有晨光文具和晨光牛奶。前者是全国驰名商标，而后者主要在深圳和香港区域经营和占据鲜奶市场。再如“统一”是方便面、饮料品牌，但还有“统一”润滑油。

品牌组合提早谋划布局的案例如比亚迪。除了已推出的王朝系列、海洋生物系列和军舰系列子品牌，比亚迪还提前注册了好几个系列的商标：有中国风的山河地名如天山、长江等，有古地名如岱岳、琅琊等。比亚迪还围绕“仰望”注册了“仰望银河”“仰望星空”等。

知识赋能

理解提问：如何理解延伸注册时王老吉保留了“吉”、茅台保留了“茅”？
复习提问：品牌延伸注册更多品类商标的目的是什么？
课堂讨论：其他汽车品牌可以谋划布局哪些品牌组合商标系列？

（四）协同策略

协同策略，首先指的是品牌可以在不同知识产权手段上进行协同，同时采用多种手段以织密保护网，从不同方面来查漏补缺。例如注册商标时间较长，为避免被他人抢注，可以在商标申请前先进行版权登记保护；即使注册下商标，也建议对图案型的或是文字字体与版式经过设计的品牌标识进行版权登记保护，可登记为美术作品或摄影作品；如为纯文字商标，建议可以采用手写体，这样就构成图案，而且避免字体侵权。

其次指的是品牌要在不同维度上布局知识产权，建立品牌知识产权支撑体系，助力品牌 IP 化。品牌一是要将品牌、子品牌、品牌联合、服务品牌等的品牌识别要素，注册商标和进行版权登记，打牢 IP 化的法律基础；二是要布局品牌旗下产品名、产品设计、产品包装、产品核心元素、核心人物、品牌活动等的知识产权保护，将其品牌化与 IP 化；三是要布局品牌背后核心技术的知识产权保护，将其可视化、品牌化与 IP 化；四是要布局域名、自媒体账号、品牌粉丝社群、品牌社区、KOC 等知识产权保护与官方认证，助力这些要素的品牌化与 IP 化；五是要注意对品牌传播中所创作的各种作品的知识产权保护，取得他人版权授权。上述这五个维度，共同组成品牌知识产权支撑体系（如图 12－1 所示）。

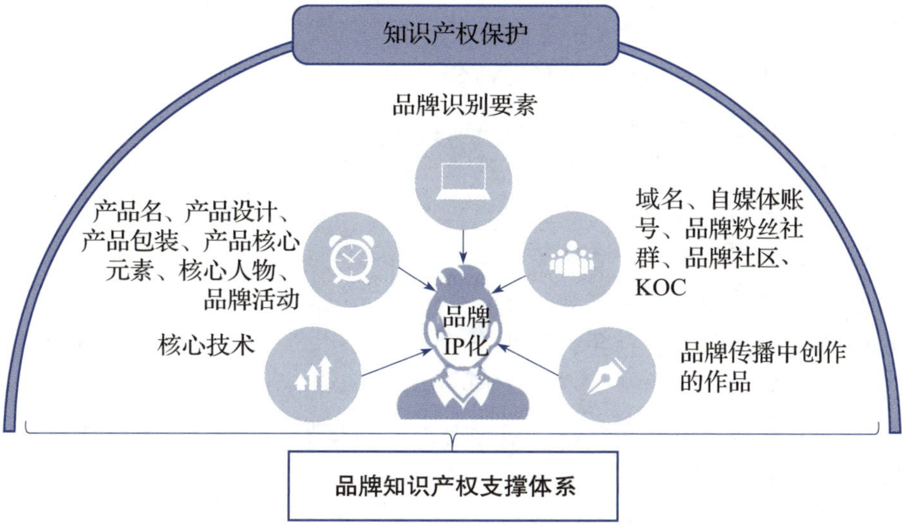

图 12－1　品牌知识产权支撑体系

最后指的是品牌的不同知识产权之间要协同一致，要共同为塑造、强化和改进品牌定位服务；要物质层面与精神层面相契合，物质要能联系到品牌的精神和文化诉求，如个性、亚文化、身份、生活方式与价值观等；要不同知识产权有机组合起来，服务于品牌的大目标。

知识赋能

理解提问：请结合王老吉案例理解，不同知识产权如何协同一致服务于品牌定位?

复习提问：品牌知识产权支撑体系由哪些维度组成?

课堂讨论：不同字体商标的识别效果和IP保护有何不同?

品牌视野

各行业相关商标类别

商标注册共有45个商品和服务类别，有专家按行业总结整理了各行业进行商标注册需要重点关注和了解的类别。行业包括餐饮、食品、服装、电子、药品医疗、旅游、房产、商超、家具、机械、建材、化工等。

下面以“餐饮行业”为例进行展示：

【核心类别】

第43类：餐饮、餐馆、酒店、住宿等。

第35类：饭店商业管理、特许经营的商业管理、商业管理和组织咨询、广告、为零售目的在通信媒体上展示商品、进出口代理等。

【重要类别】

第08类：餐具（刀、叉和匙）等。

第29类：腌腊制品、鱼翅、鱼制食品、食用油等。

第30类：调味品、糕点、方便食品等。

第31类：新鲜水果、蔬菜、活动物等。

第32类：饮料、果汁、矿泉水、啤酒等。

第33类：白酒、红酒、葡萄酒、白兰地等含酒精饮品等。

第39类：物流、配送、仓储等。

第40类：食品加工、剥制加工等。

第44类：营养与饮食指导、保健等。

【关联类别】

第01类：食物防腐用化学品、增甜剂、食品工业用谷蛋白、葡萄糖等。

第02类：食品着色剂、色素等。

第03类：厨房用去油渍油，清洁制剂、洗洁精等。

第04类：烧烤用炭等。

第05类：补药、人参、枸杞、医用营养品、消毒纸巾等。

第 06 类：厨房用金属台、金属柜、金属容器等。

第 07 类：厨房家用器具、食品加工机械等。

第 11 类：烹调器具、厨房用抽油烟机、微波炉、消毒碗柜、卫生设备等。

第 12 类：餐车等。

第 16 类：保鲜膜、餐巾纸、宣传册、报纸、期刊、杂志、生活用纸等。

第 20 类：餐具柜、桌、椅、凳子等。

第 21 类：餐具、炊具、垃圾筒、牙签、饮用器皿、食物保温容器等。

第 24 类：餐巾、桌布、垫子（餐桌用布）、坐垫、洗涤用手套、纺织品等。

第 26 类：衣服装饰品、饰针、绣花饰品、人造花、茶壶保暖套等。

第 27 类：地板覆盖物、防滑垫、非纺织品壁挂等。

第 37 类：厨房设备的安装与维修服务等。

第 41 类：厨师培训、学校、安排和组织会议、书籍出版、俱乐部服务等。

资料来源：很多老板不知道，三分钟教你记住商标 45 个类别，各行业都需要．(2022-08-31). https://zhuanlan.zhihu.com/p/559719420.

思考题

1. 请选择一个品牌，上网查询其都注册了哪些商标、专利和版权。
2. 该品牌商标注册保护是否周全？是否有品牌延伸和品牌组合的布局？
3. 该品牌专利与品牌品质和特色是否有关？核心技术专利是否品牌化？
4. 该品牌登记了哪些类别作品的版权保护？与其他知识产权手段是否协同？
5. 该品牌在哪些维度上布局知识产权，建立品牌知识产权支撑体系？

第 3 节　品牌 IP 授权

一、品牌 IP 授权相关概念

品牌 IP 化之后，已经具备了独立于产品价值之外的真正的品牌价值，积累了丰厚的品牌资产，包括品牌知名度、品牌联想、品牌忠诚度和感知质量，商标等品牌知识产权成为品牌其他专有资产，承载和支撑上述的其他四类品牌资产。

品牌可以将其知识产权通过商业合作协议授权给第三方，以更快地获得更多的商业利益和扩大品牌影响力。与品牌 IP 授权有关的概念还有品牌授权和 IP 授权，下面分别阐述其含义以及区别与联系。

（一）品牌 IP 授权

品牌 IP 授权，有狭义和广义之分。狭义的品牌 IP 授权，就是品牌将其核心的注册商标，授权给第三方经营使用。广义的品牌 IP 授权，就是不局限于商标，而是涉及品牌的各种知识产权，包括品牌将其专利技术、版权等，授权给第三方使用，获得经济收益或商业合作利益；还涉及品牌作为IP，授权其他品牌联合使用其品牌核心商标等知识产权，开展联名等合作活动。

品牌IP授权有着丰富的含义。品牌IP授权，是品牌快速和无本变现品牌IP商业价值的一种形式。品牌仅需投入品牌无形资产，就能依靠第三方经营获利。品牌IP授权对于品牌来说，除了前期创建和传播品牌的投入，没有边际成本，理论上可以无限复制，授权给许多第三方和很多行业。品牌IP授权，又是一种品牌跨地域扩张经营的行为，是品牌连锁经营的非自营特许模式。品牌IP授权，也是一种品牌延伸行为，是品牌授权给第三方来跨行业推出品牌名下的新产品。品牌IP授权，还是一种品牌杠杆效应，是品牌作为被借力方，帮助撬动第三方获利。品牌IP授权，只涉及品牌核心商标的有限范围与时间的使用权，并不交易其所有权。

品牌IP授权具体形式可以分为品牌特许经营授权、品牌商标授权和品牌联名授权。

（二）品牌授权

品牌授权，也称为品牌许可，是指授权者将自己所拥有或代理的商标或品牌等，以合同的形式授予被授权者使用。被授权者按合同规定，从事经营活动，并向授权者支付相应的费用；同时授权者给予被授权者一定的指导与协助。

品牌授权，大致包含了品牌特许经营授权和品牌商标授权。品牌授权主要局限于商标授权，接近于狭义的品牌IP授权。品牌授权是品牌所有者将品牌的使用权授予第三方，不涉及所有权的转让。

（三）IP授权

IP授权，主要是指对无有形产品的内容IP授权开发，开拓其商业价值的做法。内容IP原来只有内容作品，是精神产品、文化产品，产品形式比较单一，IP粉丝可消费的IP相关产品种类不足。内容IP为变现商业价值，可以授权第三方来开发带有IP元素的商品。

IP授权可以分为几种情形：第一种是将内容IP授权给第三方工厂来开发和生产IP衍生产品，但交由内容IP所有者直营的企业来负责经营销售，并只冠以IP的品牌名。第二种是将内容IP授权给第三方企业来开发和生产IP衍生产品，并由该企业负责经营销售。第三种是将内容IP授权给其他品牌方来使用，品牌名与IP形象同时出现在该品牌方的产品上。第四种是将内容IP授权给其他品牌方来开发IP周边产品如玩具等，并与该品牌方原产品一起，作为促销组合使用。

第一种情形相当于IP的品牌化，进行的品牌延伸。第二到第四种情形，可以就内容IP签订行业或领域内的独家合作协议，或是非独家合作协议，甚至与多家进行合作。

IP授权与品牌授权的主体不同，前者的主体是内容IP，后者的主体是品牌。但二者又有联系，都是对无形知识产权商业价值的开发。

知识赋能

理解提问：如何理解品牌 IP 授权、品牌授权和 IP 授权的区别与联系？
复习提问：品牌 IP 授权有哪些含义？
课堂讨论：品牌 IP 授权和品牌延伸、品牌杠杆有何联系与区别？

二、品牌 IP 授权形式

（一）品牌特许经营授权

品牌特许经营授权，是品牌通过特许经营方式将品牌授权出去。商业特许经营，是指拥有商标、专利等经营资源的企业（特许人），以合同形式将拥有的经营资源许可其他经营者（被特许人）使用。品牌特许经营是品牌连锁经营的一种方式，俗称“加盟”。品牌连锁经营的另一种方式是自营或叫直营，也即连锁店是由品牌方投资并直接经营管理。而特许经营是品牌方通过特许经营合同，“许可”其他独立主体使用品牌开展相同业务。品牌方无须投资加盟商，加盟商获许可后以品牌方名义开展经营，一般有统一和标准化的品牌形象、产品和服务。加盟商还将向品牌方缴纳许可费用、采购品牌旗下商品等，而使品牌方获益。

品牌特许经营授权，没有改变品牌旗下所覆盖的产品品类与经营业务范围，只是覆盖更广阔的区域，是品牌 IP 授权中较为初级的一种形态。品牌特许经营授权，也是大部分已经具有一定品牌知名度、已注册商标的企业可以采取的经营模式。品牌采取特许经营模式还是直营模式，没有优劣。如果两种模式并存，管理难度将会更大。核心是做好商业模式设计，做好品牌管理和运营管理的标准化与督导管控。

此外，我国执行特许经营报备制度。如果未经办理备案登记，企业开展加盟招商和经营活动就是违法行为，需要谨记。我国出台了专门的法律法规，对特许经营行为进行规范。特许人应当自首次订立特许经营合同之日起 15 日内，向商务主管部门备案，获得特许经营加盟许可证，被特许人才可以进行特许经营。特许人需是企业，拥有商标、专利等经营资源，拥有成熟的特许经营模式，并具备为被特许人持续提供商品采购、人员培训、经营管理和技术支持等指导服务的能力。特许人从事特许经营活动应当先拥有至少 2 个直营店，并且经营时间超过 1 年。

特许经营备案，其实主要备案的就是所特许的品牌。品牌特许授权出去的就是以商标、专利等知识产权为支撑的品牌无形资产的使用权，所以商业特许经营可以称为品牌特许经营。特许人完成了对一个特许品牌的备案，品牌方就有了招商加盟商的资质。

如果企业新增品牌进行特许授权，新品牌与之前备案品牌是同一产品或服务类别和经营性质，则属于经营资源信息变更，须向备案机关申请变更，在原已备案特许人拥有的特许经营资源处，将新的注册商标添加至特许经营资源之内。如果新增的品牌与已备案品牌无关联，不属于同一产品或服务类别，或用于其他经营性质业务，则属于增加特许体系，应重新申请办理商业特许经营备案。

品牌特许经营，按照特许权和所有权，可以分为以下几种形式：第一种是单店加盟，也称普通特许经营，即总店将单店的特许经营权授予加盟者，由加盟者经营；第二种是多店加盟，也称发展特许连锁，即加盟者向总店购买了特许权，同时也购买了在一个区域内建立若干个分店的特许权，若将来事业发展，需要再建分店，不必再向总店申请；第三种是地区代理，也称委托特许经营，即总店将特许权出售给一个代理人，由代理人负责某个地区的特许权授予；第四种是分配特许经营，总店不仅授予加盟者特许权，而且还授予其设立批发仓库，向其他加盟店供应分配货物的权利；第五种是所有权合作特许经营，即总店与加盟者合营，共同持有分店股份。

品牌特许经营，还可以根据在经营管理上的联系紧密程度，分为以下几种形式：第一种是松散型，品牌方提供品牌和技术，收取一次性加盟费，无后期运营扶持。第二种是半紧密型，品牌方提供品牌形象、人员培训、技术支持、经营管理等全程指导服务和统一供货，除了一次性加盟费用，品牌方还收取业务收入提成。第三种是紧密型，也可以叫"全托管模式"，加盟商只需负责投资或提供场地物业，其他经营管理全部由品牌方负责，一般不收加盟费，经营利润由双方分成。此种模式，对于品牌方来说近似于直营模式，对于投资方来说近似于资产托管。

采取第三种全托管模式的品牌，可以兼得直营模式统一管理的优势和加盟模式轻资产的优势，很多强势品牌采取此种模式。例如百果园、海澜之家、名创优品、万达广场、华住集团旗下品牌等。但品牌能否在特许经营授权中获得强势地位、招商能否成功、加盟经营能否成功，最终还是取决于品牌方的品牌管理能力和品牌的独"特"魅力。

知识赋能

理解提问：如何理解品牌特许经营授权是品牌 IP 授权中较为初级的形态？
复习提问：品牌特许经营可以如何分类？
课堂讨论：品牌应该采取特许经营还是直营？

（二）品牌商标授权

品牌商标授权，是品牌将其商标授权给第三方来使用，相当于狭义的品牌 IP 授权，也是一种品牌授权。其与品牌特许经营授权的主要区别在于，品牌方将商标授权给第三方后，基本上由第三方独立经营。品牌方所授权的产品类别可以很广泛甚至覆盖全品类，还可以不同于品牌原先旗下产品类别范围。品牌方授权对象可以是上游的生产企业，也可以是下游的销售终端企业。品牌方授权可以是独家，也可以是非独家授权给很多企业。真正的品牌商标授权是要由品牌方负责研发设计产品、投放广告推广品牌和产品，以及质量管控，再授权给第三方工厂生产和其他经销商销售。

品牌商标授权是一种借助第三方的品牌延伸策略，与品牌特许经营授权固守主业不同，可以延伸扩大品牌覆盖的产品范围。与自主开展品牌延伸不同，不用自己增加投资，也不用承担经营风险，就可以坐收渔利。但管控不严的话，此举很可能会损害品牌形象，模糊品牌定位，造成品牌资产贬值。

品牌商标授权是一种较为极致的“轻资产”品牌运营模式，是品牌具有相当大的知名度，且品牌联想已经一定程度脱离了产品品类，而成为较为抽象的品质背书和个性与文化象征。品牌商标授权是一种较高阶段的品牌 IP 授权，更加依赖于品牌本身。

品牌商标授权更是一种品牌 IP 化后的商业价值变现“捷径”，但品牌采取此种模式需慎重。品牌 IP 化后实现商业价值变现的正途，是通过自主或是合作的品牌延伸扩大覆盖更多产品类别，甚至还可以进一步进军内容产业，推出内容作品。例如三只松鼠推出动漫、表情包等，让品牌衍生成为横跨有形产品和内容作品的超级大 IP。这在丰富产品线扩大获利的同时，也在塑造品牌人格化、提升品牌文化内涵和吸引力、促进品牌资产增值。而品牌商标授权只是在利用品牌资产，在透支品牌信誉，而没有为品牌资产添砖加瓦，所以不是很理想。

例如南极人品牌就放弃了自营业务，放开品牌商标授权，收商标授权费和卖商标吊牌，在市面上做到了全品类和全网覆盖，有几千家经销商。如此效仿的，如北极绒、俞兆林、恒源祥等，还有仁和大健康等。这些做法在让品牌短期获利的同时，却在损害品牌的长期利益。

也有品牌慎重选择合作商，交由更为专业的第三方来帮助实现品牌延伸。例如某运动品牌就与科蒂、奇华顿、芬美意三家香水行业龙头企业合作，推出香水级的该品牌运动香水、止汗露、沐浴露等个护产品，迅速出圈。

因此，为了维护品牌形象，促进品牌资产保值增值，品牌商标授权不能一授了之，而要慎之又慎。

知识赋能

理解提问：如何理解品牌商标授权是品牌商业价值变现的“捷径”？

复习提问：真正的品牌商标授权是如何操作的?

课堂讨论：品牌是该采取品牌商业价值变现正途还是商标授权的“捷径”？

（三）品牌联名授权

品牌联名授权，是品牌与其他品牌联名合作，对合作品牌予以知识产权授权。此种形式，在第 7 章“品牌外联”中已提及，是品牌联合的一种：跨界品牌联合营销。

品牌联名授权，也是品牌 IP 化后商业价值变现的一种形式，主要效果包括取得品牌传播声浪、塑造品牌形象和提升品牌影响力、赢得更多品牌粉丝、获得品牌粉丝的更多关注与喜爱以及更多购买。品牌只有接近于 IP 化、具有相当的知名度和美誉度、拥有一定的粉丝，其他品牌和 IP 才会愿意与之联名合作。只有品牌已 IP 化，成为超级大 IP，其他品牌和 IP 才会主动地“追求”品牌，来求得品牌联名授权。

品牌联名授权，也需慎重，具体原则可参考第 7 章的“跨界品牌联合营销的作用”和“品牌联合的影响因素”的相关内容。

品牌联名授权，一般不向合作品牌或IP收取商标授权费用，双方可以在联名活动的传播效果以及联名产品的销售中获益。而IP授权给品牌使用，很可能要向品牌收取授权费用。如果在品牌联名授权中品牌是强势的一方，要慎重考虑，最好不要同意这样的地位不对等的品牌联合，以免品牌资产减值。如果品牌能够把控品牌联合的话语权和传播效果，也可以考虑同意这样的品牌联合，并向“追求”者收取品牌授权费用。

品牌联名授权是品牌IP授权的高级阶段，是较好地融合了品牌资产建设与商业价值变现的授权方式，应成为品牌IP运营的重要形式。

知识赋能

理解提问：如何理解品牌联名授权是品牌IP授权的高级阶段？

复习提问：品牌联名授权的前提是什么？

课堂讨论：品牌是否应该开展很多品牌联名授权？是否应该收取授权费用？

案例实训12-2

名创优品的超级品牌进化论

2023年2月24日，名创优品举办了全球品牌战略升级发布会。发布会上，名创优品正式宣布升级为“以IP设计为特色的生活好物集合店”。名创优品特别从品牌标识中提取出“Wink”（网络用语与表情，指眨一只眼、俏皮地递眼色示意）作为全新品牌超级符号，以代表着美好、治愈与快乐的极简符号，在消费者和品牌之间加强互动，传递“美好生活”理念。

名创优品目前拥有超过8 800个核心SKU的产品组合。如果说，造就了许多国际大牌的中国供应链，是名创优品孕育超级本土品牌的底气与土壤，那么它在创意产品上的现象级成就，则意味着它早已是一家实质上的内容公司。

与热播综艺《大侦探》联名的“墩墩鸡”，在发售一个月内，社交媒体曝光上亿，吸引大量网友自发去门店打卡拍照。而名创优品的原创IP毛绒玩具，年销量在数十亿量级。2022年6月，名创优品携手全球极具影响力的专业调香师和顶级香料供应商成立“大师创香室”。大师经典香薰新品上市百天，即实现千万元营收。

在IP联名方面，名创优品与全球化IP合作：不仅包括迪士尼、漫威、NBA、宝可梦、三丽鸥这些全球顶级IP，而且囊括了故宫宫廷文化、中国航天、中国熊猫等国潮顶流IP。

名创优品的产品设计“三好原则”是围绕“好看、好玩、好用”，所有普通的、不好玩、不好看、没有个性的产品，不仅在淘汰之列，甚至早在设计环节就要杜绝。近年来，兴趣消费潮流涌现，新一代消费者购买商品，转向从兴趣爱好出发，关注商品的个性化特征、商品附加情感价值、文化内涵等因素。

名创优品改变了传统产品研发与销售运营模式，在产品研发阶段，就开始聆听用户真实体验反馈，开创了与用户共同以“兴趣造物”的模式。在每一个IP背后都有它的铁杆粉丝，粉丝为了这个IP产品的上市，会疯狂地追买。基于此，名创优品构建IP矩阵，用内容思维去创造产品，再用产品来生产新的内容。

在小红书上，围绕名创优品的笔记超过144万篇，名创优品成为小红书上讨论最多的中国消费品牌之一。在抖音上，名创优品话题相关视频有25亿次播放量。海外媒体INS上有100万条名创优品相关图文。名创优品用户，通过自发生产海量内容，正在成为公司品牌共创与共建者。

名创优品还以核心商区高品质门店的隆重价值感和亲密相融，与消费者建立起与众不同的情感连接与身份认同，为全世界的年轻人构筑美好生活属地。自2015年启动全球化战略到2022年底，名创优品全球门店数量已达5 440家，其中海外门店数2 115家，遍布105个国家和地区。

“中国制造”不仅仅是极致性价比的代表，越来越多的中国商品，开始向全球消费者传递中国美好生活理念。正是在一件件中国商品被选择、被使用、被青睐的过程中，以名创优品为代表的中国品牌实现了对海外品牌的弯道超车。

资料来源：名创优品的超级品牌进化论.（2023-03-03）. https://baijiahao.baidu.com/s?id=1759312651011271975&wfr=spider&for=pc.

练习题

1. 名创优品的新品牌标识传递了什么品牌理念？
2. 查询名创优品拥有哪些知识产权。
3. 查询名创优品开展了哪些形式品牌IP授权。
4. 名创优品是否实现了IP化？有哪些IP？

素养园地 同仁堂IP化与品牌保护

拥有中医药最具代表性老字号品牌“同仁堂”的同仁堂集团，在品牌年轻化与IP营销开拓创新、品牌知识产权保护与利用上不遗余力。“同仁堂”商标是我国商标主管机关正式认定的第一个国内驰名商标，是中国首批进行“马德里商标注册”的国际商标。

同仁堂集团旗下上市公司北京同仁堂股份有限公司（简称“同仁堂股份”）筑牢“党建、质量、诚信”三大基石，坚定不移地贯彻新发展理念。2022年，同仁堂股份就有多个营销活动出圈。其联合头部运动平台开展“同仁乌鸡白凤丸21天规律生理期运动挑战赛”，并在官方微博账号同步发起“要规律，不要不期而遇”话题，累计参与课程跟练的用户更是超过57.6万。

同仁堂股份还结合五子衍宗丸、同仁乌鸡白凤丸两款产品，打造“衍宗”“白凤”两款形象IP。在“同囍同囍”地铁社媒活动中，北京知春路地铁站内“同囍同囍”照相馆成为网红打卡地。可爱出挑的卡通人物使得品牌年轻化和IP化，拉近了品牌与用户之间的距离。

此外，同仁堂股份优化资源配置，发挥“外部平台+自有平台”、直供终端、特色品种经销商三大模式组合优势，加大五大OTC重点品种宣传推广力度，加大零售终端布局推广。

同仁堂也加大品牌知识产权注册保护与维权力度。截至2022年，其已注册商标237个、申请过程中商标117个，覆盖几十个品类；发起对他人注册商标异议诉讼164起。

由于历史原因，形成了北京同仁堂、天津同仁堂和南京同仁堂三个老字号，2006年三者均被商务部认定为老字号，但三者的注册商标分别是同仁堂、太阳和乐家老铺。如表12-1所示。

表12-1　商务部认证中华老字号

颁发单位	时间	中华老字号认证
商务部	2006年	天津同仁堂股份有限公司（注册商标：太阳）
		中国北京同仁堂（集团）有限责任公司（注册商标：同仁堂）
		南京同仁堂药业有限责任公司（注册商标：乐家老铺）

其中南京同仁堂贴牌授权泛滥，对同仁堂品牌造成不良影响，还与明星产生肖像权纠纷。2021年，同仁堂集团控告天津同仁堂，要求其立即停止侵权使用“同仁堂”商标。天津同仁堂以“天津同仁堂”“天津同仁”“同仁”申请注册的商标，至今未被核准。

根据相关法规，将与他人注册商标相同或相近似的文字作为企业的字号在相同或者类似商品上突出使用，容易使相关公众产生误认的，都侵犯了他人的注册商标专有权。

2022年，同仁堂集团发布声明，假冒“北京同仁堂健康产业投资有限公司”名义开展的品牌使用授权行为均属于假冒侵权行为。2023年，同仁堂集团又发布声明，从未授权广东和河南两家公司使用“同仁堂”品牌及任何含有“北京同仁堂”和“同仁堂”字样的标识。

同仁堂集团称，同仁堂集团是“同仁堂”商标的唯一合法持有人。任何未经授权擅自以“同仁堂”品牌进行商业活动，或者擅自开展“同仁堂”商标授权，均属于侵权行为。

2023年度“企业法务大奖”评选中，同仁堂集团法律合规部（品牌风控部）被评选为医疗保健及制药行业优秀法务团队。

思考题

1. 三地同仁堂并存如何用跨区域知识产权执法协作与知识产权数据共享办法解决？
2. 同仁堂股份加强品牌保护力度有何具体举措？有何意义？
3. 同仁堂年轻化和IP化有何具体举措？
4. 同仁堂是否已开展品牌IP授权活动？

本章小结

1. 品牌社群相关概念有品牌社群、品牌社区、品牌粉丝、粉丝、粉丝社群与粉丝文化。品牌社群的作用包括对成员的作用和对品牌的作用。品牌社群粉丝运营策略包括五点：线上线下引流，内容营销圈粉；建设品牌社区，创造仪式活动；客户关系管理，口碑营销传播；挖掘品牌故事，塑造品牌文化；促活社群运营，用户价值共创。

2. 品牌IP保护有丰富内涵与重大意义。品牌知识产权注册保护形式包括品牌商标注册保护、品牌专利注册保护、品牌版权注册保护。品牌IP保护策略包括强化策略、弱化策略、延伸策略和协同策略。

3. 品牌IP授权相关概念包括品牌IP授权、品牌授权、IP授权。品牌IP授权形式包括品牌特许经营授权、品牌商标授权和品牌联名授权。

拓展思考

1. 是否所有品牌都需要建设品牌社群和品牌社区?
2. 如何才能让消费者成为品牌粉丝?
3. 品牌IP保护为何还要保护品牌粉丝IP?
4. 品牌IP保护四种策略是互斥的吗?
5. 品牌IP授权三种形式可以同时采用吗?
6. 品牌如何决策是直营还是特许经营授权或商标授权?

实训练习

一、选一个品牌，进行以下分析：

1. 搜集该品牌建设品牌社群和社区的素材，分析该品牌是否有粉丝文化。
2. 该品牌采取了哪些品牌社群运营策略?
3. 该品牌创建了哪些品牌社区？有哪些仪式活动?
4. 该品牌如何管理粉丝？如何鼓励共创?

二、选一个品牌，进行以下分析：

1. 查询该品牌的知识产权注册情况，分析覆盖了哪几类知识产权。
2. 该品牌为何注册了这些商标？保护是否周全？该如何改进?
3. 该品牌为何注册了这些专利？专利是否被用于品牌传播？该如何改进?
4. 该品牌采取了哪些品牌IP保护策略？该如何改进?

三、选一个品牌，进行以下分析：

1. 搜集该品牌的品牌IP授权素材，分析品牌开展了哪几类的授权。
2. 该品牌的连锁经营是哪种形式？该如何改进?
3. 该品牌是否采取品牌联名授权？该如何改进?
4. 该品牌是否可以采取品牌商标授权？该如何进行?

创新创业

1. 假设你们要创业开一家奶茶店（或是其他行业）。取名之后请查询国家商标局网站，看看该品牌名称是否好注册，并策划注册更多商标和防御商标的方案，以及策划注册更多专利和版权的方案。

2. 假设你们成功创建品牌，请策划你们的品牌直营和品牌特许经营授权相混合的方案，以及品牌商标授权方案和品牌联名授权方案。

综合案例

林清轩的逆袭

林清轩品牌2003年于上海创立，“林清轩”原是创始人孙来春的笔名，三个字分别代表了森林、清泉和亭台轩榭，是对中华传统生活方式的追求和精神的回归，带有浓厚中国传统文化色彩。

2020年，孙来春从美妆界“出圈”为“抗疫英雄”，带领线下约1 600名导购全员转至线上卖货自救，实现线上线下融合，线上推广和销售，线下成交和体验。2021年10月16日，林清轩创始人孙来春先生做客上海财经大学王新新教授MBA“品牌管理”课课堂，以“中国品牌打造世界IP”为主题，分享林清轩品牌全产业链的数字化转型之路。

林清轩以山茶花润肤油为核心产品，自控核心原料、自建科研生产、自营门店销售，线上线下全渠道直营。红山茶花系列产品的核心卖点是用完了皮肤会发光，这也是通过用户调研得出的结论。

如今林清轩通过线下直营店引流，几百家直营店的店内导购成为用户进入私域的重要推手。用户在线下门店添加导购企业微信，通过链接进入小程序商城，即可与当前导购进行绑定。线上完成下单，导购还能获得提成，从而大大提升了导购的主动性。

林清轩打造了“轩轩”这一独有IP形象，应用在微信客服福利官身上。这是一个耳边别着山茶花的女生形象，人设为护肤达人、福利官、爱分享。添加“轩轩”福利官微信后，她会在第一时间发送私域二维码，邀请用户进微信群享福利。除了开设电商官方旗舰店、多个微信公众号和多个小程序微信商城，林清轩还布局了微信视频号和抖音直播，以及小红书、微博等自媒体，另外还有各平台和社群的品牌粉丝口碑运营。

品牌社群日常运营主要包括发送游戏互动、产品“种草”、限时秒杀等，每周每天都会设置不同的活动。社群内促活玩法还包括根据不同节日引出互动话题，每天使用不同的新闻来引发话题，提醒签到，等等。

林清轩在电商平台和小程序中有会员体系。小程序会员等级分6级，会员可以通过消费、空瓶回收、签到获取积分，积分可用于抵现、抽奖、兑换礼品等。

林清轩还发布了以红山茶花为灵感的全新品牌Logo。作为国内红山茶花护肤赛道的开创者，林清轩的名字早已与中国红山茶花紧紧绑定。香奈儿 2021 年底开启红山茶花系列相关产品宣发，对林清轩发起挑战。林清轩重点聚焦山茶花润肤油领域，到 2021 年 8 月已取得 64 项专利。林清轩在 2022 年 1 月 6 日又申请注册了 18 项商标，其中包括“林清轩红山茶”“林清轩红山茶花”“红山茶花抗老”“林清轩金山茶”“林清轩红山茶花世家”“林清轩白山茶花”等，国际分类均为广告销售或日化用品，累计申请商标已达数百项。

思考题

1. 林清轩品牌是否已 IP 化？具体有哪些品牌 IP？
2. 林清轩品牌社群运营采取了哪些策略？有何不足？
3. 林清轩品牌知识产权保护取得了哪些成果？策略有何不足？
4. 林清轩是否开展品牌 IP 授权？为何坚持直营？你有何改进建议？

中国人民大学出版社　管理分社

教师教学服务说明

中国人民大学出版社管理分社以出版工商管理和公共管理类精品图书为宗旨。为更好地服务一线教师，我们着力建设了一批数字化、立体化的网络教学资源。教师可以通过以下方式获得免费下载教学资源的权限：

- 在中国人民大学出版社网站 www.crup.com.cn 进行注册，注册后进入“会员中心”，在左侧点击“我的教师认证”，填写相关信息，提交后等待审核。我们将在一个工作日内为您开通相关资源的下载权限。

- 如您急需教学资源或需要其他帮助，请加入教师 QQ 群或在工作时间与我们联络。

中国人民大学出版社　管理分社

教师 QQ 群：648333426（工商管理）　114970332（财会）　648117133（公共管理）
教师群仅限教师加入，入群请备注（学校+姓名）

联系电话：010-62515735，62515987，62515782，82501048，62514760

电子邮箱：glcbfs@crup.com.cn

通讯地址：北京市海淀区中关村大街甲 59 号文化大厦 1501 室（100872）

管理书社　　人大社财会　　公共管理与政治学悦读坊